全球竞争力培育

新时代中国企业如何高质量『走出去』

Ways to Enable Chinese Companies to "Go Global" with Better Performance in the New Era

杨永胜 著

Global Competitiveness Cultivation

中国人民大学出版社
·北京·

本书赞誉

《全球竞争力培育》一书既探讨中国企业“走出去”的思路、方法、路径，也分析中国企业和中国企业家的价值关怀，同时坚持马克思主义立场、立足中国特色，可以看出永胜同志思考的深度和广度。这是一种难能可贵的精神，也是中国企业和中国企业家所需要的精神。只有革故鼎新、守正出新，把精神和勇气化为开拓创新的行动，中国企业才能成为具有全球竞争力的世界一流企业，中国特色社会主义市场经济体制下的企业发展道路、理论、制度、文化才能呈现出更加蓬勃的生命力。

何毅亭

第十三届全国人民代表大会社会建设委员会主任委员

中共中央党校（国家行政学院）分管日常工作的副校（院）长

打造全球竞争力是企业的永恒主题。在信息网络时代，世界变得越来越小，国家间融入越来越深、依赖越来越紧，企业间竞争越来越激烈。科技的突飞猛进使企业的产品、生产方式、经营方式以及企业业态等的稳定期越来越短，这必将导致企业间竞争方式、竞争条件甚至核心竞争力的不断调整与改变。中国企业的国际化才刚刚开始，就整体而言，还是个“小学生”，但当今的国际市场及竞争态势又要求中国企业的国际化能力要尽快“大学毕业”。“一带一路”为中国企业国际化、打造全球竞争力提供了良好的契机和舞台。中国企业要深耕“一带一路”，在实践中磨炼，在磨炼中成长。《全球竞争力培育》一书对“一带一路”建设带来的机遇与挑战有很好的论述。

企业全球竞争力是个理论问题，但本质上是个实践问题。本书作者是在中央企业改革发展实践中成长起来的新一代企业家，对中国企业改革发展实践有切身体验。他从实践角度把中国企业的发展壮大放在中国改革开放和世界格局调整的大背景下，深入认识和总结企业发展的客观规律，研究企业全球竞争力的培育与建设。这也是《全球竞争力培育》一书的特点和值得重点关注之处。冀望本书的出版能对中国企业打造全球竞争力有所借鉴、有所启迪。

傅成玉

政协第十二届全国委员会常务委员

中国石油化工集团有限公司原董事长

“和平与发展”是新时代的世界主题，需要国际社会的共同努力。构建人类命运共同体将使中国与世界各国的关系迈入新的境界。在此大趋势下，中国企业如何努力陶铸自身？如何培育全球竞争力，攀登世界一流高峰？如何适应新一轮全球经济结构调整和产业分工，并为国际大协作做出新贡献？如何在“走出去”的过程中得到外界的欢迎，赢得普遍的尊重？本书作者经长期潜心研究和亲身实践，以高度的使命感和独特的新视野，站在理论和实践结合的高点回答了上述问题。本书所论所述，紧扣时代主题、切中时代脉搏、点中时代要害，开出了高质量“走出去”的良方，值得所有企业家、经营者和经济领域的研究者、管理者、决策者参考与借鉴。

金立群

亚洲基础设施投资银行行长、董事会主席

如何培育全球竞争力是一道世界性难题。永胜同志作为年轻一代企业家，在相关领域所做的理论与实践工作可谓非常扎实，不仅提出了深刻的认知方法，还给出了具体的解决方案。这些成果，对于今天正处于全球竞争力培育探索阶段的中国企业来说，显得弥足珍贵。期待新书能够早日传播大江南北、惠及各方企业，开启美好的未来！

宋志平

中国建材集团有限公司党委书记、董事长

中国企业改革与发展研究会会长

“走出去”简单，站稳脚跟很难。如何把握“一带一路”建设所带来的难得历史机遇，如何更高水平、更高质量“走出去”，值得每位企业家深思。本书作者对中国企业“走出去”思路、方法、路径的分析，是源于40年来中国企业实践经验总结的研究成果，是基于当前国内外环境的深度剖析，对中国企业参与全球竞争具有参考价值，对中国企业更稳、更顺、更快、更远地“走出去”具有指导意义。

刘永好

新希望集团有限公司董事长，中国百名“改革先锋”之一

永胜同志的著作紧紧围绕新时代中国企业全球竞争力培育，深刻把握世界竞争新格局，高度总结提炼40年来中国企业迈向国际化的伟大实践，系统阐述新时代中国企业高质量“走出去”的路径与实务，既是中国企业“走出去”的最新理论成果，也是中国企业国际化经营能力全面提升的实操宝典。

宋海良

中国交通建设集团有限公司总经理，管理学博士

企业强则国家强。培育一批具有全球竞争力的世界一流企业，是我国实现“从站起来到富起来再到强起来”必须完成的使命。永胜博士近年来一直关注中国企业“走出去”和全球竞争力等问题，已经出版了多部著作。《全球竞争力培育》是其新著。作者从全球竞争力的相关基础理论出发，结合中国企业“走出去”的实践，研究了世界竞争新格局下中国企业如何更好地提升认识、增强能力、防范风险，并最终成为具有全球竞争力的世界一流企业等诸多重要问题，既有深入的理论分析，也有精彩的典型实践。

赵昌文

国务院发展研究中心研究员、产业经济研究部部长

《中国金融学》主编

《全球竞争力培育》一书最吸引我的是：一位务实的国有企业的企业家将实践中遇到的问题上升到理论，并从中寻找出规律，其高价值成果既有理论高度又有实践深度，既有宏观鸟瞰又有微观透视，既立足国内当前经济形势又着眼国际未来竞争格局，不仅走向了基础理论和应用理论研究的高位，还是一部接地气、有特色、重实效而又充满本土情怀与国际视野的佳作。其本身也是讲好中国故事、彰显中国力量、展示中国形象的载体！

陈文玲

中国国际经济交流中心总经济师、教授

国务院研究室综合司原司长

站在改革开放40年的新起点上，随着“一带一路”建设深入推进，我国对外开放更加强调提高质量、效率和效益，更加注重培养具有全球竞争力的国际化企业。永胜同志所著《全球竞争力培育》一书为中国企业提升全球竞争力提供了分析框架、学习指南和案例素材。

黄 勇

国家发展和改革委员会国际合作中心主任、博士

中国企业“走出去”，参与到全球市场格局中，需要拥有全新竞争力要素。本书总结出六要素：管理科学、突出的核心竞争力、受到社会广泛尊重、独特的管理思想与优秀的企业文化、超强的执行力、引领行业趋势。这六要素同样是中国企业迈向全球市场的内在驱动力量。

陈春花

北京大学王宽诚讲席教授，国家发展研究院 BiMBA 商学院院长

改革开放40年来，中国经济创造了举世瞩目的成就，富有中国特色的企业管理思想与模式也日渐成熟。但总体上，我们在经济管理学科方面尚未形成具有世界影响力的理论成果，尤其缺乏宏观与微观相结合、理论与实践相结合的跨界与深度研究。令人欣慰的是，永胜博士所著《全球竞争力培育》立足本土、心怀未来，在中国特色企业管理思想与模式、中国企业领先之道、中国企业“走出去”模式与路径、“走出去”风险及对策等方面进行了深入探究，颇有建树，在研究方法、研究内容等方面都有突破，是该领域屈指可数的“实践派”研究成果典范，对中国经济管理学科学术发展具有较大促进作用，更是新时代中国企业“走出去”必备的参考书，而且对推动中国经济高质量发展也具有一定的启示意义。

郑新业

中国人民大学应用经济学院院长、教授

永胜博士所著《全球竞争力培育》是其《从竞争力到核心竞争力》一书的姊妹篇。如果说《从竞争力到核心竞争力》是我国行业龙头企业竞争力跨区跨境成长的明晰路线图,《全球竞争力培育》则是我国行业龙头骨干企业竞争力跨区跨境内生，成长为国之重器的战略教学参考书，非常值得一读。

曹和平

北京大学经济学院教授，数字中国研究院副院长

改革开放40年来，中国涌现出一大批具有全球竞争力的企业，谱写了中国企业国际化的光辉篇章。在这个背景下，永胜博士所著《全球竞争力培育》应运而生。本书很好地总结了40年来中国企业的国际化发展历程，系统梳理了中国企业“走出去”的发展模式与经验教训，是一部理论联系实践、开拓创新而又务实传承、高度凝练的著作，为新时代中国企业如何培育全球竞争力并打造一流的国际化企业提供了系统性的学习模板。

杨百寅

清华大学经济管理学院伟创力讲席教授，领导力与组织管理系系主任

当世界中心正在发生转移的时候，不同国家和企业的全球化视野也会经历微妙而重要的变化。当前，中国企业的国际化进程正面临一轮新的挑战，这些挑战多来自那些在位发达国家和在位全球企业反全球化的逆流。永胜博士的这本新著适逢其时，切中肯綮，从思维、格局、能力、模式、路径、风险等角度探析了中国企业如何应对全球化的新环境，指出了新形势下高质量“走出去”的方略与道路。

井润田

上海交通大学安泰经济与管理学院教授，教育部青年长江学者

本书以“百年未有之大变局”为时空背景，以中国企业国际化经营为学科范畴，以培育中国的世界一流企业为研究目标，重点论述了全球竞争力的六大构成要素，提出了新时代“走出去”所需要的能力再造，指出融入“一带一路”共赢发展是中国企业国际化经营的最优途径，阐释了弘扬企业家精神、坚定“四个自信”和“五大发展理念”对于中国企业培育全球竞争力的重要作用。永胜博士作为国有企业管理者，较之学者著述，在书中融入了更多的切身实践、经验、感悟甚至情感，所思所想所言更加贴近企业，更加接地气。本书可作为指导中国企业国际化经营的参考书，也可作为专家学者研究中国企业“走出去”和“一带一路”实践的一手素材。

董大海

中国大连高级经理学院常务副院长、教授

提升全球竞争力是中国企业在新时代面临的重大课题，对于如何在“一带一路”实践中“走出去”、走得稳、走得好，在更高层次的开放格局中成为真正意义上的全球化企业，在与国外企业竞争中重新定义并打造世界一流企业，永胜同志的《全球竞争力培育》一书给出了极具参考价值的答案。

郑金洲

中国浦东干部学院副院长、教授

中国企业如何“走出去”高质量发展，是构建人类命运共同体的重要内容和难得机遇，作者以心系家国、情牵天下的情怀，求真务实、勇于创新的精神，从历史到未来、从国内到国外、从宏观到微观、从战略到战术、从理论到实践，系统而全面、深刻又透彻地阐述了培育全球竞争力的战略思维、运作法则和能力建设，值得相关领域的研究者、实践者、决策者认真研读。

陆红军

上海国际金融学院院长、教授

推荐序一

世界处在大发展大变革大调整之中，正迎来百年未有之大变局。从经济发展来看，一方面，新的科技革命和产业革命正在推动世界经济持续发展，对人类生产和生活产生重大影响；另一方面，全球化深入发展促进了国际贸易大繁荣、投资大便利、技术大发展，进而对全球政治格局演变和人类社会发展产生深远影响。

企业无疑是这个大发展大变革大调整历史进程中的重要角色。

全球化演进的500年来，企业整合配置资本、技术、劳动力等各种生产要素，推动商品、服务、货币在世界越来越大的范围内流动，形成全球性的产业链、供应链、价值链，塑造着国际格局、社会面貌、个体生活。企业究竟有多大的影响？根据《财富》2018年世界500强的数据，排名第一的沃尔玛2017年营业收入超过5 000亿美元，略高于同一年比利时的GDP，超过了世界上160多个国家和地区当年的地区生产总值；排名最后一位的企业2017年营业收入达到236亿美元，相当于巴布亚新几内亚当年的GDP，超过了世界上80多个国家和地区当年的地区生产总值；世界500强中利润最高的苹果公司2017年度利润接近500亿美元，和斯洛文尼亚当年的GDP相当，超过了世界上近110个国家和地区当年的地区生产总值。这些大公司的影响，几乎浸入到世界每个角落。

在全球化演进的这500多年中，中国从经济科技全球领先到逐渐落后，错过了一轮又一轮科技革命和产业革命，丧失了一次又一次重要发展机遇。40年前，我们抓住加快发展的有利时机，以摸着石头过河的勇气和杀出一条血路的决心实行改革开放，使中国在落后世界现代化进程一个多世纪后大步赶上了现代化最新浪潮。伴随着中国特色社会主义发展和改革开放，中国企业的集体崛起成为过去20年来世界经济舞台上的壮观景象。同样以世界500强的数据为例，2018年上榜中国企业达120家，基本追平美国上榜企业总数（126家）。同时，中国企业有的掌握了核心技术，有的在世界上形成了领先优势，还有的在新的技术进步中发挥引领作用。所有这些企业，都在更好地服务中国人民，也在更好地服务世界人民。

我们分析一系列数据，就是要找到这些数据背后的逻辑；我们分析企业在舞台上的角色，就是要获悉企业如何产生价值。中国企业站在了世界舞台上，它们发展的土壤是不断发展的中国特色社会主义。从社会主义计划经济到社会主义市场经济、“有效市场”和“有为政府”统一，从单一的公有制经济到公有制为主体、多种所有制经济共同发展，从按劳分配到按劳分配为主体、多种分配方式并存，这是一条不断探索、不断创新之路。在这条道路上形成和完善了社会主义市场经济理论，构建了公有制为主体、多种所有制经济共同发展的基本经济制度，塑造了以民族精神和时代精神为核心的中国文化。

党的十九大明确提出，要培育具有全球竞争力的世界一流企业。沿着这条道路，中国企业继续集体崛起将成为未来30年世界经济舞台上的壮观景象。与之前相比，这一景象背后的逻辑必然大不相同。中国企业规模继续扩大，但重点是增强核心竞争力，不断做强做优；中国企业继续保持增长，但重点是以供给侧结构性改革推动高质量发展；中国企业继续立足国内市场，但重点是优化全球布局和全球资源配置；中国企业全球发展遵循一般市场规律，但根本遵循是坚持共商共建共赢共享。

在大发展大变革大调整的舞台上，中国企业的集体崛起不会自动实现。要实现集体崛起，中国企业必须在三个维度持续努力：第一，中国企业尤其是国有企业必须全面深化改革，坚持思想再解放、改革再深入、工作再抓实，全面完成党的十八届三中全会部署的改革任务。第二，中国企业必须培育全球竞争力，从管理到技术、从企业家到员工、从硬件到理念都需要全面系统的提升。第三，中国企业必须重视从实践到理论的总结和以理论指导实践的应用，推动实践与理论的辩证发展。

理论的总结尤为重要。坚持实践第一、在实践基础上进行理论分析和理论创新，是马克思主义哲学的核心观点。中国共产党一贯重视理论工作，强调理论必须同实践相统一。习近平指出，理论一旦脱离了实践，就会成为僵化的教条，失去活力和生命力。实践如果没有正确理论的指导，也容易“盲人骑瞎马，夜半临深池”。理论对规律的揭示越深刻，对社会发展和变革的引领作用就越显著。我们坚持和发展中国特色社会主义，必须高度重视理论的作用，增强理论自信和战略定力，对经过反复实践和比较得出的正确理论，不能心猿意马、犹豫不决，要坚定不移地坚持。中国企业的改革发展是中国特色社会主义的重要组成部分，中国企业的发展成就也是中国特色社会主义伟大成就的重要组成部分，我们对中国企业发展的逻辑，既要毫不犹豫地坚持也要深入系统地进行理论阐释。中国企业40年发展的成就，需要也完全值得进行理论阐释、形成理论成果。

永胜同志的新作《全球竞争力培育》就是这样一个理论成果。永胜同志长期在大型国有企业工作，对中国企业成长可谓“操千曲而后晓声”，对中国企业“走出去”可谓“春江水暖鸭先知”。永胜同志能够不断深入思考、不断深化认识、不断进行总结、不断推陈出新，在中国企业国际化和全球竞争力培育上把实践与理论结合起来，取得了可喜的理论收获。《全球竞争力培育》一书把握住了中国企业全球布局全球发展的基本规律：在利用两个市场继续扩大规模的基础上，不断提升核心竞争力做强做优；立足国内市场借力中国经济快速发展，不断优化全球布局和全球资源配置。

《全球竞争力培育》一书还努力探寻中国企业发展的逻辑和特点，那就是坚定“四个自信”、坚持共商共建共赢共享，这是难能可贵的。

大发展大变革大调整的局面并不能自动实现良好的全球治理预期。回望500年世界经济的全球化发展史，企业的价值和作用更加清晰。企业是科技革命、产业革命的实现者，是全球化深入发展的推动者，是所在国战略利益的维护者，是价值在全球产业链的分配者。具有全球竞争力的企业弥足珍贵，拥有全球竞争力是当今世界各国企业的目标。展望当今百年未有之大变局，中国企业既是追赶者，也是“中国方案”的探索者。如永胜同志所述，“全球竞争力”对中国企业来说是一个新概念。有志于培育全球竞争力的企业，至少需要在三个方面下功夫：一是在能力体系建设方面不断提升。全球竞争是技术、管理、人才、资金等全要素全链条竞争，所有这些构成了全球竞争力体系。二是在方法和模式上创造性转化。既要从企业发展历史中把握规律，又要从大发展大变革大调整的现实中找到路径，还要面向未来把握趋势。三是在思想和哲学上有充分储备。企业是人类解决自身问题推动全面发展的一种工具，这种工具既体现管理思想也体现价值哲学。这是中国企业和中国企业家应该全面思考的问题。

从对客观规律揭示的深刻性、对理论分析的系统性来看，这本书既有独到之处，也有未到之处。永胜同志还需付出更为艰辛的探索。历史总是循着曲折的道路前进，中国企业的发展，一帆风顺是理想，曲折前行是常态。持续进行理论探索的勇气和精神是可贵的，追求实践和理论辩证统一发展的努力尤为可贵。在永胜同志身上可以看到这种努力的持续。6年前，永胜同志在企业管理中提出战略自信、制度自信、管理自信、文化自信和发展自信以及思想认同、战略认同、管理认同、文化认同和情感认同等思路。《全球竞争力培育》一书，既探讨中国企业“走出去”的思路、方法、路径，也分析中国企业和中国企业家的价值关怀，同时又坚持马克思主义立场、立足中国特色，可以看出他思考的深度和广度。这是一种难能可贵的精神，也是中国企业和中国企业家所需要的精神。只有革故鼎新、守正出新，把精神和勇气化为开拓创新的行动，中国企业才能成为具有全球竞争力的世界一流企业，中国特色社会主义市场经济体制下的企业发展道路、理论、制度、文化才能呈现出更加蓬勃的生命力。

何毅亭

第十三届全国人民代表大会社会建设委员会主任委员

中共中央党校（国家行政学院）分管日常工作的副校（院）长

推荐序二

党的十九大提出，要培育具有全球竞争力的世界一流企业。近日，国务院国资委明确航天科技、中国石油、中国建筑等10家中央企业为创建世界一流示范企业，将在未来3年左右时间内有针对性地铺开多领域综合性改革举措，这是2019年国有企业改革工作的重中之重。从纲领到行动，国有企业改革进入一个新的关键阶段，并积极探索实现经济高质量发展、培育具有全球竞争力世界一流企业的有效途径。而究竟该如何培育全球竞争力，从理论到实践，皆处于探索、试行阶段。这也是一道世界性难题，作为一名企业家，我无时无刻不在思考这个问题。新年伊始，永胜同志邀我为其新书《全球竞争力培育》作序，所探讨主题与上述难题完全一致，正好借此机会谈谈个人一些新的思考。我想从企业与企业家两个层面谈谈我的理解。

第一，中国企业必须高质量“走出去”。党的十九大指出，我国经济已经由高速增长阶段转向高质量发展阶段。这是党中央根据国际国内环境变化，特别是我国发展条件和发展阶段变化做出的重大判断。高质量发展不仅仅是宏观的经济问题，对企业而言，也已步入高质量发展阶段。中国的“大”企业已有不少，2018年《财富》世界500强名单中已有120家中国企业，其中有48家是中央企业，有这么多的企业成长为世界级规模的公司是我国经济和企业发展的巨大成功，应该充分肯定这个来之不易的好成绩。

中国建材也经历了一个高速增长的阶段。16 年前，中国建材还是家名不见经传的企业，年销售收入只有 20 多亿元，2018 年销售收入已经达到了 3 500 亿元。现在，中国建材在产能规模上有六个全球第一，包括水泥、玻璃、石膏板等，是全球最大的综合性建材制造商，确实是一家“大”企业，但是对照“具有全球竞争力的世界一流企业”，我觉得尚有差距。从世界最大到世界一流，其本质要求就是高质量“走出去”，而这种高质量的标准究竟是什么呢？我个人觉得至少要在六个方面做到世界一流：一是创新能力。企业不能只有规模、销售收入，关键还要有一流的技术，这就是创新能力。二是盈利能力。效益要好，效率要高。如果收入很好，利润很差，也不是世界一流。三是管理能力。到工厂一看，就知道管理处于什么水平，管理是久久为功的事情，不是短期能够做好的。四是国际市场占有率。五是世界知名的品牌。六是美誉度。即要积极履行社会责任。

永胜同志对此也有很深刻的理解，本书不仅解答了全球竞争力相对过去提出的国际竞争力的“升级”特征，还通过系统的分析提出了全球竞争力的六个核心要素，即管理科学、突出的核心竞争力、受到社会广泛尊重、独特的管理思想与优秀的企业文化、超强的执行力、引领行业趋势。我觉得他对全球竞争力内涵的诠释非常全面、精准。

关于高质量“走出去”，还有两个关键字不得不谈，那就是“改革”。常有人问我国有企业为什么要改革，国有企业改革的动力和目标是什么。我的回答是，国有企业的改革是我国社会主义市场经济所决定的，国有企业必须满足市场竞争的要求，必须成为独立的市场主体。国有企业改革的动力是建立充满活力的内部机制，让国家所有者、经营者和员工有正相关的利益关系，改革的动力来自企业内部的经营者和员工。改革的目标应该是建设具有全球竞争力的世界一流企业。我想，回顾 40 年来自己的企业经历，能够更好地回答这个问题。北新建材从极度困难的境地成长为闻名遐迩的上市公司，中国建材从一家资不抵债的中央企业成长为世界 500 强企业，国药集团从一家规模偏小的贸易型公司成长为医药健康产业的领军者，这一切都源于改革。我曾经开创并成功实践了“央企市营”“整合优化”“‘格子化’管控”“八大工法”“六星企业”等改革创新模式，提出“央企的实力＋民企的活力＝企业的竞争力”公式，是我国混合所有制改革先行者之一；在水泥领域大规模重组整合的实践与经验荣获国家级企业管理现代化创新成果一等奖；以混合所有制推动建材行业供给侧结构性改革荣获第六届管理科学奖。我们用汗水和智慧实现了国有企业凤凰涅槃般的新生，破解了国有经济和市场有效结合的世界性难题。未来，要继续高质量“走出去”，打造“具有全球竞争力的世界一流企业”，改革是一个永恒的主题。而对过去改革经验的梳理和总结，则显得尤为重要。作为改革亲历者，我责无旁贷。为此，我于2018年撰写了《改革心路》一书，讲述了自己在北新建材、中国建材、国药集团亲历的改革故事，真实记录了中国企业40年来的沧桑巨变，希望这些改革经验、心路历程，对其他企业家有所启发与帮助。

我非常高兴地看到，永胜同志作为年轻一代企业家，在相关领域所做的理论与实践工作非常扎实，不仅提出了深刻的认知方法，还给出了具体的解决方案。一方面，该书着重梳理和回顾了改革开放40年来国有企业与民营企业携手并进的发展历程，并结合相关理论研究、案例分析，总结出中国特色企业管理思想与模式以及中国企业领先之道。另一方面，该书针对新时代中国企业“走出去”如何进行能力再造，提供了一套具有可操作性的实施方案，其中特别强调坚持改革。这些理论的深度提炼与实践经验的总结，对于今天正处于全球竞争力培育探索阶段的中国企业来说，弥足珍贵。

第二，我们需要大力弘扬企业家精神。熊彼特1912年出版了《经济发展理论》一书，这本书里其实也提到了质的发展。他说，一万辆马车还是马车，只是数量的增长；只有马车变成蒸汽机车，才叫质的发展。他认为，解决质的发展要靠创新；创新要靠企业家引领。他这本书其实就讲了这几点，揭示了发展的问题就是创新的问题，就是企业家的问题。可见，中国企业高质量“走出去”，同样需要优秀的企业家予以支撑，更呼唤优秀的企业家精神。2017年9月，中共中央、国务院下发了《中共中央 国务院关于营造企业家健康成长环境弘扬优秀企业家精神更好发挥企业家作用的意见》，这对我们企业家来说是春风雨露。多年来，围绕有没有企业家、谁是企业家、什么是企业家精神，众说纷纭。因为企业家这个词是个舶来品，马克思主义经典作家没有提过企业家，毛泽东把企业家叫作红色资本家，习近平讲企业家的次数相对较多。他在福建的时候就大力支持和鼓励企业家，2014年福建的企业家联名给他写了封信，他回了信，讲到要发挥“敢为天下先、爱拼才会赢”的企业家精神。敢为天下先就是创新精神，爱拼才会赢就是拼搏精神。这是企业家的两个核心特质。习近平后来又讲，市场的活力来自于人，特别来自于企业家，来自于企业家精神。党的十九大也特别强调保护和激发企业家精神。注意，用的是“保护”，而不是“弘扬”。因为，企业家精神是经济活动中最可贵的精神，企业家是可遇不可求的，所以要倍加珍惜和爱护。而究竟该如何理解企业家精神呢？一言蔽之，就是六个字：创新、坚守、责任。创新，是企业家的灵魂；坚守，是要克服困难；责任，是要承担社会责任，要有家国情怀。不论是民营企业家，还是国有企业家，都要做到这三点，缺一不可。关于企业家精神，永胜同志在其新书中专门进行了论述，认为企业家精神是企业超越优秀的必备“品质”，企业家精神的本质就是在辩证统一之中实现超越，要想正确理解企业家精神，需要“执其两端，用其中于民”，并结合其工作实际对企业家精神进行了深度解读。其剖析着实透彻到位，然又言简意赅，颇具启发意义。

以上就是我对“如何培育全球竞争力”的浅显理解，正值万物复苏、春暖花开之季，希望这些新思考能够为更多志同道合者带来一些新启迪与新动力，更期待《全球竞争力培育》一书中的众多成果能够早日传播大江南北、惠及各方企业，开启美好的未来！

是为序。

宋志平

中国建材集团有限公司党委书记、董事长

中国企业改革与发展研究会会长

推荐序三

企业强则国家强。拥有一批具有全球竞争力的企业，是一个经济体国际竞争力的直接体现；培育一批具有全球竞争力的世界一流企业，是一个国家实现“从站起来到富起来再到强起来”必须完成的使命。

全球竞争力一直是国际经济学领域的研究热点之一，既包括比较宏观层面的国家竞争力、产业竞争力和市场竞争力等，也包括比较微观层面的产品竞争力、品牌竞争力和企业竞争力等。几年前，我在担任国务院发展研究中心企业研究所所长期间主持完成了“中国企业国际化及全球竞争力”课题，对中国企业的全球竞争力进行了评价，并构建了一个包括国家全球竞争力、企业规模、盈利、成长性、运营效率和跨国化指数等维度的指标体系。应该说，对此问题的研究仍然存在进一步深化的必要，特别是考虑到正在兴起的新工业革命可能带来的新机遇和新挑战以及中国未来现代化“两步走”的战略目标，就更加具有紧迫性。

新工业革命就是新一轮科技革命和产业变革。按照关键投入品、主导技术及产业、对生产生活方式的影响等标准，世界经济史上至少已经发生了三次工业革命，分别是18世纪60年代左右开始的第一次工业革命，19世纪70年代开始的第二次工业革命和20世纪四五十年代开始的第三次工业革命。历史上的三次工业革命，释放了巨大的生产力，对人类社会的生产生活方式产生了革命性影响。马克思和恩格斯在《共产党宣言》中谈到，资产阶级在它的不到一百年的阶级统治中所创造的生产力，比过去一切世代创造的全部生产力还要多，还要大。这描述的就是第一次工业革命所释放的巨大能量。工业革命对全球政治经济格局产生了深远影响。近代以来的大国崛起史，就是一部工业革命引领史。

当前，正在兴起的这场新工业革命，以新一代信息技术为核心，以新能源、新材料、生物技术等为代表的新兴技术簇群的突破发展和协同应用为核心，以人、机器和资源间的智能互联以及制造业数字化、网络化、智能化和服务化为特征，为中国充分利用现代科技实现产业链、价值链的升级和国际竞争力的提升提供了无限机遇。同时，也会带来新的挑战。比如，智能制造和人工智能的发展使得劳动力数量和劳动力成本的重要性降低。智能制造和个性化定制将使许多行业的规模经济变得不明显。本地化、分散化的生产方式可能得到迅速发展，中国的世界制造中心地位可能受到威胁。从这个意义上讲，产业范式的变迁将决定中国的未来。中国是一个人口接近 14 亿的大国，经济总量已经位居世界第二，但人均 GDP 仅为美国的 1/6 左右。作为一个发展中国家，要弥补这一差距，首先需要发挥后发优势，充分利用现有市场空间。但是，随着相对差距的缩小和中国进入工业化后期，后发优势的释放节奏已有明显下降，这正是近年来中国经济增速下台阶的重要原因。此外，逆全球化、贸易及投资保护主义升温，大国经济摩擦增多，可利用的全球市场空间和技术转移空间受到限制。在此背景下，中国更需要深度参与新一轮工业革命，释放出新工业革命蕴含的巨大生产力，创造新的巨大市场空间，并以此实现中国经济的持续健康发展。

新工业革命背景下，具有全球竞争力的世界一流企业至少有以下非常重要的新目标和新任务。

一是要具有强大并且可持续的创新能力，能够推动现有技术前沿边界不断拓展并成为全球经济社会发展不竭的动力源。从技术创新看，企业创新能力是国家创新能力的核心，这也是我们多年来一直强调要构建“以企业为主体”的技术创新体系的根本所在。经过 70 年的发展，中国目前已经成为世界第二大经济体、制造业第一大国、货物贸易第一大国等，基本实现了对发达国家在数量方面的追赶，在一些高科技和产业领域也形成了自身的优势。但总体看，无论是国家层面还是企业层面，在创新能力、资源效率、产业链价值链水平等方面，还有明显的差距，尚未完成质量、技术、效率、服务、知识等方面的追赶目标。除此之外，中国企业必须要在一些重要战略技术领域做出更多原创性的成果，以推动全球技术前沿边界的不断拓展。党的十九大指出，创新是引领发展的第一动力，是建设现代化经济体系的战略支撑。如何通过新工业革命引领和促进中国企业的创新力不断提升、竞争力不断增强，是一项重大的历史性课题。

二是要具有全球情怀，能够推动改变过去全球化红利主要由少数国家跨国公司分享的格局。回顾过去几轮工业革命，不仅影响的范围有限，而且工业革命的引领国和参与国之间利益分配很不均衡，引领国无论在贸易还是投资等方面均获得更多好处。毫无疑问，正在兴起的新一轮工业革命的原发性国家既应该包括美国、日本、德国等发达国家，也应该包括中国等发展中国家，影响范围也将更为广泛。中国提出的“构建人类命运共同体”“一带一路”“金砖国家新工业革命伙伴关系”等在本质上都是一致的，就是希望新工业革命的成果能够惠及包括发展中国家在内的全球更多经济体；希望更多的发展中国家更好地实现自主可持续发展，更好地落实 2030 年可持续发展目标，在合作共赢中实现包容增长和共同繁荣；希望世界发展更加均衡平等。由此，无论是哪一个国家的企业，在成为具有全球竞争力的世界一流企业的过程中，都不能只是以我为主，而应该是共商共建共享，拥有社会责任与伟大情怀。

三是要站在历史和未来的坐标系中思考现在，把绿色发展理念纳入成为具有全球竞争力的世界一流企业的全过程中。从鸡犬相闻的田园时代进入机器轰鸣的工业时代，全球的经济规模发生了巨大的变化，产业结构发生了深刻的变革，人们的物质生活水平也不可同日而语。毫无疑问，这是人类历史上巨大的成就。但是，历史上每次工业革命都没有解决好绿色发展问题。“先污染，后治理”几乎成了工业化过程的一种宿命。如果我们考虑到代际影响，过去工业化驱动的高速增长实际上是以牺牲子孙后代未来的美丽生活为代价的。今天，我们绝不能再像过去一样一味追求生产力水平的提高，必须将绿色发展作为新工业革命的核心思想之一。因此，新工业革命绝不仅是新一轮工业革命，更是高于历次工业革命的新一轮绿色革命。所幸的是，以人工智能、量子技术、虚拟现实等为代表的创新，为我们处理经济增长与资源节约及环境保护的关系，提供了更好的技术支撑。只要我们的企业和企业家把“绿色”这个变量纳入企业发展的函数中，就一定既能够成为具有强大的技术创新能力的产品和服务提供者，也能够成为人类文明的传承保护者。

永胜博士近年来一直关注中国企业“走出去”和全球竞争力等问题，已经出版了多部著作。《全球竞争力培育》是其新著。他从全球竞争力的相关基础理论出发，结合中国企业“走出去”的实践，研究了世界竞争新格局下中国企业如何更好地提升认识、增强能力、防范风险，并最终成为具有全球竞争力的世界一流企业等诸多重要问题，既有深刻的理论分析，也有精彩的典型实践。我非常荣幸能先睹为快，也非常愿意将这本书推荐给大家。

是为序。

赵昌文

国务院发展研究中心研究员、产业经济研究部部长

《中国金融学》主编

推荐序四

改革开放40年，也是中国企业从小到大，从少到多，从弱到强，从本土走向世界的艰辛过程。中国企业的国际竞争力不断增强，使得部分旁观者感到好奇又困惑，甚至引起了一些发达国家经济界的担忧。永胜博士所著《全球竞争力培育》系统描绘了中国企业全球竞争力提升的艰辛历程，总结了中国企业全球竞争力提升的经验和方法。一方面，有助于国际学术界理解中国企业全球竞争力增强的原因，避免引起误解和恐慌；另一方面，也为我国企业提高全球竞争力提供了系统的解决方案。

（1）隐性知识：日本企业崛起与“走出去”的法宝。日本企业“走出去”也经历了类似的过程。20世纪70年代到90年代，日本企业国际竞争力显著提高，让世界震惊，引发国际经济学界的广泛关注。在《广场协议》之后，日本企业掀起了海外并购、建立分公司的热潮。相反，此时的美国制造业却陷入了困境。以汽车产业为例，美国的汽车企业在与日本的丰田、本田等知名汽车企业的竞争中全面落败。日本三菱财团收购美国的国家历史地标洛克菲勒中心，让美国人感到震惊。

日本管理学家野中郁次郎在大量跟踪调研日本企业的基础之上，以“知识论”角度，诠释了“日本式管理”的秘密。

索尼、松下、本田、佳能等一大批知名公司之所以能够成功，一个重要的原因是它们既重视显性知识又重视隐性知识。所谓隐性知识，主要是指那些不能通过语言、文字、图表或符号明确表述的知识，这也是传统经济学和管理学容易忽视的问题。野中郁次郎还提出了被管理学广泛承认的知识转化 SECI 模型。他认为，显性知识和隐性知识相互转换，共分为四个过程：社会化（S）、外部化（E）、融合化（C）、内部化（I）。

（2）活性知识：中国企业竞争力提升的秘密。如果仅将知识分为显性知识和隐性知识，笔者认为其理论存在一定缺陷，即忽视了人们对于可言说与不可言说知识的情感体悟知识。因此，笔者提出了知识整体论，将知识分为感性知识、理性知识和活性知识。感性知识大体上对应隐性知识，理性知识大体上对应显性知识，而活性知识则是基于情感和价值判断的知识，既可以是显性的，也可以是隐性的。活性知识的一个重要功能就是激活感性知识和理性知识。在此基础上，笔者提出了三元知识创新螺旋模型。与上述知识创新模型的四个过程相比，三元知识创新螺旋模型有九个过程：实践化、概念化、具体化、系统化、有效化、合法化、质变转化、物质化、价值化。这是一种人们从感性知识和直接经验中提高认识，从而改变其活性知识的过程，也是知识创新的螺旋上升过程。

如果说野中郁次郎的知识创新模型大体上解释了日本企业超越美国企业的秘密，三元知识创新螺旋模型则大体上说明了中国企业近年来崛起的秘密。华为作为中国制造的重要代表，它的成功并非偶然。华为创始人不仅重视学习借鉴西方的先进管理理论与制度，也重视下属和员工的实践技能提升和实践经验的总结。更重要的是，华为非常重视企业文化建设。例如，华为一向重视激发员工的内在斗志，以产业报国、振兴民族通信工业为己任。从知识整体论角度来说，这就是将活性知识转化为感性知识的物质化过程，具体诠释了“精神力量也可以变成物质力量”。同样，我们也可以尝试用该理论来理解中国经济的发展奇迹。中国经济取得辉煌成就，中国企业的集体崛起功不可没，而崛起的背后是一大批以民族复兴为己任的企业家艰苦奋斗、不懈努力，也正是这种“修身齐家治国平天下”的

“家国情怀”为其提供了不竭的精神动力。

人类的行为受到现实、自由及理性这三个永不静止的力量的推动。因各种不确定性而生发迷茫，每个人要平衡相应的三个作用力：感知的外部世界和真实经验、被激活的理性、主导价值观。中国式管理之所以很有生命力，离不开正确价值观念的指引，离不开实践经验的总结，离不开理性制度的规制。中国企业国际竞争力的提高，实际上借鉴了西方理性化的技术体系和制度体系，继承了中国的优秀传统文化和内在精神，总结了吃苦耐劳、勇于创新的实干经验。

（3）三大法宝：明道、取势、优术。从三元知识整体论角度来说，中国式管理有三个重要内涵：一是重视活性精神力量，二是重视感性实践活动，三是重视理性制度建设。与之相呼应，中国企业要“走出去”，必须重视道（精神力量）、势（感性力量）、术（理性力量）。

“道”在传统道家思想体系中主要有两种解释：一是指事物本来如此，不受人为干扰；二是从自然之道出发，进而通过一定的逻辑关系论证人要顺势而为，注重事物发展变化的内在逻辑。经济全球化从本质上说，是企业在全球空间内配置资源以实现利润最大化的过程。我国企业在发展壮大之后参与全球产业链分工，是中国企业“走出去”必经之“大道”；永胜博士所总结的中国特色企业管理思想与模式、中国企业领先之道，则是中国企业“走出去”应遵循的内在成长规律之道，更是中国企业走向卓越、立足世界的精神力量与内在基因。

“势”是中华民族传统文化中独有的语言，它反映了人类在遵循客观世界的“道”的过程中如何认识和理解静态的力量与动态的变化。所谓“君子谋时而动，顺势而为”，强调的就是审时度势、善于用势的重要性。改革开放40年来的发展历程及由此追溯到新中国成立以来的成就，可以在一定程度上解读为几代中国领导人审时度势、因势利导、善于用势所带来的变革。我们今天的成就，离不开从中央到地方、无论国有企业还是民营企业各级各类组织领导者的善于用势。共建“一带一路”倡议和“两个构建”的思想是为“强起来”造势、为实现“两个一百年”的奋斗目标而蓄势。在此战略前提下，中国企业全球竞争力将逐步上升。永胜博士在《全球竞争力培育》一书中所分析的世界竞争新格局、“中国方案”推动新型全球化等，都很深刻地阐述了中国企业“走出去”面临之“势”。

“术”本意是指技艺、方法、实施和执行，字典上解释为“思通造化，随通而行，运动”。术从本质上说，是在战略导向的指引下，在总结实践经验的基础上，形成一系列理性化和合法性的知识系统。永胜博士所提出的放眼全球、夯实基础、增强内力、找准模式、选对路径“五大步骤”，便是中国企业“走出去”之“术”，为中国企业新时期应对高质量发展要求、全球化新挑战创造性地开发了理想的途径和实施方案。

永胜博士是一位工作在企业一线的领导者，在工作中注重将感性经验上升为理性知识，并以活性知识作为指导。他善于平衡理想、理性和现实，总结中国企业“走出去”的精神导向、实践情景和理性方案。他以企业报国为导向，投身实践，勤于思考，在繁忙的日常管理工作之余写出了这本理论联系实践、开拓创新而又务实传承、高度凝练的著作，可喜可贺！承蒙永胜博士命我作序，深感课题之重大，惶恐之余写下上述思考，谨以复命。

是为序。

杨百寅

清华大学经济管理学院伟创力讲席教授

领导力与组织管理系系主任

序言

关于中国企业“走出去”以及国际竞争力等问题的探讨，我一直甚感兴趣且持续在做一些研究。原因有二：一是我在葡萄牙里斯本工商管理大学攻读博士学位时论文主题方向就是企业国际化，之后也一直未间断思考和研究；二是我自1988年参加工作以来先后供职于中国电力建设集团、中国交通建设集团和中国通号集团，这些企业都是中国知名的国有企业，这几家企业的国际化都开始得比较早且成就斐然，是成功“走出去”的典范，因此，我也算是中国企业“走出去”的参与者与见证者。2013年，基于C公司为代表的一批中国建筑施工企业和全球知名建筑类企业的案例研究，我出版了《从竞争力到核心竞争力——中国企业集团国际化的理论与实践》一书，通过国内典型案例剖析、国际对标案例分析以及基础理论研究，对中国企业集团国际化的理论和实践进行了系统论述，解答了在“走出去”过程中如何进行战略选择（产品选择、市场选择和模式选择），如何培育和锻造企业核心竞争力等问题。该书出版以后受到相关专家、学者、实践者的高度认可和读者的热捧。根据本人参与的新实践、新思考以及内外部形势的新发展，对中国企业培育国际化核心竞争力的各方面做了更为创新且务实的剖析，2016年该书出版了第二版，为读者进一步梳理出企业打造国际市场竞争力的明晰路线图。该书还被俄罗斯人民友谊大学工商管理系维克多·斯捷潘诺维奇·叶夫列莫夫教授翻译成俄文出版，并在 2018 年 9 月东方经济论坛中俄双方互赠礼品时，作为国礼送给俄方官员和企业家。

所谓“苟日新，日日新，又日新”，新时代、新实践、新形势、新问题、新挑战，都在急切地呼唤新的伟大理论。伴随着国际“不确定性”格局的新变化、“一带一路”建设的深入新发展、部分中国企业从追赶到超越最终产生“没有对标”的新困惑，中国企业“走出去”步入“黄金发展期”，却也正面临前所未有的新问题与新挑战，这一切迫切需要新的理论予以指导、需要新的研究予以支撑！ 2017 年，党的十九大发出了培育具有全球竞争力的世界一流企业的动员令，“全球竞争力”概念的提出是新时期对国有企业改革发展提出的更高要求、更高标准和更新期待，更是中国企业“走出去”需要研究的新理论与发展的新目标！因此，从低水平“走出去”到高质量“走出去”，从核心竞争力到全球竞争力，从模仿追赶到创新超越，中国企业需要新的动能引领未来升级发展，其核心就是：培育全球竞争力！这是今天中国企业急需破解的一个难题，也是笔者持续思考的重要课题。基于此，笔者近两年又深入学习有关“走出去”与国际竞争力的最新理论成果、分析国内外新环境与新形势、研究中国企业 40 年发展历程、总结中国企业“走出去”的发展模式与经验教训，其间也在多家媒体发表文章，试图通过扩大研究对象范围、延伸研究内容深度，而不再局限于某一行业或者某一方面，为新时代中国企业如何培育全球竞争力、实现高质量“走出去”提供系统性的解决方案，由此逐步形成本书的核心内容。

“理论是行动的先导。”深刻理解全球竞争力，是我们新时代高质量“走出去”的必修第一课。从国际到国内，从实践到理论，无论是质量奖、排行榜、绩效评价，还是课题研究、著作成果，关于企业国际竞争力的评价与研究，在评价体系、评价指标、评价方法、企业发展特质等方面的总结，均存在一些相似之处，但是，目前国际上尚无统一的评价标准与全球公认的理论研究成果。因此，如何正确理解党的十九大提出的全球竞争力概念，是一个难题。本书第一章便从企业国际化与国际竞争力两点常识谈起，介绍了全球竞争力有关基础理论知识，然后从国际竞争力评价层面全面分析了全球竞争力报告、国内外企业 500 强排行榜等情况，最后重点阐述了中央企业对国际竞争力评价的探索以及全球竞争力概念提出的背景以及新举措，并结合对世界一流企业、中国企业领先之道的总结，得出两个重要结论：一是全球竞争力的内核包括六个核心要素，即管理科学、突出的核心竞争力、受到社会广泛尊重、独特的管理思想与优秀的企业文化、超强的执行力、引领行业趋势。二是全球竞争力具有“升级”特征，即相对过去提出的国际竞争力，不再局限于中国的庞大企业，不再局限于世界 500 强的概念，不再局限于规模，要更具全球引领力，更具创新力，更具资本布局能力，更具责任与使命感等，而且要充分体现“中国方案”（中国模式成功经验）的特色、彰显中国形象，在国际市场拥有更多的话语权。

“不畏浮云遮望眼，风物长宜放眼量。”正确认知和理解国内外大环境、大趋势，学会从容面对百年未有之大变局，经受百年未有之大考验，抓住百年未有之大机遇，我们方可做到因势而谋、应势而动、顺势而为。本书第二章首先通过世界大棋局以及 PESTEL 分析，全方位扫描全球政治、经济、社会、科技、环境、法律环境，认为“不确定”的国际形势已成常态，全球经济结构周期性调整，争夺全球和地区主导权的竞争与博弈日趋激烈，冷战之后一路狂飙的全球化进程不断受挫，人类无法回避的国际性难题越来越多。然后通过分别阐述“两个构建”（构建新型国际关系、构建人类命运共同体）、中国特色大国外交“主题曲”、覆盖全球的多边合作机制，认为与“不确定”相对应的是“确定”的新时代主题：和平与发展。更多国家期待合作与共赢的发展，人类也更期待和平与美好的生活。最后深刻解读了独特“中国方案”的内涵：以“两个一流”支撑“中国力量”，以“一带一路”作为“破局之道”，主动应对当今世界的不确定性并维护推进当今世界的确定性，从而助力全球治理并推动新型全球化发展。

“行之力则知愈进，知之深则行愈达。”中国经济仅用 40 年时间便赶超了西方的百年历程，中国企业已经成为中国经济崛起的中坚力量，踏上打造具有全球竞争力的世界一流企业的新征程。在这一过程中所形成的“中国智慧”“中国方案”显得弥足珍贵，是我们培育全球竞争力的根基，值得我们“知之深”。本书第三章着重梳理和回顾了国有企业与民营企业40年携手并进、从追赶到全球同台竞技的成长历程，并总结分析了各自不同发展阶段的时代背景、发展特征、重要事件以及阶段成果等，其中包括中国企业“走出去”的历程与成就，然后结合相关学术理论研究、企业案例分析以及全球竞争力的内涵，得出两个重要结论：一是中国特色企业管理思想与模式日渐成熟，并呈现四大特色：（1）把党的领导融入公司治理各环节；（2）强大的党建文化体系；（3）先进的中国特色企业文化理念；（4）个性化的管理思想与经营管理模式。二是中国企业的领先之道为尊重四个重要规律，掌握七项关键能力。四个规律是指顺应市场经济发展规律及时代变革大势，服务国家战略，发挥党建文化体系的核心作用，创新探索中国特色企业发展模式。七项关键能力包括：一个指引力，即战略引领；两个内核动力，即管理变革与创新驱动；两个外核动力，即资本运作与品牌塑造；两个保障力，即人才发展与文化建设。最后第三章还结合“一带一路”建设大背景，重点分析了当前中国企业“走出去”面临的新机遇与新挑战，认为中国企业应该在“机中有危”的常态中，把握先机、提升能力、突破瓶颈，为高质量“走出去”做好充分准备。

“博学之，审问之，慎思之，明辨之，笃行之。”从基础理论知识的深刻理解，到国内外环境的理性认知，再到中国企业40年实践经验的梳理总结，这是一个系统思考与科学判断的过程，其根本目的是“笃行之”。本书第四章基于“识大局、辨形势”“知己知彼”以及对中国企业“走出去”实践案例的研究，针对新时代中国企业“走出去”如何进行能力再造，提供了一套具有可操作性的实施方案，具体分为五大步骤。一是放眼全球：战略决定成败。要求“走出去”企业掌握必要的国际战略观、必会的企业国际化发展战略选择方法、必懂的企业国际化策略选择影响因素。二是夯实基础：练好六项“基本功”。即尊重规律、坚持改革、补齐能力短板（增强创新力、提高资本运作力、加强国际化人才培养、提升品牌形象）、推动属地化发展、维护大国形象、抵御风险。三是增强内力：制度与文化双轮驱动。主要指制度变革中管控模式、业绩考核与薪酬设计“三驾马车”并驾齐驱，以及文化变革中跨文化管理是重中之重。四是找准模式：“走出去”的模式选择。具体包括战略联盟、产融结合、跨国并购、产业园区、“互联网 +”、第三方市场合作六大模式。五是选对路径：“走出去”的成长路线图。具体分为“走进去”（本土化发展）、“走上去”（高质量发展）、“融进去”（价值观引领发展）、“可持续”（共生共荣发展）四个环节。放眼全球、夯实基础、增强内力、找准模式、选对路径这五大步骤，有理论依据支撑，有大局形势引领，有经验总结指导，从战略到战役再到战术、从理念到措施再到行动，是中国企业“走出去”切实有效的行动方案，更是中国企业新时期应对新要求、新挑战提高“走出去”质量与效益的理想途径，将会帮助每条“出海”的小船逐步成长为航母，且航行得更稳、更顺、更快、更远。

“明者防祸于未萌，智者图患于将来。”防患于未然，方能行稳致远。伴随着“一带一路”建设的深入推进，中国企业融入全球化愈来愈深，面对动态调整的世界大势、不断引发变革的科技创新、无法回避的国际难题与发展瓶颈，中国企业要做的就是居安思危、未雨绸缪，同时还要居危思进、敢于挑战、超越自我，做到临危不惧、化险为夷、转危为安。本书第五章专门总结和分析了中国企业“走出去”常见的八大风险因素（政治风险、经济与市场风险、社会和文化风险、法律合规风险、环境保护风险、运营环境风险、国际化人才短缺风险、恐怖主义与治安风险）与对策，其中包括各种风险的基本定义、具体特征、表现形式、发生条件、严重后果等，并结合案例、数据予以生动呈现。然后就每种风险提出了应对之策。最后选取了“走出去”风险防范体系建设比较健全的 A 公司为案例，进一步帮助企业理解如何系统构建科学的风险防范体系。

“思想格局决定未来。”优秀的企业不仅要为社会提供优秀的产品和服务，还应该在实践中形成伟大的思想和可借鉴的普适实践成果，并使其成为企业未来持续发展的重要文化支撑。本书的前五章用了很大篇幅论述中国企业“走出去”的策略、战术、方法等，可以称之为“法”。在中国哲学中，与之对应的是“道”，也就是中国企业应该以什么样的思想与认知新格局来引领“走出去”，这也是本书第六章的内容主旨。中国企业“走出去”过程中有必要也有能力产生伟大的思想，并将这一思想培育成为企业核心竞争力的重要组成部分。中国企业应从三个方面入手，以思想开启未来。一是着力思考培养优秀的企业家精神，清晰地认识到企业家精神的本质是在辩证统一之中实现超越，并深刻理解中国国有企业家精神的特质。二是坚持从中国实践出发坚定“四个自信”，深刻理解企业的使命与担当、企业发展理论依据的科学性、制度的优越性与必然性、企业文化的内生动力等。三是对人类面对的共同问题或者世界发展的系统性问题进行深入探究，深刻理解并懂得如何成功跨越“五大陷阱”，从而理性认知不确定的未来，这是一流企业的更高价值追求，也是优秀的中国企业和中国企业家的基本遵循。

以上就是笔者对新时代中国企业如何培育全球竞争力实现高质量“走出去”这一课题的系统思考，概而言之就是：在深刻理解全球竞争力内核、正确认知世界竞争新格局以及中国“破局之道”、科学总结中国企业 40 年来实践经验中的“中国智慧”与“中国方案”、清晰了解“一带一路”建设带来的新机遇与新挑战的基础上，按照放眼全球、夯实基础、增强内力、找准模式、选对路径“五大步骤”，实施高质量“走出去”行动方案，同时注重八大风险因素并有效采取防范措施，最终建立以“培养优秀的企业家精神、坚定‘四个自信’、跨越‘五大陷阱’”为核心内容的思想与认知新格局，推动企业实现超越优秀、走向卓越，成为具有全球竞争力的世界一流企业。过程中，要求企业做到懂理论、识大局、辨形势、善总结、有步骤、稳基础、强能力、重防范、求卓越“九个要求”，同时应注重知行合一、中西融合、战略与战术相结合、练好“内功”与善于创新相结合、国家利益与企业利益相结合、规模速度与质量效益相结合“六项原则”。总体来看，这一系统方案具有如下三大特点：

一是理论创新性。首先，创新性地提出了全球竞争力的六大构成要素，科学地进行了全球竞争力内核解读。其次，系统梳理和回顾了中国国有企业与民营企业携手并进的40年成长历程，以及中国企业“走出去”的阶段与成就，并总结出已初步形成的中国特色企业管理思想与模式——以四大特色为核心的“中国方案”，同时还提出了中国企业领先之道——尊重四个重要规律、掌握七项关键能力，其中最大的亮点就是研究结论的得出，它源于将国有企业与民营企业同时作为研究对象。最后，开创性地提出以放眼全球、夯实基础、增强内力、找准模式、选对路径“五大步骤”为核心的“走出去”能力再造实施方案，其中包括由实践总结出的“走出去”六大模式与“走出去”成长路线图等。

二是内容系统性。强调的是系统解决问题，而不是仅从某个角度去进行能力提升，也不是单纯地讲理论。从理论到实践、从国际到国内、从历史到未来、从宏观到微观、从战略到战术、从基础到创新、从国家到企业、从速度到质量，这一系统方案无论是横向维度还是纵向维度，都具有严密的逻辑性，充分体现了系统性、平衡性与科学性特征，堪称实现高质量发展的最大公约数。正因为如此，本书参考的图书、报纸、杂志、文章、数据报告等文献资料涉及领域很广泛，包括党政、经济、政治、科技、历史、文化、法律、环境、管理、军事等。

三是实践操作性。“致知之必在于行。”这一系统方案的提出是源于对中国企业40年成长实践经验的总结，以及对中国企业“走出去”典型案例的分析，因此，所有的理论成果、经验总结、教训启示、实施路径等都是真正意义上的“中国智慧”与“中国方案”，对于中国企业“走出去”具有极强的实践指导价值。

实践发展永无止境，解放思想永无止境。中国企业仍然处于新环境日益复杂、新技术不断变革、新问题层出不穷的裂变时代，我们的理论创新亦将永无止境。“路漫漫其修远兮，吾将上下而求索。”我们应始终保持一颗坚定的“追梦”之心。作为企业，应始终肩负使命，以富有创新性、系统性与操作性的“走出去”行动方案为支撑，努力将自身打造成具有全球竞争力的世界一流企业，为实现“两个一百年”奋斗目标和中华民族伟大复兴中国梦做出新的更大贡献；作为个人，我也将不忘初心，保持科学严谨、务实创新的研究态度，持续研究和积极实践中国企业“走出去”以及全球竞争力等相关课题，为中国企业成长与经济发展尽献绵薄之力！

由于自身能力和时间所限，本书撰写过程中难以做到尽善尽美，定然会存在很多不足之处，衷心期望读者能够提出宝贵的意见，以鞭策我力求止于至善！另外，由于本书截稿日期处于跨年时间点，部分数据、信息尚未公布，无法全面、及时更新，还望读者谅解！

杨永胜

2019 年 4 月于北京

目录

第一章

全球竞争力内核

“全球竞争力”的概念源于“一流”“国际一流企业”，其内核是不断发展和丰富的。《辞海》对“一流”的解释是“第一等”，用于形容事物的等级和类别；美国《商业词典》认为，“一流”是指某类事物处于顶尖的前列，能够成为其他同类事物的标准和标杆。因此，“国际一流企业”应该是全球处于第一等水平的企业，而且一定是同类企业的标杆。世界最著名的三大质量奖（日本爱德华·戴明质量奖、美国马尔科姆·波多里奇国家质量奖、欧洲质量奖）都基于卓越绩效管理模式，将领导力、战略、顾客、产品和服务、人力资源、过程管理、经营结果等作为衡量企业管理水平以及企业竞争力的关键指标。美国《财富》杂志每年发布的“全球最受赞赏公司”排行榜则是从创新、人才管理、企业资产利用、社会责任、管理质量、财务稳健性、长期投资价值、产品及服务质量、国际竞争力等九个方面进行评价的。堪称世界一流企业发展之道的理论总结“三部曲”——《日本企业管理艺术》《成功之路——美国最佳管理企业的经验》《基业长青》（以及《从优秀到卓越》），详细记载了不同时代、不同阶段世界一流企业成长的轨迹并总结了其共同特征，例如：价值观引领、追求卓越、履行社会责任、领导即服务、以人为本（包括人才培养）、团队协作、顾客至上、追求创新、绩效导向等。

在中国，虽然企业发展起步晚，但是相关的实践与研究也颇有特色。一方面，我们借鉴世界著名的质量奖设置了全国质量奖（2001 年，中国质量协会）和中国质量奖（2013 年，国家质量监督检验检疫总局）；另一方面，我们对中央企业竞争力的评价是典型的“中国方案”。2006 年，国务院国有资产监督管理委员会出台了《中央企业综合绩效评价管理暂行办法》，并明确了由财务绩效定量评价和管理绩效定性评价组成的10余项评价指标；2012年，我国提出“做强做优，世界一流”的发展战略目标，并形成了以“四强”、“四优”、“四个特征”与“13项要素”为主体的评价标准与行动指南；2017年，党的十九大进一步提出“培育具有全球竞争力的世界一流企业”的新要求，这也标志着全球竞争力概念的正式提出。在理论研究方面，国务院发展研究中心企业研究所承担的“中国企业国际化及全球竞争力”课题，对中国企业全球竞争力进行了评价，并构建了一个包括国家全球竞争力、企业规模、盈利、成长性、运营效率和跨国化指数等维度的指标体系；有关的管理著作以及研究成果《领先之道》《中国企业的下一个机会：成为价值型企业》《中国式企业管理科学基础研究总报告》《兴衰30年：中国企业30年成败模式》等，则从管理的角度对中国企业的成长基因进行了深入探索，但也局限于对国内企业的研究。

从国际到国内，从实践到理论，无论是质量奖、排行榜、绩效评价，还是课题研究、著作成果，关于“企业国际竞争力”的评价与研究，在评价指标、评价方法、总结出的企业发展特质等方面，都存在一些相似之处。但是，目前国际上尚无统一的评价标准与全球公认的理论研究成果。因此，如何正确理解全球竞争力这一新概念，是一个难题，然而，这又是中国企业“走出去”的必修课之一。我们需要从全球竞争力的相关基础理论、企业国际竞争力评价的国内外研究与实践情况、企业国际竞争力评价探索中的“中国方案”、世界企业的领先之道、中国企业的成功之道等多层面进行科学、系统的分析，才能正确得出全球竞争力的真正内核。

一、两点常识：企业国际化与国际竞争力

中国企业“走出去”实质上就是企业国际化的过程，而在经济全球化、国际竞争日益激烈的背景下，企业能否真正国际化并成功“走出去”，完全取决于企业的国际竞争力水平。因此，企业国际化与国际竞争力（含核心竞争力），是我们必须知道的两个基本常识。

(一) 企业国际化理论：从经典到创新

1. 企业国际化的基本概念

关于企业国际化理论的研究，最早可以追溯到 20 世纪 70 年代。

卡尔森（Calson，1975）、约翰森（Johanson）和维德斯海姆·保罗（Wiedersheim Paul）等北欧学者基于企业行为理论研究，于 20 世纪 70 年代中期提出了企业国际化阶段理论，认为企业国际化是企业由国内市场向国际市场扩张的渐进演变过程，并且这个过程具有渐进性和连续性。

瑞典学者约翰森和马特森（Johanson & Mattsson，1988）认为，企业国际化实际上就是企业在国际市场网络中建立、发展网络关系的过程。

英国国际商务教授斯蒂芬·杨（Stephen Young，1989）认为，企业国际化是指企业跨国经营的所有活动方式。这些活动包括产品出口、直接投资、技术许可、管理合同、交钥匙工程合同、国际分包合同、生产特许经营等。

芬兰学者韦尔奇和罗斯坦蒂恩（L. S. Welch & R. K. Luostatinen，1993）认为，企业国际化是指企业积极参与国际分工，由国内企业发展为跨国公司的过程，它包括两种地理导向：内向型视角和外向型视角，内向国际化是外向国际化的基础和条件。

加拿大西安大略大学毅伟商学院国际商务教授包铭心（Paul W. Beamish，2006）结合大量案例研究认为，企业国际化是企业逐渐增强对国际经济活动影响其前景的认识，并与其他国家的企业建立关系和进行交易的过程。

中国企业国际化研究主要围绕某一个关键点展开，其代表性观点如下：

梁能（1999）认为，企业国际化是指企业走向世界的过程，包括两个方面：一是企业经营的国际化，也就是企业产销活动的范围怎样从一国走向世界的问题；二是企业自身的国际化，也就是一个原来土生土长的地方性企业，如何向跨国公司演变的问题。

鲁桐（2000）提出了“国际化蛛网模型”，从跨国经营方式、财务管理、市场营销、组织结构、人事管理和跨国指数考察企业的国际化程度。

该学者认为，对企业国际化发展的衡量仅仅用个别综合性指标是不够的，应该对国际化经营进行数量化的结构性分析，这样才能进一步揭示不同企业国际化的不同特征。

李海舰（2001）认为，企业国际化是指其销售国际化、生产国际化、融资国际化、服务国际化和研发国际化。广义的企业国际化，不但包括对外投资，而且包括对外贸易；不仅包括境外合资，而且包括国内合资。根据中国具体国情和现实运作，中国企业的国际化战略可分为两大层面：一是“引进来”的企业国际化战略；二是“走出去”的企业国际化战略。

赵曙明等（2010）认为，广义上，企业国际化是产品、服务、技术、劳动力、管理及企业本身进入国际市场开展竞争与合作；狭义上，企业国际化是企业到国外投资，设立生产经营机构，向境外延伸研发、生产和营销能力，在更多的国家和地区合理配置资源等。①

总的来说，国内学者越来越认为中国企业的国际化应该有自己独特的模式。

2. 不同视角的国际化理论研究

基于企业国际化的动因、进程、演变方式、研究对象等不同视角，目前国际学者对于企业国际化理论的研究，大致可以分为以下几个方面。

（1）基于国际贸易的企业国际化理论。

● 产品生命周期理论。美国学者雷蒙德·弗农（Raymond Vernon）在1966年提出了产品生命周期理论。该理论将产品生命周期划分为创新、成熟和标准化三个阶段，认为美国企业的对外直接投资与产品生命周期有密切关系，在不同阶段，产品的技术特点、市场供求关系、卖方市场竞争状态各不相同，于是生产者要选择不同的生产区位，而影响投资区位的最重要因素是劳动力成本和市场信息。

● 边际产业扩张论。边际产业扩张论是关于从边际产业开始国际直接投资的理论，由日本经济学家小岛清（Kiyoshi Kojima）在1977年提出，从

① 赵曙明，等. 企业国际化的条件、路径、模式及其启示. 科学学与科学技术管理，2010，31（1）.

宏观角度解释了企业国际化的动因在于比较成本优势。该理论认为，国际直接投资应从本国（投资国）已经处于或即将处于比较劣势地位的产业（即边际产业）依次进行，这些边际产业也是东道国具有比较优势或潜在比较优势的产业。该理论能够较好地解释日本 20 世纪六七十年代国际直接投资的实践。[①]

（2）基于跨国经营行为的企业国际化理论。

- 企业国际化阶段论。该理论是本领域理论研究的开创性成果。20 世纪 70 年代，以约翰森和瓦尼（Johanson & Vahlne，1977）为代表的北欧学派使用企业行为理论研究方法提出了企业国际化阶段论，又称乌普萨拉模型（Uppsala model）。该理论认为，随着市场知识的积累，企业海外经营的不同发展阶段具体为：不规则的出口活动—通过代理商出口—建立海外销售子公司—海外直接生产和制造，并认为这四个阶段是“连续”和“渐进”的过程。
- 出口行为理论。在企业国际化阶段理论之后，美国密歇根大学教授卡瓦斯基尔（Cavusgil，1980，1982）对其加以延伸并提出了出口行为理论，把企业经营国际化的过程分成五个阶段：国内营销阶段；前出口阶段；试验进行阶段；积极投入阶段；国际战略阶段。该理论与企业国际化阶段理论的相同之处是都强调过程的“连续”和“渐进”特征，但是该理论侧重于对企业国际化出口阶段的描述与分析。
- 关系网络理论。企业国际化的关系网络模型由瑞典学者提出，主要代表有哈格和约翰森（Hagg & Johanson，1982），哈马克威斯特（Hammarkvist，1982），约翰森和马特森（Johanson & Mattsson，1985，1986）等，他们应用网络理论分析产业内企业的跨国经营行为。该模型认为，企业在网络中通过分工合作彼此依赖和相互作用，产业是由众多从事生产、销售及服务等活动的企业组成的，即构成企业的关系网络。企业的国际化是企业在国际生产或市场网络中建立、发展关系网络的过程，企业在这个过程中建立和发展其在关系网络中的位置。

---

① 陆雄文. 管理学大辞典. 上海：上海辞书出版社，2013.

• 企业国际化经营战略管理理论。1962年，美国著名经济史学家钱德勒（Chandler）提出了“结构跟随战略”与“公司的战略必将决定其结构”的著名论断，在该领域进行了开创性研究。此后，斯坦兰德斯科夫（Strandskov，1985），阿辛（Axinn，1988），莫林（Melin，1992），明茨伯格（Mintzberg，1994），韦尔奇和劳伦斯（Welch & Lawrence，1996）等著名管理学家又进一步将企业战略管理理论与企业国际化经营战略相结合，提出企业国际化经营战略管理理论。[①] 该理论认为，企业国际化是高度依赖战略规划的过程，因为其既确立了企业的总体经营方向，又提供了对经营活动的具体指导。[②] 而且，跨国公司在经营活动中有着不同的战略倾向，具体可分为母公司中心型、多中心型、地区中心型、全球中心型。

（3）基于产业组织理论的企业国际直接投资理论。

• 垄断优势理论。垄断优势理论是关于垄断优势的国际直接投资理论。美国经济学家斯蒂芬·海默（Stephen Hymer）于1960年提出垄断优势，并率先对传统理论提出了挑战。海默认为，企业国际化（国际直接投资）的动因是结构性市场不完全尤其是技术和知识市场不完全，起决定性作用的因素是企业在不完全竞争条件下获得的各种垄断优势，如技术优势、规模经济优势、资金和货币优势、组织管理能力优势等；跨国公司倾向于以对外直接投资的方式来利用其独特的垄断优势。后来，麻省理工学院金德贝格（Charles P. Kindleberger）20世纪70年代对海默提出的垄断优势进行了补充和发展，形成了垄断优势理论。

• 内部化理论。内部化理论是关于跨国公司的内部化理论，由英国雷丁大学学者巴克利（Peter J. Buckley）和卡森（Mark Casson）于1976年提出。该理论认为，跨国公司生产以外的活动如研究与开发、培训等，与中间产品（半成品和原材料，结合在专利权、人力资本中的各种知识）密切

---

① Welch D E，Lawrence S. The internationalization process and networks：a strategic management perspective. Journal of International Marketing，1996，4（3）.

② 赵曙明，等. 企业国际化的条件、路径、模式及其启示. 科学学与科学技术管理，2010，31（1）.

相关。中间产品市场尤其是知识产品市场的不完全，使企业不能有效利用外部市场来协调其经营活动，这是构成内部化的关键前提。当内部化过程超越国界时，跨国公司便应运而生。跨国公司进行国际直接投资是为了避免因交易不确定性而导致的高交易成本。①

● 国际生产折中理论。国际生产折中理论建立在垄断优势理论及内部化理论基础上，是关于国际生产的统一的、综合的理论。由英国学者邓宁（J. H. Dunning）在 1977 年首次提出。该理论认为，企业从事国际直接投资的方式由该企业本身所拥有的所有权优势、内部化优势和区位优势三大基本因素共同决定。企业若仅具备所有权优势，则选择技术授权；企业若具备所有权优势和内部化优势，则选择出口；企业若同时具备三种优势，则选择国际直接投资。②

（4）基于发展中国家对外投资实践的企业国际化理论。

● 小规模技术理论。小规模技术理论由美国学者刘易斯·威尔斯（Louis Wells）于 1977 年提出。其核心观点是：发展中国家企业可以利用小规模生产技术在竞争中获得优势。该理论认为，发展中国家跨国公司的竞争优势来自低生产成本，这种低生产成本与其母国自身的市场特征紧密相关。发展中国家跨国公司的竞争优势主要是：拥有为小市场需要服务的劳动密集型小规模生产技术；就地取材和同种族（在国外生产民族产品，服务于国外同一种族团体）；产品生产成本低，物美价廉。③

● 技术地方化理论。英国经济学家桑杰亚·拉奥（Sanjaya Lall）于 1983 年提出用技术地方化理论来解释发展中国家的对外直接投资行为。拉奥深入研究了印度跨国公司的竞争优势和投资动机，得出结论：尽管发展中国家跨国公司的技术特征表现为规模小、使用标准化技术和劳动密集型技术，但这种技术的形成却包含企业内在的创新活动。

● 技术创新产业升级理论。英国学者坎特韦尔（John A. Cantwell）和

---

① 陆雄文. 管理学大辞典. 上海：上海辞书出版社，2013.

② 陆雄文. 管理学大辞典. 上海：上海辞书出版社，2013.

③ 陆雄文. 管理学大辞典. 上海：上海辞书出版社，2013.

托伦蒂诺（Paz Estrella Tolentino）基于对发展中国家对外直接投资问题的研究，于 20 世纪 90 年代初提出了技术创新产业升级理论，用以解释 20 世纪 80 年代以来发展中国家和地区对经济发达国家的直接投资加速增长的趋势。该理论认为，发展中国家对外直接投资的产业分布和地理分布是随着时间的推移而逐渐变化的，而且是可以预测的；和发达国家相比，发展中国家企业的技术创新表现出不同的特征。发达国家凭借大量的研究和开发投入，掌握尖端高科技并引导技术发展的潮流；而发展中国家缺乏很强的研发能力，主要依靠特有的学习经验和组织能力掌握和开发生产技术。

（5）新兴的企业国际化理论——快速国际化成长理论。

- 国际新创企业理论。美国著名学者奥维特和麦克杜格尔（Oviatt & McDougall，1994）发现，随着低成本的通信工具和交通方式的普及，一个仅拥有少量资本但富有国际经验的人，很容易发现海外市场的机会，创建一家跨国企业。这与资源导向的成熟企业国际化有本质的区别。该概念是传统的企业国际化理论难以解释的，因此成为企业国际化领域研究的革命性成果。他们还提出了可持续的国际新创企业的特质：部分交易的内部化、网络以及许可协议等可以选择的控制结构、海外地点优势、独特的资源。

- 国际创业理论。国际创业理论是一个相对复杂且快速更新的理论。赵曙明等在《企业国际化的条件、路径、模式及其启示》一文中是这样总结的：Morrow（1988）首先提出国际创业的概念；而 Oviatt & McDougall（2003）认为，国际创业是“跨边界”机遇的发现、激发、评估和利用，以创造未来的产品和服务。该理论研究基本可以划分为四类：一是资源观。Autio，Sapienza & Almeida（2000）认为，新创企业拥有独特的资源优势，能加快企业的国际扩张。二是网络观。Coviello & Munro（1995）认为，国际社会网络在认识和把握国际市场机会、获取国际创业信息和知识、建立信任关系等方面影响国际创业行为。三是组织学习观。Zahra，Ireland & Hitt（2000）认为，新创企业在新环境中的快速学习能力使它们掌握了创造知识的优势，这种优势促进了新创企业的国际扩张。四是机会观。Dimitratosa & Jones（2005）认为，取得国际创业成功的关键在于敏锐地感知海外市场机会，并快速有效地采取行动。[①]

3. 企业国际化常见市场进入模式

目前，从国内外企业国际化的实践经验来看，主要市场进入模式包括贸易型、契约型、投资型三种，这三种模式又细分为若干个具体的市场进入子模式（见图1－1）。了解不同市场进入模式，是企业有效利用自身资源与条件正确选择市场进入方式并赢得市场的前提。那么，不同的市场进入模式具有哪些特征？

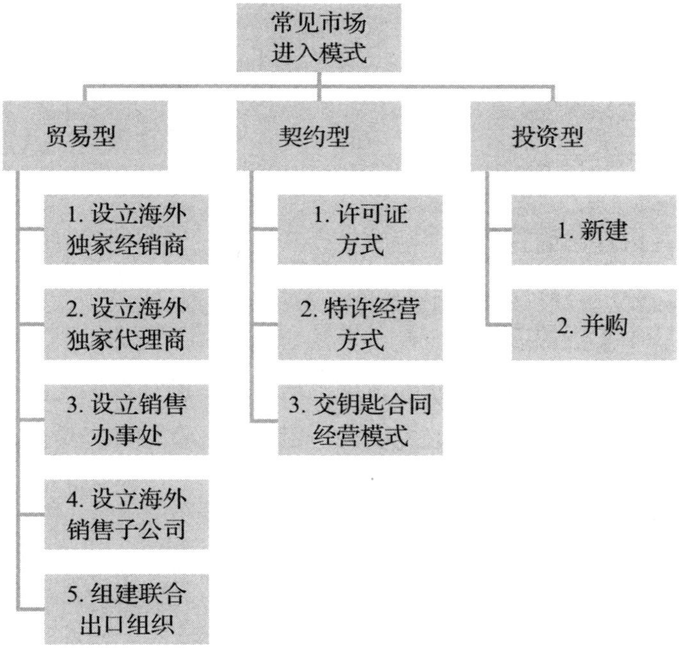

图1－1 企业国际化常见市场进入模式

（1）贸易型进入模式。贸易型进入模式主要是指产品在本国生产在目标国销售的进入模式，形式上分为间接出口和直接出口两类。间接出口是指企业通过国际进出口贸易公司把自己的产品销往外国市场，企业并不参与具体的商品销售和外国市场渠道拓展。按照企业国际化阶段理论，当企业规模较

① 赵曙明，等. 企业国际化的条件、路径、模式及其启示. 科学学与科学技术管理，2010，31（1）.

小、实力较弱、处于国际化的初级阶段时，该市场进入模式是风险比较小、资源投入比较少的一种适宜选择。直接出口是指企业直接参与海外市场销售渠道建立的市场进入模式，其销售渠道主要包括以下几种类型：

● 设立海外独家经销商。主要是指目标国企业与本国企业签订商品的买卖合同成为海外经销商，在合同有效期内，海外经销商从本国企业处购买商品，然后作为该商品在约定区域内的唯一指定经销商承担此商品的销售任务。

● 设立海外独家代理商。主要是指国内企业和海外代理商签订代理合同，海外代理商在合同授权下代表国内企业和海外市场的客户直接签订购买协议，其中海外代理商只是充当中介商的角色，根据销售量的大小收取一定的佣金。和设立海外独家经销商相比，设立海外代理商由于涉及第三方，违约风险比较大。

● 设立销售办事处。主要是指在某些国家或地区直接设立管理这个区域商品销售的直属机构。本国企业通过这种方式直接进入目标国市场，可以更好地了解目标国的市场环境和需求。

● 设立海外销售子公司。主要是指在海外设立独立的直属于母公司的法人机构，该机构拥有和海外贸易公司相同的法人待遇，在海外市场直接销售本国企业的产品，是企业在海外拓展销售渠道的一种有效方式。

● 组建联合出口组织。主要是指本国同产业内的多个企业联合起来组成一个出口组织，该组织有统一的组织规则和章程，以组织的名义开拓海外市场，同时各企业之间相互独立。

贸易型进入模式是企业进入海外市场一种比较保守的方式，安全、高效、成本低，特别适合企业国际化初期，该阶段企业规模小、资金少，缺乏国际化的实践和经验以及控制风险的能力。不过，贸易型进入模式也有一定的局限性。例如：由于信息的缺乏，企业对海外市场需求的变化不敏感；对产品销售的控制程度下降；进入目标国时面临关税壁垒和配额限制等，这些都会增加企业的经营成本。

各种贸易型进入模式的特征分析和比较如表 1－1 所示。

表 1－1 各种贸易型进入模式的特征分析和比较

	出口模式	特征	优势	劣势
间接出口	出口商	出口商有不同的类型，最常见的出口商从制造商购买产品，然后用自己的账户向国外销售产品	能够处理出口的所有事项	无法控制海外市场和信息；销售量有限
	出口委托商行	代表国外委托人向制造商订货，只收取佣金；同时，出口委托商承诺支付	能够处理有关出口的所有事项并担保支付	同上
	购买商行	代表客户进入百货店直接向制造商订货	能够处理有关产品出口的所有事项，但制造商仅在购买上接触，按照要求提供订货，不参与任何出口事宜	同上
	“挂拖车”出口	制造商通过综合商社的海外销售网络将其产品销往海外	与有实力的贸易公司合作，贸易公司也扩大了产品种类和销售量	要找到合适的伙伴；产品销售容易因现有的销售关系而受到影响
直接出口	代理商	代理商有不同的类型：有的代理商销售一个公司的产品，有的代理商销售不同公司的产品；以佣金的方式收费	与间接出口相比，加强了对海外市场的控制能力和信息的掌握；在同一市场有续存性；代理商的成本与产品销售挂钩	有可能同时代理不同公司的产品；终止与代理商的协议会比较困难，且代价高
	经销商	经销商将使用产品的名称，经销商的收入不以佣金的方式实现	与代理商相同的是，经销商比较了解当地市场，并能够提供售后服务；制造商也能够控制海外市场	与经销商终止协议的代价高
	直接销售	从本国直接派销售代表到外国	对公司和产品有深入的了解；对海外市场和信息的控制能力强	缺乏当地市场知识；存在语言文化障碍；交易成本相对高
	专卖店	专卖店职员既可以从本国派，也可雇佣当地人员	下决心发展海外市场；使国外公司更容易与制造商合作；灵活和适应能力强	在选择合适的销售人员上会遇到一定的困难；当地的销售代表缺乏对母公司和产品的了解

资料来源：鲁桐．中国企业跨国经营战略．北京：经济管理出版社，2003.

（2）契约型进入模式。契约型进入模式是一种在国际上日渐流行的市场进入模式。作为一种非股权安排，其重要性在企业的国际化实践和理论研究中得到凸显，它可以进一步细分为许可证方式、特许经营方式、交钥匙合同经营模式等子模式。

- 许可证方式。许可证方式是本国企业和外国企业达成转让协议，本国企业按协议向外国企业转让其自身无形资产使用权，例如专利、商标、企业名称等，并收取一定的转让费用。

其优势主要有：首先，许可证方式转让的是企业自己无形资产的使用权，可以看作出口商品的一种替代模式，企业自身不用投入大量的资源，不用面对海外贸易壁垒和市场风险，有着预期的固定收益。其次，随着全球化竞争的加剧，产品的生命周期缩短，技术创新已成为跨国企业提升其竞争优势的关键因素，但技术创新伴随着巨大的人力、物力投入和科技转化风险，而通过许可证方式，企业之间可以相互授权，以低成本方式获取对方的技术，从而加快技术创新速度，快速进入国际市场。

其劣势表现为：首先，许可证方式进入国际市场一般都面临其产品的本土化问题，要满足当地消费者的消费习惯和文化传统，这个过程需要一定的转化成本。各国之间产品差异很大，导致许可证方式的实现难度加大。其次，由于信息不对称和目标国市场环境的不确定性，技术转移双方对技术的内在价值存在不同的评估，并且与直接投资和出口等方式相比，许可证方式的收益水平比较低。最后，在该方式中授权方对受权方经营策略的控制程度很低，直接影响了授权方根据企业经营绩效而能获得的预期收益，而且在长期的技术转移过程中容易出现技术外溢导致严重的外部性，为企业培养潜在的竞争对手。

- 特许经营方式。特许经营方式是契约型进入模式中最常见的一种，根据国际特许经营协会（IFA）的定义，特许经营是一种扩展产品和服务销售渠道的手段，它包括两个层面的内容：一是特许者向受许可者转让商标、技术、标准的商业运营模式；二是受许可者按照合同在支付使用费和加盟金的条件下从事特定的经营活动。

其优势主要有：首先，特许经营方式具有投入少、见效快的特点。特许者只需要按照合同转让商标等无形资产给受许可者。受许可者是企业的出资者和拥有者，在特许者帮助和指导下建立标准的商业运营模式。特许经营不受企业自有资金规模的限制，企业可以迅速扩展进入国际市场。因此，特许者可在全球建立简单化、标准化、专业化的特许系统，易于扩展和学习，特许经营方式实现难度相比许可证方式而言比较小。此外，特许者需要对加盟企业进行生产和管理方面的指导和帮助，相比许可证方式其对受许可者的控制程度更强。如果受许可者不按协议要求经营，企业有权终止双方之间的合同。而且，特许经营面临的经营风险比较小，可以绕过贸易壁垒和对外国企业的政策限制，更有利于其产品销售渠道在目标国的延伸和拓展。

其劣势表现为：首先，由于特许经营有着标准统一的商业运营模式，如果一个加盟企业出现问题，会对特许者和其他加盟者的形象和声誉产生严重的影响。同时特许者要对受许可者进行资金融通、员工培训、流程设计等方面的帮助，在交流和沟通过程中会不可避免地产生技术外溢风险。其次，特许经营有着全球统一的特许系统，在进入不同的国家时会由于限制条件不同而产生本土化问题，利益双方形成复杂的博弈关系，从而影响其经营绩效。

- 交钥匙合同经营模式。交钥匙合同经营模式是指企业为目标国的工程项目进行设计、建造、运营，并且在试运营一段时间以后，把该项目的所有权和经营权整体转让给目标国的一种市场进入模式。交钥匙合同经营模式可以进一步细分为如下两种方式。

建设－经营－转让（build-operate-transfer，BOT）是主要用于承建目标国公共基础设施建设的一种市场进入模式，主要涉及项目投资方、目标国政府、项目融资银行和工程承包商四个利益相关方。目标国雇主为项目提供特许经营协议以作为企业融资的基础，项目投资方进行融资、工程设计、建设，并在工程完成后进行一段时间的经营，然后把项目的所有权和使用权转让给目标国雇主。

设计－采购－施工（engineering-procurement-construction，EPC）是BOT模式的延伸，不仅包括BOT模式的所有流程，而且包括整个项目前期的策划和管理。目标国雇主只要大致说明自己的意图和要求，其余的一揽子工作都由企业完成（材料和设备采购也包含在内），雇主只需要给出承包项目的固定总价。由于EPC模式几乎包括项目的所有环节，因此标准的过程控制和专业的分包商对其相当重要。

交钥匙合同经营模式在每一个环节都体现了系统性、有效性的原则，专业分工明确，资源配置优化，并且组织灵活。一般采用工作组模式，项目完成后工作组即可解散，可以实现企业内部资源的优化配置。但是在众多的市场进入模式中，这种模式的风险性是最高的。交钥匙合同涉及项目的每个环节，建设周期长，政治、市场环境的不确定性大，作为一个系统工程，交钥匙合同的利益相关者很多，协调起来难度很大。

（3）投资型进入模式。投资型进入模式是指企业通过直接投资方式在目标国对生产性实体拥有控制权的一种市场进入模式。和其他市场进入模式相比，它是一种股权投资，企业能够直接参与目标国的产品生产和市场营销等过程，控制程度很高。但同时企业也需要投入大量的人力物力资源，面临很大的市场风险，需要对经营后果承担责任。投资型进入模式主要包括新建和并购两种形式。

● 新建。新建是指企业在目标国直接投资建厂，它们是和目标国企业具有相同法人地位的经营实体。从组织结构、制度设计、人员配置、设备采购到组织生产，全由企业自身承担。企业以市场价格获得所需的投入，和并购相比具有比较精确的市场估值。新建公司的整体设计可以完全按照企业本身的战略规划和市场需求来进行，灵活性比较高。但新建的时间周期比较长，投入成本比较大，不可控因素比较多。新建同时又可以细分为独资和合资两类。

企业是否选择新建方式取决于如下因素：

一是企业拥有的技术优势。企业拥有的核心技术等专有资源越多，越倾向于选择新建方式进入，以避免技术外溢所造成的风险。

二是企业所处发展阶段及国际化实践经验。国际化初始阶段，企业一般倾向于选择新建方式以控制经营风险，而跨国经营经验丰富的企业通常会选择并购方式。

三是企业对国际化发展速度的追求。企业国际化的后来者，要想在短期内赶超竞争对手，最便捷的方式就是通过并购来获得其他企业的专有资源，从而增加自己的核心竞争力并加快国际化发展速度。

四是目标国对新建方式的支持态度。无论目标国是发达国家还是发展中国家，往往都对新建方式持比较鼓励和欢迎的态度，因为它可以为东道国提供就业岗位，增加当地收入。但是对跨国并购则多会设立很多政策限制，企业要面对严格的调查和审批，很容易陷入法律纠纷。

● 并购。并购是指企业通过付出一定的代价而获得目标国企业控制权的一种市场进入模式，是企业所有权和经营权的让渡过程，一般分为吸收合并和股权置换两类。吸收合并是指一家企业被另一家企业兼并，被兼并企业不再是独立法人，兼并后的企业以兼并者的法人身份继续经营。股权置换是指企业之间互换股份，建立一个新的法人主体，是新设合并的一种形式。从产业链的视角来看，并购可以分为横向并购、纵向并购和混合并购。横向并购是具有相似业务范围的企业之间的并购，纵向并购是位于产业链不同环节的企业之间的并购，混合并购是以多元化经营为目标的企业之间的跨行业并购。

企业发生并购行为一般是出于以下几种考虑：

一是发展规模经济。在某些行业存在规模经济，企业单位产品的成本会随着企业规模的扩大而下降，从而形成先进入者的垄断优势，特别是在能源和电信行业，并购是达到此目的最便捷、高效的手段。

二是巩固垄断势力并提升核心竞争力。随着经济全球化和资本市场的发展，本国宏观经济波动性加大，在经济衰退的情况下，上市企业可能会出现资产估值过低，此时正是实现并购的最好时机。企业可以通过并购来巩固自己已有的市场垄断势力，提升自己的核心竞争力。

三是绕过目标国贸易壁垒。在目标国政府对新建方式有诸多产业政策限制的情况下，并购成为有效进入市场的一种替代方式，企业可以在全球范围整合自己的战略资源。

（二）国际竞争力理论：从国家到企业

1. 核心竞争力的基本概念

核心竞争力概念最早是由普拉哈拉德和哈默尔（Prahalad & Hamel，1990）提出的，他们指出，核心竞争力的基本特征主要体现在三个方面：一是反映客户长期最看重的价值，对客户的核心利益有关键性的贡献；二是具有独树一帜的能力，并且难以被竞争对手模仿和替代；三是具有延展到更广泛市场领域的能力。

莱昂纳德·巴顿（Leonard Barton，1992）认为，核心竞争力是识别和提供优势的知识体系，它有雇员的知识和技能、物理的技术系统、管理系统、价值和规范四个尺度，前二者构成重要的知识储备库，后二者组成整理和控制知识系统。

库柏斯（Coombas，1996）认为，企业核心竞争力是企业能力的一个特定组合，是企业、市场与技术相互作用的特定经验的积累。

贾维丹（Javidan，1998）从资源、能力、竞争力与核心竞争力四个层次来论述，认为核心竞争力是各个单位的竞争力的协调与整合。

陈清泰（1999）认为，核心竞争力是指一个企业不断创造新产品和提供新服务以适应市场的能力、不断创新管理的能力、不断创新营销手段的能力。

蓝海林（2000）指出，核心竞争力的大小不仅在于拥有多少资金、人才、设备和原材料资源，更加重要的是这些资源是否集中于关键环节或领域，同时，核心竞争力还应该具有很高的保持性。

陈佳贵（2002）认为，核心竞争力主要是指企业在生产经营过程中的积累性知识和能力，尤其是关于如何协调不同生产技能和整合多种技术的知识和能力，并据此创造出超越其他对手的独特的经营理念、技术、产品和服务。

王毅（2007）认为，企业核心竞争力是由能力及能力构架与层次组成的一个两维知识系统。

国内外不同学者对于企业核心竞争力的研究关注点各有不同，正是这种多视角的研究将核心竞争力推向了研究的高峰。

2. 国际竞争力的内涵

国际竞争力原指国家或地区的竞争力，之后随着学者的研究拓展衍生出产业国际竞争力、企业国际竞争力等理论。国际竞争力的定义一直在不断地演化。

其中基于比较优势理论分析方法进行定义的有三个。一是美国竞争力委员会（U. S. Council on Competitiveness，1992），它认为国际竞争力是一个国家或地区既能提供满足国际市场检验标准的产品和服务，又能长期持续地提高国民生活水平的能力；二是瑞士洛桑国际管理发展学院（IMD，2003），它认为国际竞争力是一个国家或地区创造与保持一个能够使企业持续产出更多价值、人民拥有更多财富的环境的能力；三是经济合作与发展组织（OECD，2005），它认为国际竞争力是一个国家或地区能够在自由公正的市场条件下生产产品和服务的能力，这些产品和服务既能达到国际市场的检验标准，又能使该国家或地区人民的实际收入保持不变或有所提高。

突破各种比较优势理论分析方法来研究国际竞争力的典型代表，是被誉为“竞争战略之父”的迈克尔·波特（Michael Porter）。他在1980—1990年出版的《竞争战略》《竞争优势》《国家竞争优势》中，从管理学的角度提出，国际竞争力是一个国家或地区能否创造一个良好的商业环境，使该国家或地区企业获得竞争优势的能力，其决定因素包括生产要素，需求条件，企业战略、结构、竞争对手的表现，相关产业和支持产业的表现等四个内生变量，以及政府、机遇两个外生变量，这就是为分析国际竞争力提供新范式且具有奠基意义的“单钻石模型”。基于此，众多学者又依据不同侧重点和研究对象，考虑更多的新因素，使其不断演变和拓展，以更科学地解释国际竞争力，并衍生出国际化钻石模型、北美钻石模型、一般化双重钻石模型、九要素模型、双重双钻石模型等。

无论学者们如何界定国际竞争力，我们都可以看出它是由多重因素构成的，因此如何评价国际竞争力又成为研究的重点。目前应用比较广泛的评价体系主要包括 IMD 国际竞争力评价体系、世界经济论坛（WEF）国际竞争力评价体系和联合国工业发展组织（UNIDO）工业竞争力评价体系。其中 IMD 国际竞争力评价体系由四个因素构成，分别是经济运行竞争力、政府效率竞争力、企业效率竞争力和基础设施竞争力；WEF 国际竞争力评价体系由增长竞争力指数和企业竞争力指数两大指数系统组成；UNIDO 工业竞争力评价体系由人均制造业增加值、人均制成品出口额、制造业增加值中高技术产品的比重、制成品出口中高技术产品的比重等指标构成。随着学界对国际竞争力影响因素认识的不断拓展，国际竞争力评价体系的模型仍会持续改进。

从 20 世纪 90 年代起，国内学者开始对国际竞争力进行研究，研究主要聚焦于国际竞争力的内涵、评价体系。

王与君（1999）认为，国际竞争力 = 竞争力资产 × 竞争力过程。对国家而言，无论是其长期增长的基础，还是对企业创造价值提供的环境支持都可以包括在方程之中；对企业而言，无论是在国际市场上生产出比竞争对手更多价值的能力，还是将现有资产成功地运用于创造增加值的转换过程，都能够纳入方程之中。

李京文等（2001）认为，国际竞争力是由多种因素相互作用而成的，经济实力、国际化程度、政府作用、金融环境、基础设施、管理程度、科学技术、人口结构素质是影响国家国际竞争力的重要因素。从生产要素状况、需求状况、相关及辅助产业状况、企业要素状况、中国文化及发展环境看，目前我国社会发展领域中众多“软指标”仍处于落后状态，中国的国际竞争力还存在一些劣势因素。

裴长洪等（2002）认为，从经济学视角看，关于各类竞争力的讨论分别对应着微观、中观和宏观层次。在产业竞争优势理论框架下设立的经济分析范式既可以用于分析以国家为主体的产品国际竞争力，也可以用于分析企业国际竞争力。

卢进勇（2003）认为，应将企业国际竞争力分为企业国际贸易竞争力和企业国际投资竞争力两个方面。企业国际投资竞争力与企业国际贸易竞争力的侧重点不同，前者侧重展示企业的项目投融资、技术、管理和品牌方面的竞争力，而后者主要代表的是产品、价格、质量、服务、营销和品牌等方面的竞争力。

刘文炳（2011）从论述并购重组与中央企业国际竞争力的关系出发，揭示了并购重组提升国际竞争力的机理，构建了中央企业国际竞争力的评价指标体系，同时将中央企业与世界500强企业典型并购重组案例进行比较，并在实证分析的基础上提出了政策建议。

赵昌文（2014）主编的《中国企业国际化及全球竞争力》详细阐述了中国企业的国际化、中国企业全球竞争力评价、中国企业全球竞争力的影响因素、提升中国企业全球竞争力的两个方向、进一步完善企业国际化的体制与政策环境等内容。该书是国务院发展研究中心企业研究所承担的“中国企业国际化及全球竞争力”课题研究的成果。

国际竞争力研究领域，除了上述国家或地区国际竞争力、企业国际竞争力之外，还有一个重要分支，就是产业国际竞争力。

产业国际竞争力亦称产业竞争力，指某国或某一地区某个特定产业相对于他国或其他地区同一产业在生产效率、满足市场需求、持续获利等方面所体现的竞争能力。其两大理论支撑分别为比较优势理论与竞争优势理论。

国内对产业国际竞争力的研究活跃于21世纪初期，2000—2001年我国召开了中国产业国际高峰会议、中国产业国际竞争力研讨会；2001年国家计委宏观经济研究院产业发展研究所课题组完成了“我国产业国际竞争力评价理论与方法研究”课题；2001年中国社会科学研究院工业经济研究所完成了“WTO与中国工业竞争力问题研究”课题。

金碚（2003）将产业国际竞争力定义为，一国某一产业能够比他国同类产业更有效地向市场提供产品或服务的综合素质。

王丽萍等（2006）对产业国际竞争力的理论和模型进行了汇总和回顾，认为国内对产业国际竞争力的研究主要集中在对我国各产业的国际竞争力进行综合评价和试图构建产业国际竞争力评价指标体系，研究范围包括我国产业国际竞争力的竞争结果、竞争态势、竞争构造和竞争评价等多个方面，特别是有关产业国际竞争力的影响因素。

芮明杰等（2010）所著《产业国际竞争力评价理论与方法》基于产业生态系统研究视角，对中国产业国际竞争力评价的构成要素、生态特征、演化机制等进行深入分析，并通过主成分分析和层次分析方法建立起符合中国特色的产业国际竞争力评价指标模型，最后对中国汽车产业和银行业的国际竞争力给予分析和评价。

李钢（2012）认为，从中长期来看，随着人口素质的不断提升，中国将迎来质量型人口红利所带来的新的20年战略机遇期，这将是中国产业国际竞争力持续提升的重要源泉。

同时，对于产业国际竞争力和企业国际竞争力，学者普遍认为产业国际竞争力与企业国际竞争力之间存在微妙的博弈关系，企业国际竞争力是产业国际竞争力的基本表现形式和重要组成部分，产业国际竞争力反映除企业国际竞争力以外的其他方面的产业特性，如企业结构、企业集中度、产业政策等，因此，产业国际竞争力并不等于产业内所有企业国际竞争力的合力。

二、从全球竞争力报告到500强排行榜

（一）世界关注的全球竞争力报告

关于国家国际竞争力评价，目前国际上应用比较广泛的评价体系主要包括IMD国际竞争力评价体系、WEF国际竞争力评价体系和UNIDO工

业竞争力评价体系，其共同特征是，所评价的对象都是以国家或地区为主体，而并非企业个体。最有影响力且受世界各地高度重视的评价体系及其相关活动，是一年一度的 WEF《全球竞争力报告》。

WEF 从 1979 年开始对各个国家或地区的竞争力进行评价，是目前国际上从事竞争力评价最著名的机构之一，它通过对各个国家或地区进行综合因素考评，推出一年一度的《全球竞争力报告》。《全球竞争力报告》的竞争力排名以全球竞争力指数为基础。这一指数包括制度、基础设施、宏观经济稳定性、健康与初等教育、高等教育与培训、商品市场效率、劳动市场效率、金融市场成熟性、技术设备、市场规模、商务成熟性、创新等 12 个竞争力因素。

2018 年 10 月 17 日，WEF 公布了 2018 年《全球竞争力报告》。美国时隔十年再度登顶，成为最具竞争力经济体，也是自 2008—2009 年金融危机以来首次摘冠。新加坡、德国紧随其后分列第 2 位及第 3 位，瑞士排名第 4 位，日本排名第 5 位，中国排名第 28 位（市场规模排名第 1 位）。其他金砖国家中，俄罗斯排名第 43 位，印度上升至第 58 位，南非和巴西分别下降至第 67 位和第 72 位。该报告指出，这次公布的“全球竞争力指数 4.0”针对全球 140 个经济体评分，指标主要分为 4 大方面，包括环境便利性、人力资本、市场、创新生态系统，并再细分为 12 个支柱 98 个指标，评分范围为 0 ～ 100。WEF 认为，在贸易局势紧张状态加剧之际，需要更加强调市场开放性。

与 2017 年《全球竞争力报告》相比，大多数国家的排名变化不大，例如新加坡排名第 3 位，中国排名第 27 位（见表 1－2）。变化大的是：美国，从 2017 年第 2 位跃居榜首；瑞士，在蝉联 9 年第 1 位后，2018 年排名下滑至第 4 位；日本，从 2017 年排名第 9 位升至第 5 位。WEF 认为，美国 2018 年之所以能够登上竞争力榜首，主要归功于长期因素发挥作用，而不是美国政府当年的政策；而且指出美国在劳动力市场和商务活力方面居首，但治安和健康领域则有待改善。不过，由于 WEF 评分标准有变，排名变化只能作为参考，不能直接比较。

表 1-2 全球竞争力指数部分国家排名 2017—2018 年度对比（及分数）

国家	2018 年		2017 年	
	排名	分数	排名	分数
美国	1	85.6	2	5.85
新加坡	2	83.5	3	5.71
德国	3	82.8	5	5.65
瑞士	4	82.6	1	5.86
日本	5	82.5	9	5.49
荷兰	6	82.4	4	5.66
英国	8	82.0	8	5.51
瑞典	9	81.7	7	5.52
丹麦	10	80.6	12	5.39
芬兰	11	80.3	10	5.49
加拿大	12	79.9	14	5.35
澳大利亚	14	78.9	21	5.19
韩国	15	78.8	26	5.07
挪威	16	78.2	11	5.40
法国	17	78.0	22	5.18
新西兰	18	77.5	13	5.37
中国	28	72.6	27	5.00

资料来源：根据 WEF 公布的 2017 年、2018 年《全球竞争力报告》公开数据整理。

（二）500 强能够诠释全球竞争力吗

以上全球竞争力排名主要针对的是国家或地区国际竞争力的评价，而关于企业国际竞争力的评价，国内外学者在企业国际竞争力的内涵、评价对象、指标类型、研究方法以及理论基础等方面都有一定的深入研究，但存在较大的分歧，而且国内外还没有一个研究机构或研究者在企业国际竞争力评价体系的研究方面取得让学术界高度认可的成果。因此，关于企业国际竞争力的评价仅仅停留在理论研究层面，尚未应用到实践中。

国内在该领域相对权威的研究成果，是赵昌文（2014）主编的《中国企业国际化及全球竞争力》一书，它是国务院发展研究中心企业研究所承担的“中国企业国际化及全球竞争力”课题研究的成果。除了参考国际公认的国际竞争力评价体系、学术研究成果，该书还重点参考了国资委自身提出的相关评价体系或者要求，融入了“中国方案”的内容，具有突出的“中国特色”。该书重点在第二章对中国企业全球竞争力进行评价。首先根据国家竞争力评价体系、企业绩效评价指标体系、企业竞争力评价指标体系和企业国际竞争力评价指标体系等分析框架，构建了一个包括国家全球竞争力、企业规模、盈利、成长性、运营效率和跨国化指数等维度的指标体系。然后着重分析了影响企业全球竞争力的规模因素、效率因素、成长因素和国际化因素，综合测算了一些领先企业全球竞争力指数，并将其与行业内的国际标杆企业进行对标分析，为提升中国领先制造企业的全球竞争力提供思路和改进建议。

实践层面，目前还没有世界公认的企业国际竞争力评价体系及排名方法，但是有一些比较有影响力的相关评价及排名方法。不过，这些评价及排名方法的评估指标具有一定的片面性，往往是仅包含营业收入或者利润、市值、总资产等，无法作为企业国际竞争力的全面评估指标。

从全球范围来看，在全球企业竞争力评价方面，国际上被广泛认可的机构有《财富》《福布斯》《商业周刊》，它们都是美国的杂志类媒体机构，不过各机构的排名依据存在一定差异。其中，《财富》世界 500 强排行榜一直是衡量全球大型公司最著名、最权威的榜单，每年发布一次。《财富》将收入作为企业排名的主要依据，认为收入是衡量增长和成功最可靠、最有力、最有意义的指标，因此《财富》提出的评估指标侧重于对企业规模的考量；《商业周刊》把市值作为主要依据；《福布斯》综合考虑年销售额、利润、总资产和市值。另外，《商业周刊》的排名仅限于发达国家，而《财富》则对世界各国的企业都进行排名。

2018年7月20日，《财富》发布2018年世界500强名单，中国公司上榜数量连续第15年增加，从2017年的115家增至120家，接近位居第一的美国（126家），远超排名第三的日本（52家）。《财富》指出："从1995年《财富》世界500强排行榜同时涵盖工业企业和服务企业以来，还没有其他哪个国家的企业数量如此迅速地增长"。

与2017年相比，2018年上榜的500家公司总营业收入近30万亿美元，同比增加8.3%；总利润达到创纪录的1.88万亿美元，同比增加23%；销售收益率达到6.3%，净资产收益率达到10.9%，均超过2017年的水平，这表明这些全球巨头的经营状况在明显改善。

世界500强排行榜的总榜单衡量的是营业收入，沃尔玛连续第5年成为全球最大公司，它和3家中国公司——国家电网、中石化和中石油继续位列榜单前4名，位次没有变化。壳牌石油上升至第5位，将丰田汽车挤至第6位。从利润榜上看，苹果仍高居首位，排在第2位的是重新进入世界500强的英美烟草集团。进入利润榜前10位的4家中国公司仍然是工、建、农、中四大银行。从利润率来看，最高的是英美烟草集团，其利润率高达185%，远超第2位的卡夫亨氏。在净资产收益率榜上，波音公司居首位；而中国公司中排位靠前的是腾讯、碧桂园、华为、美的。①

在国内，有关企业竞争力排名的评价机构，主要有中国企业联合会、《财富》（中文版）、中华全国工商业联合会、品牌价值实验室等。中国企业500强榜单是由中国企业联合会、中国企业家协会按国际惯例组织评选、发布的中国企业排行榜，自2002年起每年向社会公布一次，其主要评价指标是营业收入。中国民营企业500强榜单是中华全国工商业联合会在上规模民营企业调研的基础上，以营业收入总额为参考指标发布的排序结果。中国品牌500强是由品牌价值实验室、《世界经济学人周刊》共同主办的一项活动，是目前中国品牌研究领域最具权威性、最具影响力的奖项之一，被誉为中国品牌的"奥斯卡奖"，评价指标为品牌价值。另外，还

① 120家中国企业入围世界500强，赚钱能力谁最强．（2018-07-20）．新华网．

有部分行业性的排名，例如中国建筑企业 500 强、中国制造业企业 500 强、中国服务业企业 500 强、中国跨国公司 100 大等，主要评价指标也是营业收入。

三、探寻全球竞争力的内核

（一）中央企业对国际竞争力评价的探索

其实，最为接近企业国际竞争力的评价体系应用，应该是我国针对中央企业的综合绩效评价以及提出的相关发展要求，包括曾经提出的培育世界一流企业的相关要求以及最近提出的全球竞争力概念和新措施。

1. 中央企业综合绩效评价

自《中央企业综合绩效评价管理暂行办法》于 2006 年施行以来，中央企业综合绩效评价已实施超过 12 年。该办法由国资委审议通过，主要依据是《企业国有资产监督管理暂行条例》和国家有关规定。其评价的目的是加强对国资委履行出资人职责企业的财务监督，规范企业综合绩效评价工作，综合反映企业资产运营质量，促进提高资本回报水平，正确引导企业经营行为。该评价是以投入产出分析为基本方法，通过建立综合评价指标体系，对照相应行业评价标准，对企业特定经营期间的盈利能力、资产质量、债务风险、经营增长以及管理状况等进行的综合评判。该评价每年实施一次。企业综合绩效评价由财务绩效定量评价和管理绩效定性评价两部分组成。财务绩效定量评价是指对企业一定期间的盈利能力、资产质量、债务风险和经营增长四个方面进行定量对比分析和评判。管理绩效定性评价指标则包括企业发展战略的确立与执行、经营决策、发展创新、风险控制、基础管理、人力资源、行业影响、社会贡献等方面。

2.“四强”、“四优”、“四个特征”与“13 项要素”

2012 年，国资委明确“十二五”时期中央企业“做强做优，世界一流”发展战略目标，研究制定《中央企业做强做优、培育具有国际竞争力的世界一流企业要素指引》等文件，将“四强”（自主创新能力强、资源配置能力强、风险管控能力强、人才队伍强）、“四优”（经营业绩优、公司治理优、布局结构优、企业形象优）、世界一流企业“四个特征”（主业突出，公司治理良好；拥有自主知识产权的核心技术和国际知名品牌；具有较强的国际化经营能力和水平；在国际同行业中综合指标处于先进水平，形象良好，有一定的影响力）进行了全面深入分析，形成了 13 项对标共性要素，这是中央企业由中国一流向世界一流迈进的行动指南。不过，当时并没有界定全球竞争力的概念。

“13 项要素”具体如下①：

（1）建立起规范健全的法人治理结构。通过母公司及所属企业股份制改革，建立健全集团各级企业法人治理结构，股东（大）会、董事会、监事会、经理层各司其职、规范运作，形成科学决策、有效制衡的公司治理机制。集团母公司层面建立起外部董事占多数的规范董事会，能够充分发挥董事会对重大问题决策、经理层选聘、重大项目投资、大额资金使用和风险管控等方面的作用。母公司及所属企业董事会之间权责明确、运转协调，形成科学高效的集权分权体制。

（2）主业突出，具有较强核心竞争力。主业符合国家产业政策，并在国资委核定的主业范围内，通过并购重组、内部整合、精干主业、剥离辅业等优化配置资源，使优势资源向主业集中，产业布局和产业链结构不断完善，能够充分发挥协同效应和整体优势。

（3）自主创新能力强，拥有自主知识产权的核心技术。在具有自主知识产权或发明专利的核心技术上有重要突破，在国际标准的制定上有一定话语权。科研开发成果转化率较高，建立起产学研或官产学研一体化的创新体系。科技创新能力与科研投入占销售收入比重在国内同行业处于领先

① 国资委：具有国际竞争力的世界一流企业应具备 13 项要素.（2012-08-09）. 中国电力企业联合网 .

水平并接近或达到国际先进水平。通过专利保护、商标注册保护、版权登记等措施加强对自主创新成果的及时有效管理。

（4）发展战略性新兴产业具有明显优势。提出有利于发挥企业潜能、优势的战略性新兴产业发展规划，研究分析切实可行，具有资金、人才、组织体系等方面保障能力，能够将战略性新兴产业与原有产业优势相结合，明确发展重点及采取的措施，具有通过并购、联盟等方式加快发展的能力。

（5）国际化经营与运作能力较强，跨国指数较高。以全球性战略思维制定企业发展战略，在市场开拓、业务范围、资源占有、收入比重等方面国际化程度较高，本土化经营与管理取得实效，拥有较强的全球资源配置能力和资本运作能力，综合指标及各项关键指标处于国际同行业先进水平，社会形象良好，国际影响力较强。

（6）拥有国际知名品牌。建立起完善的企业形象识别系统（CIS），通过一流的产品设计、质量服务管理、市场营销和商业模式有效实施品牌战略、开拓国际市场，实现与目标市场的高度契合，品牌文化建设成效显著，在国际上拥有知名统一的企业品牌或系列产品品牌，在价格和用户满意度上具有明显优势。

（7）具有合理的经济规模与较强的盈利能力。充分发挥规模效应，进入《财富》世界500强的企业排序有明显提升或地位不断巩固，盈利能力达到国际一流水平，给予股东较好的回报。

（8）内部改革适应国际竞争要求，激励约束机制健全。充分引入竞争机制，人事、劳动、分配三项制度不断深化，形成职工能进能出、人员能上能下、收入能增能减的体制机制，保护职工合法权益。薪酬体系和用人制度能够吸引、留住并充分发挥人才特别是核心技术研发人才、高级管理人才以及国际化人才的积极性创造性。

（9）集中有效的集团管控模式。根据企业经营特点建立起科学有效的管控模式，集团管理层级原则上控制在三级以内。实行集中有效的资金管理、采购管理、投资管理、资本运作等，建立起并不断完善以战略管控、财务管控和关键经营要素管控为核心的经营管控体系，对境外企业和境外资产管控有效，拥有较强的集团控制力。

（10）风险管理体系完善，拥有较强风险管控能力。有健全的全面风险管理体系，制定并不断完善《企业风险管理手册》及《企业内部控制手册》。董事会在重大决策的风险管理中能够发挥主导作用，风险管理职能部门健全，落实全员岗位风险管理责任。风险管理信息系统完善，业务流程和管理流程科学高效，有良好的风险预警体系及相应的应急预案。在集团范围内建立起风险管理报告制度，对重大风险管控良好。

（11）管理信息化处于较高水平。充分利用信息化手段实现全集团范围内的管理制度化、制度流程化、流程信息化，建立起管理透明、系统集成、授权受控、安全可靠的管理信息系统，实现管控一体化，借助信息化平台不断增强企业管理创新能力。利用管理信息化手段实现对境外子企业的实时有效管控。管理信息化做到适时、高效、可持续、经济成本合理。

（12）重视领导力建设，建立起学习型组织。重视全员在岗学习和离岗培训，加强以培育具有全球化视野、国际化经营运作能力和管理技术复合型为重点的企业高管人员领导力建设，高端人才队伍与国际基本接轨，领导人员素质和高管队伍结构不断优化。

（13）具有先进独特的企业文化和较强的社会责任。具有中国特色和本企业特色的企业文化和健康发展的核心价值观，以开放、包容、多元、共赢的文化要素促进国际化经营。符合社会责任标准（SA 8000）要求，模范履行社会责任，社会形象良好，积极参与国际及行业性企业社会责任标准制定。

3. 全球竞争力新概念的提出与新举措

党的十九大发出了培育具有全球竞争力的世界一流企业的动员令。党的十九大提出，要完善各类国有资产管理体制，改革国有资本授权经营体制，加快国有经济布局优化、结构调整、战略性重组，促进国有资产保值增值，推动国有资本做强做优做大，有效防止国有资产流失。深化国有企业改革，发展混合所有制经济，培育具有全球竞争力的世界一流企业。

2018 年 10 月，国务院副总理刘鹤在全国国有企业改革座谈会上要求：要从战略高度认识新时代深化国有企业改革的中心地位，充分认识增强微观市场主体活力的极端重要性，坚持稳中求进工作总基调，突出重点、稳健务实，扎实推进国有企业改革。并明确了下一步改革的重点是“六个突出抓好”：一是突出抓好中国特色现代国有企业制度建设；二是突出抓好混合所有制改革；三是突出抓好市场化经营机制；四是突出抓好供给侧结构性改革；五是突出抓好改革授权经营体制；六是突出抓好国有资产监管。①

国资委党委书记郝鹏指出：要深刻认识国有企业在这一战略安排中肩负的重大责任和使命，坚持把国有企业搞好、把国有资本做强做优做大不动摇，加快培育主业突出、技术领先、管理先进、绩效优秀、全球资源配置能力强的世界一流企业，使国有企业真正成为我们党执政兴国的重要支柱和最可信赖的依靠力量。②明确了国有企业的战略定位以及成为世界一流企业的几个重要条件。

国资委主任肖亚庆强调：深化国有企业改革，根本的目的是培育具有全球竞争力的世界一流企业。要加快形成一批在国际资源配置中能够占据主导地位的领军企业，培育一批引领全球行业技术发展的领军企业，培育一批在全球产业发展中具有话语权和影响力的领军企业，从而培育具有全球竞争力的世界一流企业。③进一步明确了国有企业塑造世界一流企业的目标与要求。

2019 年 1 月，据《经济参考报》报道，国资委选定航天科技、中石油、国家电网、三峡、国家能源集团、中移动、中航、中国建筑、中车、中广核等 10 家单位，作为创建世界一流示范企业。《关于中央企业创建世界一

---

① 刘鹤出席全国国有企业改革座谈会并讲话 .（2018-10-09）. 中国政府网 .

② 新时代国有企业的战略定位与历史使命 .（2018-01-31）. 求是网 .

③ 国资委主任肖亚庆等就国企改革发展答记者问（实录）.（2018-03-10）. 新浪网 .

流示范企业有关事项的通知》(征求意见稿)显示，国资委将进一步放权授权，示范企业可以自主决策，综合运用混合所有制改革、员工持股、股权激励等各项国有企业改革政策，力争建设“三个领军”“三个领先”“三个典范”的世界一流企业在3年左右时间取得显著成效。世界一流企业应该是“三个领军”“三个领先”“三个典范”。“三个领军”是指在国际资源配置中占主导地位、引领全球行业技术发展、在全球产业发展中具有话语权和影响力的领军企业；“三个领先”是指在全要素生产率和劳动生产率等效率指标、净资产收益率和资本保值增值等效益指标、提供优质产品和服务等方面的领先企业；“三个典范”是指践行新发展理念、履行社会责任、拥有全球知名品牌形象的典范企业。①

可见，相对2012年国资委提出的《中央企业做强做优、培育具有国际竞争力的世界一流企业要素指引》，进一步明确了全球竞争力的概念及其内涵。强调全球竞争力，也就意味着不再局限于中国的庞大企业，不再局限于世界500强的概念，不再局限于规模，要更具全球引领力，更具创新力，更具资本布局能力，更具责任与使命感等，而且要充分体现“中国方案”(中国模式成功经验)的特色、彰显中国形象，在国际市场拥有更多的话语权。

培育具有全球竞争力的世界一流企业，是新时代、新时期对国有企业改革发展提出的更高要求与标准，更是中国企业“走出去”的必然方向。而究竟该如何深刻理解全球竞争力？我们不妨进一步通过对标世界一流企业、回顾中国企业成长历程及其发展模式，探寻全球竞争力的真正内涵。

(二)世界一流企业领先之道

最早成体系地总结企业成功经验或者模式的时间应该是20世纪80年代初期。鉴于第二次世界大战以后日本企业高速发展以及日本经济迅

① 国资委放权 十家央企示范创建“世界一流”.(2019-01-11).经济参考网.

速崛起，甚至有超越美国之势，当时出现了许多关于日本企业的研究著述。其中，美国斯坦福大学教授理查德·特纳·帕斯卡尔（Richard Tanner Pascale）和哈佛大学教授安东尼·阿索斯（Anthony G. Athos）合著的《日本企业管理艺术》一书系统提出了对全球企业产生巨大影响的“7S”管理模式，即战略、结构、制度、共同价值观、技能、风格和人员。

20 世纪 90 年代，美国企业汲取日本企业的经验实现创新发展，促使美国经济腾飞，麦肯锡咨询公司研究人员托马斯·彼得斯（Thomas J. Peters）与罗伯特·沃特曼（Robert H. Waterman）为此撰写了《成功之路——美国最佳管理企业的经验》一书。该书提出了“革新性文化”理论，并归纳出优秀企业成功的八大因素：贵在行动、顾客至上、鼓励创新、尊重员工、以价值观为动力、不离本行、精兵简政、宽严并举，这些至今仍是值得企业借鉴的重要经验之一。

21 世纪初，美国著名管理学者吉姆·柯林斯（Jim Collins）通过《基业长青》与《从优秀到卓越》两部著作，总结了全球性伟大公司持续成长并实现跨越发展的成功经验与发展迷思。其中，《基业长青》就 18 家伟大公司进行了深度的对比性研究，认为它们成功的主要原因是：第一，公司创办人主要致力于建立一个组织，而不仅仅是推出一种获利的产品；第二，它们都有指引、激励公司上下的核心理念，且这种崇高的理念高于对利润的追求；第三，它们往往都拥有胆大包天的目标，刺激企业进步的强大机能；第四，它们都拥有教派般的文化，使公司理念植根于员工心中，并形成精英团队；第五，它们有优越的内部人才培养机制，而且用内部晋升来确保公司核心理念的连续性。与此同时，该书还总结了伟大公司成长历程中的 12 点迷思，成为众多企业引以为鉴的宝贵经验与理论指导。《从优秀到卓越》一书仔细分析了 14 对世界 500 强公司（分别是“直接对照公司”和“未能保持卓越的对照公司”）的完整历史，包括数以吨计的资料和几万页的采访记录，发现了企业从优秀到卓越的内在机制和七个决定性因素：第 5 级经理人，先人后事，直面残酷的现实，刺猬理念，训练有素的文化，技术加速器，飞轮和厄运之轮。

从《日本企业管理艺术》到《成功之路——美国最佳管理企业的经验》，再到《基业长青》（以及《从优秀到卓越》），详细记载了不同时代、不同阶段世界一流企业成长的轨迹，堪称世界一流企业发展之道理论总结“三部曲”，其中很多成熟的、先进的理论值得我们学习与借鉴。为了进一步梳理世界一流企业的成功之道，笔者选取了20多家全球标杆企业的成功案例进行系统分析，结合上述理论，最终总结出世界一流企业的共性特征：社会责任、价值观引领、追求卓越、以人为本、团队协作、领导即服务、制度严格、顾客至上、诚实守信、追求创新、绩效导向。

（三）全球竞争力的六大构成要素

笔者基于众多学者关于企业国际化、国际竞争力、国际竞争力评价、世界一流企业领先之道等理论的研究以及中央企业对国际竞争力的评价探索，认为高速发展的中国企业尤其是以中央企业为代表的“主力军”，除了具备全球优秀企业的共性特征之外，一定还有其独特的成长规律与成功经验，这正是我们要探究的中国企业领先之道。为此，笔者回顾和梳理了中国企业40年的发展历程（详见第三章：从追赶到全球同台竞技），并选取了国内优秀中央企业、典型民营企业的发展案例进行了深度的论证分析，总结出中国企业要想成功塑造为具有全球竞争力的世界一流企业，必须具备以下六个要素：管理科学、突出的核心竞争力、受到社会广泛尊重、独特的管理思想与优秀的企业文化、超强的执行力、引领行业趋势（见图1－2），这是全球竞争力的内在基因，也是中国企业从优秀走向卓越的必然要求与内在源泉。

1. 管理科学

指建立起规范健全的法人治理结构，完善的适应国际竞争的机制及制度体系（包括职业经理人制度、薪酬分配机制、业绩考核机制、创新激励机制等），拥有较强的风险管控能力，管理信息化处于较高水平，建立适应未来变革的新型组织与“商业圈”生态系统。

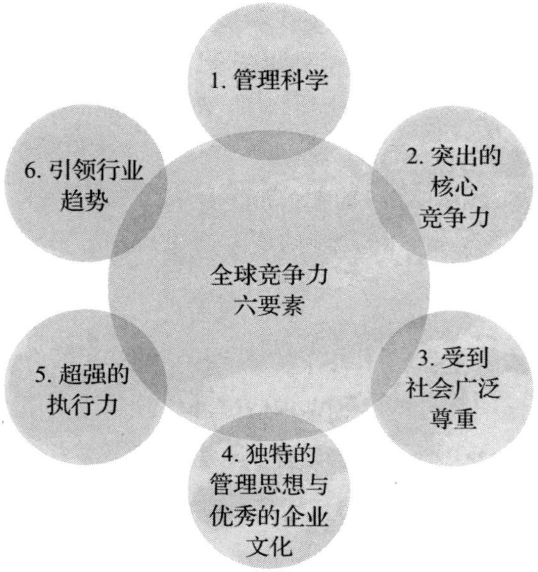

图 1-2　全球竞争力六要素

2. 突出的核心竞争力

指主营业务突出，自主创新能力强，拥有自主知识产权的核心技术和优秀的人才队伍，拥有国际知名品牌，在战略性新兴产业发展方面具有明显优势，资本运作能力强，全球资源配置能力强，具备合理的经济规模与较强的盈利能力。

3. 受到社会广泛尊重

指在与顾客、员工、社区、环境、股东等利益相关者建立良好关系的同时，致力于构建人类命运共同体，推动新时代中国特色社会主义发展，向世界提供“中国方案”，坚持创新、协调、绿色、开放、共享的“五大发展理念”，统筹推进“五位一体”总体布局，协调推进“四个全面”战略布局。尤其是国有企业，还应真正成为我们党执政兴国的重要支柱和最可信赖的依靠力量。企业要在为社会创造财富中获取利益，在为社会创造价值中获取价值，在构建商业秩序中塑造商业文明。

4. 独特的管理思想与优秀的企业文化

表现为价值观引领，强大的文化凝聚力，优秀的跨文化管理能力，先进西方管理思想与独特“中国方案”相融合催生的中国企业发展模式及其管理思想。不仅要在收入规模、技术能力、品牌形象等方面成为标杆，还要为社会贡献管理思想和价值理念。这不仅是企业全球竞争力的表现，还是企业实现持续成长的根本基因。

5. 超强的执行力

表现为明确的共同目标、坚韧的工作风格、全心的工作投入、高效的工作达成、快速的市场反应、良好的团队精神、高度的责任意识、持续的学习热情、强烈的追求卓越意识、极强的组织适应及变革创新能力等，以提升企业战略目标的实现程度、实现速度和实现效果。其动力根源是文化高度一致，员工与组织目标高度契合，具有极强的主观能动性，从而形成组织上下高度的思想认同、战略认同、管理认同、文化认同与情感认同。

6. 引领行业趋势

指立足国际视野、全球布局，具有突出的战略、文化、创新、品牌引领力，追求卓越，追求高质量发展，在所属行业具有较强的国际竞争话语权。作为行业引领者，企业可以将自身的认知、创新、突破和对全新模式的探索施加于所属行业，使其形成重大的突破和变化，并对整个行业的收入、利润、技术创新、质量进步、价值追求、社会责任等肩负起领导责任。

第二章

世界竞争新格局

“不谋万世者，不足谋一时；不谋全局者，不足谋一域。”世界一流的企业，必定是国际化的企业；杰出的企业家，也必须是优秀的战略家。在人类步入信息化、智能化的新时代之际，世界格局风云变幻，国际形势波诡云谲。要在这“百年未有之大变局”中更好地“走出国门，迈向世界”，中国企业和企业家必须认真研究、深刻了解、准确把握错综复杂和变幻莫测的世界格局与地区形势，基于国家的战略选择，做出正确的投资、经营、管理、风控等方面战略的判断和抉择，从而立企业于不败之地和蓬勃发展之势。

要直面“不确定”的国际形势：我们面对的是百年未有之大变局，一个动态调整的世界大棋局（见图 2－1），政治上“三大主义”（保护主义、民粹主义、孤立主义）干扰多极化进程，经济上“新平庸”可能成为“新现实”，社会上遭遇人口老龄化与低出生率难题，科技上缺乏原创性新理论，环境上持续恶化导致人类付出沉重代价，法律上“长臂管辖”破坏国际秩序。随着一些国家争夺全球和地区主导权的竞争与博弈日趋激烈，冷战之后一路狂飙的全球化进程不断受挫，人类无法回避的国际性难题越来越多。

要读懂“确定”的时代主题：和平与发展。虽然我们身处充满不确定性的世界竞争新格局，但是和平与发展仍然是时代的主题，更多国家期待合作与共赢的发展，人类期待和平与美好的生活。中国提出的“两个构建”——“构建新型国际关系、构建人类命运共同体”，已经成为世界各国共同的呼声；与此同时，中国正在推行中国特色的大国外交新战略，并努力构建覆盖全球的多边合作机制，致力于维护世界的和平与发展。

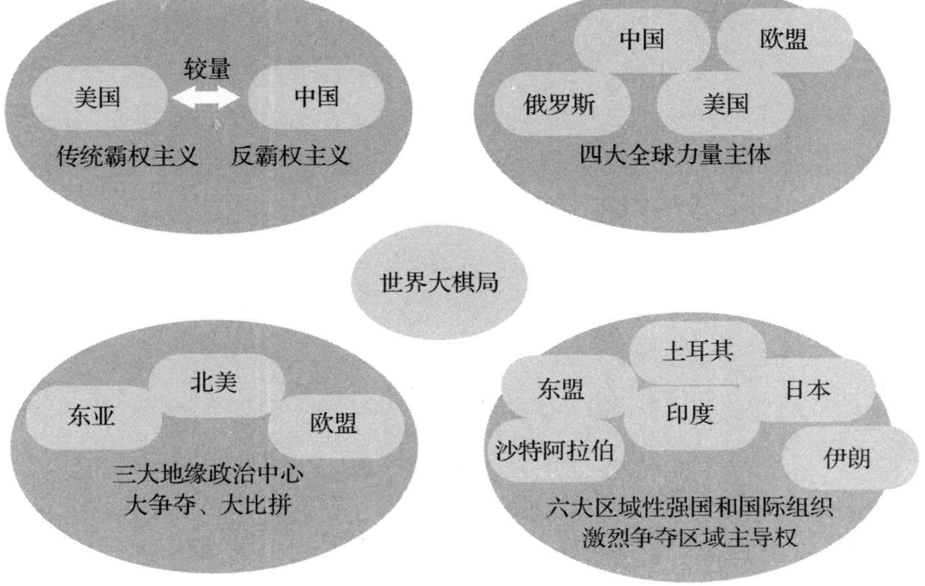

图 2－1　动态调整的世界大棋局

要清楚当今"中国方案"的内涵：以"两个一流"支撑"中国力量"，以"一带一路"作为"破局之道"，来应对当今世界的不确定性并维护推进当今世界的确定性，从而助力全球治理并推动新型全球化发展。

一、"不确定"的国际形势：百年未有之大变局

进入 21 世纪，国际形势最显著的特点就是充满不确定性。世界力量对比加速演变，冷战之后一路狂飙的全球化进程受挫，孤立主义抬头，民粹主义盛行，保护主义蔓延，现存国际体系受到严重冲击，争夺全球和地区主导权的竞争与博弈日趋激烈。习近平站在人类历史演进的高度，把握时代风云，做出了重要论断：放眼世界，我们面对的是百年未有之大变局。①

① 习近平接见 2017 年度驻外使节工作会议与会使节并发表重要讲话 放眼世界，我们面对的是百年未有之大变局. 中国青年报，2017-12-29.

(一)动态调整的世界大棋局

世界大棋局(见图2-1)描绘了四组关系,这四组关系代表了当今世界格局的主要框架结构。准确认识这四组关系,是掌握动态调整中的世界大棋局的钥匙。

左上角是中美关系。作为当今世界上最重要的双边关系之一,中美关系的走向牵动着全世界的神经。2018年,全世界的注意力主要集中在中美贸易摩擦上。这一年,中美关系下滑的速度超出人们的想象,紧张气氛正从贸易外溢到其他领域。[①] 中美关系再次走到历史的岔路口,面临重新定位与构建的艰难选择,是走向全面对抗、重新将全球分割为两个世界,还是继续在全球化的经济体系内寻求合作与共赢,这不仅涉及中美两国,而且涉及世界格局的未来走向。

左下角是北美、欧盟、东亚三大地缘政治中心的互动关系。这三大地缘政治中心是世界格局的主要支柱,彼此间既有竞争又有合作。

右上角是四大全球力量主体。美国仍是当今世界唯一的超级大国,而中国、俄罗斯和欧盟不仅是全球事务的重要参与者,而且在很多领域可以与美国相抗衡、相牵制,成为全球政治多极化的重要支撑。

右下角是六大区域性强国和国际组织。东盟在东南亚地区事务中具有重要话语权和主导权,在南海问题上是中国的主要对话方;日本、印度分别是东北亚、南亚地区性强国,一直在积极呼吁联合国安理会改革,希望借此成为具有全球影响力的世界性大国;沙特阿拉伯、伊朗、土耳其在中东事务中具有重要影响力,深度卷入叙利亚战争,积极谋求区域主导权。可以说,这六方左右着地区局势,深刻影响着国际格局。

1. 从中美贸易摩擦说起

先看世界大棋局中的中美关系(见图2-2)。特朗普政府坚持"美国优先""美国第一",实行单边主义和保护主义,对许多国家特别是中国做

① 傅莹:迈入2019,世界处于选择关口.(2018-12-28).参考消息网.

出一系列不实指责，利用不断加征关税等手段，试图采取极限施压方法将自身利益诉求强加于中国。

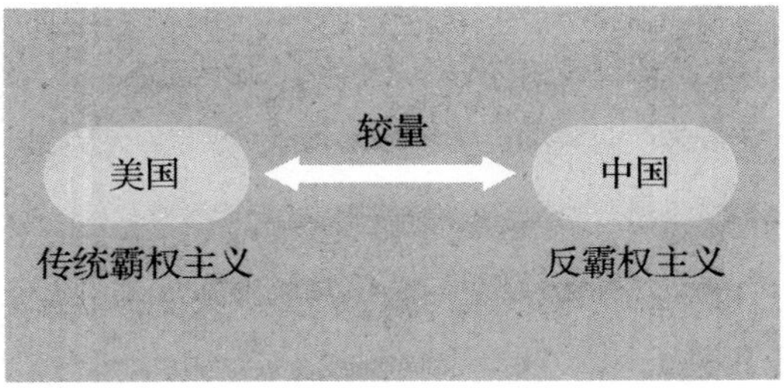

图 2-2 中美关系

从 2018 年 1 月开始，特朗普政府开始制造中美贸易摩擦。7 月 6 日美国正式宣布对来自中国的约 340 亿美元进口产品加征高达 25% 的关税。而中国也在第一时间宣布对同等规模的美国进口产品加征同样幅度的关税。7 月 11 日，美国再次公布进一步对华加征关税清单，拟对约 2 000 亿美元中国产品加征 10% 的关税。中国也迅速做出反应，表示将进行必要反制。

中美贸易摩擦不仅使中美双方都付出了一定的代价，而且使全球货物贸易量增速在 2018 年下滑 0.3 个百分点左右，国际货币基金组织于 2018 年年底将 2018 年和 2019 年全球经济增长预期从当年 4 月的 3.9% 调低至 3.7%。《纽约时报》称，贸易摩擦让金融市场和更广泛经济层面付出的代价"令人日益焦虑不安"。

持续了近一年的中美贸易摩擦，在 2018 年年底开始转圜。2018 年 12 月 1 日，共同出席二十国集团阿根廷峰会的中国国家主席习近平与美国总统特朗普举行会晤。双方讨论了中美经贸问题并达成了共识，决定停止升级关税等贸易限制措施，立即着手解决彼此关切的问题，指示双方经贸团队加紧磋商，达成协议，取消 2018 年以来加征的关税，推动双边经贸关系尽快回到正常轨道。

按照中美元首达成的共识，双方经贸团队于 2019 年 1 月 7 日—8 日举行了新一轮副部长级贸易谈判；2019 年 2 月双方都认为谈判取得重要进展，美国总统特朗普甚至表示，中国人在很多方面要比美国国会的民主党领袖更值得尊敬，也更好打交道。但是中美经贸摩擦问题错综复杂，不可能指望通过几次磋商就能解决所有问题，甚至不排除中间还会出现反复，“中兴事件”和“孟晚舟事件”就是最明显的例证。“中兴事件”本质上反映出美国对中国科技水平进步迅猛、综合国力上升强劲的深刻焦虑和恐惧，以至于不惜动用国家机器打击中国高科技公司。“孟晚舟事件”反映了美国政治力量借助美国外交和法律体系，有目的有步骤地通过狙击中国高科技领军企业，一步步达到全面遏制中国高科技在国际上崛起的意图，正如人民日报评论所说：“采用种种不正当手段打压中国公司华为的做法，暴露了一些人见不得人的阴暗心理。”①

目前美国是世界第一大经济体也是唯一超级强国，中国是世界第二大经济体，美国认为中国在经济、科技、军事等各个方面都在快速进步，如此发展下去，中国的综合国力很快就会超过美国，成为世界第一，美国政治精英层对此有着深深的忧虑。更重要的是，美国还看到了中国的制度优势。特朗普的前战略顾问班农在日本演讲时表示，中国共产党的十九大报告出来后，他和他的团队研究了若干遍，认为中国的“一小步两大步”对美国来说事态很严重。“一小步”是到 2020 年全面建成小康社会，“两大步”是第一个十五年建成现代化国家、第二个十五年建成现代化强国，班农认为这是很大的威胁，所以他把中国看成战略竞争对手。美国 2017 年《国家安全战略报告》中将几个国家和组织列为主要战略竞争对手或敌人：中国、俄罗斯位列第一梯队，是美国主要战略竞争对手；朝鲜和伊朗位列第二梯队；第三梯队包括基地组织等恐怖组织。②

2. 三大地缘政治中心

再看世界大棋局中的三大地缘政治中心（见图 2－3）。全球三大地缘政治中心是美国和加拿大组成的北美、欧洲 28 个国家组成的欧盟和以中

① 中国公民合法、正当权益不容侵犯．人民日报，2018-12-09．

② Wells 重磅 |《美国国家安全战略报告》全文中英对照（四）．（2017-12-12）．搜狐网．

国、日本为主导的东亚，这一格局在相当长的时期内不太可能发生大的变化。

3. 四大全球力量主体

世界大棋局中的四大全球力量主体是美国、中国、欧盟和俄罗斯（见图 2－4）。这四支力量虽然综合实力不同，但在部分领域势均力敌。美国整体实力排名世界第一，但在军事、科技、经济等各个领域都面临被其他三支力量追赶的压力。俄罗斯虽然在经济上比较羸弱，但身为联合国安理会常任理事国，国际影响力巨大，而且军事实力很强，排名世界第二，位列美国之后。当前，中国是世界第二大经济体，综合国力多年来不断上升。欧盟整体实力强劲，在 2005—2014 年的十年间，欧盟地区生产总值高于美国，2015 年美国反超欧盟。根据世界银行的统计数据，2017 年欧盟 28 国 GDP 总量约为 17.278 万亿美元，美国 GDP 总量达 19.39 万亿美元。四支力量总体实力旗鼓相当、各有千秋，美国虽综合实力超过其他三支，却无法在单个领域里形成压倒性优势。

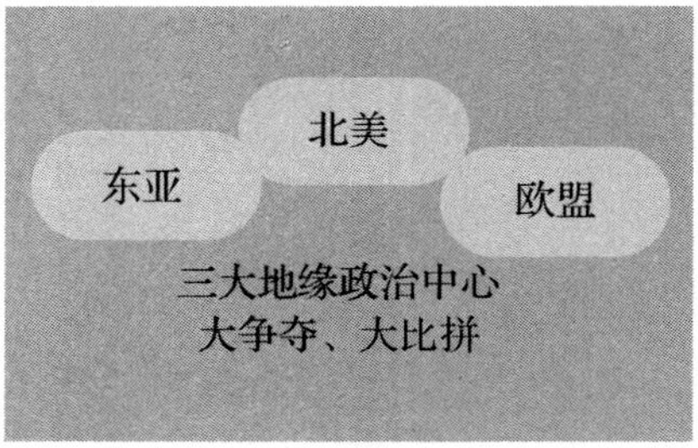

图 2－3　三大地缘政治中心

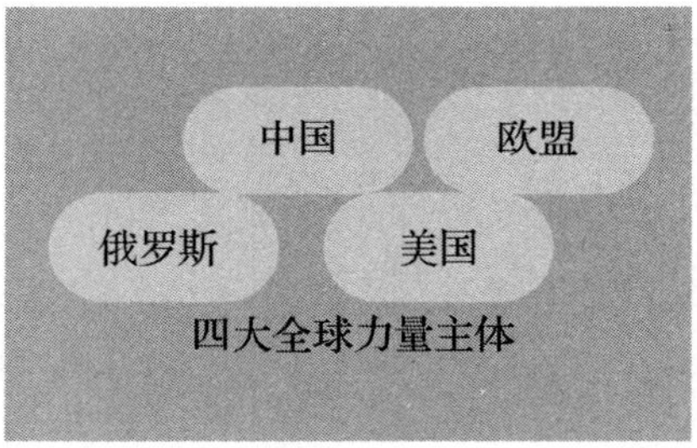

图 2－4　四大全球力量主体

4. 六大区域性强国和国际组织

世界大棋局的六大区域性强国和国际组织（见图 2－5）中，日本是世界第三大经济体，外汇储备第三大国，创新全球排名第一。印度在过去很长时间里是世界上有影响力的经济大国，但没有赶上第一次和第二次工业革命的步伐。东盟发展比较快，是全球经济最活跃的地区之一。伊朗地处亚洲西部，是文明古国之一，史称波斯，古波斯曾经是世界上第一个横跨亚欧非大陆的帝国。伊朗经济以石油开采业为主，为世界石油天然气大国，地处世界石油天然气资源最丰富的中东地区，石油生产能力和石油出口量位列世界前茅。土耳其是北约成员国，军事实力在北约名列前茅，且拥有强大的工业体系，2017 年人均 GDP 接近 1 万美元。沙特阿拉伯是中东大国，也是名副其实的“石油王国”，石油储量和产量均居世界前列，是世界上最富裕的国家之一。纵观历史、横观世界，粮食、石油、科技和军事是决定一个国家强弱的“四大法宝”，正是这“四大法宝”让日本、印度、东盟、伊朗、土耳其、沙特阿拉伯成为名副其实的区域性强国和国际组织。

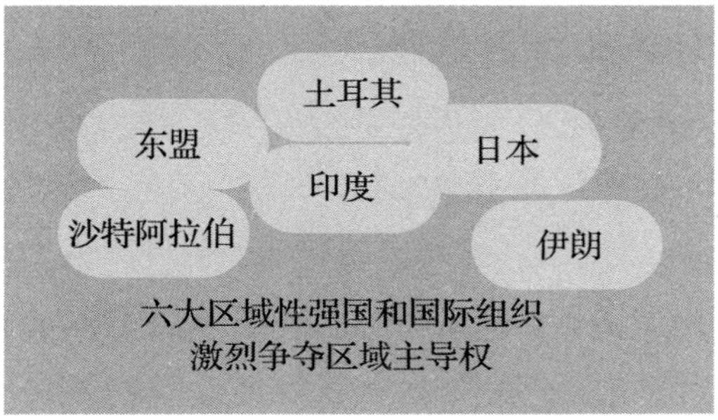

图 2－5　六大区域性强国和国际组织

（二）无法回避的国际大难题

习近平指出，当今世界正处于大发展大变革大调整时期。[①] 要深刻理解大发展大变革大调整，要想让中国企业“走出去”的步伐更稳健，就需要进一步正确认识和准确把握当前我们所身处的国际环境以及面临的问题与挑战。接下来，我们用 PESTEL 工具从政治（political）、经济（economic）、社会（social）、科技（technological）、环境（environmental）和法律（legal）等六个维度分析当前国际环境（见图 2－6），为中国企业“走出去”做出正确的方向选择、行业选择、投资选择、法律选择等提供战略参考。

① 习近平．决胜全面建成小康社会　夺取新时代中国特色社会主义伟大胜利：在中国共产党第十九次全国代表大会上的报告．北京：人民出版社，2017：58.

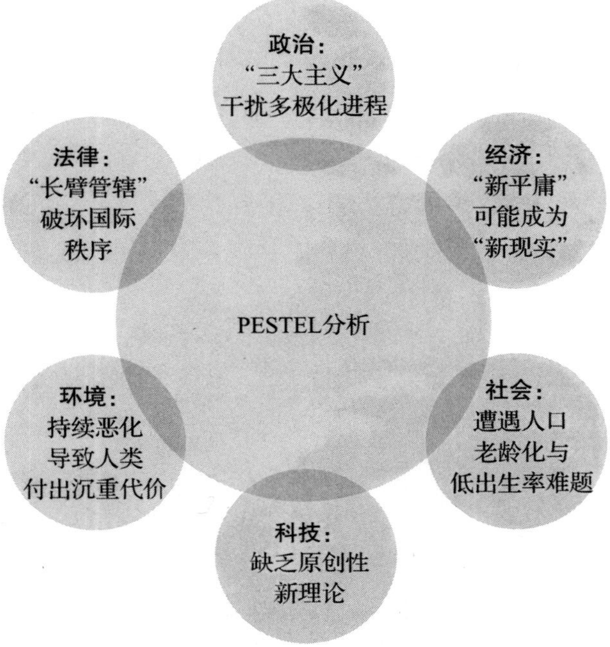

图 2－6　国际环境 PESTEL 分析

1. 政治：“三大主义”干扰多极化进程

当今世界政治多极化深入发展，国际秩序变革加速演进。但在多极化进程中，各极关系由合作竞争向摩擦冲突转向的趋势有所加强，大国间“凉战”[①] 四起；保护主义、民粹主义和孤立主义抬头且有蔓延之势，使经济全球化进程受挫甚至衰退，世界和平与发展道路曲折（见图 2－7）。

美国、欧盟、中国、日本、俄罗斯等世界主要行为体相互制衡，虽有合作，但进入 21 世纪以来摩擦和冲突越来越频繁激烈。国际政治表现形式从多边协商与合作转向单边竞争与摩擦。在多极化格局形成过程中，不稳定、不确定因素增加，局部地区各国由于领土、资源、能源、宗教、区域主导权等因素产生的摩擦、战争频发，造成区域性甚至多区域性的不稳定

① 凉战（cool war）是冷战（cold war）的延续，其目的是在不引发热战的情况下不停出击，同时让热战变得更不可取甚至没有必要。凉战的概念来源于美国卡内基国际和平基金会访问学者戴维·罗特科普夫于 2013 年 2 月 20 日刊发在《外交政策》杂志网站的《凉战》一文。文章称，人们在 2013 年正处在所谓的“凉战”之中，它是冷战的延续。

和动荡，使地区经济遭到严重破坏，人民流离失所，难民潮不断，中东、北非、西亚、南美概莫能外，给世界和平与稳定增添了极大变数。

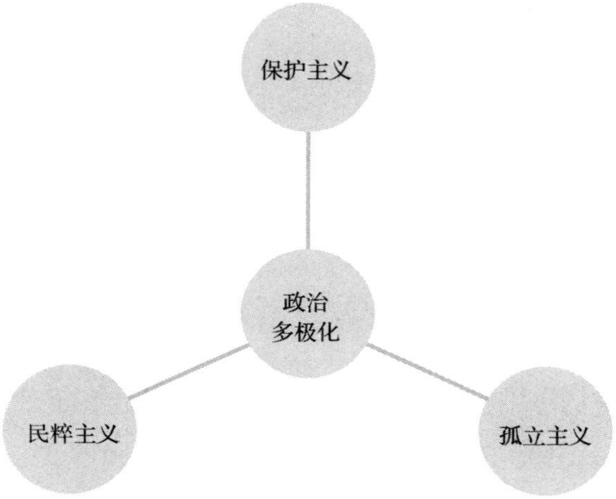

图 2－7 “三大主义”干扰多极化进程

保护主义的典型代表是美国；民粹主义的典型代表是美国和部分欧洲国家；孤立主义的典型代表是朝鲜，但朝鲜正在发生变化，表现出经济改革和融入国际社会的意愿。从 2012 年开始蔓延的全球化衰退，使得世界各地的民粹主义纷纷抬头，多极合作的全球化开放趋势受挫。尤其是在美国总统特朗普上台以后，其奉行的“美国优先”“美国第一”原则极大加强了保护主义和单边主义。特朗普上台以后，美国开始丧失参与国际事务的热情，启动“退群”模式，专注于本国利益，甚至为了自身利益不惜破坏已有的国际政治经济秩序和牺牲别国利益。美国退出《巴黎协定》，否定伊朗核问题协议，重启对伊朗制裁，启动退出《中导条约》程序等，使国际组织和国际协议的制约作用大幅减弱，联合国、世界银行、世界贸易组织等第二次世界大战以后建立的国际秩序协调机制被削弱。由于美国在当前国际格局中的主导地位，其所实行的单边主义和保护主义将促使其他国际行为体“抱团取暖”、集体应对，从而促成政治集团的形成，加剧单边冲突，使世界和平与发展之路更加曲折。

2. 经济："新平庸"可能成为"新现实"

当今世界经济在经历金融危机后温和复苏、稳步扩张，各国保持低速增长态势。然而，经济增长动能有所减弱，经济扩张均衡性开始下降，一些主要经济体的增长速度已经触顶。世界经济面临的不稳定、不确定风险的根源并没有完全消除，金融危机的深层次负面影响依然存在，经济增长新旧动能转换尚未完成，未来经济发展依然面临诸多问题与挑战。正如国际货币基金组织总裁拉加德（Lagarde）所说，世界经济可能会经历"一个长期低于平均增长水平的时代"，即"新平庸时代"，她认为全球经济仍陷在低增长、低通胀、高失业和高负债的泥沼中，各国应采取措施，避免"新平庸"变为"新现实"。

多家国际机构和投行预测，2019 年全球经济将继续低迷。2019 年 1 月，国际货币基金组织发布的《世界经济展望》显示，2019 年、2020 年全球增速将分别放缓至 3.5%、3.6%。[①] 世界银行的预测更为保守，2019 年、2020 年世界经济增速将分别为 2.9%、2.8%。[②]

虽然世界经济在温和复苏，但基础依然脆弱。欧洲发达国家 2017 年失业率达 7.9%，据预测，2019 年也将达到 7%。[③] 失业问题已经成为当前欧洲政府焦虑不已的顽疾。就业前景黯淡，将直接打击人们的消费信心，发达经济体缺少国内消费的拉动，经济恢复的基础不牢固。目前欧美各国的财政赤字和政府债务都呈现加剧态势，一旦主权债务危机爆发，金融市场将大幅震荡，拖累经济的恢复性增长。此外，保护主义明显抬头，一些主要国家不断出台各种贸易保护措施，严重影响国际贸易的开展和国际经济的进一步复苏。

金融危机依然"阴魂不散"。目前全球负债占 GDP 比重远高于金融危机前的水平。日本债务规模接近 GDP 的 200%，特别是 2011 年大地震引发的海啸加上福岛核电站核泄漏危机让日本经济复苏难上加难。据国

---

① 国际货币基金组织 . 世界经济展望. 2019.

② 世界银行. 全球经济展望. 2019.

③ 国际货币基金组织. 世界经济展望. 2018.

际货币基金组织统计，2016 年二十国集团非金融部门负债达 135 万亿美元，远高于 2007 年的 80 万亿美元。过高债务随时可能引发系统性风险，严重压缩财政、货币政策弹性，有再次爆发较大规模全球性金融危机的风险。

世界经济增长呈现出不确定性。世界经济结构调整仍在进行中，深层次结构性矛盾未能根本解决，传统增长引擎对经济的拉动作用减弱。未来大国对抗、贸易摩擦、系统性金融风险、国家主权债务危机等，都给世界经济复苏和增长增添了不确定性。

3. 社会：遭遇人口老龄化与低出生率难题

人口是影响大国复兴和可持续发展的重要变量，在社会诸因素中，人口老龄化和低出生率问题特别值得关注。世界劳动力变化预测图如图 2－8 所示。当今世界，部分地区和国家人口老龄化和低出生率问题突出，劳动力人口比例下降，严重影响全球经济复苏和增长。人口老龄化地区分界线是北纬 30 度，北纬 30 度以北地区的中国、俄罗斯、欧洲国家、美国、

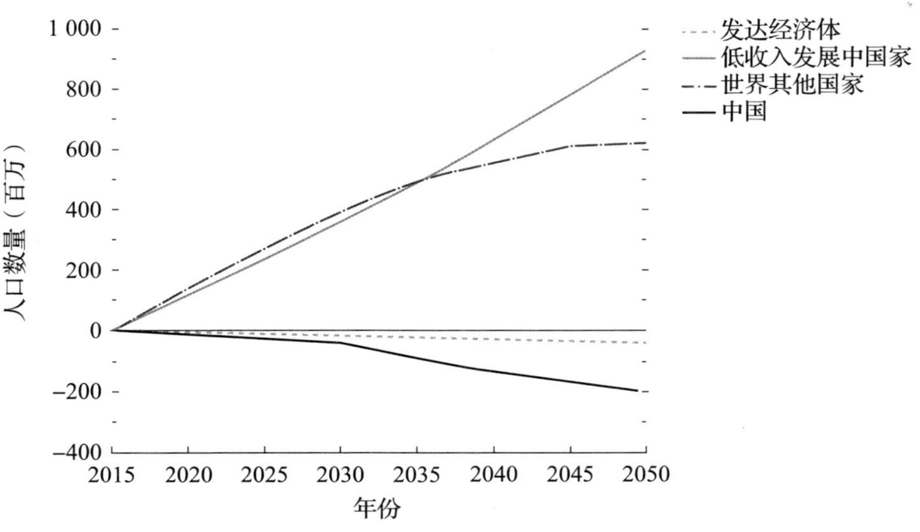

图 2－8　世界劳动力变化预测图

到 2035 年，低收入发展中国家达到工作年龄（15 ～ 64 岁）的人口将超过世界上其他国家同类人口的总和。

资料来源：联合国经社理事会人口司．世界人口展望：2017 年修订版．2017.

加拿大、日本等都在经历人口老龄化。2017 年，全世界大约有 9.62 亿人口超过 60 岁，占全球人口总数的 13%。全球 60 岁以上人口以每年 3% 的速度递增。[①] 中国的人口老龄化趋势也在加快，60 岁及以上人口占总人口的 16%[②]，已陷入“低生育率陷阱”。预计到 2050 年，欧洲老龄人口将占该地区总人口的 35%。[③]2017 年人口潜在支持比 [④] 非洲最高，为 12.9；北美为 3.8；欧洲为 3.3；日本全球最低，为 2.1，而且到 2050 年会更低。[⑤]

相比之下，非洲人口的老龄化与低出生率问题并不严重。非洲 15 岁以下儿童占总人口的 41%，15 ～ 24 岁青少年占总人口的 19%，比例远高于世界其他地区。[⑥] 非洲人口占世界人口的比例也在不断上升，目前，非洲人口占世界总人口的 17%，到 2050 年预计达到 26%，到 2100 年预计达到 40%。[⑦] 近年来，非洲是世界上人口增长最快的地区，2010—2015 年人口增长率为 2.6%，但增长率已经开始下降，预计到 2045—2050 年将下降到 1.8%。[⑧] 其中，世界人口第七大国尼日利亚人口增长速度最快，到 2050 年将超过美国，成为世界第三人口大国。然而，非洲尤其是撒哈拉沙漠以南地区，是世界上最不发达的地区之一，经济落后，传染病横行，政治、社会都不稳定。如果这一态势得不到根本改变，而人口又持续增长，就业、教育、人民生活改善等问题将进一步恶化，导致非洲发展陷入“人口越多越落后，越落后人口越增长”的恶性循环，从而给整个世界的经济发展带来负面影响。

2017 年世界人口年龄与性别对比和 2017 年世界和地区人口年龄结构对比如图 2－9 和图 2－10 所示。

---

① 联合国经社理事会人口司. 世界人口展望：2017 年修订版. 2017.

② 联合国经社理事会人口司. 世界人口展望：2017 年修订版. 2017.

③ 联合国经社理事会人口司. 世界人口展望：2017 年修订版. 2017.

④ 人口潜在支持比为劳动力人口与领取退休金人口之比，一般为 20 ～ 64 岁人口与 65 岁以上人口的比例。

⑤ 联合国经社理事会人口司. 世界人口展望：2017 年修订版. 2017.

⑥ 联合国经社理事会人口司. 世界人口展望：2017 年修订版. 2017.

⑦ 联合国经社理事会人口司. 世界人口展望：2017 年修订版. 2017.

⑧ 联合国经社理事会人口司. 世界人口展望：2017 年修订版. 2017.

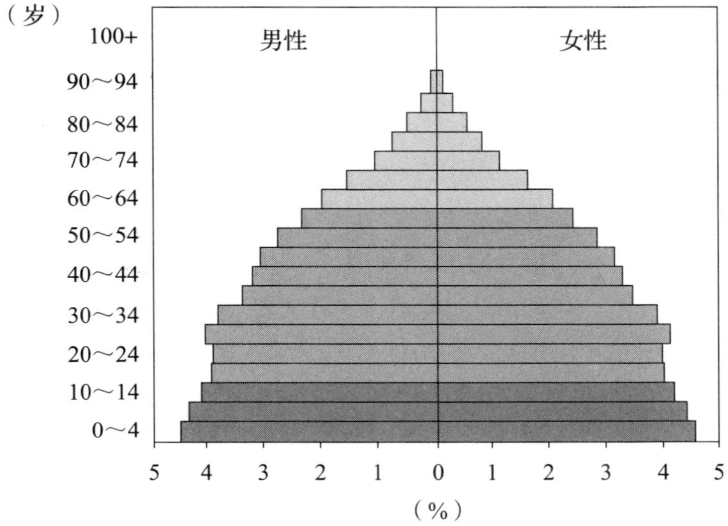

图 2－9　2017 年世界人口年龄与性别对比

资料来源：联合国经社理事会人口司．世界人口展望：2017 年修订版．2017.

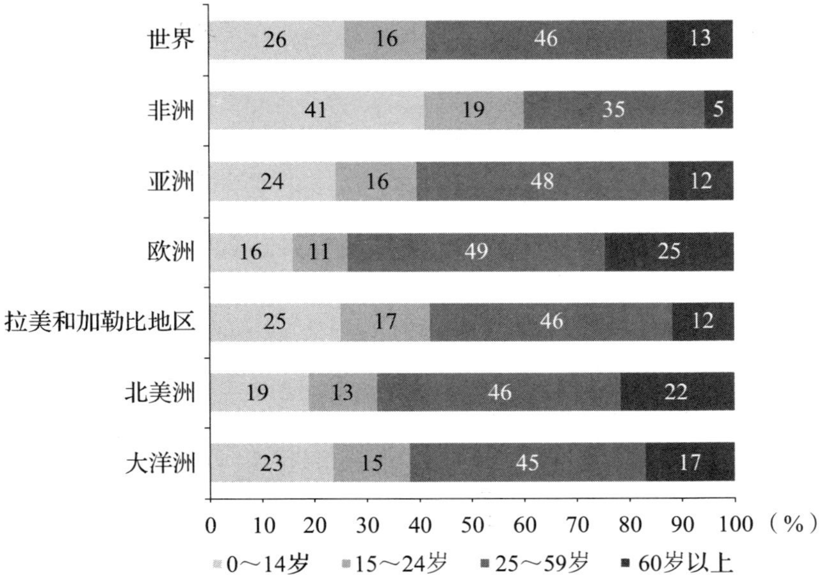

图 2－10　2017 年世界和地区人口年龄结构对比

资料来源：联合国经社理事会人口司．世界人口展望：2017 年修订版．2017.

说明：因四舍五入，部分数据相加不等于 100%。

截至 2018 年年底，德国已涌进了大约 140 万难民。叙利亚战争开始后有很多难民进入欧洲，默克尔领导下的德国政府首先向他们敞开大门，因为德国劳动力严重短缺，需要这些难民作为劳动力为其经济发展做贡献。德国政府认为有选择地接收难民，有助于解决德国人口老龄化问题。当然，德国有相当一部分民众和政治精英反对政府大量接收难民，认为难民进入德国后给社会稳定带来了巨大的威胁，且抢了本地人的饭碗。默克尔提前卸任执政党德国基督教民主联盟主席，与其难民政策不无关系。

同样，在人口问题上，俄罗斯形势也非常严峻。俄罗斯总统普京可以力挽狂澜扭转俄罗斯的颓势，却无法阻止俄罗斯的人口下降。为了提高生育率，俄罗斯自 2018 年 1 月起实施多项措施，包括恢复苏联时期“英雄母亲”称号、为头胎家庭提供现金补助等。2018 年 6 月 1 日，普京对“英雄母亲”进行专门奖励。俄罗斯已经认识到人口老龄化和低出生率等问题的严重性。

日本是全球人口老龄化最严重的国家，人口老龄化也是日本社会当前最严重的问题之一。日本人口在 2015 年左右急速下降，已成为世界上人口老龄化趋势最快的国家。2010 年日本的 65 岁以上老人比例已经增至 23%，预计到 2060 年 65 岁以上老人将接近全国总人口的 40%。日本的人口出生率只有 13.2‰，2017 年死亡人数是 130 万左右，出生人数是 90 万左右，人口减少 40 万。

中国国家统计局公布的数据显示，中国 2017 年出生人口 1 723 万，与 2016 年相比减少了 63 万，2018 年比 2017 年又减少了 200 万，中国的人口出生率是 12.34‰，低于世界平均值。目前中国已经全面实施二孩政策，可能下一步还会有新的人口政策出台。但人口结构一旦固化，调整起来很难立竿见影。中国实行了多年的独生子女政策，要弥补由此导致的人口比例失调、人口老龄化等问题，需要正确的政策引导和较长时间的等待。能否处理好人口增长陷入“低生育率陷阱”问题将是影响国家复兴的重要变量。

4. 科技：缺乏原创性新理论

与第一、二、三次工业革命相比，第四次工业革命的原创性新理论还没有出现，目前人类是在前三次工业革命的理论基础上谋求发展。科技是第一生产力，科技可以发挥杠杆的效力，但原创性新理论没有出现，科技杠杆就无法对经济发展起到撬动作用。

几年前，麦肯锡预测了影响未来的 12 项颠覆性技术（见图 2－11 和表 2－1），美国、欧洲、日本、中国、越南等都在积极研发，促进技术的不断变革与发展，但是世界范围内原创性新理论仍然没有出现。不过，这种力量正在集聚，下一步可能在人工智能、量子技术、新材料等方面有所突破。

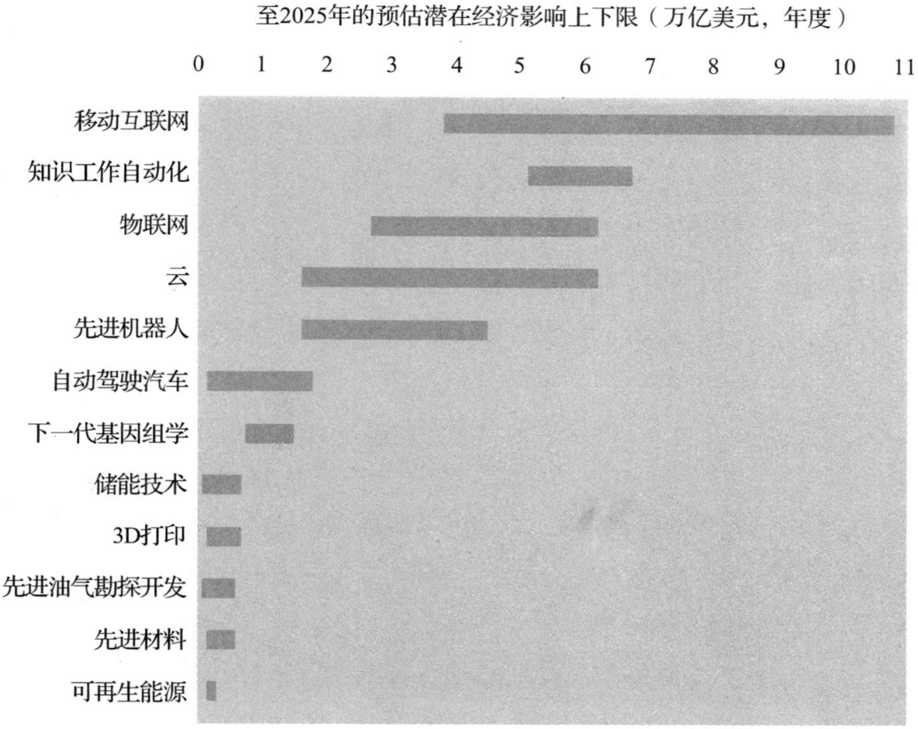

图 2－11　未来颠覆性技术图示

资料来源：麦肯锡：改变未来的 12 项颠覆技术.（2016-06-13）. 360doc 个人图书馆 .

表 2－1 **12 项颠覆性技术 2025 年的影响力**

序号	颠覆性技术	经济产值（万亿美元，年度）	关键技术	关键应用
1	移动互联网	3.7 ～ 10.8	无线技术、小型低成本计算及存储设备、先进显示设备、自然人机接口	服务交付、员工生产力提升、移动互联网设备使用带来的额外消费者盈余
2	知识工作自动化	5.2 ～ 6.7	人工智能、机器学习、大数据、自然人机接口	智能学习、医疗诊断及药物发现、投资与会计、法律合同与专利查找
3	物联网	2.7 ～ 6.2	先进传感器、通信设备、显示设备、高性能低价格电池	流程优化、自然资源高效利用、远程医疗、传感器增强型商业模式
4	云	1.7 ～ 6.2	高速网络、云管理软件、数据中心软硬件及平台服务	企业 IT 生产力、基于云的互联网应用及服务交付
5	先进机器人	1.7 ～ 4.5	无线技术、人工智能及计算机视觉、先进机器人机敏性及传感器、机器人外骨骼	生产制造业机器人、服务性机器人、个人家庭机器人，人类机能增进、机器人调查
6	自动驾驶汽车	0.2 ～ 1.9	人工智能、机器通信、先进传感器、计算机视觉	自动驾驶汽车
7	下一代基因组学	0.7 ～ 1.6	先进的 DNA 综合技术、大数据及分析能力	医疗诊治、农业、高价值物质生产
8	储能技术	0.1 ～ 0.6	电池技术（锂电池）、机械技术（液压泵）、先进材料	新能源车、公用规模级用电、分布式能源
9	3D 打印	0.2 ～ 0.6	选择性激光烧结、直接金属激光烧结、立体平版印刷	消费者使用 3D 打印机、产品制造、工具模具制造、组织器官生物打印
10	先进油气勘探开发	0.1 ～ 0.5	水平钻探、水力压裂法、微观检测	燃料能源提取
11	先进材料	0.2 ～ 0.5	石墨烯、碳纳米管、纳米科技、其他如自愈材料等新材料	纳米电子、纳米医学、储能、太阳能电池、增强化学物和催化剂
12	可再生能源	0.2 ～ 0.3	光伏电池、风力涡轮机、聚光太阳能发电、水力发电、海浪能	发电、分布式发电、降低碳排放

诺贝尔物理学奖获得者麦克唐纳（A. B. McDonald）带领团队研究得出三个数字：迄今为止人类已知的占 4%，正在研究的占 26%，未知的占 70%，其中就有暗物质、量子纠缠等。目前人类正试图解释量子纠缠现象。我们所说的原创性新理论，也许就会在人类正研究的 26% 和未知的 70% 当中出现。

5. 环境：持续恶化导致人类付出沉重代价

根据美国健康影响研究所（HEI）2018 年发布的《全球空气状况》，世界 95% 以上的人口呼吸着超过全球空气质量的指导方针中微粒含量标准的污浊空气；2010—2016 年，全球颗粒物浓度平均增加了 18%；2016 年，全球约有 610 万人的死亡可归因于空气污染的疾病，包括中风、心脏病、肺癌和慢性肺病等，空气污染已成为地球上继高血压、饮食和吸烟之后的第四大致命健康风险因素。[①]

根据联合国公布的资料，全球有 110 多个国家的 10 亿多人受到沙漠化威胁，其中 1.35 亿人面临流离失所的危险。[②] 目前，世界上沙漠面积 3 370 万平方千米，约占地球陆地面积的 1/4[③]，约有 1.44 亿人居住其中。[④] 土地沙漠化面积在全球范围内增加，已经达到约每年 6 万平方千米。[⑤]

全球气候变暖加剧，过去 3 年的高温已打破历史纪录，地球的气温比工业化前提高了 3 摄氏度。根据英国《自然通讯》发布的最新研究成果，2018—2022 年，气温上升速度将“加倍”，预计气候多变性对气温的影响将持续 5 年以上，同时伴随干旱、飓风、海水淹没土地等自然灾害的发生。[⑥] 国际货币基金组织 2017 年 10 月发表于《世界经济展望》上的研究表明，气温上升导致的经济代价可能十分高昂，对于低收入发展中国家而言尤甚，而这些国家排放的温室气体很少。对于气温处于 25 摄氏度的典型低收入发展中国家而言，每上升 1 摄氏度，估计会使其人均 GDP 降低 1.5%，

① 美国健康影响研究所. 全球空气状况. 2018.

② 6 月 5 日世界环境日：沙漠和荒漠化.（2006-06-05）. 中国网.

③ 联合国环境规划署. 全球沙漠展望. 2017.

④ 联合国环境规划署. 全球沙漠展望. 2017.

⑤ 张昱晨. 土地沙漠化问题及其生态防治. 环境与发展，2018（4）.

⑥ 最新研究：未来几年全球变暖情况可能将超预期.（2018-08-16）. 百度百家号.

且这一损失将至少持续 7 年。[①]

6. 法律："长臂管辖"破坏国际秩序

法律是政治的工具。政治引导，影响法律；法律服从，服务政治。在当前国际上孤立主义、民粹主义、保护主义抬头和蔓延的趋势下，各国国内法的制定和适用，以及对国际法的理解和利用，更加趋向于对自身国家政治、经济利益的保护。

以美国为首的西方发达国家，频繁实施司法"长臂管辖"和国内法域外适用，将国内法凌驾于国际法和他国法律之上。

前面所述"孟晚舟事件"就是美国司法"长臂管辖"的典型案例。更多的案件是美国单方面认定中国企业和个人不履行国际制裁决议、垄断美国市场、中国上市公司违法违规等。2018 年，美国一家地方法院对中国成都一家生产电子产品的小型民营企业及其董事长和总工程师提起诉讼，指控该企业及其负责人窃取美国科技情报用于研发产品，导致该企业负责人不敢踏出国门，唯恐在国外被拘押和引渡去美国。而事情的真相是，该企业生产的高端技术产品——芯片，将用于精确制导和卫星通信，为军民通用，对美国的科技领先与垄断造成了威胁。这也是美国滥用司法"长臂管辖"维护"美国优先"原则的典型表现。

"长臂管辖"行为不仅严重违背"一个国家不应该在另一个国家的领土上行使国家权力"的国际法基本原则，还在国际上起到了恶劣的示范效应：只要国家有实力就可以为所欲为，这严重破坏了国际政治和经济秩序。

通过 PESTEL 分析我们看到，政治上"三大主义"干扰多极化进程；经济上"新平庸"可能成为"新现实"；社会上遭遇人口老龄化和低出生率难题；科技上缺乏原创性新理论；环境上持续恶化导致人类付出沉重代价；法律上"长臂管辖"破坏国际秩序。似乎所有六大国际环境因素都十分不利，中国企业"走出去"面临严峻的挑战。应该承认，以上六大因素的消极方面的确客观存在，但同时我们也应该辩证看待，从消极中看到积极，从挑战中看到机遇。国际政治多极化进程依然在深入发展；"新平庸"

① 国际货币基金组织. 国际货币基金组织 2018 年年报：构建共享的未来. 2018.

依然掩盖不住世界经济的温和复苏；人口老龄化和低出生率已经引起相关国家高度重视并采取了一系列应对措施；越来越多的国家和个人重视生态环境的保护，并致力于人与自然的和谐共生；“长臂管辖”行为在国际上只有少数国家在滥用，而且遭到国际社会的普遍反对。对于“走出去”的企业来说，虽然面临国际环境的严峻挑战，但应对挑战、克服时艰同时也给企业的发展带来无限的机遇与动力，在应对人口老龄化、改善环境、推进科技上原创性新理论发展等方面，企业更是大有可为。同时，清楚地认识到国际环境带来的严峻挑战，有利于“走出去”的中国企业做好应对各种不利因素的充分准备，提高企业的“免疫力”。

二、“确定”的新时代主题：和平与发展

虽然我们身处充满不确定性的世界竞争新格局，正在面对一个百年未有之大变局，但是和平与发展仍是时代的主题。中国提出的“两个构建”——构建新型国际关系、构建人类命运共同体，已经成为世界各国共同的呼声。实践中，一方面，中国正在努力推行中国特色的大国外交新战略，抗衡“霸权主义”、解决“历史遗留问题”、减少贸易摩擦、化解各种矛盾、破除重重障碍，与世界各国构建稳定、均衡发展的大国关系框架；另一方面，中国积极主动加入并发起国际和区域多边合作机制，推动构建新型国际关系、构建人类命运共同体。

（一）世界共同的声音：“两个构建”

2018 年，联合国人权理事会第 37 次会议以压倒性多数，通过了中国和其他广大发展中国家共同提出的“在人权领域促进合作共赢”决议。这项决议呼吁各方在人权领域促进合作共赢，加强对话与合作，推动“构建相互尊重、公平正义、合作共赢的新型国际关系”，“构建人类命运共同体”。

构建新型国际关系和人类命运共同体的提议在联合国推出始于习近平

2015年在纽约联合国成立70周年系列峰会上的演讲。和平、发展、公平、正义、民主、自由是全人类的共同价值观，也是联合国的崇高目标。当今世界，各国相互依存、休戚与共，我们要继承和弘扬《联合国宪章》的宗旨和原则，构建以合作共赢为核心的新型国际关系，打造人类命运共同体。2017年1月，习近平在联合国日内瓦办事处发表演讲，全面、深刻、系统地阐述构建人类命运共同体的具体内涵。中国最高领导人分别在联合国纽约总部和日内瓦办事处专门阐述同一重大理念，在共和国的历史上还是头一回，凸显了它的分量和意义。

新型国际关系的内核是12个字：相互尊重、公平正义、合作共赢。中国的周边外交观是跟邻国之间"亲诚惠容"，构建新型国际关系。中国的安全观是共同、综合、合作、可持续，中国不结盟，只结伴，不对抗，不交战，但中国是独立自主的。中国跟美国构建新型大国关系，跟非洲构建新型中非关系，跟拉美构建新型中拉关系……与其他国家也是这样。中国的发展观是构建人类命运共同体，打造利益共同体、责任共同体和生命共同体。

推动构建人类命运共同体就是要实现中国与世界双赢、中国与各国合作共赢、将中国梦与世界梦有机结合的远景蓝图，是新时代中国外交的总目标。人类命运共同体，顾名思义，就是每个民族、每个国家的前途命运都紧紧联系在一起，应该风雨同舟，荣辱与共，努力把我们生于斯、长于斯的这个星球建成一个和睦的大家庭，把世界各国人民对美好生活的向往变成现实。

"两个构建"根植于中华民族5 000年的文明史，根植于近代以来170多年的探索史，根植于改革开放40年来的实践史。其中蕴含的"天下为公""世界大同""合作共赢"等思想，堪称中华文化的精髓和中华文明的写照。

与此同时，"两个构建"又蕴含着鲜明的时代特征。当今时代，全球性挑战此起彼伏、世界性风险日益增多，任何国家都不可能独善其身，也无法独自解决世界面临的难题。特别是气候变化、恐怖主义、网络安全等问题，早已跨越国界，任何国家都难以置身事外。“两个构建”正是契合了这个时代大潮。

“两个构建”以决议形式成为联合国重要文件，体现了绝大多数国家对于这一理念的高度认同。“两个构建”由中国首倡并引领践行，世界参与并受益，是站在人类道德制高点凝聚了各方建设美好世界的最大公约数，是“大变局中的大智慧”。

（二）中国特色大国外交“主题曲”

中国坚定奉行独立自主的和平外交政策，维护国际公平正义，反对干涉别国内政，反对以强凌弱。中国积极发展全球伙伴关系，扩大同各国的利益交汇点，推进大国协调与合作，构建总体稳定、均衡发展的大国关系框架，按照“亲诚惠容”的理念和与邻为善、以邻为伴的周边外交方针深化同周边国家关系。中国秉持共商共建共享的全球治理观，倡导国际关系民主化，坚持国家不分大小、强弱、贫富一律平等，支持联合国发挥积极作用，支持扩大发展中国家在国际事务中的代表性和发言权。党的十八大以来，中国特色大国外交全面推进，全方位外交布局深入展开。倡导构建人类命运共同体，为全球治理体系变革贡献更多“中国智慧”。中国作为负责任的大国，在解决国际和地区热点问题上发挥了重要建设性作用，为世界和平与发展做出了重大贡献。中国对外关系列表如表 2－2 所示。

表 2－2　　中国对外关系列表

	关系状态
1. 中国与周边关系	“亲诚惠容”，达历史最好时期
2. 中欧关系	全面战略伙伴关系，和而不同、求同存异
3. 中非关系	新时代互利共赢的合作典范
4. 中拉关系	实现跨越式发展
5. 中美关系	推动构建新型大国关系
6. 中俄关系	全面战略协作伙伴关系高水平运行
7. 中印关系	龙象共舞，探索相邻大国共处共赢之道

续前表

	关系状态
8. 中日关系	由竞争转协调，双边关系重回正轨
9. 中朝关系	传统友谊焕发新的活力
10. 中英关系	力争延续“黄金时代”
11. 中法关系	防务与外交伙伴关系强于经济伙伴关系
12. 中德关系	中欧关系的“超级发动机”
13. 中土（土耳其）关系	“一带一路”建设注入新活力
14. 中沙（沙特阿拉伯）关系	中东地区推进“一带一路”建设的重要合作伙伴
15. 中尼（尼日利亚）关系	中非合作、南南合作新引擎
16. 中阿（阿根廷）关系	新兴市场国家和发展中国家团结合作、共同发展的典范

1. 中国与周边关系：“亲诚惠容”，达历史最好时期

在“亲诚惠容”的周边外交理念引领下，当前中国与周边 20 个国家的关系总体友好，从某种意义上说，是近代以来中国与周边国家关系最好的时期。近年来，中国与周边国家关系得到全面改善，除与最大邻国俄罗斯关系继续保持在历史高位运行，同中亚国家关系全面提升外，中国外交在东北亚、东南亚和南亚三个方向都取得了重大的突破性进展。2018 年 10 月，日本首相安倍晋三访华，双方达成重要共识并签署多项合作协议，标志两国关系重回健康发展的轨道。中印妥善解决了一些冲突，双边关系进入共同发展新时期。当前，中国与周边关系进入稳定期，这不仅改善了中国的战略处境，也为中国企业“走出去”创造了良好的周边环境。

2. 中欧关系：全面战略伙伴关系，和而不同、求同存异

2018 年是中国与欧盟建立全面战略伙伴关系 15 周年。中欧关系经历了 20 世纪 90 年代中期的建设性伙伴关系到 21 世纪初的全面战略伙伴关系的提升。双方合作宽领域、多层次及战略重要性日益突出。中国是最大的发展中国家，欧盟是最大的发达国家联合体，双方都是维护世界自由贸易体系和多边主义的“压舱石”。在国际金融危机、欧债危机之时，中国与欧洲国家同舟共济、共克时艰；当单边主义、保护主义沉渣泛起，中国真诚致力于推动构建开放型世界经济，为深化中欧互利合作创造了机遇。

欧盟是中国最大贸易伙伴、第一大进口来源地、第二大出口市场。中国是欧盟第二大贸易伙伴、第一大进口来源地、第二大出口市场。①2017年，中欧双边贸易额达到6 169亿美元，同比增长12.7%，创历史新高；其中，中国对欧盟出口3 720.4亿美元，从欧盟进口2 448.7亿美元，分别同比增长9.7%和17.7%。②中欧关系的发展表明，大国之间不仅可以和而不同、求同存异，而且能够聚同化异、优势互补。

同时，中欧关系发展也面临新的挑战。随着中国与欧洲次区域合作框架成型，特别是中国与中东欧“16 + 1合作”③迈向新台阶、中国与北欧及波罗的海国家次区域合作启动，欧盟内部所谓中国分裂欧洲并对欧洲分而治之的指责增多；中国共建“一带一路”倡议在欧盟某些成员国受到质疑；2017年年底欧盟反倾销调查新规修正案正式生效，引入所谓“市场严重扭曲”概念及标准对中方采取歧视性和不公正限制措施。这些都是影响中欧关系稳定、均衡发展的隐忧，若处置不当，中欧关系大局将受损。

3. 中非关系：新时代互利共赢的合作典范

李克强曾评价非洲堪称“三个一极”：非洲是世界政治舞台上的重要一极，非洲拥有的联合国席位超过总席位数的1/4，在维护世界和平稳定中发挥着重要作用；非洲是全球经济增长新的一极，地域广袤，资源丰富，12亿人口的巨大发展潜能正强劲释放，被公认为全球重要的新兴市场；非洲是人类文明的多彩一极，历史悠久，文化灿烂。④

中非关系是中国最重要的双边关系之一，从1956年迄今，中非关系走过了60多年的历程。2000年中非之间建立了“中非合作论坛”合作机制，迄今已经举办了七届中非合作论坛部长级会议。近年来，国际局势发生了一系列重要变化，中国和非洲国家的发展取得了不菲的成就。在国际政治上，非洲是中国的重要支持者，在主权、人权、国际治理、构建人类命运

① 中国同欧盟的关系.（2019-01-20）. 外交部官网.

② 中国同欧盟的关系.（2019-01-20）. 外交部官网.

③ 随着希腊的加入，“16 + 1”升级为“17 + 1”。

④ 李克强在非盟会议中心演讲全文：开创中非合作更加美好的未来.（2014-05-05）. 中国政府网.

共同体等问题上，非洲绝大多数国家坚定地站在中国一边；在经济上，非洲是中国互补互惠、合作共赢的重要合作伙伴，中国已连续多年保持非洲最大贸易伙伴地位；在国际安全上，非洲是中国在全球的重要战略支撑，中国在亚丁湾护航、吉布提军事补给基地建设运营、参加联合国维和行动等方面，都离不开非洲的支撑；在外交上，非洲是中国的重要战略依靠，充分体现在当年非洲支持中国恢复联合国合法席位，以及当前在联合国安理会改革问题上对中国的支持等。非洲国家视中国为世界上最重要的新兴大国，是非洲国家在国际政治和外交上的重要盟友，是发展经济的重要伙伴和主要市场，是加强国家基础设施建设和改善民生的主要支持者，是实现民族复兴和国家发展的榜样与范本。

中国改革开放以来，中非经贸合作实现跨越式发展，利益纽带紧密牢固。中非贸易额从 1978 年的 7.65 亿美元到 2017 年的 1 700 亿美元，增长 200 多倍。根据中国海关的统计，2018 年 1—7 月，中国与非洲进出口总额 1 161.7 亿美元，同比增长 18.7%，超出中国同期外贸总体增幅 2.3 个百分点。① 中国对非洲的投资从无到有，从少到多，目前存量已达 1 100 亿美元。中非合作正由政府主导转向市场运作，由商品贸易转向产能合作升级，由工程承包转向投资运营。中非人文交流稳步拓展，中非双方人员往来每年近 200 万人次，友好省市总数已达 133 对。中国在 41 个非洲国家开设了 80 多个孔子学院和课堂，27 个非洲国家长期在华派驻媒体记者。

非洲有 56 个国家和地区，人口约 12 亿，但整体 GDP 和人均 GDP 很低，是世界上最贫困的地区。针对这一状况，非洲提出了“2063 发展规划”，要实现工业化。这使得中非合作空间更为广阔，潜力十分巨大。当前中国的工业产能不仅巨大而且在很多领域过剩，而非洲迫切需要这些产能来实现工业化，从中国引进产能符合双方的利益，是互利共赢的合作。

4. 中拉关系：实现跨越式发展

哥伦比亚作家、诺贝尔文学奖获得者加西亚·马尔克斯曾说，“拉美是一个由鬼魂缠身的男人和具有传奇色彩的女人组成的无边无际的大陆”。

① 非洲数据：2018 年 1—7 月中国与非洲贸易数据.（2018-08-28）. 中非商道官网 .

近年来，拉美地区总体稳定，但少数国家政局不稳、紧张状态持续，有的甚至发生严重的政治冲突。拉美国家权力机构的内部呈现争权夺利的分裂现象。此外，拉美国家的腐败问题仍然积重难返。多年来，拉美地区的经济增长率偏低，有被边缘化的风险。拉美和加勒比国家是一支处于上升期的新兴力量，发展前景被各方看好。

拉美是世界上对中国的友好程度最高的区域之一，根据民意调查机构的调查，2017 年拉美民众对中国的好感度为 60%，仅次于对美国和欧洲的好感度。① 政治领域，截至 2018 年年底，与中国建交的拉美国家数量增至 19 个。1993 年，巴西成为中国的第一个战略伙伴关系国。1997 年，墨西哥与中国建立了“跨世纪的全面合作伙伴关系”。2001 年，中国领导人首次提出中拉建立“全面合作关系”的目标。经济领域，中拉互补性强，是天然的合作伙伴。根据中国海关的统计数据，双方年均贸易额稳居 2 000 亿美元以上，中国对拉美直接投资存量超过 2 000 亿美元，在拉美投资兴业的中国企业超过 2 000 家，累计为当地创造 180 多万个就业岗位。② 中拉整体合作取得历史性突破并全面推进，实现跨越式发展，中拉共建“一带一路”将为双方建设更高水平的合作伙伴关系和携手共进的命运共同体注入新的动力。

5. 中美关系：推动构建新型大国关系

美国是当今世界唯一的超级大国，其实力体现在美媒、美元、美军上，美国利用这三大霸权支柱，再加上美国的同盟，在全球事务中行使主导权。以美国为代表的西方媒体在全世界的信息博弈中占据着绝对的主导地位，非西方国家的民众长期面临西方媒体的灌输和隐形的思想控制。现行的国际金融秩序经历了由布雷顿森林体系向牙买加体系的转变，本质上属于西方发达经济体主导的世界经济秩序的重要组成部分。美国是这一秩序的主要受益者，美元也成为主要的国际结算货币和主要的国际储备货币。每当国内出现金融危机时，美国总是趋向于采取一种所谓“量化宽松”的

① 民调显示：拉美民众对中国好感度日益提升.（2017-12-13）. 百度百家号 .

② 赵本堂. 走进新时代的中拉关系. 人民日报，2018-09-12.

货币政策，通过大量发行货币来增加流通中的美元数量，将其国内的金融危机向其他国家转移，“剪全世界的羊毛”。美军是美国维持和行使世界霸权的战略性暴力工具，使美国成为“挥舞大棒的世界警察”。长期以来，美国军费开支蝉联世界第一，即便在美国政府多次停摆、国内面临金融危机的时候，其军费开支也依然“高烧不退”。特朗普上任后，将军费从6 470亿美元涨至7 160亿美元，创下10年来最大增幅。

新中国成立后，中美关系总体发展比双方预期的要好。中国很多现代管理知识、管理工具和管理理念，绝大部分是从美国、欧洲引进的，中国也派遣了大批留学生赴美国学习。根据美国大使馆《2017年门户开放报告》，2016—2017学年就读于美国高等教育机构的中国学生人数增至350 755人，较上一学年增长6.8%。尽管增速放缓，但绝对人数仍保持高位，中国赴美留学人数在所有留美生源国中连续第八年位居榜首，占美国国际学生总数的32.5%。美国人口普查局公布的2016年全美社区调查报告显示，2016年美国第二大移民来源国为中国，总人数达到2 716 548人，2010—2016年间，约55万中国人移民美国。中美关系呈现你中有我、我中有你的态势。

中美关系牵动世界目光，关乎各国利益。面对美方挑起贸易摩擦等消极动向，中方坚定捍卫国家利益、民族尊严和发展权利，坚定维护以规则为基础的多边贸易体制，坚定奉行相互尊重、平等诚信的对话解决方式。不久前，习近平同特朗普在二十国集团领导人峰会期间举行会晤，双方进行了深入战略沟通，同意共同推进以协调、合作、稳定为基调的中美关系，为解决中美之间存在的问题、推动中美关系健康发展做出了规划。双方就经贸问题的讨论富有建设性，有效阻止了经贸摩擦进一步扩大升级，推动重回对话协商解决问题的轨道，确立了谋求合作共赢的共同目标，对外释放了积极和正面的信号。

中美之间的分歧与矛盾来源于不同的社会制度、历史文化和发展阶段，不可能在一夜之间得到解决。同时，在经济全球化的今天，中美之间的利益高度融合，人员交往日益密切，“你中有我，我中有你”，不可能再出现类似冷战时期美苏构建的“两大阵营”“两个世界”，彼此隔绝，相互对立。双方应积极努力，求同存异，合作共赢，推动构建新型大国关系。

6. 中俄关系：全面战略协作伙伴关系高水平运行

近年来中俄两国元首多次会晤并实现互访。2018 年，习近平专程赴俄罗斯出席东方经济论坛，普京对中国进行国事访问，两国元首的高度互信和战略引领使中俄关系始终稳如磐石，合作内生动力不断增强，国际战略协作持续深化。俄罗斯自然资源丰富，科技水平也比较领先，在军事和航空航天等领域尤为突出。2018 年，俄罗斯开始向中国出口天然气，同时第三条石油管道修通并投入使用，原油供应量已超过沙特，成为中国第一大石油供应国。中国“一带一路”建设，向北向西先要通过俄罗斯，俄罗斯是最重要的沿线国家，得到俄罗斯的支持，中亚五国的关系也就更好处理。因而，中俄关系非常重要。近年来，中俄密集沟通对表，在关乎全球战略稳定的重大问题上始终紧密协作，引领中俄战略协作向着更高水平、更宽领域、更深层次不断迈进，中俄关系已经成为当今世界维护和平安宁、主持公平正义、倡导合作共赢的重要基石。

7. 中印关系：龙象共舞，探索相邻大国共处共赢之道

中印互为重要邻国，也是全世界两个最大的发展中国家。近几年，受边界等历史遗留问题的影响，中印关系遇到了一些干扰。中印是地区大国，又是邻国，如果双方处理不好有关问题而爆发冲突，不仅会给当事国经济社会发展和国家建设带来巨大冲击，也会给该地区的其他国家和人民带来巨大灾难。2018 年 4 月，习近平同莫迪做出重大政治决断，在武汉举行非正式会晤，进行深度战略沟通，开创了中印高层交往的新模式，增进了彼此的互信和认知，引领中印关系实现健康稳定发展。武汉会晤作为一个标志性事件，将在中印关系史上留下深刻印记。中印交好，互利合作，将影响世界格局演变和人类进步的走向。习近平强调，中印应是龙象共舞，而非龙象相争。莫迪回应，印中合作 1 + 1 不等于 2，而是 11。

8. 中日关系：由竞争转协调，双边关系重回正轨

根据世界银行公布的数据，2017 年中国的 GDP 约是日本的 3 倍。但

日本是全世界海外资产最多的一个国家，其海外总资产相当于日本本土的产值。日本的科技、精密仪器制造和高端制造业等的水平远超中国。此外，日本国民的受教育程度、法制化程度、国土安全程度、环保卫生程度、创新力等都居世界前列。日本发明了世界上第一个开关、第一台电视机、第一艘航母，还有 LED 显示技术、电影唱片、CD 等。日本还是一个发展比较均衡的国家，日本的基尼系数是 0.25，远低于国际标准警戒线 0.4，意味着 20% 的人在分配 25% 的财富，剩下 80% 的人在分配 75% 的财富，基本上是均衡的。

2010 年中国 GDP 规模超越日本，2014 年中国 GDP 总量首超 10 万亿美元，而当今世界 GDP 超过 10 万亿美元的经济体只有美国、欧盟和中国。无论从贸易、投资，还是人员往来看，中国都堪称全球人、财、物、信息的集散中心。2011—2017 年，世界各国领导人均携企业家代表团来华，构建新时代经贸关系，而日本首相 7 年没有访华。2014 年亚太经合组织北京峰会期间，中日领导人创造条件实现了国际场合会晤，并达成推进中日关系缓和的“四项原则共识”。此后，习近平在 2016 年会见日本首相安倍晋三时，明确表示：两国要管好老问题，防止新问题，减少“绊脚石”[①]，为新时期中日关系发展定了基调。

中日“海空联络机制”也为中日关系的转圜增添了积极因素。“海空联络机制”是中日两国防务部门为预防海空一线兵力发生摩擦或冲突而建立的危机管控机制。2018 年 5 月，李克强正式访问日本，作为此次中日高层会面的重要成果之一，两国防务部门签署了海空联络机制备忘录，双方设立“海空联络机制”的目的，就是共同管控海上危机，使双方一线兵力在钓鱼岛问题上避免发生冲突，使东海成为和平、友好、合作之海。

2018 年适值中日和平友好条约缔结 40 周年，中国对日方希望改善两国关系的意愿做出积极回应，双方开展一系列高层往来，推动两国关系重回正轨。2018 年 10 月，安倍晋三以日本首相身份访华，双方在经济金融、人文交流以及第三方市场合作方面达成共识，特别是在第三方市场合作方

① 习近平会见五国领导人. 人民日报海外版，2016-09-06.

面签署了 52 项合作文件，累计金额达 180 亿美元。[①]

9. 中朝关系：传统友谊焕发新的活力

中朝两国 1949 年 10 月 6 日建交，朝鲜是同新中国最早建交的国家之一。1961 年 7 月 11 日，双方在北京签订了《中华人民共和国和朝鲜民主主义人民共和国友好合作互助条约》。多年来，中朝两国一直保持传统友好合作关系，两国党和国家领导人经常往来。朝鲜领导人金日成生前曾数十次访问中国，中国领导人周恩来、刘少奇、邓小平等也先后多次访问朝鲜。中朝双方多年来秉持条约精神，在政治、经济、文化、科技、教育、卫生、新闻等各个领域开展友好交流合作，有力推动了两国社会主义建设事业发展，为两国人民带来了实实在在的福祉，为维护朝鲜半岛及东北亚地区和平稳定做出了积极贡献。但是，金正恩时代的朝中关系起步并不顺利。由于朝鲜退出六方会谈并加速核试验而导致联合国出台多次制裁决议，双边关系步入低谷。

无论如何，传承和发展中朝传统友好，符合双方共同利益，也是双方的坚定选择。2018 年以来，在有关各方的共同努力下，曾经一度趋于紧张的朝鲜半岛局势重新回到对话与协商的正确轨道。朝韩领导人板门店会晤和朝美领导人新加坡会晤，都对朝鲜半岛问题的政治解决进程发挥了推动作用。2018 年 3 月以来，习近平同金正恩多次会晤，就发展新时代中朝关系达成四方面原则共识，为两党两国关系发展指明了方向，开启了中朝关系发展新篇章。

10. 中英关系：力争延续“黄金时代”

中英关系是国际关系中最重要的双边关系之一。英国于 1950 年承认新中国，是最早承认新中国的西方大国。近 70 年来，中英关系历经波折，总体上朝着积极稳定的方向发展，总体上走在中国同西方关系的前列。自 2015 年 10 月英国首相戴维·卡梅伦与中国国家主席习近平开启中英关系的“黄金时代”后，双边关系发展迈上新台阶，政治、经贸投资以及人文交流合作逐步推进。英国是中国在欧盟内第二大贸易伙伴、第二大投资目

---

① 中日关系.（2018-11-10）. 外交部官网.

的国和第二大实际投资来源地，也是人民币离岸交易中心之一；中国是英国在欧盟外第二大贸易伙伴和在亚洲首要投资目的地。英国对参与中国西部大开发态度较积极，对华投资区域正逐渐从沿海向中西部内陆地区扩展。特蕾莎·梅担任英国首相后，一方面表示要与中国继续推动双边友好关系发展，另一方面却又有意挑战中国海洋领土主权，给延续两国“黄金时代”双边关系蒙上一层阴影。

当前英国正在就脱欧问题与欧盟谈判，英国脱欧对中国而言既是机遇，也是挑战。英国脱欧对中英关系的影响主要体现在经贸关系和政治安全方面。英国脱欧，将增加启动中英自贸区建设的可能性，中英间的经贸合作将得到加强，加快中国企业“走出去”的步伐；在“一带一路”框架下，中国的产能将会与英国的基础设施升级改造计划更好对接。英国也将更加重视中英高级别安全对话，以增进互信，提升政治安全。

11. 中法关系：防务与外交伙伴关系强于经济伙伴关系

一位法国知名专家说过，中国视德国为经济伙伴，视法国为防务和外交伙伴。这句话比较准确地描述了当前中法关系不均衡的特点：防务与外交领域的合作强于经贸领域合作。

法国是第一个同中国正式建交的西方大国。1964 年建交以来，两国关系总体发展顺利，期间因法国政府参与西方对华制裁等问题一度受到严重影响。2009 年 4 月 1 日，中法发表新闻公报，中法关系逐步恢复良好发展势头，各领域合作进展顺利。2018 年 1 月，法国总统马克龙访问中国，中法两国元首决定在相互信任、互惠互利原则的基础上进一步提升紧密持久的中法全面战略伙伴关系水平。

截至 2018 年 9 月，法国是中国在欧盟内第四大贸易伙伴、第四大实际投资来源国、第二大技术引进国。中国是法国亚洲第一大、全球第六大贸易伙伴。截至 2018 年 8 月，法国在华投资项目 5 590 个，实际投资 170.6 亿美元。2018 年 1—8 月，中国对法国直接投资 1.9 亿美元。[①] 法国资本、企业、技术和管理团队较早进入中国，并在能源、汽车、航空、通

① 中法关系.（2018-11-18）. 外交部官网 .

信、化工、水务和医疗等领域投资建立了5 000多个项目。法国作为首个向中国输出民用核电技术的西方国家，对中国核电建设功不可没。而且双方已携手合作开辟第三方市场，树立了中国与西方大国核能合作的典范。

虽然如此，但中法经贸合作与双方的政治、防务、人文交流相比，还存在一定差距，体现在经贸总量相对较小、贸易关系失衡、市场开放度有待拓展等方面。据相关统计，2017年中法贸易额544.6亿美元，比中英贸易总额相差近200亿美元，仅为中德贸易总额的1/3左右。与在欧盟其他大国的投资相比，中国在法国的投资依然有很大的拉升空间。

12. 中德关系：中欧关系的“超级发动机”

长期以来，中德关系健康稳定发展。从2004年的“具有全球责任的伙伴关系”到2010年的“战略伙伴关系”，再到2014年的“全方位战略伙伴关系”，中德关系水平连续提升，彰显了双方交往的全面性、增长性和互惠性。截至2018年，默克尔以德国总理身份共访华11次，可见德国对中德关系的重视。长期稳定的经贸合作是中德关系的“压舱石”。德国连续40多年都是中国在欧洲最大贸易伙伴，2003年成为欧洲最大对华投资国。中国连续两年成为德国第一大贸易伙伴，还是德国第三大出口目的国和第一大进口来源国。当前欧盟是中国最大的贸易伙伴，而中德贸易则占中欧贸易的30%，中德贸易大约等于中国与英法意三国贸易的总和。据欧盟统计局统计，2018年1—6月中德双边贸易额为987.1亿美元。近年来，中国企业对德投资开始加速，在德中企达到2 000多家，成为合作共赢的新亮点。共建“一带一路”倡议已成为中德企业合作的新平台，中德之间的班列占了中欧班列近一半。德国是中国实现换道超车的重要倚重，中国需要学习德国的制造技术、工匠精神等，将德国工业制造4.0与中国产能转型升级紧密衔接。中国已经开启了新一轮开放，中德合作前景广阔，机遇前所未有。

13. 中土（土耳其）关系：“一带一路”建设注入新活力

土耳其是连接欧亚大陆近东地区的大国，在地区事务中发挥着重要作用，影响力辐射周边，近期强势回归中东地区，深刻影响中东局势发展。1971 年中土正式建交以来，两国关系已走过近半个世纪的风风雨雨。历史上中土两国关系既有合作亦有冲突，直到 20 世纪末，中土关系虽获得较大改善，但整体仍处于较一般的水平。进入 21 世纪后，中土关系得到很大改善，双边关系迅速升温。

政治上，两国在重大地区和国际问题上沟通和配合较多。2013 年土耳其成为上海合作组织“对话伙伴国”，是第一个与上海合作组织建立此种关系的北约成员国，这将进一步推动双方在政治、安全、经贸等领域的交流与合作。

经济上，21 世纪以来双方经贸关系获得迅速发展。2003 年中土双边贸易额较上年增长了近 2 倍，到 2013 年两国贸易总额从 2000 年的十几亿美元猛增到近 300 亿美元。[①] 目前，中国已是土耳其的第三大贸易伙伴，尽管土耳其长期处于较大的贸易逆差状态，且总体上中土贸易额在彼此对外贸易总额中所占比例较小，但两国经贸关系发展潜力巨大、势头强劲，特别是伴随共建“一带一路”倡议的正式提出，中土经贸关系被注入一股新的活力，将迎来更大的发展机遇。

14. 中沙（沙特阿拉伯）关系：中东地区推进“一带一路”建设的重要合作伙伴

1990 年 7 月 21 日，中国和沙特阿拉伯建交。2008 年 6 月，两国建立战略性友好关系。2012 年 1 月，两国决定在战略框架内进一步提升双边关系水平。2016 年 1 月，两国建立全面战略伙伴关系，并决定成立中沙高级别联合委员会。两国经贸和能源合作发展迅速。中国从沙特阿拉伯进口的主要商品为原油、石化产品等，向沙特阿拉伯出口的主要商品为机电产品、钢材、服装等。

沙特阿拉伯作为伊斯兰世界的核心国家和二十国集团成员中唯一的阿拉伯国家，是中国在中东地区推进“一带一路”建设的重要合作伙伴[②]，也

① 中土关系.（2018-12-10）. 外交部官网.

② 习近平会见沙特王储继承人穆罕默德.（2016-08-31）. 新华网.

是中国发展与伊斯兰国家战略关系的重要支点国家。中沙关系对中国发展同海湾阿拉伯国家合作委员会、阿拉伯国家、伊斯兰国家间的合作关系具有重要的引领作用。当前，中国正在推动“一带一路”建设，沙特阿拉伯也启动了“2030 愿景”计划，“一带一路”与“2030 愿景”对接，不仅惠及两国人民，也是深化中沙全面战略伙伴关系和打造两国全方位立体合作新格局的重要内容。近年来，沙特阿拉伯内政与外交政策经历重大调整，在政治、经济、安全和宗教领域面临一定风险，自身不确定因素增加，给中沙未来合作带来一定的挑战。双方正在积极寻找更多的发展战略对接利益契合点，最大限度地实现发展战略对接。

15. 中尼（尼日利亚）关系：中非合作、南南合作新引擎

尼日利亚是“非洲巨人”，是一个世界舞台上日益活跃的重要参与者。作为非洲人口第一大国、第一大经济体以及世界第六、非洲第一石油生产国，尼日利亚将成为全球年均 GDP 增长速度最高的国家之一。[①]2018 年尼日利亚人口达 1.94 亿，然而绝大多数尼日利亚人仅靠每天不到 1.25 美元的收入维持生活，约有半数人口是文盲，国家还深受安全问题困扰。尼日利亚虽是个矛盾体，但拥有巨大的市场和发展潜力。[②]

中国与尼日利亚于 1971 年建交，2005 年两国建立战略伙伴关系。尼日利亚是中国在非洲的第一大工程承包市场、第二大出口市场、第三大贸易伙伴和主要投资目的地国。2018 年 1—6 月，中尼贸易额 72 亿美元，同比增长 6.7%；中方出口商品主要为机电产品和纺织服装等，进口原油和液化天然气等。

历史上，尼日利亚并不是丝绸之路沿线国家，但已经签约加入“一带一路”建设，成为非洲第九个加入“一带一路”建设的国家，双方在能源、基础设施建设、农业、矿产资源、机械制造加工等领域具有广泛的合作前景。

---

① 孙超．“非洲的巨人”——访尼日利亚驻华大使巴巴 · 艾哈迈德 · 吉达．中国发展观察，2018（21）．

② 孙超．“非洲的巨人”——访尼日利亚驻华大使巴巴 · 艾哈迈德 · 吉达．中国发展观察，2018（21）．

16. 中阿（阿根廷）关系：新兴市场国家和发展中国家团结合作、共同发展的典范

中阿两国建交以来，双边关系互惠互利，稳步推进，发展顺利。阿根廷工业门类较齐全，农牧业发达，素有“世界粮仓和肉库”之称。阿根廷自然资源丰富，是拉美主要矿业国之一。2014 年宣布建立全面战略伙伴关系后，中阿合作呈现全方位、高水平发展态势。基于全面战略伙伴关系，两国积极开展合作，在基础设施建设、铁路运输、能源、农业和金融等领域的合作取得很大进展。目前，中国是阿根廷第二大贸易伙伴、第一大农产品出口目的国。中国是阿根廷的主要外资来源国。中国在阿根廷投资超过 100 亿美元，涵盖基础设施建设、能源、通信、农业等领域，创造了数以万计的工作岗位。中国制造和中国技术助力阿根廷更好实现互联互通，提高竞争力。中阿扩大本币互换规模，中国金融机构在阿根廷设立分支机构，金融合作为阿根廷经济社会发展提供了支持和服务。

（三）覆盖全球的多边合作机制

虽然近年来国际上孤立主义、民粹主义、保护主义有所抬头，但世界经济全球化、政治多极化的发展趋势不可阻挡、不可逆转，全球和区域多边合作方兴未艾，多边合作机制在稳定地区局势、加强全球和地区安全合作、促进区域人文交流互鉴和经贸发展、提升人民生活水平等方面，发挥着越来越重要的作用。中国自加入联合国尤其是 1978 年改革开放以来，不断加大对外开放力度，积极主动地加入并发起国际和区域多边合作机制。自 2013 年习近平首次提出共建“一带一路”倡议以来，中国以更加开放的姿态，积极参与并推动国际和区域多边合作机制发展，利用多边合作机制推动“一带一路”建设，同时以“一带一路”建设“反哺”多边合作机制的健康发展与作用发挥。中国政府于 2015 年发布的《推动共建丝绸之路经济带和 21 世纪海上丝绸之路的愿景与行动》中，更是提出要积极利用现有双多边合作机制，推动“一带一路”建设，促进区域合作蓬勃发展。目前，中国已经形成了覆盖全球的多边合作机制，包括联合国、世界贸易组

织、二十国集团、上海合作组织、东盟、亚太经合组织、亚欧会议、亚洲合作对话、亚信、中阿合作论坛、海湾阿拉伯国家合作委员会、大湄公河次区域经济合作、中亚区域经济合作、金砖国家、全面与进步跨太平洋伙伴关系协定等。

1. 中国与联合国

联合国是第二次世界大战后，为构建战后国际新格局、促进世界和平与发展而成立的世界上最大的全球性国际组织，于 1945 年 10 月 24 日正式成立。联合国目前拥有会员国 193 个，其宗旨是：维护国际和平与安全；发展国际以尊重各国人民平等权利及自决原则为基础的友好关系；进行国际合作，以解决国际经济、社会、文化和人道主义性质的问题，并促进对于全体人类的人权和基本自由的尊重。

作为联合国创始会员国之一，中国是第一个在《联合国宪章》上签字的国家。1971 年 10 月 25 日，第 26 届联合国大会通过了关于恢复中华人民共和国在联合国一切合法权利的第 2758 号决议，承认中华人民共和国政府的代表是中国在联合国组织的唯一合法代表。多年来，中国坚定支持联合国在维护和平、促进发展方面发挥的重要作用，坚定支持多边主义进程，坚定维护以联合国为核心的国际体系。中国不断加强与联合国的合作，积极推动以对话协商解决地区热点问题，应对好各种全球性威胁和挑战。中国将继续做世界和平的建设者、全球发展的贡献者和国际秩序的维护者，与各国携手构建人类命运共同体。

2. 中国与世界贸易组织

1995 年 1 月 1 日，世界贸易组织成立，其前身是成立于 1947 年的关税与贸易总协定。世界贸易组织是当代最重要的国际经济组织之一，拥有 164 个成员，成员贸易总额达到全球的 98%。

2001 年中国加入世界贸易组织，是中国深度参与经济全球化的里程碑。加入世界贸易组织以来，中国不断完善社会主义市场经济体制，全面加强同多边贸易规则的对接，切实履行货物和服务开放承诺，强化知识产权保护，对外开放政策的稳定性、透明度、可预见性显著提高，为多边贸易体制有效运转做出了积极贡献。

自 2002 年以来，中国对世界经济增长的平均贡献率接近 30%，是拉动世界经济复苏和增长的重要引擎。2001—2017 年，中国服务贸易进口从 393 亿美元增至 4 676 亿美元，年均增长 16.7%，占全球服务贸易进口总额的比重接近 10%。① 加入世界贸易组织后，外商直接对华投资规模从 2001 年的 468.8 亿美元增加到 2017 年的 1 363.2 亿美元，年均增长 6.9%。② 外商投资企业在提升中国经济增长质量和效益的同时，分享中国经济发展红利。

当然，中国也受益于加入世界贸易组织。加入世界贸易组织后，中国对世界贸易组织规则的认识和运用逐步加深，人才建设取得丰硕成果；跃升为货物和服务贸易大国；成为利用外资和对外投资大国；成为外汇储备大国，人民币“入篮”；成长为世界第二大经济体；人民生活水平大幅提高；等等。

以世界贸易组织为核心的多边贸易体制是国际贸易的基石，为推动全球贸易发展、建设开放型世界经济发挥了中流砥柱作用。中国始终坚定支持多边贸易体制，全面参与世界贸易组织各项工作，推动世界贸易组织更加重视发展中成员的关切，反对单边主义和保护主义，维护多边贸易体制的权威性和有效性，与各成员共同推动世界贸易组织在经济全球化进程中发挥更大作用。

3. 中国与二十国集团

二十国集团（G20）成立于 1999 年，最初是一个非正式财长和央行行长论坛，其主要工作是在国际层面恢复全球金融稳定，以应对 1997 年的亚洲金融危机。在 G20 成立后的 10 年里，虽然也曾开展合作并达成共识，但是其重要性远远比不上七国集团（G7）和八国集团（G8）。但是 2008 年全球金融危机爆发后，G20 从一个非正规财长和央行行长论坛升级为国家和政府领导人论坛，并逐渐成为一个讨论经济和其他全球性政策的高级别平台。2009 年 9 月举行的匹兹堡峰会将 G20 确定为国际经济合作主要论坛。

---

① 薛荣久. 入世在中国改革开放中的意义、作用与维护. 国际贸易问题，2018（10）.

② 薛荣久. 入世在中国改革开放中的意义、作用与维护. 国际贸易问题，2018（10）.

目前，G20 的议题已远远超出国际金融范畴，开始涉及开发、反腐败、就业、投资、基础设施和能源等多个领域，正从危机应对向危机后的长效治理机制转变。G20 作为全球经济治理的主要平台，在推进国际经济体系和国际秩序改革方面肩负着越来越重要的使命。

G20 由中国、阿根廷、澳大利亚、巴西、加拿大、法国、德国、印度、印度尼西亚、意大利、日本、韩国、墨西哥、俄罗斯、沙特阿拉伯、南非、土耳其、英国、美国以及欧盟等二十方组成。G20 成员涵盖面广，代表性强，构成兼顾了发达国家和发展中国家以及不同地域利益平衡，人口占全球的 2/3，国土面积占全球的 60%，GDP 占全球的 90%，贸易额占全球的 75%。

中国积极参与 G20 活动，并为 G20 的发展做出了重要贡献。中国国家主席出席了 G20 历次峰会。2015 年 12 月 1 日，中国正式接任 G20 主席国，并于 2016 年承办杭州 G20 峰会。中国在 G20 历次峰会上积极提出中国主张，为世界经济发展贡献中国智慧。杭州 G20 峰会上，中国提出要完善全球经济治理，放眼长远，实现经济的包容发展，构建一个具有抗风险能力的金融体系和现代化的国际税收体系。2017 年汉堡 G20 峰会上，中国延续和完善了杭州 G20 峰会上所提出的主张，促进了世界经济的共同繁荣。2018 年布宜诺斯艾利斯 G20 峰会上，习近平提出四个“坚持”：坚持开放合作，维护多边贸易体制；坚持伙伴精神，加强宏观政策协调；坚持创新引领，挖掘经济增长动力；坚持普惠共赢，促进全球包容发展。① 在应对经济危机方面，2008 年全球金融危机爆发，G20 投入了 3.27 万亿美元用于经济振兴，其中中国投入了 6 475 亿美元，为挽救经济危机做出了重要贡献。②

4. 中国与上海合作组织

上海合作组织（SCO）简称上合组织，是 2001 年在上海成立的永久性

① 习近平出席二十国集团领导人第十三次峰会并发表重要讲话 强调要坚持开放合作、伙伴精神、创新引领、普惠共赢，以负责任态度把握世界经济大方向. 人民日报，2018-12-01.

② 周炜杰. 中国在 G20 中的角色与贡献. 商场现代化，2017（21）.

政府间国际组织，是第一个以中国城市命名的国际组织。现成员国有中国、哈萨克斯坦、吉尔吉斯斯坦、俄罗斯、塔吉克斯坦、乌兹别克斯坦、印度、巴基斯坦 8 个国家。上海合作组织起源于 1989 年，前身是上海五国会晤机制，是中国、俄罗斯、哈萨克斯坦、吉尔吉斯斯坦、塔吉克斯坦关于加强边境地区信任和裁军的谈判进程的组织。走过近 20 年发展历程的上海合作组织已经成长为国际舞台上最重要的区域合作组织，上海合作组织倡导的“上海精神”、新安全观和共同发展的新理念（“五观”发展理念：发展观、安全观、合作观、文明观、全球治理观）已深入成员国政府和人民心中，上海合作组织作为新型区域合作机制有效维护了中亚地区的安全和稳定，促进了区域经济的发展。

成立以来，上海合作组织区域经济合作成就斐然。2017 年，上海合作组织 6 个成员国（中国、俄罗斯、哈萨克斯坦、乌兹别克斯坦、吉尔吉斯斯坦、塔吉克斯坦）GDP 总额约为 12.78 万亿美元，比 2001 年的 1.68 万亿美元增长了 6.61 倍。2017 年，这 6 国的 GDP 比 2001 年分别增长 7.4 倍、4.15 倍、6.35 倍、3.36 倍、3.63 倍、5.61 倍，均实现跨越式增长，增幅皆高于同期全球经济增长速度。[①]2017 年新加入的成员印度、巴基斯坦 GDP 分别为 26 010 亿美元、3 049.52 亿美元。[②]2017 年，上海合作组织 6 个成员国的贸易总额为 4.9 万亿美元，比 2001 年增加了 7.2 倍。印度、巴基斯坦加入后，贸易总额达到 5.72 万亿美元，区域贸易规模进一步扩大。[③]据统计，2001 年，中国同上海合作组织其他成员国间的贸易额只有 121 亿美元；2013—2017 年，中国从上海合作组织成员国进口商品累计超过 3 400 亿美元，中国企业对地区、国家直接投资累计近 150 亿美元。[④]

上海合作组织成员国大多位于“一带一路”建设沿线，“一带一路”建设为本区域经济合作增添了新的动能，“五通”建设逐渐成为上海合作组织区域经济合作的新模式。中国“一带一路”的关键地区也是上海合作

① 数据来自世界银行官方网站.

② 数据来自世界银行官方网站.

③ 上海合作组织区域经济合作成就斐然.（2018-06-04）. 人民网.

④ 中国担任上海合作组织轮值主席国一年间干了哪些大事？.（2018-05-30）. 新浪网.

组织成员国所在区域，“一带一路”建设要取得成功，离不开上海合作组织的参与和支持。作为共建“一带一路”倡议的积极支持者和践行者，上海合作组织为成员国参与“一带一路”建设提供了重要的机制保障。作为一个地区性合作机制，上海合作组织可以为成员国启动参与“一带一路”项目提供合作平台。由于上海合作组织还包括多个观察员国和对话伙伴国，而这些国家又是“一带一路”沿线国家，这使上海合作组织可以就联合推出相关合作项目进行协商，并付诸实践。上海合作组织开发银行和发展基金也将为“一带一路”建设提供强大的金融支持。

5. 中国与东盟

中国与东盟自 1991 年开启对话进程。经过 20 多年的共同努力，双方政治互信与交流明显增强，各领域务实合作成果丰硕。双方都认为中国－东盟关系已成为东盟同对话伙伴关系中最富内涵、最具活力的一组关系，发展前景广阔。

政治上，中国于 2003 年作为东盟对话伙伴率先加入《东南亚友好合作条约》，与东盟建立了面向和平与繁荣的战略伙伴关系。双方建立了较为完善的对话合作机制，主要包括领导人会议、部长级会议、高官会等。经济上，2014 年 8 月，双方宣布启动中国－东盟自由贸易区升级谈判。2015 年 11 月，双方签署《关于修订〈中国－东盟全面经济合作框架协议〉及项下部分协议的议定书》，标志着中国－东盟自由贸易区升级谈判正式结束。目前中国已连续 9 年成为东盟第一大贸易伙伴，东盟连续 7 年成为中国第三大贸易伙伴。

对接中国共建“一带一路”倡议是新时期中国－东盟（10＋1）关系发展的主题，东盟是“一带一路”国际合作的优先方向和重要伙伴，更是中国推进“21 世纪海上丝绸之路”建设的首选和必经之地，双方很多大型合作项目在“一带一路”建设中具有“先行先试”意义。“一带一路”建设契合东盟国家发展急需，有利于改写世界经济版图，推进亚太自由贸易区建设。“一带一路”建设将有力促进中国与东盟基础设施互联互通发展，改善区域内产业结构和分工体系，构建高效合作平台。

6. 中国与亚太经合组织

亚太经合组织是亚太地区层级最高、领域最广、最具影响力的经济合作机制，成立于1989年11月，目前有21个成员，中国于1991年11月正式加入该组织。亚太经合组织总人口26亿，约占世界人口的40%；GDP之和超过19万亿美元，约占世界的56%；贸易额约占世界总量的48%。这一组织在全球经济活动中具有举足轻重的地位。成立以来，亚太经合组织在推动区域和全球范围的贸易投资自由化和便利化、开展经济技术合作方面不断取得进展，为加强区域经济合作、促进亚太地区经济发展和共同繁荣做出了突出贡献。

当前经济全球化遭遇逆风，保护主义抬头，亚太经合组织实现自身宗旨和目标的能力面临挑战。但同时，作为本地区以推动贸易自由化、便利化为明确目标的区域性多边组织，亚太经合组织的重要性也愈发凸显，其在抵制保护主义方面可以发挥重要作用。

亚太地区是中国对外经济贸易的重要依托。中国对外贸易总额和吸引外资的大部分来自亚太经合组织成员，中国的发展受益于区域经济，中国的发展也为亚太经合组织注入了独有的活力和动力。中国一直是亚太经合组织的积极参与者、贡献者，为推动建设亚太大家庭发挥了重要作用。中国国家主席出席了历次亚太经合组织领导人非正式会议，就全球及地区形势、亚太区域合作、亚太经合组织未来发展等一系列重大问题阐述看法和主张，为历次会议取得成功发挥了积极和建设性作用。2001年中国在上海成功主办亚太经合组织第九次领导人非正式会议，2014年又在北京成功主办亚太经合组织第二十二次领导人非正式会议。

7. 中国与亚欧会议

亚欧会议（ASEM）成立于1996年，是在国际政治多极化、经济全球化不断发展背景下，亚洲与欧洲国家为进一步加强政治、经济交流与合作而建立的跨区域政府间对话机制与交流平台，目的是建立新型亚欧关系。亚欧会议目前有53个成员，中国于1996年参加了第一届亚欧首脑会议，成为创始方。亚欧会议成员有24.7亿人口，约占世界人口的39%，GDP占世界总值的一半多。亚欧会议包括政治对话、经贸合作以及社会文化及其他领域交流三大支柱。

作为亚欧会议重要成员，中国政府将其视为经济全球化、政治多极化、国际关系民主化的有益产物与有效平台，积极参加亚欧会议活动，提出一系列促进亚欧合作的主张与倡议，得到成员的广泛响应和积极支持，很多倡议与主张都写进了亚欧会议文件。

亚欧会议成员与“一带一路”沿线国家高度重合，而且其形成的政治对话、经贸合作和社会文化及其他领域交流三大支柱的合作结构也与支撑“一带一路”的政策沟通、设施联通、贸易畅通、资金融通、民心相通一脉相承。在中国提出共建“一带一路”倡议前后，欧盟及其成员国、俄罗斯和蒙古国、中亚和南亚国家、东盟及其成员国等亚欧会议成员都意识到落后的基础设施严重制约了亚欧贸易增长，分别出台了“泛欧交通运输网”“欧亚经济联盟”“大欧亚伙伴关系”“草原之路”“光明之路”“东盟互联互通总体规划”“全球海上支点”等构想规划，以加强地区内部和跨地区的互联互通。

2018 年 9 月中旬，欧盟委员会公布题为《连接欧洲和亚洲——对欧盟战略的设想》的政策文件，被广泛称作欧版“一带一路”。该设想和中国的共建“一带一路”倡议有很多契合点，可对接性非常强，对深化“一带一路”合作具有深远意义。

8. 中国与亚洲合作对话

亚洲合作对话（ACD）于 2002 年成立，是面向全亚洲的官方对话与合作机制，主要特点是非机制化和非正式协商。这是一个持久的开放的论坛组织，对所有亚洲国家开放，目的在于推动亚洲国家在各个领域的合作，促进亚洲的发展，提升亚洲在国际事务中的整体实力和地位，并与区域外的国际组织就共同利益展开合作。目前包括中国在内有 34 个成员国，泰国是亚洲合作对话永久协调国。亚洲合作对话主要工作机制有领导人会议、外长会和高级研究小组会等。

中国积极参与亚洲合作对话相关活动，支持亚洲合作对话各项交流合作项目，积极为亚洲合作对话的改革发展贡献“中国智慧”，并担任亚洲合作对话“粮食、水与能源安全相互关系”支柱领域牵头国。中国主动将共建“一带一路”倡议与亚洲合作对话对接，也得到亚洲合作对话成员国的广泛认可和积极响应。2014 年“亚洲合作对话丝绸之路务实合作论坛”在甘肃兰州举行，各方围绕推进互联互通、能源、环保和人文等领域合作展开深入研讨并提出政策建议。2015 年“亚洲合作对话共建‘一带一路’合作论坛暨亚洲工商大会”在福建福州举行，各方围绕共同推进金融、经贸、工商等领域合作展开深入探讨。

9. 中国与亚信

亚洲相互协作与信任措施会议（CICA）简称亚信，是一个有关安全问题的多边论坛。亚信现有成员国 27 个、观察员 13 个，横跨亚洲各区域，涵盖不同制度、不同宗教、不同文化、不同发展阶段，具有广泛代表性。亚信的宗旨是通过制定多边信任措施，通过制定和实施军事政治、新威胁新挑战、经济、环境、人文等五大领域信任措施，加强对话与合作，促进亚洲和平、安全与稳定。

亚信是以地区安全为主题的多边合作机制，中国“一带一路”，尤其是“丝绸之路经济带”沿线国家，大部分分布在中亚、中东地区，这一地区饱受恐怖主义等传统和非传统安全问题威胁，如果地区安全局势恶化甚至失控，将对中国“一带一路”建设的安全环境产生巨大冲击，直接影响该倡议的落地实施。因此，中国高度重视在亚信框架下的多边对话与合作，支持亚信加强能力和机制建设，支持亚信成为覆盖全亚洲的安全对话合作平台，并在此基础上探讨建立地区安全合作新架构。

10. 中阿合作论坛

中国 – 阿拉伯国家合作论坛（CASCF）简称中阿合作论坛，成立于 2004 年，是中国与阿拉伯国家联盟（简称阿盟）共同发起建立的政府间对话、合作平台，宗旨是加强双边对话与合作、促进和平与发展，包括中国和阿盟 22 个成员国。中国与阿盟经济总量占世界的 1/8，面积占世界的 1/6，人口占世界的 1/4。论坛不仅对中阿合作发挥了政治引领作用，促进了双方政治互信，而且拓宽了许多合作领域。2017 年中国与阿盟贸易额达 1 913.52 亿美元，同比增长 11.9%；中国对阿拉伯国家直接投资量为 12.6 亿美元，同比增长 9.3%；中国在阿盟新签承包工程合同额 328.05 亿美元。①

虽然中国与阿盟合作取得一定进步，目前中国是阿盟第二大贸易伙伴，阿盟是中国第一大原油供应地、第八大贸易伙伴，但总体来讲，双方合作潜力尚未释放，合作质量也有待提高。双方直接投资量很少，经济关系主要是粗放式的数量扩张，双方均没有实质性参与到对方的价值生产链中，属于初级经济合作关系。中国与阿盟是共建“一带一路”的天然合作伙伴，当前双方合作已取得初步成果。截至 2018 年，中国已同 9 个阿拉伯国家签署了共建“一带一路”协议。许多阿拉伯国家愿将其发展规划同“一带一路”建设相对接。比如，埃及“振兴计划”、沙特阿拉伯“2030 愿景”、约旦“2030 愿景”、科威特丝绸新城、摩洛哥丹吉尔穆罕默德六世科技城建设。

11. 中国与海湾阿拉伯国家合作委员会

海湾阿拉伯国家合作委员会（GCC）是海湾地区最主要的政治经济组织，简称海合会。海合会成立于 1981 年 5 月，总部设在沙特阿拉伯首都利雅得，成员国包括阿拉伯联合酋长国、阿曼、巴林、卡塔尔、科威特和沙特阿拉伯。2001 年 12 月，也门被批准参与海合会的部分工作。海合会各成员国在民族、语言、宗教、产业结构等方面具有高度的相似性，正是基于此，海合会积极推进内部成员国之间在经济、文化、教育、基础设施建设等方面开展深度交流与合作，谋求区域经济一体化。

海合会是中国重要的贸易伙伴，也是中国最主要的石油进口来源地、重要的货物出口市场，双方出口商品种类具有较强的互补性，竞争性比较弱。双方贸易联系密切，关系蓬勃发展，经济合作与商业发展的前景广阔。持续的贸易增长和投资成为中国和海合会关系发展的重要引擎。中国已

① 刘宝莱：中阿合作论坛正在新的历史起点上.（2018-07-09）. 中国卫星导航定位应用管理中心官网.

成为海合会最大的贸易伙伴，双边贸易额每年超过 2 500 亿美元，预计到 2030 年将达到 3 500 亿美元；2016 年中国企业 22% 以上的全球投资是在海合会国家。而且，中国与海合会的经济具有很强的互补性。海湾国家受惠于中国的巨大市场和科学技术，而中国也从海合会快速增长的市场、众多的投资机会以及丰富的能源和自然资源中获益，为现代经济的发展提供助力。

海合会处于“丝绸之路经济带”与“21 世纪海上丝绸之路”的交汇地带，区位优势明显，资源禀赋独特，工业化潜力巨大，具有重要的战略价值。“一带一路”建设将进一步提升中国与海合会的务实合作，海湾国家将受惠于中国的巨大市场和科学技术，中国也将从海湾国家快速增长的市场、众多的投资机会以及丰富的能源和自然资源中获益，推动双方经济的发展。

12. 中国与大湄公河次区域经济合作

大湄公河次区域经济合作（GMS）于 1992 年由亚洲开发银行发起，涉及流域内的 6 个国家——中国、缅甸、老挝、泰国、柬埔寨和越南，旨在通过加强各成员国间的经济联系，促进大湄公河次区域的经济和社会发展。大湄公河次区域经济合作是一个发展中国家互利合作、联合自强的机制，也是一个通过加强经济联系，促进大湄公河次区域经济社会发展的务实机制。合作范围涉及交通、电信、能源、环境、人力资源开发、旅游、贸易便利化和投资等多个领域，已设立 100 多个优选合作项目。

中国积极参与大湄公河次区域经济合作各层次、各领域项目的规划与实施，为改善大湄公河次区域经济合作各成员国民生和福祉做出了一定贡献。中国在大湄公河次区域五国积极开展的劳务承包和设计咨询的合同额和营业额逐年上升。中国还以合作或独资等方式参与柬埔寨、泰国、越南的经贸合作区开发建设，有力地促进了当地的经济发展。中国还签署了《大湄公河次区域便利货物及人员跨境运输协定》及其附件和议定书；积极参与泛亚铁路合作，组织开展了泛亚铁路境内和境外段调研。在贸易投资和农业领域，中国制定并已开始正式实施《大湄公河次区域贸易投资便利化战略行动框架》中国行动计划。

受到历史、地理、经济、社会发展等因素制约，该区域多边合作机制运行情况复杂、难度大，开发与环保矛盾突出，安全环境严峻，水资源开发利用争端不断，法律制度不健全，一些非传统安全问题非常严重，这都增加了大湄公河次区域的安全风险指数，极大影响了大湄公河次区域经济合作作用的发挥。作为大湄公河次区域内唯一的世界和区域性大国，面对当前大湄公河次区域经济合作发展面临的瓶颈问题，中国应该积极发挥引领作用，对成员国加大市场开放力度，增加投资和资金支持，利用“一带一路”建设契机，利用自身产能、工程设计、施工、建设、技术管理等一系列优势推动区域内国家的基础设施建设，加快互联互通，从而加强经济政策协调和发展战略对接，促进协同联动发展，实现共同繁荣。

13. 中国与中亚区域经济合作

中亚区域经济合作（CAREC）是 1996 年由亚洲开发银行发起成立的区域性合作机制，其宗旨是以合作谋发展，通过开展交通、能源、贸易政策、贸易便利化四大重点领域合作，促进成员经济发展和民生改善，推进区域经济一体化。中亚区域经济合作成员包括中国、阿富汗、阿塞拜疆、哈萨克斯坦、吉尔吉斯斯坦、蒙古国、巴基斯坦、塔吉克斯坦、土库曼斯坦、乌兹别克斯坦和格鲁吉亚 11 个国家和 6 个多边机构，众多国际组织的参与是其独特之处。

自 2002 年以来，中亚区域经济合作在区域交通基础设施和贸易便利化方面取得了较大进展，确定了区域内 6 条交通走廊的建设，这些交通走廊穿越中亚区域东西，纵贯南北，并与欧亚交通要道连接。

中亚是亚欧大陆的“腹地”。无论就地缘政治还是地缘经济而言，都具有重要战略地位。古代丝绸之路中断后，中亚地区在经济方面逐渐黯淡。当前，与亚欧大陆东西两端的经济活力相比，中亚成为亚欧大陆“被遗忘的角落”。由于地区经济发展落后，人民贫穷而看不到希望，致使该地区成为极端主义、分离主义、恐怖主义的温床。提升中亚地区的经济发展水平不仅事关当事国与周边地区的繁荣，还关乎“一带一路”建设环境的安全，更关乎地区的和平与稳定。因此，中亚区域经济合作在发展地区经济、提高基础建设水平、增进地区人民福祉等方面，有着重要的责任并可以发挥更大的作用。

14. 中国与金砖国家

金砖四国特指中国、俄罗斯、巴西、印度四个有希望的新兴市场国家。2009 年，金砖四国领导人在俄罗斯叶卡捷琳堡举行首次会晤，之后每年举行一次会晤，标志着金砖四国机制正式形成。2010 年南非加入后，改称金砖国家。金砖国家国土面积占世界领土面积的近 30%，人口占世界的 42%。新世纪的头十年是金砖国家经济发展的“黄金十年”。在这段时期内，金砖国家的经济实力与综合国力显著增强，实现了快速崛起，在国际政治舞台上扮演着越来越重要的角色。2006—2016 年，金砖国家占全球经济的比重从 12% 上升到 23%；占国际贸易的比重从 11% 上升到 16%，对外投资从 7% 上升到 12%，吸引外资 2016 年达到 16%，对世界经济增长的贡献率达 50%。[①]2018 年，世界 500 强企业中有 138 家（中国 120 家、印度 7 家、巴西 7 家、俄罗斯 4 家）企业来自金砖国家，占比 28%。金砖机制对促进金砖国家经济贸易发展、新兴市场和发展中国家的发展以及全球经济发展都发挥了重要作用。

中国在金砖国家中发挥着重要作用。政治上，中国与俄罗斯同是联合国安理会常任理事国，对国际事务具有重要影响力和发言权，为金砖国家国际地位提升以及作用发挥做出了重大贡献；经济上，中国是五国中发展势头最为强劲的国家之一。巴西是中国最重要的贸易伙伴国之一，据中国海关统计，2017 年中巴双边货物贸易进出口总额为 3 436.9 亿元，巴中进出口总额为 748.1 亿美元，增长 27.9%；2008—2017 年，中印双边贸易额由原先的 166.53 亿美元增长到突破了 800 亿美元，达到 845.4 亿美元。

金砖国家未来发展也面临问题与挑战。第一，金砖国家各成员内部

① 臧秀玲，等. 金砖国家崛起与合作对国际体系转型的影响. 理论学刊，2018（9）.

经济发展放缓。中国虽然近年来保持着6.7%左右的增长速度，但当前经济形势具有一些不确定性，外部环境复杂严峻，经济面临下行压力；印度在金融危机的影响下出现了经济增速下滑，产业结构不合理、基础设施落后、工业生产能力弱、社会矛盾突出等问题也成为制约其经济发展的障碍；俄罗斯在国际能源价格大幅下跌、欧美国家实行制裁的影响下，出现了严重的经济危机；巴西也陷入了经济困境，其经济增速在2014年、2015年、2016年分别为0.5%、-3.7%、-3.6%，在世界上的排名从第七下滑至第九[①]；南非近年来面临经济结构单一、基础设施不完善、失业率高等问题，经济一直处于低速增长状态，增速一直在2%以下。[②]第二，金砖国家之间在经济上存在竞争。各国在经济结构、产业结构、产品出口、比较优势上虽然具有互补性，但同质竞争不容忽视。第三，金砖国家内部在政治上存在矛盾。第四，金砖国家在外部受到守成大国的遏制围堵与分化瓦解。

15. 中国与全面与进步跨太平洋伙伴关系协定（CPTPP）

全面与进步跨太平洋伙伴关系协定（CPTPP）的前身是跨太平洋伙伴关系协定（TPP）。2015年10月，美国、日本及加拿大等12个国家达成TPP，这一自贸协定被认为是奥巴马执政期间的重要成果之一。2017年1月23日，特朗普上任后签署行政令，正式宣布美国退出TPP。此后，参与TPP谈判的其他11国（日本、加拿大、澳大利亚、智利、新西兰、新加坡、文莱、马来西亚、越南、墨西哥和秘鲁）对原协定做出修改，于2018年12月30日正式生效，形成CPTPP。根据这份协定，签署国将撤销或削减工业品和农产品的关税，在贸易和投资领域提供便利措施。另外，各国还将合作降低手机国际漫游资费，取消跨境数据交换限制，共同制定禁止网络交易诈骗行为的法令等。CPTPP覆盖4.98亿人口，签署国的GDP之和占全球经济总量的13%。

2019年1月10日，中国首度对外界回应是否加入CPTPP。商务部新闻发言人高峰在例行发布会上表示，我们注意到CPTPP的最新进展情况。

① 臧秀玲，等. 金砖国家崛起与合作对国际体系转型的影响. 理论学刊，2018（9）.

② 臧秀玲，等. 金砖国家崛起与合作对国际体系转型的影响. 理论学刊，2018（9）.

当前，有关国家积极推进区域自由贸易安排，希望进一步推动贸易投资自由化、便利化。这充分说明，经济全球化的大趋势没有改变。他并提及，中方也在为推动经济全球化和区域经济一体化而做出自身的努力，比如中方参与推进的《区域全面经济伙伴关系协定》（RCEP）也将是一个拥有巨大潜力的市场。①

三、“中国方案”推动新型全球化

世界权威民调机构益普索 2018 年 8 月发布的《世界正在担忧什么？》调查报告显示，中国人民的“道路自信心”是全世界最强的。根据益普索综合 28 个国家和地区受访者的回答，约有 56% 的人认为，他们各自的国家正走在错误的发展道路上，只有 44% 的人对自己国家的未来前途有信心。然而中国却有 91% 的受访者选择了“自己的国家正走在正确的发展道路上”，这个比例之高在全世界绝无仅有。在如此充满不确定性的世界新格局中，在当今世界经济处于低迷的“新平庸”态势中，为何中国民众对未来发展充满信心？

笔者认为，这一切得益于国家推行的“大国提升战略”。一方面，在政治外交方面，中国提出“两个构建”、实施中国特色的大国外交战略，大力构建覆盖全球的多元化国际多边合作机制，在为世界和平与发展做出贡献的同时，也让中国真正走进世界舞台的中央；另一方面，中国提出构建两个“世界一流”，即世界一流的企业、世界一流的军队，以提升经济实力与大国军事，实现中华民族伟大复兴的中国梦。同时，中国还针对复杂的国际局势以及处于困境的全球治理体系，创新提出破局之道：共建“一带一路”倡议，从而从经济、政治、外交、文化等层面，创新了世界经济发展和国际合作的模式，为全球治理贡献“中国智慧”与“中国方案”，不仅成为中国构建对外开放新格局的基本政策，还推动全球化和全球治理向更加普惠、公平、包容的方向发展，促进世界经济发展和实现经

① 中国首度回应是否加入 CPTPP：愿推进区域经济一体化.（2019-01-10）. 第一财经.

济再平衡，推动构建新型国际关系与人类命运共同体。

（一）两个一流："中国力量"的双支柱

党的十九大报告中有两个"世界一流"的表述，一个是"世界一流的企业"，一个是"世界一流的军队"。中国的"两个一百年"奋斗目标，就是实现到中国共产党成立一百年时全面建成小康社会，到新中国成立一百年时建成富强民主文明和谐美丽的社会主义现代化国家的奋斗目标，就是实现中华民族伟大复兴的中国梦，说到底，就是国家富强、民族振兴、人民幸福。中国梦是强国梦，强国梦要靠强企梦来支撑，要靠强军梦来保障。

1. 建设世界一流的企业

要实现中国梦，必须有强大的经济发展实力作为基础，强大的经济实力离不开世界一流企业的保障，中国企业向世界一流迈进的过程也必将成为实现"中国梦"最辉煌的章节之一。

世界一流企业目标的提出，可以追溯到 2007 年 1 月，时任国资委主任李荣融在中央企业经营业绩考核工作会议上提出，要培养 30 ～ 50 户具有国际竞争力的大企业。

2010 年，时任国资委主任王勇在 2010 年 12 月中央企业负责人会议上提出了"十二五"时期中央企业改革发展总体思路，即围绕"一大目标"，实施"五大战略"与加强"三大保障"。其中的"一大目标"就是做强做优中央企业、培育具有国际竞争力的世界一流企业；"五大战略"是指转型升级战略、科技创新战略、国际化经营战略、人才强企战略、和谐发展战略。"三大保障"是指继续深化国有企业改革，增强企业活力，提供动力保障；不断完善国资监管体制，增强监管有效性，提供体制保障；加强和改进企业党建工作，充分发挥党组织的政治核心作用，提供组织保障。当时，这一目标是基于中央企业的地位和作用，立足国家整体发展战略提出来的。中央企业大多处在关系国家安全和国民经济命脉的重要行业和关键领域，做强做优中央企业是加快转变经济发展方式、实现科学发展的必然要求，关系经济社会发展的全局，关系全面建设小康社会宏伟目标的实现。

2012 年国资委研究制定《中央企业做强做优、培育具有国际竞争力的世界一流企业要素指引》等文件，对“四强”、“四优”、世界一流企业“四个特征”等进行了全面深入分析，形成了 13 项对标共性要素（详见本书第一章），这是中央企业由中国一流向世界一流迈进的行动指南。

2017 年，党的十九大提出，要培育具有全球竞争力的世界一流企业。国务院副总理刘鹤、国资委党委书记郝鹏、国资委主任肖亚庆也分别做出了指示。

2019 年 1 月，国资委选定 10 家单位作为创建世界一流示范企业。《关于中央企业创建世界一流示范企业有关事项的通知》（征求意见稿）中指出：世界一流企业应该是“三个领军”“三个领先”“三个典范”。[①]

从 2010 年到 2019 年，我国培育世界一流企业的根本目标始终没有改变，一直是为了深化国有企业改革，加快转变经济发展方式实现科学发展，建设社会主义现代化强国，实现中华民族伟大复兴的中国梦。而且，国有企业的历史定位也一直没有改变，即发挥“六种力量”：成为党和国家最可信赖的依靠力量，成为坚决贯彻执行党中央决策部署的重要力量，成为贯彻新发展理念、全面深化改革的重要力量，成为实施“走出去”战略、“一带一路”建设等重大战略的重要力量，成为壮大综合国力、促进经济社会发展、保障和改善民生的重要力量，成为我们党赢得具有许多新的历史特点的伟大斗争胜利的重要力量。国有企业一直是中国特色社会主义的重要物质基础和政治基础，是中国特色社会主义经济的“顶梁柱”，更是我们党执政兴国的重要支柱和依靠力量。

不过，从“做强做优”到“做强做优做大”，从“具有国际竞争力的世界一流企业”到“具有全球竞争力的世界一流企业”，世界一流企业的内涵发生了升级且变得更为丰富。党的十九大提出的“全球竞争力”概念，是站在新的历史起点上对国有企业改革发展做出的重大部署，是新时代对国有企业提出的新的更高要求，也为国有企业改革发展进一步指明了

① 国资委放权 十家央企示范创建“世界一流”.（2019-01-11）. 经济参考网.

方向。“全球竞争力”不再局限于中国的庞大企业，不再局限于世界500强的概念，不再局限于规模，要更具全球引领力，更具创新力，更具资本布局能力，更具责任与使命感等，而且要充分体现“中国方案”（中国模式成功经验）的特色、彰显中国形象，在国际市场拥有更多的话语权。然而，目前国际上对“具有全球竞争力的世界一流企业”尚无标准，也没有公认的理论支撑，“全球竞争力”也是我国探索形成的特色名词。

为了帮助读者更好地理解“具有全球竞争力的世界一流企业”，笔者在第一章专门分析了“全球竞争力”的深刻内涵，总结出中国企业要想成功塑造为具有全球竞争力的世界一流企业，必须具备六个要素：一是管理科学；二是突出的核心竞争力；三是受到社会广泛尊重；四是独特的管理思想与优秀的企业文化；五是超强的执行力；六是引领行业趋势。

目前，中国企业已经具备了培育成为具有全球竞争力的世界一流企业的基础和条件。2018年进入世界500强的中国企业已经达到120家（其中国有企业82家），总数仅次于美国的126家，位居第二，而且这是中国企业上榜数量连续第15年增长。与此同时，以中国高铁、中国公路、中国桥梁、中国港口、中国核电、北斗导航、华为、海尔、阿里巴巴为代表的“中国名片”正跻身世界一流甚至是在个别领域定义世界一流，这也标志着大量中国企业不仅在规模上已经达到了世界级水平，还在产品或服务质量、技术水平、企业文化、跨国运营、国际化管理等方面迈向世界前列。正是中国企业40年来的快速崛起，正是国家对世界一流企业发展的高度重视，以及中国企业的规模实力显著增强、竞争力进一步提升，支撑着中国成为世界第二大经济体、制造业第一大国、货物贸易第一大国、外汇储备第一大国，促进国家综合实力显著提升，并创造了中国经济发展的奇迹。

不过，我们依然要清醒地看到，同西方发达国家的世界一流企业相比，我们在核心技术、资本运作、国际化人才、品牌、综合竞争力等方面还有相当大的差距。例如，全球最大的品牌咨询公司Interbrand发布的2017年全球最具价值品牌100强排行榜中，中国仅有两家上榜，华为排名第70位，联想排名第100位。而在《福布斯》杂志2017年、2018年连续发布的全球最具价值品牌100强排行榜中，中国只有华为一家公司上榜。显而易见，中国企业建设世界一流企业还有很长的路要走。也正因为如此，世界一流企业的内涵才会发生升级变化，也才会有“具有全球竞争力的世界一流企业”这一新时代对中国企业提出的新的更高要求。

未来，中国企业应该在深刻理解全球竞争力的基础上，学习世界优秀企业的成果与经验，坚持探索中国特色的企业发展模式，苦练“内功”，适应变革，抓住“一带一路”带来的历史机遇，加快转型升级，加快“走出去”步伐，提高“走出去”质量，让自己走得更稳、更远、更深，真正走进世界舞台的中央，努力打造“具有全球竞争力的世界一流企业”，为实现“两个一百年”奋斗目标和中华民族伟大复兴的中国梦做出新的更大贡献。

2. 建设世界一流的军队

实现国家由大向强发展、建成世界强国从来都需要发展和安全兼顾、富国和强军统一。纵观世界发展史，强军未必能强国，但强国必须有强军，军强才能有国安。特别是对于人口基数大、国土面积广、经济体量大、海外贸易多的中国来说，新时代国家安全和利益保障的新形势更加严峻更为复杂。随着我国成为全球第二大经济体和资本净输出国，国家利益正在不断向全球拓展，我们面临的海外能源资源、战略安全以及海外机构、人员和资产安全等海外利益安全问题不断增多、日益升级。建设世界一流军队，正是维护国家安全、保障国家利益并支撑国家由大向强发展的有力举措。从捍卫广阔的陆地、天空和海洋主权，到促进实现国家统一；从保护越来越多的中国海外利益，到反恐维稳以及抢险救灾……中国只有在军事力量上进一步增强并取得竞争优势，才能为新时代中国梦的实现提供坚强的安全保证。

党的十九大报告提出要建设世界一流军队：适应世界新军事革命发展趋势和国家安全需求，提高建设质量和效益，确保到二〇二〇年基本实现机械化，信息化建设取得重大进展，战略能力有大的提升。同国家现代化进程相一致，全面推进军事理论现代化、军队组织形态现代化、军事人员现代化、武器装备现代化，力争到二〇三五年基本实现国防和军队现代化，到本世纪中叶把人民军队全面建成世界一流军队。这正是对上述种种严峻问题的坚决回应，并为我国建设世界一流军队明确了方向与任务。

究竟该如何界定世界一流军队，世界各国并无统一标准，即便有，也应该是一个动态的、随着国际形势和世界军事的发展变化而不断更新的标准。党的十九大报告中提出的“四个现代化”诠释了世界一流军队的整体要求，这“四个现代化”所强调的偏向于基础性的指标要求，并没有涉及运行体制如何更科学、军事能力如何更全面、后勤保障如何更有力等评判指标。

李祖发在《世界一流军队的“样子”》一文中对世界一流军队“样子”的阐述，可以作为我们深刻理解“世界一流军队”的重要参考：一是实力体量支撑国家由大向强。就是要适应国防需求和经济社会发展，随国民生产总值增长同步增加国防费，提高国防科研生产能力水平，打牢国防工业基础，提升军事实力总量，为综合国力竞争提供有力战略支撑，为建设世界强国提供坚强安全保障。二是建设质效达到世界领先水平。就是要紧跟世界新军事革命，把强军目标向国际拓展，比照一流强军的做法、指标加快强军进程，坚持创新超越与保持特色相统一，加快转型、提高质效，缩小关键指标与强军差距，努力在战斗力建设上达到世界一流水平。三是职能使命兼顾安内御外维权。就是要着眼国家安全形势和国家利益拓展，贯彻总体国家安全观，把职责从守疆卫土转到固内向外上来，加强海外战略支点建设，有效维护国家主权和安全稳定发展，维护国家统一与地区、世界和平，维护海外利益安全。①

从上述观点中，我们至少可以明确两个关键问题：一是考量世界一流军队，一定要统筹和兼顾各个维度的评判指标；二是不管国际形势如何变化，有血性、能打仗、打胜仗总是评价世界一流军队最核心的指标。因为，军队的主业是打仗，没有过硬的打赢能力，建设得再华丽也称不上世界一流军队。

总之，当前我军现代化水平与国家安全需求相比差距不小，与世

① 李祖发. 世界一流军队的“样子”.（2016-08-30）. 中国江苏网.

界先进军事水平相比差距也还很大。建设世界一流军队，既突出强调军队的根本职能，也契合有效捍卫国家根本利益的需求，使军队成为能够有效维护国家安全与世界和平的雄师劲旅，为实现中国梦提供坚强力量保证。

（二）破局之道：共建“一带一路”倡议

过去 40 年间，改革开放给中国带来了翻天覆地的变化，而世界经济和全球竞争格局也发生了剧烈的起伏。应该说在 2008 年全球金融危机发生以前，世界经济经历了一个难得的较长时间的繁荣期，而与之相随的是经济全球化发展趋势十分明显。然而，2008 年美国次贷危机引发席卷全球的金融风暴，让世界经济进入一个以低增长为典型特征的深度调整期。与此同时，美国近年来执行的“美国优先”政策，英国推动的“脱欧”行动，均反映出以美、英为首的西方国家主导的全球化秩序以及维护全球治理体系的意愿与能力开始明显减弱。显然，世界经济、全球化和全球治理都走到了十字路口。

所以，当前世界各国政府都在瞻望和寻找破局之策。作为世界第二大经济体、货物贸易第一大国和外资流入第二大国，作为新兴经济体的核心代表，中国的态度和立场无疑成为许多国家的航向标，对于全球化未来发展至关重要。过去 40 年，中国是全球化的受益者和贡献者之一，也深刻地理解全球化发展的重大作用和重要意义，中国的立场是坚定不移支持经济全球化发展。而共建“一带一路”倡议正是在此背景下应运而生，为全球经济持续复苏、世界经济再平衡提供新的动力，既是全球经济发展的破局之策，也是中国自身应对不确定的国际环境的破局之道。

2013 年 9—10 月，习近平正式提出包含“丝绸之路经济带”和“21 世纪海上丝绸之路”的“一带一路”合作倡议；2013 年 11 月，中国共产党第十八届中央委员会第三次全体会议将“一带一路”上升为国家共识；2015 年 3 月，国家发改委、外交部、商务部联合发布了《推动共建丝绸之路经济带和 21 世纪海上丝绸之路的愿景与行动》——这是“一带一路”首次公布的总体顶层设计和战略规划。总体上，政策逐层演进，由理念到框架，由框架到战略规划，由战略规划到深入实施。

共建“一带一路”倡议践行创新、开放、联动和包容型全球治理新理念，以共商、共建、共享为原则，核心内容是“政策沟通”“设施联通”“贸易畅通”“资金融通”“民心相通”。共建“一带一路”倡议以发展战略对接为路径，通过整合资源，优化配置，主动发展与沿线国家的经济合作伙伴关系，携手应对世界经济面临的挑战，开创发展新机遇，谋求发展新动力，拓展发展新空间，实现优势互补、互利共赢，以共赢融通中国梦与世界梦。共建“一带一路”倡议是“构建新型国际关系”和“构建人类命运共同体”的具体实践。

共建“一带一路”倡议顺应了时代要求和各国加快发展的愿望。几年来，倡议得到了100多个国家和国际组织的积极响应和广泛赞誉，中国也已经和80多个国家签署合作谅解备忘录。沿线国家共建“一带一路”，共享“五通”成果；与“一带一路”沿线国家贸易将继续成为我国对外贸易的亮点和增长点。可以肯定地说，推进“一带一路”建设有利于中国在更大范围实现资源优化配置、拓展市场空间，为中国经济增长提供新动能。例如：巴基斯坦瓜达尔港、斯里兰卡汉班托塔港、泛亚高铁、亚欧高铁等的建设。

回顾共建“一带一路”倡议提出和推进实施的历程，“一带一路”建设对中国新时期全球化发展具有深远的意义：

（1）提升中国软实力。共建“一带一路”倡议既蕴含中国文化又充分展示出特色的“中国智慧”“中国方案”，对世界上其他发展中国家产生了吸引力。很多发展中国家对西方模式日益失望，对中国模式越来越感兴趣。

（2）融通中国梦与世界梦。通过倡议将中国的产能、技术、资金和模式优势转化为合作优势，变中国机遇为世界机遇；与此同时，融通中国梦与世界梦，鼓励和带动沿线各国走符合自身国情的发展道路。

（3）推进更具包容性的全球化。着眼于欧亚地区的互联互通和陆海联通，提供更强劲动力，推动更具包容性的全球化，向开放、均衡、包容、普惠方向发展。

（4）形成全球治理的新抓手。倡议体现了中国倡导的全球治理新理念：共商、共建、共享。各国平等参与，强调自主发展，成果共享。

（5）推动欧亚大陆回归人类文明的中心地带。实现三个欧亚大陆桥（符拉迪沃斯托克－鹿特丹，连云港－鹿特丹，昆明－鹿特丹）；已开通35条欧亚快线；推动欧亚大陆复兴，重塑全球地缘政治及全球化版图。

（6）打造文明新秩序。实现国际政治从地缘政治、地缘经济到地缘文明的跨越。

（7）构建人类命运共同体。着眼于人类文明的永续发展，超越狭隘的民族国家视角，站在国家道义的制高点上。

总之，“一带一路”倡议无论是理念还是行动、愿景还是现实，必将有助于破解经济全球化困境，推动世界经济更加均衡、包容和可持续发展，它已经成为中国与世界的互利共赢之路，也是推动新型全球化发展、促进全球共同繁荣、打造人类命运共同体的宏伟构想和“中国方案”。

（三）行稳致远：“一带一路”建设初见成效

“桃李不言，下自成蹊。”几年来，全球100多个国家和国际组织积极支持和参与“一带一路”建设，联合国大会、联合国安理会等的重要决议也纳入“一带一路”建设内容。“一带一路”建设逐渐从理念转化为行动，从愿景转变为现实，建设成果丰硕（见图2－12）。

图2－12 “一带一路”建设初见成效

1. 国际共识不断凝聚

共建“一带一路”倡议和共商共建共享的核心理念已经写入联合国等

重要国际组织的成果文件，截至2018年8月7日，已有103个国家和国际组织同中国签署118份“一带一路”方面的合作协议。2017年首届“一带一路”国际合作高峰论坛在北京成功举办，29个国家的元首和政府首脑出席，140多个国家和80多个国际组织的1 600多名代表参会。论坛279项成果中，已有265项已经完成或转为常态工作，剩下的14项正在督办推进，落实率达95%。[①] 中国同有关国家协调政策，“一带一路”建设与俄罗斯“欧亚经济联盟”、东盟“东盟互联互通总体规划”、土耳其“中间走廊”、蒙古国“草原之路”、越南“两廊一圈”、波兰“琥珀之路”、英国“英格兰北方经济中心”、沙特阿拉伯“2030愿景”、欧盟“容克计划”等实现了政策或规划对接。2018年，“一带一路”国际共识持续扩大：中拉合作论坛部长级会议发表支持“一带一路”建设的成果文件，上海合作组织青岛峰会就“一带一路”建设达成新的共识；稳步推进六大经济合作走廊建设，落实中蒙俄、中巴经济走廊建设规划，积极推进与伊朗、沙特阿拉伯、埃及、塞尔维亚、格鲁吉亚、印度尼西亚等国共同编制双边合作规划。数字丝绸之路建设已成“一带一路”建设合作的新热点，中国已与15个国家有关部门签署合作文件。

2. 设施联通不断加强

聚焦“六廊六路多国多港”主骨架，推动一批合作项目取得实质性进展。中巴经济走廊建设进展顺利，走廊龙头项目的瓜达尔港区建设正在迅速推进，一个功能齐全的现代化工业及贸易园区已初见雏形，基础设施建设领域进展迅速，基本形成互联互通格局，大型水电站并网发电。中老铁路全线动工，将结束老挝几无铁路的历史。雅万高铁作为中国高铁方案“走出去”第一单，建成后雅加达至万隆的车程将缩短近4/5。中泰铁路建成后将成为泰国第一条高速铁路。蒙内铁路竣工通车，亚吉铁路开通运营。斯里兰卡汉班托塔港二期竣工，希腊比雷埃夫斯港建成重要中转枢纽，阿拉伯联合酋长国哈利法港战略合作建设迈出重要步伐，缅甸皎

① 国新办就共建“一带一路”5年进展情况及展望举行新闻发布会.（2018-08-27）. 中国政府网.

漂特区项目谈判持续推进。2018 年 8 月 26 日，中欧班列累计开行数量突破 1 万列，到达欧洲 15 个国家 43 个城市，已达到“去三回二”，重箱率达 85%。中国已与 45 个沿线国家实现直航，共有 37 个沿线国家的 90 家航空公司运营至 52 个国内城市的定期航班。目前，以中巴、中蒙俄、新亚欧大陆桥等经济走廊为引领，以陆海空通道和信息高速路为骨架，以铁路、港口、管网等重大工程为依托，一个复合型的基础设施网络正在形成。

3. 贸易畅通不断提升

中国同“一带一路”参与国大力推动贸易和投资便利化，不断改善营商环境。截至 2018 年 6 月，与沿线国家货物贸易累计超过 5 万亿美元，过去 5 年，中国同沿线国家贸易总额超过 5 万亿美元，年均增长 1.1%。在世界贸易下滑、负增长的情况下，实现正增长 1.1% 来之不易。中国已经成为 25 个沿线国家最大的贸易伙伴。中国对沿线国家直接投资超过 700 亿美元，年均增长 7.2%，在沿线国家新签对外承包工程合同额超过 5 000 亿美元，年均增长 19.2%。中国企业在沿线国家建设境外经贸合作区共 82 个，累计投资 289 亿美元，入区企业将近 4 000 家，上缴东道国税费累计 20.1 亿美元，为当地创造 24.4 万个就业岗位。① 中国加快与沿线国家建设自贸区，已与 13 个沿线国家签署或升级了 5 个自贸协定，立足周边、覆盖“一带一路”、面向全球的高标准自由贸易网络正在加快形成。

4. 资金融通不断扩大

中国同“一带一路”建设参与国家和国际组织开展了多种形式的金融合作。亚洲基础设施投资银行已经为“一带一路”建设参与国的 9 个项目提供 17 亿美元贷款，“丝路基金”投资达 40 亿美元，中国与中东欧“16 + 1”金融控股公司正式成立。这些新型金融机制同世界银行等传统多边金融机构各有侧重、互为补充，形成层次清晰、初具规模的“一带一路”金融合作网络。中国与 17 个国家核准《“一带一路”融资指导原则》，

---

① 国新办就共建“一带一路”5 年进展情况及展望举行新闻发布会.（2018-08-27）. 中国政府网.

加快推进金融机构海外布局，已有 11 家中资银行设立 71 家一级机构。与非洲开发银行、泛美开发银行、欧洲复兴开发银行等多边开发银行开展联合融资合作。

5. 民心相通不断促进

积极开展教育、科技、文化等领域的合作，制定印发了教育、科技、金融、能源、农业、检验检疫、标准联通等多个领域的专项合作规划。通过实施“丝绸之路”奖学金计划，在境外设立办学机构等，为沿线国家培育技术管理人才。2017 年，来自沿线国家的留学生达 30 多万人，赴沿线国家留学的人数达 6 万多人。预计到 2020 年，与沿线国家双向旅游人数将超过 8 500 万人次，旅游消费约 1 100 亿美元。中国政府每年向相关国家提供 1 万个政府奖学金名额，地方政府也设立了丝绸之路专项奖学金，鼓励国际文教交流。各类丝绸之路文化年、旅游年、艺术节、影视桥、研讨会、智库对话等人文合作项目百花纷呈，人们往来频繁，在交流中拉近了心与心的距离。

6. 国际合作不断出新

第三方市场合作是开放包容、务实有效的国际合作模式，它也体现了共商共建共享的“一带一路”理念，有助于中国企业和各国企业，尤其是与发达国家企业和跨国企业优势互补，共同为第三国经济发展注入新动能，实现“1 + 1 + 1 > 3”的共赢效果。目前，中国企业已经与发达国家的企业，包括一些大型跨国公司，探索开展“一带一路”建设领域第三方市场合作。中国已经与法国、加拿大、日本、新加坡，还有其他一些国家和国际组织，正式签署了第三方市场合作的文件，与有关国家推动设立了第三方市场合作的基金，中国的“丝路基金”与欧洲投资开发银行建立了第三方合作的市场基金，中投公司也与法国有关金融机构建立了这些基金，像中车集团与德国西门子已经在一些重点项目上达成了三方合作的协议；在泰国举办了中日泰三方合作的研讨会，也具体定下了合作项目。泰国东部经济走廊由泰国的正大集团、中国的中信集团牵头，日本的企业合作参与竞标项目。

|案 例|

“一带一路”背景下C公司的国际化发展之路

5年来，C公司在“一带一路”相关国家和地区建设项目400多个，项目合同额600多亿美元，营业额200多亿美元，规划开发园区项目20多个，境外投资运营项目30多个，项目总投资额300亿美元。在共建“一带一路”倡议指引下，该公司承建了巴基斯坦瓜达尔港等中巴经济走廊系列工程、斯里兰卡汉班托塔港、塞尔维亚泽蒙－博尔察大桥、中马友谊大桥、蒙内铁路等“一带一路”标志性工程项目，正在建设或运营斯里兰卡科伦坡港口城、以色列阿什杜德港等一批“一带一路”重点项目，通过重点推进“连心桥”“致富路”“发展港”“幸福城”四大业务，公司为全球基础设施互联互通提供了“中交方案”，积极落实习近平提出的“五通”建设的构想。

“一带一路”建设，战略规划要先行。该公司坚持以战略升级推动共建“一带一路”向纵深发展，在2013年共建“一带一路”倡议提出后，公司于2014年组织制定了国际化经营战略规划，围绕“率先建成具有国际竞争力的世界一流企业”的核心目标，提出“确立和实施国际化经营优先发展战略”，以“五商中交”战略在海外落地为主线，推动公司全面参与“一带一路”建设和国际化经营指数实现新的突破。“十三五”期间，该公司以建设具有全球竞争力的世界一流企业为目标，以服务“一带一路”为统领融入全面开放新格局，精准对接互联互通、国际产能合作、非洲“三网一化”、中非“十大合作计划”等经济外交重点战略部署，统筹推动海外由优先发展向优先、优质、协同发展转变，推动从中交国际化到全球化中交的跃升。2017年，该公司海外优先发展战略由顶层设计转入制度建设，印发《关于推进海外优先发展专项改革的实施意见》，明确了责任、统筹、激励约束、人才、支撑保障、党建和纪检监察6方面23项制度措施，总部17个职能部门、事业部牵头负责职责范围内海外优先专项改革工作的推动落实。

“一带一路”建设，管理水平要扎实。该公司深入贯彻落实国资委对中央企业参与“一带一路”建设提出的工作要求，成立集团参与“一带一路”建设领导小组和专项工作组，统筹集团资源力量，建立“谋划一批、开工一批、储备一批”项目运作机制，全面融入“一带一路”建设，形成“党委管总、集团资源统筹、两个市场对接、各级主体联动”的工作格局。该公司参与“一带一路”建设总体经营体系是坚持“一体两翼”“四位一体”的海外经营体制机制，在集团总部、平台公司、专业子集团（公司）、驻外机构间构建价值共享、融合发展的生态系统网络。在“一体”中，集团总部海外事业部负责统领统筹，协同集团总部各部门一起营造战略管控和运营支撑系统；“两翼”是中国港湾和中国路桥两家传统外经平台企业，在国际化经营中有条件地进一步突出其优势。这种国际化经营组织运营模式，其本质是对传统的单一垂直型的母子公司管控的重塑提升，能够最大限度促进集团系统内近 40 家业务主体的产业链和业务资源按照价值链最优组合原则产生协同力量，以组合优势、整体优势参与“一带一路”建设。目前海外管理制度体系已涵盖战略管理、绩效考核、财务管理、市场经营开发、驻外机构管理、境外投资、工程管理、境外风险与安全管理、法律合规、人力资源与外事外派、综合管理与党建文化等方面 50 多项制度办法。为适应国际市场环境的变化，保障海外业务健康可持续发展，该公司对标国际标准建立了一整套完备的，既结合国际最佳实践又融合企业管理现状、海外业务特点及国际市场环境的海外合规管理体系，未来两年内会在全球海外市场做到合规实施全覆盖，成为合规体系建设走在最前列的中央企业之一。

“一带一路”建设，创新模式要探索。该公司遵循共商共建共享原则培育形成了服务“一带一路”的“笑脸模式”。“笑脸模式”是把集团实施的以海港或陆港、滨海园区或内陆物流中心、城市支撑为构成元素的两个区域上的项目群，再通过代表集团全产业链供给能力的微笑曲线接通，在空间布局上就像是人的一张笑脸，象征着“一带一路”造福中国人民和世界人民。“笑脸模式”的构建，对于推进项目综合开发、集约发展，促进发展联动，打造项目群式的“一带一路”项目建设发展样本，具有积极意义。“笑脸模式”已成功运用到了斯里兰卡、巴基斯坦、肯尼亚、塞尔维亚等国家，致力于打造致富路、连心桥、发展港、幸福城，助推科伦坡港口城、瓜达尔港、蒙内铁路等众多“一带一路”标志性项目取得早期收获。

（四）全球贡献：“一带一路”共绘互利共赢美好蓝图

人类正处在大发展大变革大调整时期。世界政治多极化、经济全球化深入发展，社会信息化、文化多样化持续推进，新一轮科技革命和产业革命正在孕育成长，各国相互联系、相互依存，全球命运与共、休戚相关，和平力量的上升远远超过战争因素的增长，和平、发展、合作、共赢的时代潮流更加强劲。同时，人类也正处在一个挑战层出不穷、风险日益增多的时代。世界经济增长乏力，金融危机阴云不散，发展鸿沟日益突出，兵戎相见时有发生，冷战思维和强权政治阴魂不散，恐怖主义、难民危机、重大传染性疾病、气候变化等非传统安全威胁持续蔓延。全球治理体系的走向，急需新的解决方案。坚持合作共赢、建设开放经济，坚持创新引领、把握发展机遇，坚持包容普惠、造福各国人民，坚持多边主义、完善全球治理——中国提出共建“一带一路”倡议，为推动建立更加公正合理的国际秩序提供了新的可能。2016 年 11 月，第 71 届联合国大会通过决议，以共商、共建、共享为原则，以和平合作、开放包容、互学互鉴、互利共赢的丝绸之路精神为指引，以打造命运共同体和利益共同体为合作目标的共建“一带一路”倡议首次被写入，得到 193 个会员国一致赞同。3 个月后，联合国社会发展委员会第五十五届会议协商一致通过决议，首次写入“构建人类命运共同体”理念。“一带一路”就是推动构建人类命运共同体的实践。

“一带一路”正在带给世界和平之路。通过树立共同、综合、合作、可持续的安全观，营造共建共享的安全格局，标本兼治，消除贫困落后和社会不公。各方秉持共商、共建、共享原则，携手应对世界经济面临的挑战，开创发展新机遇，谋求发展新动力，拓展发展新空间，实现优势互补、互利共赢，不断朝着人类命运共同体方向迈进。

“一带一路”正在带给世界繁荣之路。聚焦发展这个根本性问题，释放各国发展潜力，实现经济大融合、发展大联动、成果大共享，推动各国产业发展规划相互兼容、相互促进，抓大项目建设，培育新业态，保持经济增长活力。推动陆上、海上、天上、网上四位一体的联通，聚焦关键通道、关键城市、关键项目，连接陆上公路、铁路道路网络和海上港口网络。以互联互通为着力点，促进生产要素自由便利流动，打造多元合作平台，实现共赢和共享发展。

“一带一路”正在带给世界开放之路。打造开放型合作平台，维护和发展开放型世界经济，共同创造有利于开放发展的环境，推动构建公正、合理、透明的国际经贸投资规则体系，促进生产要素有序流动、资源高效配置、市场深度融合。提高贸易和投资合作水平，推动国际产能和装备制造合作，本质上是通过提高有效供给来催生新的需求，实现世界经济再平衡。

“一带一路”正在带给世界创新之路。加强在数字经济、人工智能、纳米技术、量子计算机等前沿领域的合作，推动大数据、云计算、智慧城市建设，连接成21世纪的数字丝绸之路。

“一带一路”正在带给世界文明之路。人类文明多样性是世界的基本特征，也是人类进步的源泉。世界上有200多个国家和地区、2 500多个民族、多种宗教。不同历史和国情，不同民族和习俗，孕育了不同文明，使世界更加丰富多彩。文明没有高下、优劣之分，只有特色、地域之别。文明差异不应该成为世界冲突的根源，而应该成为人类文明进步的动力。每种文明都有其独特魅力和深厚底蕴，都是人类的精神瑰宝。不同文明取长补短、共同进步，让文明交流互鉴成为推动人类社会进步的动力、维护世界和平的纽带，以文明交流超越文明隔阂、文明互鉴超越文明冲突、文明共存超越文明优越，推动各国相互理解、相互尊重、相互信任。

第三章

从追赶到全球同台竞技

2018 年 12 月 18 日，在庆祝改革开放 40 周年大会上，习近平在讲话中强调：改革开放是中国人民和中华民族发展史上一次伟大革命，正是这个伟大革命推动了中国特色社会主义事业的伟大飞跃！[①] 诺贝尔经济学奖获得者科斯在《变革中国》一书中如此总结：1978 年中国的改革开放是第二次世界大战以后人类历史上最为成功的经济改革运动。美国经济学家萨默斯也曾经感慨：300 年之后的历史学家，一定不会忘记大书特书这一前所未有的中国奇迹。中国的经济发展对全世界各个国家经济的影响甚大。

1978 年，我国 GDP 仅为 3 679 亿元，2017 年已经达到 82.1 万亿元，年均实际增长 9.5%，远高于同期世界经济 2.9% 左右的年均增速。我国 GDP 占世界生产总值的比重由改革开放之初的 1.8% 上升到 15.2%，多年来对世界经济增长的贡献率超过 30%。我国货物进出口总额从 206 亿美元增长到超过 4 万亿美元，累计使用外商直接投资超过 2 万亿美元，对外投资总额达到 1.9 万亿美元。目前，我国已经成为世界第二大经济体、制造业第一大国、货物贸易第一大国、商品消费第二大国、外资流入第二大国，外汇储备连续多年世界第一。

中国经济的成长之所以能够成为奇迹，作为中国经济发展的核心主体，中国企业的崛起功不可没，国有企业与民营企业的携手并进更是中国经济改革开放中的一大亮点。伴随着中国经济体制 40 年来脱胎换骨般的变革，中国企业从弱到强，从“引进来”到“走出去”，从搞好国营大中小企业、发展个体私营经济到深化国资国有企业改革、发展混合所有制经济，从无证商贩沿街叫卖、个体小本买卖到联户经营、股份合作、创办私营企

① 习近平．在庆祝改革开放 40 周年大会上的讲话．人民日报，2018-12-19.

业、开设集团公司并建立现代企业制度，从单一公有制到公有制为主体、多种所有制经济共同发展和坚持“两个毫不动摇”，从传统的计划经济体制到创新的中国特色社会主义市场经济体制，再到使市场在资源配置中起决定性作用和更好发挥政府作用……中国企业凭借着“中国智慧”“中国方案”，仅用 40 年时间便赶超了西方企业的百年历程，已经成为中国经济崛起的中坚力量，踏上打造具有全球竞争力的世界一流企业的新征程。

今天，我国已经建立了全世界最完整的现代工业体系，科技创新和重大工程捷报频传，高铁里程居于世界首位，西气东输、南水北调等世界级工程先后建成，拥有自主知识产权的国产大飞机翱翔天际……已有大量中国企业进入世界 500 强，以中国高铁、中国核电、北斗导航、海尔、华为、阿里巴巴等为代表的“中国名片”已经成为国人的骄傲，众多港口、铁路、公路等世界级工程纷纷落地海外国家，技术输出、品牌输出、管理输出、海外投资、跨国经营已经不再是梦想……

知其然，更应知其所以然。在感叹“中国奇迹”的同时，我们应该探索中国企业崛起的根本原因，并从中获取宝贵的经验与教训，这对于未来中国企业如何成长以及更好地“走出去”至关重要。何出此言？因为，众多的西方学者、企业家对于中国企业的快速发展已经虎视眈眈，纷纷关注中国企业成长的模式、研究中国企业的管理理论，我们不能总是在理论方面“引进来”，更应该避免出现“20 世纪 90 年代，美国企业学习日本企业之后迅速赶超日本”的现象，何况这 40 年的实践还是我们自己真正意义上的“本土实践”，不可“拱手让人”。那么，中国企业这 40 年来究竟是如何迅速崛起的？“走出去”过程中都有哪些宝贵的经验与启示？“一带一路”背景下又面临哪些机遇与挑战？

一、激荡 40 年：国有企业与民营企业携手并进

回顾我国国有企业 40 年的发展历程，其发展就是一部以“经济体制改革、企业经营管理机制改革”为主题的改革“四部曲”。从搞好国营大

中小企业、发展个体私营经济到深化国资国有企业改革、发展混合所有制经济，国有企业逐渐建立起现代企业制度，法人治理结构也逐步规范。大多数国有企业已成为独立自主经营的市场主体，从计划经济体制下的传统国营企业转变为社会主义市场经济体制下的新国有企业。国有企业是中国特色社会主义经济的“顶梁柱”，为我国构建独立完整的工业体系和国民经济体系做出了历史性贡献。

民营经济的成长较为坎坷，改革开放前几近消失，改革开放后在党的方针政策指引下逐步发展起来。从无到有，从小到大，从弱到强，民营经济是在时而被“质疑”与肯定、时而被“束缚”与放开的环境中，逐步发展壮大起来的；从“有益补充”到“毫不动摇”，国家对民营经济的认知也在逐步发展。民营经济已经成为推动我国发展不可或缺的力量，成为创业就业的主要领域、技术创新的重要主体、国家税收的重要来源，为我国社会主义市场经济发展、政府职能转变、农村富余劳动力转移、国际市场开拓等发挥了重要作用。

时至今日，国有企业与民营企业都已经成为中国经济崛起的中坚力量，其贡献亦是不分伯仲，两个“毫不动摇”将继续推动国有企业与民营企业携手并进！

(一) 国有企业改革“四部曲”

国有企业是中国特色社会主义的重要物质基础和政治基础。当今世界，没有任何国家像我国这样，国有企业在经济社会发展中发挥着如此重要的作用。纵观我国社会主义建设、改革和发展历程，国有企业为推动我国经济社会发展、科技进步、国防建设、民生改善做出了重要历史性贡献，保障了国家战略的有效实施。

如上所述，新中国成立后，国有企业为我国构建独立完整的工业体系和国民经济体系做出了历史性贡献。改革开放以来，国有企业改革作为经济体制改革的中心环节，始终发挥着引领作用。

40 年来，党中央、国务院在不同的历史时期，根据我国国情和国有企业改革实际，采取了不同办法和一系列重大举措，不断将国有企业改革向纵深推进。按照时间脉络以及不同时期理论政策及其改革重心，我国国有企业改革大体可以分为四个阶段（见图 3－1）。

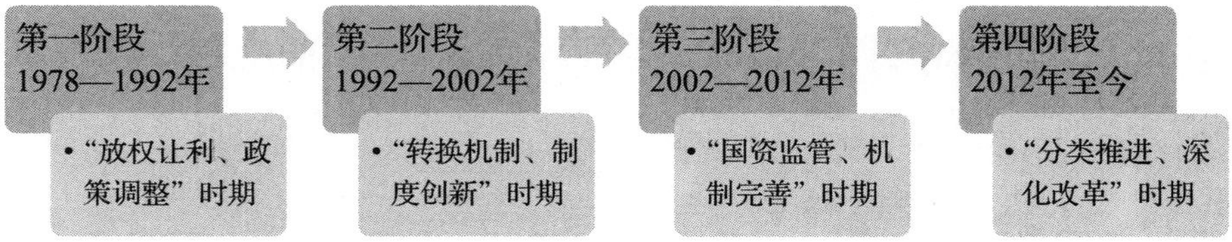

图 3－1　国有企业改革“四部曲”

1. 第一阶段：1978—1992 年——“放权让利、政策调整”时期

从具有重大历史转折意义的党的十一届三中全会提出让国有企业有更多的经营管理自主权，应该坚决实行按经济规律办事等，到 1979 年发布《关于扩大国营工业企业经营管理自主权的若干规定》（“扩权十条”）、1982 年发布《国营工厂厂长工作暂行条例》、1982 年党的十二大明确提出经济体制改革的中心环节是搞活国营大中型企业、1992 年党的十四大召开，这个过程大体用了 14 年时间。以扩大经营自主权为重点，通过放权让利、租赁制、资产经营责任制、税利分流、股份制试点、实行承包经营责任制等多种措施，把国有企业推向市场，国有企业改革开始了早期探索。这一阶段国有企业改革受农村改革尤其是家庭联产承包责任制的启发，经历是曲折的。20 世纪 80 年代中期，承包经营责任制成为国有企业的主要经营形式。一大批企业通过实行承包制，滚动发展、迅速壮大。到 1987 年年底，全国预算内全民所有制企业有 78% 实行了承包制。承包制作为“放权让利”的一项重要改革措施，是计划经济下的国营企业向市场经济下的国有企业转变的大胆尝试，但承包制所存在的体制缺陷仍然束缚着市场经济改革与发展的步伐。

2. 第二阶段：1992—2002 年——“转换机制、制度创新”时期

1992 年，党的十四大正式确定我国经济体制改革的目标是建立社会主义市场经济体制。1993 年，党的十四届三中全会通过了《中共中央关于建立

社会主义市场经济体制若干问题的决定》，并指出社会主义市场经济体制是同社会主义基本制度结合在一起的。建立社会主义市场经济体制，就是要使市场在国家宏观调控下对资源配置起基础性作用。要进一步转换国有企业经营机制，建立适应市场经济要求，产权清晰、权责明确、政企分开、管理科学的现代企业制度。这个决定勾画了社会主义市场经济体制的基本框架，确定了国有企业改革的基本方向，是20世纪90年代进行经济体制改革的行动纲领。自20世纪90年代初起，转换企业经营机制、把国营大中型企业推向市场，成为国有企业改革发展的一个重要转折。国有企业改革从以往的放权让利、政策调整阶段进入转换机制、制度创新阶段。

从1993年党的十四届三中全会到2002年党的十六大，大体用了9年时间，我国以转换机制、制度创新为重点，采取了建立现代企业制度、“抓大放小”、国有企业改革与脱困三年攻坚等一系列改革措施。这一阶段比较艰苦，但国有企业改革取得了实质性突破。国务院和各地先后选择2 700多户国有企业进行建立现代企业制度试点，对建立现代企业制度进行了有益探索，出现了邯郸钢铁总厂等一批在市场竞争中经济效益连年提高的先进典型。[①] 同时，对于面广量大的国有中小型企业，采取了改组、联合、兼并、股份合作制、租赁、承包经营和出售等多种形式放开搞活，并积极扶持中小型企业特别是科技型企业，使它们向“专、精、特、新”的方向发展。1997年，党的十五大首次提出“发展混合所有制经济”，阐述了公有制与混合所有制的关系，指出公有制经济不仅包括国有经济和集体经济，还包括混合所有制经济中的国有成分和集体成分。1999年党的十五届四中全会通过了《中共中央关于国有企业改革和发展若干重大问题的决定》，要求改制公司普遍实现股权多元化和建立有效的法人治理结构，公司化改制在国有企业全面展开。到21世纪初，我国国有大中型企业基本摆脱困境，初步建立起现代企业制度；大量国有中小型企业从不具备竞争优势的领域退出；随着政府机构改革和职能转变，新型政企关系初步形成。[②]

---

① 中共中央党史研究室．中国共产党简史．北京：中共党史出版社，2001.

② 胡迟．国企改革四十年回顾与展望．中国国情国力，2018（11）.

同时，通过完善国有经济布局、加大结构战略性调整，初步解决了国有经济部门长期以来无法适应市场竞争机制的问题，并扭转了国有经济面广量大、经营质量良莠不齐和国家财政负担过重的不利局面。

3. 第三阶段：2002—2012 年——“国资监管、机制完善”时期

进入 21 世纪以后，国有企业改革开启了“以深化国有资产管理体制改革推动国有企业改革发展”的新时期，从 2002 年党的十六大到 2012 年党的十八大，大体用了 10 年时间。这个阶段国有企业改革以规范国有资产管理为重点，设立各级国资委，其主要任务是监督管理国有企业，推动国有经济布局和结构的战略性调整，实现国有资产保值增值目标，解决以往国有经济管理部门林立、所有者缺位、机构臃肿、监管效率低下等重大问题。

2002 年，党的十六大首次提出毫不动摇地巩固和发展公有制经济，毫不动摇地鼓励、支持和引导非公有制经济发展，并要求继续调整国有经济的布局和结构，改革国有资产管理体制，国家要制定法律法规，建立中央政府和地方政府分别代表国家履行出资人职责，享有所有者权益，权利、义务和责任相统一，管资产和管人、管事相结合的国有资产管理体制。这标志着建立符合市场经济发展要求的新的国有资产管理体制的改革正式启动。2003 年，国务院成立国有资产监督管理委员会并颁布《企业国有资产监督管理暂行条例》，彻底结束了国有企业管理中的“九龙治水”局面，并真正建立起权利、义务和责任相统一，管资产与管人、管事相统一的国有资产出资人制度。到 2006 年年底，从中央到地市全部组建了国有资产监督管理机构，出台了 1 200 多个相关监管规章和条例。2008 年公布并在 2009 年正式施行的《中华人民共和国企业国有资产法》，则进一步从法律上保护国有资产，并明确监督管理、保值增值等相关法律法规。

这个阶段，在国资委的规范管理与监管下，国有企业改革可以说进入了一个全面的“机制完善”时期。这里的机制，不是仅指国有资产管理体制，而是指整个市场经济体制。2003 年，党的十六届三中全会通过了《中共中央关于完善社会主义市场经济体制若干问题的决定》，这是继《中共中央关于建立社会主义市场经济体制若干问题的决定》发布 10 年后又一个关于经济体制改革的纲领性文件。关于国有企业改革，除了重点强调建立健全国有资产管理和监督体制，还提出推行公有制的多种有效实现形式，加快调整国有经济布局和结构，大力发展和积极引导非公有制经济，建立健全现代产权制度，完善法人治理结构，加快推进和完善垄断行业改革等。

在推行公有制的多种有效实现形式方面，这个阶段国有企业以突出主业、做强做大主业为改革重点，积极开展调整重组，缩短管理链条，改制分离辅业，推进结构调整和优化升级，达到发展具有国际竞争力的大公司大企业集团并继续放开搞活国有中小型企业的目的。2006 年年底，国资委出台《关于推进国有资本调整和国有企业重组的指导意见》，明确了中央企业集中的关键领域和重组的目标。2007 年，党的十七大进一步明确通过公司制股份制改革优化国有经济布局，随后国有企业进一步集中。2009 年，我国进入世界 500 强的内地企业有 34 家，其中 33 家是国有及国有控股企业；同时，中央企业在改制重组中起到了龙头作用，企业户数从 2003 年的 196 家减少至 2012 年的 112 家。此外，大力发展国有资本、集体资本和非公有资本等参股的混合所有制经济，实现投资主体多元化，使股份制成为公有制的主要实现形式。截至 2012 年年底，中央企业及其子企业引入非公资本形成的混合所有制企业，已经占到企业总数的 52%。[①]

加快推进和完善垄断行业改革方面，对垄断行业放宽市场准入，引入竞争机制，推进和完善电信、电力、民航等行业的改革重组，推进铁道、邮政和城市公用事业等的改革，实行政企分开、政资分开、政事分开，几大垄断性行业形成了多家竞争的市场格局。例如，2002 年，国家电力监管委员会成立，电力行业按照厂网分开、竞价上网的思路从国家电力公司分拆出国家电网、南方电网和五大发电集团；2003 年，93 个机场归地方管理，国家民航总局的 9 大航空公司和服务保障企业联合重组为国航、南航

① 国资委：混合所有制企业已占到企业总数一半以上.（2013-12-19）. 人民网.

和东航三大运输公司和三大服务公司，2007 年，空管职能与行业监督职能分离。①

“国资监管、机制完善”时期，随着社会主义市场经济体制的进一步完善，国有企业、国有资产监管机构、政府宏观管理部门的权责边界进一步清晰，董事会建设进一步深化，国有企业市场主体地位进一步明确，国有经济战略布局进一步优化调整，国有企业发展呈现新的活力，并涌现出大量具有国际竞争力的国有企业。2012 年上榜世界 500 强的部分国有企业有中国石油化工集团公司、中国石油天然气集团公司、国家电网公司、中国建筑工程总公司、中国海洋石油总公司、中国中化集团公司、中国五矿集团公司、中国交通建设集团有限公司、中国南方工业集团公司等，其中中央企业 43 家，占上榜中国企业 79 家的 54.4%，而且其中部分企业后期仍然处于持续的改制重组状态中。

4. 第四阶段：2012 年至今——“分类推进、深化改革”时期

2012 年党的十八大以来，以习近平同志为核心的党中央精心谋划部署推动国有企业改革，更加注重改革的顶层设计以及改革的系统性、整体性、协同性，国有企业改革在经济新常态下进入“分类推进、深化改革”时期。

2013 年，党的十八届三中全会通过《中共中央关于全面深化改革若干重大问题的决定》，阐述了中国全面深化改革的重大意义，总结了中国改革开放 35 年来的历史性成就和宝贵经验，提出了到 2020 年全面深化改革的指导思想、总体思路、主要任务、重大举措。这份文件集中了中国共产党和各方面的智慧，成为新形势下全面深化改革的纲领性文件，标志着从 1978 年开始的中国改革开放进入新阶段。2015 年，《中共中央、国务院关于深化国有企业改革的指导意见》印发，这是新时期指导和推进国有企业改革的纲领性文件，从总体要求到分类推进国有企业改革、完善现代企业制度和国有资产管理体制、发展混合所有制经济、强化监督防止国有资产

① 黄群慧．“新国企”是怎样炼成的：中国国有企业改革 40 年回顾．中国经济学人，2018，13（1）．

流失等方面提出国有企业改革目标和举措，并明确了该阶段的任务：以提高国有资本效率、增强国有企业活力为中心，完善产权清晰、权责明确、政企分开、管理科学的现代企业制度，完善国有资产监管体制，防止国有资产流失，全面推进依法治企，加强和改进党对国有企业的领导，做强做优做大国有企业，不断增强国有经济活力、控制力、影响力、抗风险能力，主动适应和引领经济发展新常态，为促进经济社会持续健康发展、实现中华民族伟大复兴中国梦作出积极贡献。之后，党中央、国务院又陆续出台了 22 个配套文件，形成了以《中共中央、国务院关于深化国有企业改革的指导意见》为核心的“1 + N”政策体系，成为全面深化国有企业改革的机制大框架，也标志着新时期国有企业改革的顶层设计基本完成。这些文件在政策取向上相互配合、在实施过程中相互促进、在实际成效上相得益彰，对于推动基层实践发挥了很好的引领、促进和指导作用。此后，国资委又分别于 2014 年 7 月、2016 年 2 月在中央企业启动了“四项改革试点”和“十项改革试点”，内容聚焦混合所有制、薪酬分配、员工持股、中央企业兼并重组等问题。中央企业和各地国有企业坚持问题导向，结合各个地方、各个行业和各个企业的实际，制定了实施方案和操作细则，推动了国有企业改革向纵深推进。国有企业改革的深度和广度远超以往时期，改革的系统性、整体性与协同性不断增强。

发展混合所有制是新阶段国有企业改革的重要内容和显著特征，更是深化国有企业改革的重要突破口。《中共中央关于全面深化改革若干重大问题的决定》指出，国有资本、集体资本、非公有资本等交叉持股、相互融合的混合所有制经济，是基本经济制度的重要实现形式，有利于国有资本放大功能、保值增值、提高竞争力，有利于各种所有制资本取长补短、相互促进、共同发展。这是对基本经济制度内涵的丰富和发展，反映了社会主义市场经济发展的客观要求，是新形势下更好体现和坚持公有制主体地位，进一步增强国有经济活力、控制力、影响力的一个有效途径和必然选择。中央企业层面的公司制改制已经全面完成，这预示着中央企业全部进入公司时代，也说明中央企业完成了混合所有制改革的重要前置条件。按照国资委发布的消息，截至2018年1月底，已经有超过2/3的中央企业引进各类社会资本实现了混合所有制，其中既有子公司层面的改革，也有像联通这样集团层面的改革。在混合所有制改革的方式方面，产权市场和股票市场是重要载体，中央企业不断通过转让部分股权、增资扩股等方式引入合作者，各类投资者也可以通过股票市场参与中央企业混合所有制改革。随着中央企业公司制改革的全面完成，可以预见，中央企业混合所有制改革的涉及面将会进一步扩大，也将会有更多的创新方式或手段。

“分类推进、深化改革”阶段，国有企业党的建设全面加强，法人治理结构进一步完善，混合所有制改革取得重大进展，国有资本运作积累了重要经验，国有经济的活力、控制力、影响力、抗风险能力显著增强，国有企业改革取得了新的重大进展和历史性伟大成就。

党的十八大以来，国有企业在新时代的新征程中改革创新、开拓进取、攻坚克难，在做强做优做大的道路上迈出坚实步伐，取得了明显成效，呈现出“运行稳、结构优、创新强，企业质量和效益不断提升，全面迈向高质量发展”的良好局面。中央企业实力明显增强，2017年资产总额与5年前相比增长74%，累计实现利润比上一个5年增长27%，进入世界500强的82家国有企业中，有48家是中央企业。布局结构明显优化，国有资本向关系国家安全、国民经济命脉和国计民生的重要行业和关键领域集中，向前瞻性战略性新兴产业和优势企业集中。瘦身健体成效明显，资源配置不断优化，重组整合步伐加快，完成18组34家中央企业重组，处僵治困、压减层级稳妥推进。中央企业数量由2013年的117家缩减至97家（2018年3月），原本同质化发展的企业运营成本降低、重复投入减少，资源向优势企业集中，有利于盘活存量、提升资源配置效率，提升了在全球市场的竞争实力。转换经营机制方面，中央企业加快建立和完善有效制衡的法人治理结构，推进规范董事会建设，推进经理层任期制和契约化管理，深化企业内部三项制度改革，发展混合所有制经济。在供给侧结构性改革方面，中央企业带头完成钢铁、煤炭等去产能任务，积极压缩管理层级，促进提质增效。2017年中央企业减少法人8 390户，处置“僵尸企业”和

“特困企业”达 1 200 户。中央企业社会贡献明显加大，上缴税费比上一个 5 年增长 41%，2017 年创造的增加值约占全国 GDP 的 8%，上缴的税费和收益约占全国财政收入的 1/8；承担完成的一大批国家重大专项成果已成为国家名片，充分彰显了国家力量，体现了大国重器的责任担当；带头抗击重大自然灾害、推进脱贫攻坚、参与民生工程建设。国有企业发展是党和国家事业取得历史性成就、发生历史性变革的生动体现。

（二）民营企业从“有益补充”到“毫不动摇”

党的十九大提出，必须坚持和完善我国社会主义基本经济制度和分配制度，毫不动摇巩固和发展公有制经济，毫不动摇鼓励、支持、引导非公有制经济发展。党中央对两个“毫不动摇”方针的再次重申，表明了党对民营经济的高度重视以及对我国基本经济制度的充分肯定。2018 年 11 月 1 日，习近平在民营企业座谈会上发表重要讲话，再次特别强调：基本经济制度是我们必须长期坚持的制度。民营经济是我国经济制度的内在要素，民营企业和民营企业家是我们自己人。民营经济是社会主义市场经济发展的重要成果，是推动社会主义市场经济发展的重要力量，是推进供给侧结构性改革、推动高质量发展、建设现代化经济体系的重要主体，也是我们党长期执政、团结带领全国人民实现“两个一百年”奋斗目标和中华民族伟大复兴中国梦的重要力量。在全面建成小康社会、进而全面建设社会主义现代化国家的新征程中，我国民营经济只能壮大、不能弱化，不仅不能“离场”，而且要走向更加广阔的舞台。[①]

这是 40 年来民营经济发展所取得的成就，也是实践中得出的理论成果。然而冰冻三尺，非一日之寒。这些成果的产生，并非一帆风顺，而是经历了太多的风雨与坎坷。非公有制经济作为社会主义经济制度的重要组成部分，其发展与国有企业改革几乎是同步的，不过其发展历程更为曲折，大致可分为五个阶段（见图 3－2）。

① 习近平．在民营企业座谈会上的讲话．人民日报，2018-11-02.

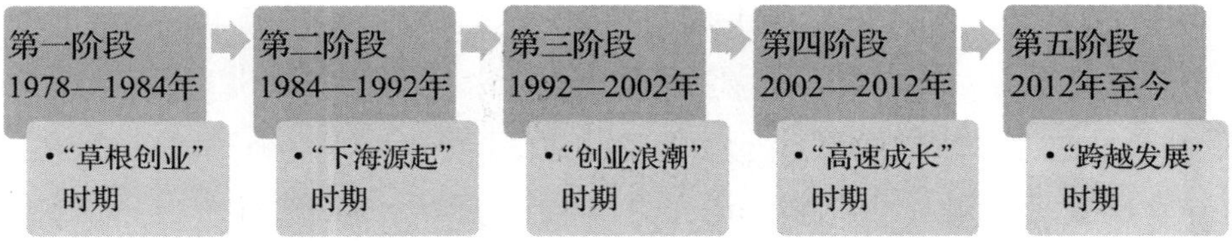

图 3－2　民营企业成长的“五个阶段”

1. 第一阶段：1978—1984 年——“草根创业”时期

在这个阶段，无论是实践还是理论，民营经济的发展都是从零开始的。统计显示，1978 年，我国国民经济组成中，全民所有制占 80.8%，集体所有制占 19.2%，城乡个体经济、私营企业、合资企业、外商独资企业都是 0。而民营经济被激活，是从“解放思想”开始的。1978 年，邓小平提出“要允许一部分地区、一部分企业、一部分工人农民，由于辛勤努力成绩大而收入先多一些，生活先好起来”[①]。民营经济发展初期，以农贸市场农产品交易、来料加工、自产自销、经销代销、建摊设点（照相、补鞋、修自行车）、走街串巷、流动售货、手工作坊为主，其中部分从业者发展为最早的一批个体私营业主，从无到有，也几乎没有任何身份背景，堪称“草根创业”。但是当时民营经济的争议很大，个体户名声也不好，例如一些商业行为被归类为“投机倒把罪”，扩大经营雇工就被视为剥削。这使得个体私营业主人人自危。邓小平 1984 年的表态给广大的个体私营业主定了“正名”的基调，民营经济又进入了一个新的发展阶段。

在这个过程中，民营经济的地位也只是初步得到认可。1982 年，党的十二大首次提出鼓励劳动者个体经济在国家规定的范围内和工商行政管理下“适当发展”，作为公有制经济“必要的、有益的补充”。因此，可以说党的十一届三中全会以后逐渐破除了所有制问题上的传统观念束缚，为非公有制经济发展打开了大门。1980 年，温州的章华妹领到了第一张个体工商户营业执照，开启了个体经营规范化的时代。这一时期，“草根创业”发展起来的企业家有鲁冠球、年广久、马胜利、步鑫生等，他们属于中国第一代“草根式”的民营企业家群体。

① 邓小平. 邓小平文选：第 2 卷. 北京：人民出版社，1994：152.

2. 第二阶段：1984—1992 年——“下海源起”时期

在民营经济发展史上，1984 年是一个非常重要的年份。这一年，党的十二届三中全会通过了《中共中央关于经济体制改革的决定》，突破了把计划经济同商品经济对立起来的传统观念，确认中国社会主义经济是公有制基础上的有计划的商品经济，并提出将农村改革的成功经验引入城市并推动城市的发展；邓小平视察深圳、珠海两个经济特区并肯定经济特区的示范效应；邓小平为“傻子瓜子事件”进行“平反”并鼓励其继续经营。而就在此前的 1983 年，劳动人事部、国家经济委员会联合下发《关于企业职工要求“停薪留职”问题的通知》，以“保留铁饭碗”的优惠条件鼓励国有企事业单位人员投入个体经营。这一系列决策和事件，打破了人们的思想禁锢，激发了人们跳出体制、投身市场的热情，引发中国第一波“下海”经商热潮。不过这批“下海”经商人员以国家公职人员、科技人员、知识分子为主，其中包括段永基、王石、任正非等，诞生的企业有四通、万科、华为（1987 年成立）等，一批批科技人员的“下海”也让北京的中关村充满躁动，“下海”这个词迅速燃遍中国大地。1984 年成为中国现代企业和企业家诞生最为集中的一年，被称为中国的“公司元年”。不过，之后有几年，因为国际国内形势错综复杂，民营经济的发展遭遇很大困难。

当时的民营经济主要有苏南模式和温州模式两种，前者以乡镇企业为主，后者则以发展个体私营经济为主。相对而言，个体私营经济容易遭受质疑，被戴上姓“资”（私营经济属于资本主义性质）的帽子。不过，我国在理论上还是表明了坚定的立场，即支持民营经济的发展，对其起了重要的引导作用。1987 年，党的十三大指出，私营经济也是公有制经济必要的、有益的补充，标志着我国开始认识到民营经济的功能作用及其对市场经济发展的重要性。1988 年《中华人民共和国宪法修正案》明确指出，“私营经济是社会主义公有制经济的补充”，私营经济取得合法地位。到 1987 年，全国城镇个体工商等各行业从业人员已经达 569 万人，一大批民营企业蓬勃兴起。1984—1992 年，个体工商户由 933 万户增长到 1 534 万户，增长了 64.4%；从业人员由 1 304 万人增长到 2 468 万人，增长了 89.3%；注册资金由 100 亿元增长到 601 亿元，增长了 501%。[①]

3. 第三阶段：1992—2002 年——“创业浪潮”时期

1992 年是民营经济发展的关键历史节点之一。1992 年，邓小平南方谈话发表并提出“三个有利于”标准（有利于发展社会主义社会的生产力，有利于增强社会主义国家的综合国力，有利于提高人民的生活水平）；同年，党的十四大正式确定我国经济体制改革的目标是建立社会主义市场经济体制，并提出多种经济成分长期共同发展。1992 年的南方谈话以及政策引导，掀起了一场新的以体制内人群“下海”经商为特征的创业兴业大热潮。与 1984 年相比，这次人员类型更加丰富，参与人员更加多，各类敢突破旧思想、有才能有本事的人才，纷纷“下海”加入创业浪潮中，其中包括大量的机关干部、知识分子、大专院校的师生、复员转业军人、政府及企事业单位公职人员。这期间诞生了以陈东升、田源、郭凡生、冯仑、朱新礼、潘石屹、易小迪等为代表的企业家，也催生了万通、汇源果汁、SOHO 中国、三一重工等一批知名品牌企业。这批企业家是中国现代企业制度的试水者，与早期“草根创业”以及“下海源起”的企业家相比，他们应该是中国最早具有清晰、明确的股东意识的企业家代表。

这个阶段也是国家更加重视保障、引导非公有制经济发展的时期，国家立场更加坚定、态度更加明确，为民营经济蓬勃发展注入了巨大活力。1993 年，党的十四届三中全会通过《中共中央关于建立社会主义市场经济体制若干问题的决定》，强调要对私营经济和公有制经济一视同仁，明确公有制经济的主体地位可以因不同地方不同产业而有所不同。同年，第八届全国人民代表大会常务委员会第五次会议通过《中华人民共和国公司法》，目的是建立现代企业制度、规范公司的组织和行为等。1992 年，国家经济体制改革委员会同有关部门制定了《股份有限公司规范意见》《有限责任公司规范意见》等一系列改革文件；1997 年，党的十五大把“公有制

① 数据来自相关各年《中国市场统计年鉴》。

为主体、多种所有制经济共同发展”确立为我国社会主义初级阶段的一项基本经济制度，第一次明确提出“非公有制经济是社会主义市场经济的重要组成部分”。

由于思想的进一步解放、政策的进一步引导，从 1992 年党的十四大到 2002 年党的十六大，中国民营经济的发展驶入了快车道，现代企业制度真正建立起来，全面融入社会主义现代化建设的进程，且民营经济在整个国民经济发展中表现抢眼。民营企业户数从 1992 年的近 14 万户增加到 2002 年的 243.5 万户，增长了 16 倍，年均增长 33%；注册资金从 221 亿元增加到 24 756 亿元，增长了 111 倍，年均增长 60%；从业人员从 232 万人增至 3 409 万人，增长了近 14 倍；税收从 4.5 亿元增加到 945.6 亿元，增长了 208 倍，年均增长 70%。[①]

4. 第四阶段：2002—2012 年——“高速成长”时期

2002 年，党的十六大提出“毫不动摇地巩固和发展公有制经济、毫不动摇地支持和引导非公有制经济”。2004 年，第十届全国人民代表大会第二次会议审议通过的《中华人民共和国宪法修正案》第十一条第二款修改为：“国家保护个体经济、私营经济等非公有制经济的合法的权利和利益。国家鼓励、支持和引导非公有制经济的发展，并对非公有制经济依法实行监督和管理。”该宪法修正案在原来宪法所规定的国家对个体经济、私营经济实行引导、监督和管理的基础上，增加了国家鼓励、支持非公有制经济的发展的规定，表明国家对非公有制经济发展不仅要引导、监督和管理，还要积极采取各种有效措施给予鼓励和支持。此次修改的宪法以国家根本法的形式，把党的十六大提出的毫不动摇地支持和引导非公有制经济的基本方针确定下来，标志着国家对发展非公有制经济的基本方针更加完善，更加符合非公有制经济发展的实际，更加适应非公有制经济发展的客观要求。[②]2007 年，党的十七大不仅重申“两个毫不动摇”，而且强调要“坚持平等保护物权，形成各种所有制经济平等竞争、相互促进新格局”。“两

---

① 全哲洙. 民营企业：推进经济发展的重要动力之一. 北京周报，2008（33）.

② 为发展非公有制经济提供可靠的宪法保障.（2018-12-28）. 中国人大网.

个毫不动摇”的新决议以及新修正的宪法，为民营企业注入了“强心剂”，进一步消除了非公有制经济发展的各种障碍，促进了非公有制经济健康发展。

同时，国务院及相关部门还出台了一系列促进个体私营经济发展的政策，包括《关于促进和引导民间投资的若干意见》、《国务院关于鼓励支持和引导个体私营等非公有制经济发展的若干意见》（“非公 36 条”）、《企业所得税法》、《物权法》等，同时还在市场准入、投资领域、外贸、税收、信贷、中小企业板块上市等方面，采取了一系列“同等待遇”措施。这样，从政府决议、宪法保障到各项具体政策体系完善，为个体、私营经济的发展营造了更宽松的法律和政策环境，为民营企业的高速成长提供了有力支撑。而且，这一阶段正好赶上中国加入世界贸易组织、大力实施西部大开发、国有企业改革为民营企业提供新的资源配置、金融市场逐步完善、互联网创业浪潮兴起等历史性机遇，中国民营企业获得了前所未有的高速成长机会。全国个体工商户首次突破 4 000 万户，10 年间民营企业增长了 3.46 倍，从业人员增长了 1.03 倍，民营经济占 GDP 的比重、民间投资占固定资产投资的比重双双超过 60%。[①] 这一时期涌现了一批以互联网企业为主体的颇具成长性、同时又把握了历史发展机遇的新锐民营企业，例如阿里巴巴（1999 年成立）、新浪（1998 年成立）、搜狐（1998 年成立）、腾讯（1998 年成立）、百度（2000 年成立）、小米（2010 年成立）、美团网（2010 年成立）、爱奇艺（2010 年成立）等。

5. 第五阶段：2012 年至今——“跨越发展”时期

2012 年，党的十八大进一步提出“毫不动摇鼓励、支持、引导非公有制经济发展，保证各种所有制经济依法平等使用生产要素、公平参与市场竞争、同等受到法律保护”。2013 年，党的十八届三中全会提出，公有制经济和非公有制经济都是社会主义市场经济的重要组成部分，都是我国经济社会发展的重要基础；公有制经济财产权不可侵犯，非公有制经济财产权同样不可侵犯；国家保护各种所有制经济产权

① 辜胜阻，韩龙艳. 中国民营经济发展进入新的历史阶段.（2017-04-01）. 人民网.

和合法利益，坚持权利平等、机会平等、规则平等，废除对非公有制经济各种形式的不合理规定，消除各种隐性壁垒，激发非公有制经济活力和创造力。2014 年，党的十八届四中全会提出，要健全以公平为核心原则的产权保护制度，加强对各种所有制经济组织和自然人财产权的保护，清理有违公平的法律法规条款。2015 年，党的十八届五中全会强调，要鼓励民营企业依法进入更多领域，引入非国有资本参与国有企业改革，更好激发非公有制经济活力和创造力。2017 年，党的十九大把“两个毫不动摇”写入新时代坚持和发展中国特色社会主义的基本方略，作为党和国家一项大政方针进一步确定下来。2016 年，在民建、工商联界委员联组会上，习近平强调，我国基本经济制度必须坚持“两个毫不动摇”，并重申发展非公有制经济“三个没有变”[①]。新时期，非公有制经济的地位上升到一个新的高度，促进非公有制经济发展到了一个新阶段。

同时，为了给民营经济发展营造更加公平、开放、宽松的环境，国家先后对《个人独资企业登记管理办法》《个体工商户登记管理办法》《公司法》等进行修改，并出台了《国务院关于扶持小型微型企业健康发展的意见》、《国务院关于创新重点领域投融资机制鼓励社会投资的指导意见》（“鼓励社会投资 39 条”）、《促进民间投资健康发展若干政策措施》（“促进民间投资 26 条”）、《国务院关于大力推进大众创业万众创新若干政策措施的意见》等。在上述政策措施的引导和推动下，这个阶段呈现的一个显著特征是：小型微型企业的发展呈铺天盖地之势。2012—2014 年，主要由小微企业构成的新增市场主体高达 410.8 万户。2015 年新增市场主体上升到 1 479.8 万户；2016 年上升到 1 651.3 万户；2017 年前三季度仍然保持了每天新增 1.65 万户的速度。[②] 小微企业在稳增长、促创新、转方式、调结构、

① 在民建、工商联界委员联组会上，习近平表示，非公有制经济在我国经济社会发展中的地位和作用没有变，我们毫不动摇鼓励、支持、引导非公有制经济发展的方针政策没有变，我们致力于为非公有制经济发展营造良好环境和提供更多机会的方针政策没有变。

② 汪海波．对发展非公有制经济的历史考察：纪念改革开放 40 周年．中国经济史研究，2018（3）.

扩就业、惠民生、保稳定等方面都有不可替代的重要作用。另外一个显著特征是：在当今以不确定性为常态的“无界”物联网时代背景下，多数民营企业正处于转型升级时期，需要调整增长方式、创新商业模式、实施组织变革、发展技术创新、跨界合作创新，趋向于价值链国际化、融资国际化、管理国际化，最终实现跨越式发展。

总体来说，党的十八大以来，民营经济占 GDP 比重、税收占全国税收比重、民间投资占全社会固定资产投资比重都已经超过 50%。截至 2017 年年底，我国民营企业数量超过 2 700 万家，个体工商户超过 6 500 万户，注册资本超过 165 万亿元。概括来说，民营经济具有“五六七八九”的特征，即贡献了 50% 以上的税收、60% 以上的国内生产总值、70% 以上的技术创新成果、80% 以上的城镇劳动就业、90% 以上的企业数量。在世界 500 强企业中，我国民营企业由 2010 年的 1 家增加到 2018 年的 28 家。民营经济已经成为推动我国发展不可或缺的力量，成为创业就业的主要领域、技术创新的重要主体、国家税收的重要来源，为我国社会主义市场经济发展、政府职能转变、农村富余劳动力转移、国际市场开拓等发挥了重要作用。华为、阿里巴巴、腾讯、太平洋建设集团、万科、恒大集团、美的集团等一批大型民营企业崛起为世界级企业。

2018 年《财富》世界 500 强排行榜上，中国企业达到了 120 家，稳居第二，已经非常接近美国（126 家），远超第三位的日本（52 家）。其中，内地民营企业有 23 家，3 家民营企业进入前 100 强：平安保险位居世界 500 强第 29 位，华为由第 83 位上升到第 72 位，太平洋建设集团位列第 96 位。2018 年中国企业 500 强中有 237 家民营企业，国有企业与民营企业数量差距不断缩小。

（三）中国企业“走出去”历程与成就

从加入世界贸易组织到共建“一带一路”倡议提出，中国开放胸襟、拥抱世界，全方位融入全球经济。中国企业“走出去”不仅是共建“一带一路”倡议落地实施的重要支撑，也是中国企业 40 年来自身国际化发展、转型升级的必然要求。

回顾中国企业“走出去”的历程，大致可以分为以“三大机遇”为重要转折点的“四个阶段”(见图 3－3)。

第一阶段：1978—2001年

- 以“引进来”为主，以直接出口为主，以及采用海外建立销售网络、工程承包、合资等简单的“走出去”方式

第二阶段：2001—2008年

- 机遇一：2001年中国加入世界贸易组织
- “引进来”与“走出去”并重，加速“走出去”的步伐，民营企业开始活跃，尝试通过“走出去”吸收国际先进的技术、品牌，逐步适应国际化

第三阶段：2008—2012年

- 机遇二：2008年全球金融危机
- 大规模海外投资，以产能输出，获取国际先进的技术、品牌、管理经验以及海外市场等资源为主

第四阶段：2012年至今

- 机遇三：2013年国家提出“一带一路”倡议
- 数量增长最快，追求高质量与高效益发展，投资更趋理性，投资主体更加多元，投资领域更加广泛，投资区域更加宽阔，国有企业与民营企业齐头并进，合作模式不断创新，创新导向模式越来越多

图 3－3 中国企业“走出去”的“四个阶段”与“三大机遇”

1. 第一阶段：1978—2001 年

这个阶段也是中国摸索并初步建立社会主义市场经济体制的时期，中国企业自身的发展也处于逐步厘清机制问题、初步走向现代化的阶段。因此，“走出去”以“引进来”为主，即便是 20 世纪 90 年代中后期提出了“走出去”战略，并采取一系列优惠政策和措施，鼓励中国企业走出国门，开拓海外市场，但基本上是以直接出口为主，以及采用海外建立销售网络、工程承包、合资等简单的“走出去”方式。代表企业有中国石化、中国石油、中国路桥、中国土木、中国港湾、中铁集团、中国水电、中信集团、中化总公司、宝钢、首钢、华为、海信、万向等。

2. 第二阶段：2001—2008 年

随着社会主义市场经济体制的逐步成熟，加上“走出去”迎来第一个历史发展机遇——2001 年中国加入世界贸易组织，同时“走出去”战略正式上升为国家战略，中国企业借助“世界大门敞开”的大好机会全面融入世界市场，并获得国内更好的政策与资源支持，由过去的“引进来”发展为“引进来”与“走出去”并重，开始加速“走出去”的步伐。2005 年中国企业对外投资首次超过百亿美元。部分企业尝试通过“走出去”吸收国际先进的技术、品牌，打开海外市场，并逐步适应国际化的游戏规则、管理机制等。例如：联想收购 IBM 个人电脑业务，TCL 收购汤姆逊彩电业务和阿尔卡特手机业务，等等。

3. 第三阶段：2008—2012 年

这个阶段“走出去”迎来第二个历史发展机遇——2008 年全球金融危机，而且这一年是中国企业“走出去”并“转危为安”的关键年。在全球金融危机的影响下，海外资产估值较以往偏低，海外投资迎来难得的“抄底”机会；与此同时，为稳定外需、带动出口，国务院及时出台了一系列支持企业“走出去”的政策措施，简政放权，大幅下放审批权限，积极支持和引导企业开展对外投资，由此我国开始进入大规模海外投资阶段。2008 年，在全球金融危机导致全球经济严重衰退和跨国直接投资大幅萎缩的情况下，我国对外直接投资“逆势增长”，首次突破 500 亿美元，达到 521.5 亿美元，连续 6 年位居发展中国家前列，比 2007 年增长 96.7%。而且 2008 年的投资规模比 1980—2005 年的总和还多。例如，同在 2008 年，潍柴集团收购法国具有百年历史的发动机制造企业博杜安公司，光大控股收购亚洲雷曼兄弟，中国铝业收购力拓 12% 的股份，中钢集团收购澳大利亚铁矿石供应商中西部公司，中联重科联手弘毅投资、高盛集团和曼达林基金收购世界第三大混凝土机械制造商意大利 CIFA 公司等。根据《2012 年度中国对外直接投资统计公报》，2012 年我国对外直接投资创下 878 亿美元的历史新高，同比增长 17.6%，首次成为世界三大对外投资国之一，存量位居第 13 位。这个阶段，相比第二阶段，主要是数量、规模的升级，其“走出去”的特征依然是在主体结构上以国有企业为主，“走出去”的模式依然是以产能输出，获取国际先进的技术、品牌、管理经验以及海外市场等资源为主，而在产业链整合、资本运作、全球资源优化配置等方面尚处于探索阶段，而且抵御政治、法律、经济等风险的能力仍然偏弱，“走出去”的效益并不高。根据《2011 年度中国对外直接投资统计公报》，2011 年盈利和持平的非金融类境外企业占 77.6%，亏损企业占 22.4%。中央企业设立的近 2 000 家境外企业中，盈利和持平的占 72.7%，亏损的占 27.3%。

4. 第四阶段：2012 年至今

这个阶段“走出去”迎来第三个历史发展机遇——2013 年国家提出共建“一带一路”倡议这一扩大对外开放的重大战略举措和经济外交的顶层设计，中国企业“走出去”步入黄金发展时期，呈“井喷式”发展，进入一个数量增长最快、追求高质量与高效益发展的新阶段。其中，2015 年是中国企业“走出去”的一个重要历史拐点。这一年中国企业对外直接投资实现历史性的突破，位列全球第二，并超过了同期吸引外资水平，中国成为资本净输出国。而且，其流出流量创 2011 年以来的新高，中国对外直接投资也创下 1 456.7 亿美元的历史最高值，占全球流量的份额由 2002 年的 0.4% 提升到 9.9%。进入 2017 年，全球对外投资持续下滑，且下降幅度为近 15 年之最，中国企业对外投资额为 1 582.9 亿美元，出现十余年中的首次下降，但仍处于 2008 年金融危机以来的第二高位。商务部宏观监测显示，2018 年上半年，中国对外投资总体处于较为活跃的区间，境内投资者实现非金融类直接投资 571.8 亿美元，同比增长 18.7%。这个阶段，中国企业对外投资更趋理性，呈现出投资主体更加多元、投资领域更加广泛、投资区域更加宽阔、国有企业与民营企业齐头并进、合作模式不断创新、创新导向模式越来越多的新时代特征。企业在“走出去”过程中，更加注重战略性的产业链整合、全球资源优化配置，更加注重创新驱动、资本运作、品牌塑造、跨文化管理、履行社会责任、维护法律、风险管理、市场合作模式创新（例如第三方市场合作模式）等，全面提高企业的国际竞争力，并努力从投资导向向创新导向转型。伴随着“一带一路”的深入推进，部分企业“走出去”的步伐更快、更稳、更深，例如中国铁路、中国化工、中国电建、中国交建、联想、海尔等，同时涌现了一批以技术为引领跻身“世界一流”的企业，例如中国通号、中国中车、中核集团、华为、阿里巴巴、百度、腾讯、千寻位置网络有限公司（北斗及导航信息网络服务）等，其中部分互联网企业是这个阶段新“走出去”的企业。

总体来说，“一带一路”建设的推进，给中国企业“走出去”注入了强劲的新动力，中国企业“走出去”的大趋势依然不会改变，只会更加开放、更加创新、更加追求“走出去”的质量与效益。

全球化智库（CCG）公布的《中国企业全球化报告（2018）》认为，2019 年，中国企业的海外发展将呈现以下四大趋势：第一，中国企业海外投资的重心将偏向欧洲和“一带一路”沿线国家市场，投资领域会从大型基础设施、能源、资源等项目拓展到旅游、电子商务、人文教育交流等领域。第二，高新技术、智能制造领域的“走出去”步伐将明显加快，敏感行业如房地产、娱乐等依然受政策管控。第三，海外并购依然是海外投资的主要方式；随着中国企业在全球产业链上参与程度的深化，绿地投资有望回暖。第四，未来有望形成“国民携手”拓展海外市场的新局面。从对外工程承包来看，2017 年中国企业对外承包完成营业额 1 686 亿美元，新签合同额 2 653 亿美元。在“一带一路”沿线的 61 个国家新签对外承包工程项目合同 7 217 份，新签合同额 1 443 亿美元，占同期我国对外承包工程新签合同额的 54.4%，且同比增长 14.5%；完成营业额 855 亿美元，占同期总额的 50.7%，同比增长 12.6%。2017 年全球基建投资中，中国占比 31%，中国承包企业参与的基建项目占世界基建项目总数的 16%。中国参与的海外建设项目多达 1 034 个，多数位于亚洲、中东和非洲，其中 40% 为铁路基建项目。

整体来看，改革开放以来，中国企业顺应经济全球化趋势，走出国门参与国际经济合作，既促进了企业自身发展壮大，也促进了我国与世界各国互利共赢、共同发展。特别是党的十八大以来，“一带一路”建设深入推进，企业“走出去”取得历史性成就。

一是“走出去”规模稳步攀升。2017 年，对外投资规模达 1 583 亿美元，约为 2002 年的 58 倍，位居全球第三。截至 2017 年年末，对外投资存量约 1.8 万亿美元，排名上升至全球第二；设立境外企业约 4 万家，遍布 189 个国家和地区，资产总额约 6 万亿美元。1992 年，对外承包工程和劳务合作新签合同金额 63 亿美元，完成营业额 28 亿美元。2017 年，对外承包工程新签合同额 2 653 亿美元，完成营业额 1 686 亿美元。25 年间，对外承包工程规模先后实现百亿、千亿两个数量级的跨越。

二是“走出去”结构持续优化。从行业分布看，2003 年，对外投资主要流向采矿业、制造业、批发和零售业、商务服务业等 8 个行业；2017 年，对外投资已涵盖国民经济全部 18 个行业大类。从地域分布看，我国对外投资分布在 189 个国家和地区，覆盖全球超过 80% 的国家和地区。对外承包工程也覆盖全球各大洲的主要国家和地区，对“一带一路”沿线国家对外承包工程完成营业额占比达到 50.7%。从投资主体看，多种所有制企业共同发展，民营企业“走出去”发展势头良好，在 2017 年非金融类对外投资流量当中，约一半来自非公有经济控股的境内投资者。从合作形式上看，中国企业对外投资方式实现多元化发展，涉及新建、并购、商产融结合、第三方市场合作等多种形式；对外承包工程也从最初的土建施工向工程总承包、项目融资、设计咨询、运营维护管理等高附加值领域拓展。

三是“走出去”效益逐步显现。一方面，企业境外投资经营水平稳步提高，实现盈利或盈亏平衡的企业增多。企业“走出去”带动了货物和服务出口，促进了我国产业转型升级，推动了经济高质量发展。另一方面，企业“走出去”给东道国带去了资金和技术，增加了当地就业和税收，促进了当地经济发展和民生改善。2017 年，境外企业向东道国缴纳的各种税金总额达 376 亿美元，雇佣外籍员工达 171 万人。

四是“走出去”管理服务水平不断提高。“放管服”改革深入推进，对外投资管理从审批制、核准制改为备案为主、核准为辅，人员、货物、资金跨境流动便利化水平大幅提高。我国已与100多个国家和国际组织签署“一带一路”合作文件，与40个国家签署产能合作文件，与130多个国家和地区签订投资协定，与100多个国家和地区签署税收协定，为企业务实合作搭建平台，推动东道国改善投资环境，加强海外利益保护体系建设。①

二、中国企业崛起的背后

伴随着世界经济的变革发展，中国企业的管理理念与管理模式也从学习日本发展到学习美国，再发展到自我总结、自我创新，并不断形成中国的管理思想与发展模式。尤其是在今天，中国经济如此高速发展，中国企业如此大量进军世界500强，已经令世人惊讶，也吸引着众多海外学者来华研究中国式成长。人们都在纷纷探究中国企业崛起的背后到底隐藏了哪些秘密，又有哪些宝贵的经验与教训。这些问题对于未来中国企业的成长以及如何更好地“走出去”至关重要，需要我们高度重视。众多的西方学者、企业家都在关注中国企业成长的模式、研究中国企业的管理理论。当然，中国的理论研究者与实践者，包括执政者、政治学者、经济学者、管理学者、企业家等，也从未停止对中国特色企业管理思想的提炼与中国特色企业管理模式的创新探索。中国特色企业管理思想与模式也日渐成熟。

（一）中国特色企业管理思想与模式日渐成熟

中国企业从追赶到超越的巨大成就正推动和要求中国管理理论走到世界理论前沿，我们从未停止对先进理论的研究与发展。回顾中国企业管理学的发展历程，大致可以分为四个阶段。

第一阶段是“探索奠基”时期（1949—1978年）。此阶段我国尚处于

① 国家发展改革委. 改革开放以来企业“走出去”取得历史性成就. 中国经济导报，2018-11-14.

社会主义计划经济体制的探索及形成阶段，民营企业处于“空白”状态，中国企业管理学呈现出计划经济下生产导向型管理基本特征，社会主义企业管理学从无到有逐步建立，处于摸索发展期。

第二阶段是“恢复转型”时期（1978—1992年）。伴随着改革开放，中国社会主义计划经济体制向市场经济体制转变，国有企业启动改革探索，民营企业也逐步活跃起来，中国企业管理模式开始从计划经济下的生产型转向市场经济下的生产经营型，学习国外管理学知识的重点从苏联转向美国、日本、欧洲国家等发达国家或地区，中国企业管理学在学科建设、学术研究、教育培训、西方理论应用等方面都有了明显的发展，中国企业管理学研究应用进入全面“恢复转型”阶段。

第三阶段是“完善提高”时期（1992—2012年）。党的十四届三中全会以后，中国进入建立和完善社会主义市场经济体制的新时期，现代企业制度日益成熟，国有企业与民营企业也处于高速发展期，这便开启了中国企业管理学完善与提高、原创理论逐步成熟的重要阶段。而且，大部分有影响力的理论研究及学术成果也大多是这个阶段产生的或者是从这个阶段开始的。[①]

第四阶段是“创新发展”期（2012年至今）。伴随着党的十八大的召开，中国进入加快完善社会主义市场经济体制和加快转变经济发展方式的新时代，国有企业步入深化改革阶段，民营企业处于跨越发展时期，中国企业管理学随之进入了一个“创新发展”的新阶段。这个新阶段的核心任务就是以习近平讲话精神为指导，按照立足中国、借鉴国外，挖掘历史、把握当代，关怀人类、面向未来的思路，着力构建中国特色哲学社会科学[②]，体现“继承性、民族性、原创性、时代性、系统性、专业性”的要求，在不断创新中加快构建中国特色企业管理学，形成具有中国特色、中国风格、中国气派的管理理论模式。党的十九大明确提出，中国特色社会

① 黄群慧．改革开放四十年中国企业管理学的发展：情境、历程、经验与使命．（2018-10-14）．搜狐网；康源．中国特色企业管理学进入“创新发展”的新阶段．（2018-02-02）．中国企业网．

② 习近平．在哲学社会科学工作座谈会上的讲话．北京：人民出版社，2016：1．

主义道路、理论、制度、文化不断发展，拓展了发展中国家走向现代化的途径，为解决人类问题贡献了“中国智慧”和“中国方案”。“中国方案”是对近代以来西方文明中心论的一种超越，是中国企业在国际化进程中管理模式的新选择。可见，从理论到实践，从引进西学到自我总结，从公司雏形到科学管理与创新发展，中国企业一直在尝试探索符合自身特色的“中国方案”。“中国方案”四大特色如图 3－4 所示。

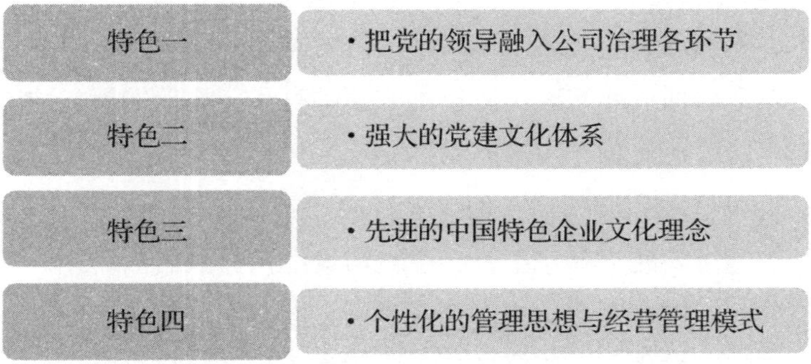

图 3－4 “中国方案”四大特色

1. 特色一：把党的领导融入公司治理各环节

中国特色企业管理模式中相对成熟的模式，当属改革开放 40 年来国有企业坚持改革、创新探索所形成的独特成果，即建立了中国特色现代国有企业制度，其突出特点就是加强党的领导和完善适应市场化的现代公司治理相统一的管理体系和制度，把党的领导融入公司治理各环节，把企业党组织内嵌到法人治理结构之中，打造国有企业的独特优势。这是中国特色社会主义政治经济学的重大理论创新，也是现代企业制度的重大实践创新，更是中国特色企业管理模式创新的一大亮点。在 2016 年全国国有企业党的建设工作会议上，习近平强调，坚持党对国有企业的领导是重大政治原则，必须一以贯之；建立现代企业制度是国有企业改革的方向，也必须一以贯之。中国特色现代国有企业制度，“特”就特在把党的领导融入公司治理各环节，把企业党组织内嵌到法人治理结构之中，明确和落实党组织在法人治理结构中的法定地位，做到组织落实、干部到位、职责明确、监督严格。[①] 我国公司治理理论起步晚，在管理逻辑上学习和沿用英美模式和德日模式，两种模式都强调企业经营中资本及管理层对企业发展战略方向、管理的形式与内容进行总体调控和微观治理。而不同的是，党委领导体系既强调外部监管，又强调内部的自我治理；既强调自上而下的层级管理体系，又强调自下而上的反馈传导模式。这就使得企业党委领导体系与现代法人治理结构在管理逻辑上能够相互补充、相互促进，也使得建设中国特色现代国有企业制度能够让两方面同时发挥作用，共同完善公司治理体系，形成中国国有企业的独特优势。40 余年的企业发展历程证明，党的领导融入法人治理结构之中，企业党组织发挥着领导核心和政治核心作用，成为企业发展的决定性和引导性力量。党的领导能够充分发挥党员的带头作用、全心全意依靠工人阶级和团结最广大的群众，发扬党的优良作风和传统；能够为企业的长远发展提供政治保障，为劳动者提供权益保护；能够引导企业履行社会责任，促进企业持续做强做优做大，实现高质量发展；同时有利于推动企业朝着符合产业发展方向、完成国家战略目标、不断解放和发展生产力、促进企业管理科学发展的方向发展，这是国有企业独特优势的集中体现，也是其区别于西方企业独具特色的核心竞争力。

2. 特色二：强大的党建文化体系

党建文化体系是指党的建设的指导思想、基本理念、组织行为、制度建设、活动形式、组织形象等一系列内容的总和，是中国共产党近百年来自己摸索形成的独特组织建设体系，覆盖各政府、单位、组织、机构、企业、社会团体等，而不仅限于企业。先进的党建文化体系，可以说是“把党的领导融入公司治理各环节”的必然产物以及重要组成部分，同时又是“把党的领导融入公司治理各环节”的关键支撑。因为，无论是思想的引领、组织的渗透、制度的落地还是行为的指导，几乎都是通过党建文化体系的建设与完善来实现的。

而且，党建文化与企业文化是相互作用、相互影响的，其目标与手段

① 习近平在全国国有企业党的建设工作会议上强调 坚持党对国有企业的领导不动摇 开创国有企业党的建设新局面. 人民日报，2016-10-12.

也几乎是一致的，二者都是通过思想层面引领员工发展，增强企业的凝聚力与战斗力，都是以经济建设、企业发展为核心。一方面，党建文化对企业文化有着绝对的引领与约束作用；另一方面，企业文化必然会促进党建工作体系的完善，推动党建文化发展，从而最大限度地发挥政治思想工作的作用，为企业发展保驾护航。这种彼此依存的做法与经验是中国企业文化建设历程中形成的独有的“中国方案”，是中国特色企业管理模式的创新内容之一。

强大的党建文化体系，影响的不仅仅是国有企业，对民营企业的发展也产生了深远的影响。虽然说民营企业的党建文化体系相对不是很完善，但是大部分规模较大的企业都非常重视党组织建设，而且受党建文化的影响极其深远。例如，作为全国先进基层党组织，红豆集团党委是唯一一家由中组部发文号召全国学习的民营企业党组织。成熟的党建文化对红豆集团的企业文化建设发挥着重要的引领作用，并支撑着红豆集团持续成长，从一家小手工业作坊，成长为一家涉足纺织服装、橡胶轮胎、生物制药、地产四大领域，位列中国民营企业500强前列的多元化上市企业集团。红豆集团坚持发挥党组织的政治核心作用和政治引领作用，加强基层党组织建设，不断完善党建体系，创新民营企业党建工作方法，坚持把党建融入企业管理，把党的政治优势转化为企业的发展优势，创造了独具特色的党建经验、党建工作法、党建工作机制等。

受党建先进思想文化影响的企业还有很多，例如华为、海尔等，它们都积极倡导红色文化、军队文化或者革命精神。受党建组织形式影响大的代表企业是互联网巨头——阿里巴巴。阿里巴巴抓住源于党建文化体系军队政委的本质，结合企业实际业务需求，将其引入人力资源管理体系，建立起自己独特的“政委”体系，不仅短期内有效解决了文化传承和干部培养问题，彻底解决了“带队伍”的难题，还持续为阿里巴巴的战略与文化落地、业务高速发展提供强大的人力资源保障。

3. 特色三：先进的中国特色企业文化理念

40年间，中国特色企业文化理念在“传承与创新”“西方理念与中国智慧”相结合的过程中发展而来。一方面，在传承中华 5 000 年优秀传统文化的基础上，中国企业继承和发扬了中国革命、建设、改革的伟大实践过程中孕育的革命文化和社会主义先进文化；另一方面，中国企业引进了西方先进的管理理念，并结合中国本土管理实践，形成独具个性的企业文化理念，例如华为“基本法”、阿里巴巴“六脉神剑”价值观等。中国特色企业文化理念的内涵极其丰富，我们可以从两个层面来予以理解。

第一，中国特色企业文化理念的内涵是一种宝贵的担当文化。从井冈山精神、长征精神、延安精神、西柏坡精神，到雷锋精神、大庆精神、两弹一星精神，再到航天精神、北京奥运精神、抗震救灾精神，这些富有时代特征、民族特色的宝贵财富，脱胎于中华优秀传统文化，同时又在新形势下不断进行再生再造、凝聚升华，孕育出符合时代发展特征和各个公司底蕴的文化理念。在新中国成立后发展壮大的 70 年历程中，中国企业培育出了“苦干实干”“三老四严”的石油精神、铁人精神，铸就了“特别能吃苦、特别能战斗、特别能攻关、特别能奉献”的载人航天精神，锻造了“产业报国、勇于创新、为中国梦提速”的高铁精神。这些植根于中国企业血脉的先进精神，是以中国特色社会主义的共同理想、爱国主义为核心的民族精神，是以改革创新为核心的时代精神，其内涵就是敢于担当、甘于奉献。正因为中国企业拥有这些宝贵的文化财富，才得以树立自己的文化自信，以强大的凝聚力与先进的软实力，忠实履行好服务国家战略这一至高的使命，建设具有全球竞争力的世界一流企业。

第二，中国特色企业文化理念的内涵是一种融合的多元文化。在适应把握引领新常态的大逻辑下，党的十八届五中全会提出创新、协调、绿色、开放、共享“五大发展理念”——以创新发展点燃发展动力，以协调发展治理区域失衡，以绿色发展和谐人与自然，以开放发展经略内外联动，以共享发展促进公平正义。“五大发展理念”是在深刻总结国内外发展经验教训、分析国内外发展趋势的基础上形成的，是以习近平同志为核心的党中央治国理政新思想在发展理念上的高度概括，是破解发展难题、弥补发展短板、增强发展动力、厚植发展优势的先进理念，是协调推进“四个全面”

战略布局的重要引领，是今后我国发展思路、发展方向和发展着力点的重要体现。坚持新发展理念，对中国企业提升治企理念、全面深化改革、加快转型升级具有十分重要的意义，更是中国企业做强做优做大的根本保证。这“五大发展理念”与宝贵的担当文化、并行的党建文化、“生态式”的企业文化是一脉相承的，与中华优秀传统文化、革命文化、党建文化是融为一体的，有助于企业“走出去”、构建人类命运共同体，可以说是新时期引领中国企业发展的多元文化结晶。因此，在未来企业文化建设中，我们仍然要坚持以高度的中国传统文化自信为企业发展强根固魂，明确将产业报国的使命意识、大道为国的大局意识、敬业忘我的奉献精神、苛求品质的工匠精神、竞优争先的拼搏精神、勇于突破的创新精神等作为企业文化传承的主要内容。同时，秉持“五大发展理念”，以全球视野积极包容多元文化，为建设具有全球竞争力的世界一流企业提供强有力的文化支撑。

4. 特色四：个性化的管理思想与经营管理模式

如果说国有企业已经探索出具有共性特征的中国特色现代国有企业制度与创新管理模式（把党的领导融入公司治理各环节），并形成具有独特优势的党建文化体系，那么中国的民营企业40年来探索出的则是个性化的管理思想与经营管理模式，可谓“百花齐放”。例如联想的“管理三要素”（搭班子、定战略、带队伍）、华为的“基本法”、海尔的“人单合一模式”、阿里巴巴的“管理三板斧”与“政委体系”、小米的“粉丝文化”、爱奇艺的“苹果园式娱乐生态系统”、互联网企业引领变革的“生态组织”。尤其是海尔的“人单合一模式”，其创新探索因破解了互联网时代的管理难题而得到了全球著名商学院和管理学者的高度肯定，他们对海尔进行持续跟踪研究，一致认为海尔的探索是领先的，方向是正确的，美国哈佛大学商学院、沃顿商学院等已将海尔列入案例库进行教学研究。成功的“人单合一模式”每年吸引数千家国内外企业到海尔学习交流，而且该模式已应用到农业、医疗等其他领域并进行了试水和改造。

把党的领导融入公司治理各环节、强大的党建文化体系、先进的中国特色企业文化理念、个性化的管理思想与经营管理模式，是中国特色企业管理思想与模式的主要构成内容，也是中国特色企业管理学发展的重要成果。但是，客观来说，中国特色企业管理思想与模式仍需不断发展和逐步完善，尤其是民营企业个性化的管理思想与经营管理模式，尚未形成普适性的新理论，而我们的飞速发展恰恰又进入了一个没有对标的时代，要打造具有全球竞争力的世界一流企业，我们仍然需要“摸着石头过河”。

（二）中国企业领先之道

毋庸置疑，日渐成熟的中国特色企业管理思想与模式，是中国企业快速崛起的重要支撑，同时也是中国企业 40 年变革发展中形成的主要理论成果。但这还无法诠释中国企业快速崛起的根本原因，以及这些管理思想与模式是怎么形成的。为了进一步探索中国企业的领先之道，我们还需要系统分析深层次的原因，挖掘其背后的根本原因。为此，我们不妨先从宏观与微观两个层面，梳理一下部分重要学者的代表性观点及其研究成果，以便更好地理解影响中国企业成长的一些关键因素。

先说宏观的角度。产权理论奠基人、1991 年诺贝尔经济学奖获得者科斯所撰写的《变革中国》对中国式成长有一个客观的评价。他认为：“中国 1978 年以后的改革开放是第二次世界大战以后人类历史上最为成功的经济改革运动，中国经济总量在未来十几年内超过美国是一个大概率事件。然而，中国的经济发展无法用西方的制度经济学来解释，是人类行为的意外结果。”而另一位学者的观点变迁，更是道出了中国经济成长模式的独特性。美国著名的中国问题观察家费正清在 20 世纪 40 年代出版《美国与中国》一书，认为中国的发展模式是“冲击反应模式”、与美国经济体制对应反应的方式，这也是西方学者第一次把中国和美国对照。但是，50 年之后，他的观点发生了根本性变化。他认为中国的现代化发展是由自身发展的动力和内在需求决定的，西方的影响是有限的。美国著名政治学家、哈佛大学名誉教授、“软实力”概念的提出者约瑟夫·奈认为，中国共产党在国内外都已经有了强大的软实力。改革开放以来，中国共产党带领数以亿计的中国人摆脱了贫困，在经济管理上取得了巨大成功，这是中国共产党软实力的重要来源。他还提出，中华优秀传统文化是中国共产党最强大的软实力。中国共产党的软实力是这个政党本身的吸引力和凝聚力，是吸引党员和群众自愿跟随的能力。①

除了海外学者的评价，国内学者也在总结中国经济成长的独特性。例如，著名经济学家林毅夫一直在研究“如何通过政府发展战略转型和市场经济体制改革，使中国取得人类经济史上前所未有的持续高速增长”，其代表作《中国的奇迹：发展战略与经济变革》1994 年首次出版便引起了学界轰动，之后根据中国经济的动态发展于 1999 年、2014 年两次改版。该书 2014 年增订版提到：20 年前《中国的奇迹：发展战略与经济变革》这本书对中国这 20 年来经济增长的预测和中国经济实际的表现高度一致，对这 20 年来中国经济从计划经济向市场经济的转型中所出现的问题和根除问题的思路，也和中国经济转型的实际进程基本吻合。同时，该书鲜明地指出：对中国未来发展的预测我们直接抓住现代经济增长是技术不断创新、产业不断升级，以及发展中国家具有后发优势这一本质，了解到只要中国经济能够维持稳定，并在沿着比较优势的发展过程中充分利用后发优势，即使中国经济还存在许多体制机制问题，经济仍然能维持高速增长。而且，林毅夫认为，如果中国能够沿着党的十八届三中全会全面深化改革决议相关内容推进改革，就能消除各种双轨制遗留下来的扭曲，建立起一个具有“有效市场”的体系，并在有为政府的因势利导下，按比较优势发展经济并充分利用后发优势，尽可能将 8% 的增长潜力变为现实的增长率，党的十八大提出的“两个一百年”目标就能实现，中国将可在超过美国成为世界上最大的经济体后继续前进，进而创造中华民族由衰至盛的历史奇迹，在建国 100 年时实现把中国建设成现代化强国的中国梦。② 财经作家吴晓波则通过梳理中国经济改革与企业发展史，认为中国经济变革的四大原动力是制度创新（例如产业制度改革、宏观制度改革、放权让利改革、

① 林建华. 中国奇迹震撼世界.（2016-10-20）. 人民网.

② 林毅夫，等. 中国的奇迹：发展战略与经济变革. 增订版. 上海：格致出版社，上海三联书店，上海人民出版社，2014.

税收制度改革等）、容忍非均衡（例如让一部分人先富起来）、巨国效应（例如人口基数的发展步调带来的人口红利）、技术破壁。2018 年，他在新作《激荡十年，水大鱼大》中给了过去十年一个高度浓缩的概括：水大鱼大。所谓"水大"，是说中国这汪大湖过去十年大水猛涨，包括经济总量、货币总量、外汇储备总量、零售销售总量、汽车销售总量、网民总量；所谓"鱼大"，是说中国企业的体量随之膨胀，世界 500 强中的中国企业数量空前。无论是海外学者的评价还是国内学者的评价，多数描述的仍然只是现象，而并非事物发展的本质，或者更多的是从宏观经济学角度阐述自己的观点。

再说微观的角度。国内部分管理学者一直在尝试探讨中国特色企业管理模式。著名管理学者、北京大学国家发展研究院 BiMBA 商学院院长陈春花先后撰写了《领先之道》《中国企业的下一个机会：成为价值型企业》等著作并持续研究中国企业成长的基因，时间跨度从 1992 年至今，主要研究对象为中国各行业领先企业。其主要观点是：一个优秀的企业应该具有八个基本要素，首先是四个基本导入因素——英雄领袖、中国理念西方标准、渠道驱动、利益共同体，其次是保持领先的四大能力——企业文化、核心竞争力、反应速度、愿景。针对近十年的大变化，她进一步总结了使企业持续领先的五个要素，分别是：真正理解市场与理解用户至上、危机意识的组织自我驱动、让失败变得有价值、合作与竞争的学习能力、全员创新。而陈清泰、蒋黔贵、赵纯均等几位专家则是用了 8 年时间（2005—2012 年），专注于研究中国式企业管理背景、成功企业案例、管理专题和理论等，总结概括中国企业发展的基本模式和经验，并将中国模式概括到理论高度，最终形成《中国式企业管理科学基础研究总报告》一书。该书总括了改革开放以来中国式企业管理理论与实践的发展历史，并从管理思想、企业战略、企业领导、组织结构、企业文化、内外环境、学习创新、市场营销和运营管理等方面进行了论述和概括，梳理了中国式企业管理的脉络，总结出中国企业运作管理的成功之道，凸显了中国企业管理的灵魂，即：中的精神（实用理性的辩证智慧）、变的战略（高度权变的调试思考）、强的领袖（企业家的德、魅与愿）、家的组织（中国色彩的组织控制）、融的文化（个人价值与时代共鸣）、和的环境（政治分寸与关系和谐）、集的创新（标杆模仿与整合再造）、搏的营销（从草根到极致的战争）、敏的运营（恰当高效的基础管理）。另外，中国人民大学教授叶康涛等学者以中国企业家个体为研究对象，梳理了中国自改革开放以来30余年的企业沉浮史，撰写了《兴衰30年：中国企业30年成败模式》一书，研究团队从福布斯、胡润中国富豪榜选取了8对企业家作为研究对象，每对研究对象都处于同一行业，并且他们的创业年代相近，首次登上富豪榜的时间也相近，但是最终的结局截然相反。作者的研究结果对此给出了解释：从表面原因来看，有些企业家的失败源于激进式扩张和风险控制意识弱化，最终导致资金链断裂或铤而走险、触犯法律。但是企业家失败还有更深层次的原因，即：企业家过度自信及欠缺理性思维、有唯我独尊的帝王情结，以及过度倚重潜规则尤其是政商关系。书中还总结出两个模型——企业家素质摩天轮和企业家成败的冰山模型，澄清了关于企业和企业家的9个似是而非的流行观点，并得出了一些有趣的发现，同时给出了企业家避免失败的黄金法则。

基于国内外学者的观点、中国企业40年发展历程的梳理与回顾、全球竞争力的内涵、世界一流企业的领先之道以及大量中国企业（包括“走出去”的成功企业）案例的研究，以及中国共产党改革开放40年来的实践摸索与理论总结，笔者认为中国企业之所以能够快速崛起，其根本因素在于：尊重四个重要规律，掌握七项关键能力。

1. 尊重四个重要规律

这里的规律是指中国企业40年来从西学到自我创新的发展历程中，始终坚守的原则、遵循的发展规律，它们逐步形成了自己的独特优势以及特色发展模式，努力做到理论自信、道路自信，这是中国企业发展之根本。其内涵涵盖全球及中国政治与经济、社会的多重逻辑，具体包括全球经济发展规律、市场变革趋势及其发展规律、中国特色社会主义经济发展理论、企业的本质、世界优秀企业的成长规律、中国企业不断摸索形成的“中国方案”——中国企业成长模式等。规律的遵循及探索主要体现在以下几个方面：顺应市场经济发展规律及时代变革大势、服务国家战略、发挥党建文化体系的核心作用、创新探索中国特色企业发展模式（见图 3－5）。

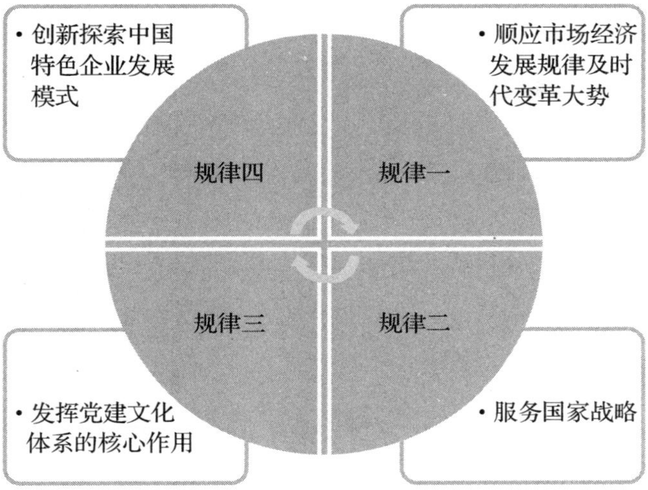

图 3－5　中国企业应尊重四个重要规律

（1）规律一：顺应市场经济发展规律及时代变革大势。海尔集团董事局主席、首席执行官张瑞敏曾经说："没有成功的企业，只有时代的企业。"企业作为市场经济不可分割的主体部分，与市场经济变革、社会时代发展总是密不可分。改革开放以来，我国在学习西方发达国家企业运营管理理论实践的基础上，遵循企业的本质，积极探寻企业发展规律，探索尝试形成既适应市场经济要求又具备中国特色的企业管理体制和经营机制，而且在不同的时代背景下，都会产生相应的市场机制、企业发展模式等。以国有企业为例，从 1978—1992 年的"放权让利、政策调整"，到 1992—2002 年的"转换机制、制度创新"，到 2002—2012 年"国资监管、机制完善"，再到 2012 年至今的"分类推进、深化改革"，国有企业改革的主要目标就是要将作为生产组织存在的国有企业转变为独立的经济实体，建立现代企业制度，激发企业内在活力，提升生产效率。这是顺应市场经济发展规律和企业竞争规律的变革，也是与中国经济发展变革潮流同步的适应性变革，同时契合了世界主流经济强国从 20 世纪 80 年代以来走过的国有企业私有化浪潮（20世纪80年代至2004年）和“再国有化”（2004年至今）应对全球金融危机的发展轨迹。

民营企业也不例外。改革开放40年来，伴随着社会主义经济制度的不断完善以及社会和时代的变革，民营企业从无证商贩沿街叫卖到合法个体工商户设点经营，从个体小本买卖到联户经营、股份合作、创办私营企业、开设集团公司形成规模，从“引进来”到“走出去”，也是摸着石头过河、不断变革，但唯一不变的是遵循企业的本质及市场发展规律，顺应时代的发展趋势。例如，海尔是传统工业企业实现互联网时代转型的典范。在工业时代，海尔追求产品的质量和标准化生产，凭借高质量、低成本突围而出；在互联网时代，海尔高度重视个体的需求和力量，通过“人单合一”的机制激发员工的创造力，建立由创客和小微团队构成的复杂多变又生机勃勃的生态体系，实现共创共赢生态圈的多方共赢增值，并破解了互联网时代的管理难题，成功从传统家电产品制造企业转型为开放的创业平台，致力于成为物联网时代的引领者。虽然经历了几十年的时代变迁、行业起伏，但是海尔依托“以用户为是，以自己为非”为核心的企业文化，始终以用户为中心，不断满足用户的需求，同时通过自我否定、自我革新的精神保持创新动力，从而实现自我革新，适应时代的发展，成为“时代的企业”。

（2）规律二：服务国家战略。无论是国有企业还是民营企业，服务国家战略既是一种使命与担当，又是企业自身发展的内在需求。首先，企业强则国家强，服务国家战略，企业义不容辞。正如管理大师彼得·德鲁克所言：“企业并不是为着自己的目的，而是为着实现某种特别的社会目的并满足社会、社区或个人的某种特别需要而存在的。”其实，这也是中国企业的优良历史传统以及企业家精神的内涵之一。中国近代民族工业时期涌现出的一批企业，大多承载着产业报国的使命，充分展示了当时的时代主旋律。清末科举状元张謇在《马关条约》签订后，放弃高官厚禄，回乡创办了大生纱厂，致力于实业救国，也是中国第一个提出“实业救国”口号的实业家。张裕成立的初衷就是为了实业兴邦，而同仁堂创立的根本目的是

“济世养生”，南京中央商场的创立宗旨是“抵制日货、弘扬国货、振兴民族商业”。改革开放以来，联想、海尔、TCL、红豆等企业都提出了敬业报国、产业报国的核心价值观。

当然，除了活跃的民营企业，还有一支为服务国家战略做出巨大贡献的中坚力量——国有企业。国有企业除了为顾客创造价值、追求创造经济价值之外，更多的是忠实履行国家所赋予的特有责任与使命。习近平曾这样定位国有企业的使命：成为党和国家最可信赖的依靠力量；成为坚决贯彻执行党中央决策部署的重要力量；成为贯彻新发展理念、全面深化改革的重要力量；成为实施“走出去”战略、“一带一路”建设等重大战略的重要力量；成为壮大综合国力、促进经济社会发展、保障和改善民生的重要力量；成为我们党赢得具有许多新的历史特点的伟大斗争胜利的重要力量。① 这旗帜鲜明地说明国有企业以国家利益为先、为社会创造财富、为人民谋幸福的使命特色。无论是“非典”“5·12 汶川大地震”，还是“三大攻坚战”、民族品牌塑造、“一带一路”建设，国有企业永远冲在一线，急国家之所急，想国家之所需，致力于服务国家战略、增强国力、改善民生，为实现中华民族伟大复兴发挥中坚作用。

从企业自身发展的内在需求来看，服务国家战略，很多时候也有利于企业增强核心竞争力，赢得更多的市场机会。例如，共建“一带一路”倡议提出以来，大量中国企业主动紧跟国家外交、外经战略，在练好“内功”的同时，抓住前所未有的大好机遇，继续扩大“走出去”的广度与深度，不断提升企业国际竞争力。

（3）规律三：发挥党建文化体系的核心作用。党建文化体系是中国共产党近百年来自己摸索形成的独特组织建设体系，涵盖党的建设的指导思想、基本理念、组织行为、制度建设、活动形式、组织形象等。正由于其从理念、组织、制度到行为、形象等各个层面，全方位在企业管理过程中发挥着独特优势以及关键作用，因此成为中国特色企业管理思想与模式的

---

① 习近平在国企党建工作会议上强调：坚持党对国企的领导不动摇. 人民日报海外版，2016-10-12.

重要组成部分。首先，“把党的领导融入公司治理各环节”已经被实践证明，是中国现代企业制度的重大创新，更是国有企业独特优势的集中体现，也是其区别于西方企业独具特色的核心竞争力。其次，党建文化与企业文化相互作用、相互影响、彼此依存。党建文化在引领、推动企业文化发展，为企业发展保驾护航的同时，也将吸收现代企业文化的先进思想与理念，得到丰富与拓展，从而与时俱进、不断创新发展。这也是中国企业文化建设历程中所形成的独有的“中国方案”，是中国特色企业管理模式的创新内容之一。

（4）规律四：创新探索中国特色企业发展模式。从企业层面来说，任何一家世界级的成功企业，必然有其独特的管理思想、企业精神、价值观以及相应的成长模式。创新探索中国特色企业发展模式的过程，对于企业个体来说，就是探索形成具有个性化的管理思想与经营管理模式的过程。当然，这种个性化的管理思想与经营管理模式一定是经得起考验的。从国家层面来说，中国企业所处的经济体制、文化土壤、发展进程等与世界一流企业相比较差异很大，即便是有经验可以借鉴、有理论可以学习、有标杆可以追赶，仍然会出现“水土不服”“理论跟不上实践”“标杆被赶超”等问题，尤其是当今飞速发展的中国企业，已经进入了没有对标的时代，创新探索中国特色企业发展模式已经成为必然的选择。因此，创新探索中国特色企业发展模式，是中国企业必须遵循的重要规律之一。其实，这也是中国企业坚持理论自信、道路自信的重要体现之一。

40 年来，中国企业一直在尝试探索符合自身特色的“中国方案”。中国特色企业管理思想与模式已经日渐成熟，主要表现在以下两个方面：一是以国有企业为代表，形成了一些具有共性特征的中国特色企业管理思想与模式。其中最突出的是现代企业制度的重大实践创新——“把党的领导融入公司治理各环节”，成为国有企业独特优势的集中体现，也是中国企业区别于西方企业独具特色的核心竞争力。除此之外，强大的党建文化体系、先进的中国特色企业文化理念也是中国特色企业管理思想与模式的重要内容组成。二是以民营企业为代表，探索形成了一些个性化的管理思想与经营管理模式。

不过，客观来说，中国特色企业管理思想与模式尚未完全成熟，仍需动态发展与不断完善。因此，坚持创新探索中国特色企业发展模式这一重要规律，我们时刻都不能放松。

2. 掌握七项关键能力

中国企业之所以能够快速崛起，除了尊重四个重要规律，还因为掌握了七项关键能力，而且这七项是中国企业“走出去”必备的能力要素。要想立足海外，成为具有全球竞争力的世界一流企业，这些能力缺一不可（见图 3－6）。

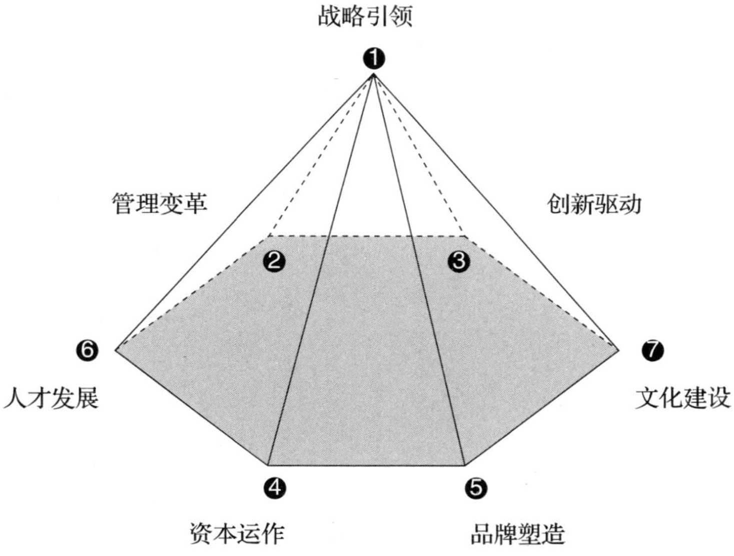

图 3－6　中国企业必备的七项关键能力结构图

● 一个指引力：战略引领——指明方向，引领企业发展。在战略层面，一方面，懂得顺应市场经济发展规律及时代变革大势、服务国家战略；另一方面，注重市场定位选择、加强经营顶层设计、提升资源整合能力、坚持走高质量发展道路等，从而为企业未来的总体目标和行动制定科学正确的计划，在方向设定、发展道路上提供强大的指引力。

● 两个内核动力：管理变革与创新驱动——培育核心竞争力的内在源

泉。管理变革主要包括经营管理体制变革、管理思想变革、组织变革等内容；创新驱动主要指技术创新驱动企业成长。管理变革与创新驱动决定了一个企业的发展活力与技术竞争力，且对企业各项能力都产生一定的影响，是企业培育核心竞争力的内在源泉，也是中国企业制度自信与技术自信的必备能力。

- 两个外核动力：资本运作与品牌塑造——增强核心竞争力的外在动力。资本运作包括确保国有资产保值增值、推进外部战略联盟和并购、拓展多渠道的国际化融资体系、创新产融结合等，其目的是实现市场价值增值最大化以及企业的跨越式发展；品牌塑造是一个企业软硬实力的综合体现。资本运作与品牌塑造也是中国企业国际化过程中彰显企业综合实力的重要体现，是企业增强核心竞争力的外在动力。

- 两个保障力：人才发展与文化建设——企业持续稳定发展的基础保障。人才发展包括把握导向为先、完善机制为要、建设队伍为本、加强学习为重等，为企业发展提供源源不断的人才保障；文化建设主要指通过形成中国特色企业文化建设体系以及先进的企业文化核心理念，产生强大的文化引导力与凝聚力，树立起文化自信。因此，人才发展与文化建设是企业持续稳定发展的基础保障与重要支撑。

（1）一个指引力：战略引领。加拿大管理学家明茨伯格（H.Mintzberg，1990）认为，企业战略是计划（plan）、计策（plot）、模式（pattern）、定位（position）和观念（perspective）这五种规范定义的组合。一般来说，企业战略是处于动态发展环境中的企业对其未来总体目标和行动的一种规划，对于企业持续稳定发展有着非常重要的作用。40 年来，中国企业在战略层面除了懂得顺应市场经济发展规律及时代变革大势、服务国家战略，还极其注重市场定位选择、加强经营顶层设计、提升资源整合能力、坚持走高质量发展道路等，在方向设定、发展道路上为企业提供强大的指引力。

- 注重市场定位选择。市场定位是企业及其产品确定在目标市场上所处的位置，这里主要是针对“走出去”的中国企业而言。大部分成功“走出去”的中国企业，都会基于沿线各国的横向比较分析、国内形势的全面分析以及对企业自身条件及能力的科学评估，最终科学进行市场定位，选择适合自己“走出去”的目标国家或者地区，并制定相应的可行性“计策”。同时，还非常清楚自身所处的国际化发展阶段、“走出去”的市场进入模式、具体的路径选择、风险问题及对策等。

● 加强经营顶层设计。企业的经营顶层设计是指企业对整体或者某个项目的愿景目标、发展战略、市场定位、发展规划等的总体设计，意在通过系统的思考与全局的谋划，确保企业各项经营活动顺利开展。以“走出去”的建筑企业为例，在经营顶层设计方面的成功做法就是编制国际化经营战略规划，围绕企业战略目标，构建适应性的海外发展与管理平台，形成共享、融合发展的生态系统网络，推动从市场的国际化向管理体系的国际化、企业文化的国际化、人才集聚的国际化延伸。当然，加强经营顶层设计之余，更重要的是强有力的执行。

|案　例|

C公司的顶层设计和战略升级

面对复杂的国际、国内经济形势和严峻的竞争环境，C公司加强顶层设计和战略升级研究，响亮而精准地提出了打造“五商中交”的战略定位和目标，对集团当前和今后一段时间的战略方向做出了深入系统的部署，不仅兼顾了集团发展和国家战略，也为中央企业如何打造核心竞争力、建设世界一流企业提供了重要的实践经验和理论贡献。2014年3月15日，C公司荣获第五届“中国管理学院奖”战略规划金奖。

2013年，C公司提出了打造“五商中交”、率先建成世界一流企业的战略定位和目标。从行业领先，到国内先进，再到建设世界一流企业，清晰地体现了战略升级的路线。打造“五商中交”是以提升专业整合能力、产业链整合能力、融资能力、战略联盟能力和集成化管理能力为重点，打造全球知名工程承包商、城市综合体开发运营商、特色房地产商、基础设施综合投资商、海洋重工与港口机械制造集成商。对C公司而言，打造“五商中交”战略是适应内外部环境变化做出的战略升级，在继承发扬传统发展优势和发展路径的基础上，加快产业链上下游业务和技术的整合，全面向海外进军、向城市进军、向铁路轨道进军、向海洋进军，积极推动从承包商、制造商向投资商、运营商、发展商转型升级。

这一战略升级有着内外两方面的现实原因。一方面，C公司合并重组成为中央企业改革典型后，虽然保持高速发展并迈入世界500强行列，但整体组织架构有待进一步调整优化，传统国有施工企业的发展形态有待进一步转变，总部开拓市场、引领发展的能力有待进一步提升，新市场开发和资源整合能力有待进一步提高。另一方面，当前国家经济形势发生变化，多数行业多种产品供大于求，各类资源要素都不能支持旧的发展方式；C公司传统市场已趋饱和，国家新的发展战略带来新的战略市场，需要借东风抓机遇、高起点切入；“小政府、大社会”的管理模式越来越明显，对企业的投融资能力、全方位服务能力要求越来越高；竞争对手发生变化，新一轮竞争是集团与集团的竞争、“产业链”与“产业链”的竞争。

围绕战略升级，C公司还启动了一系列配套改革升级，主要包括建设适应性组织，强化总部能力建设，强化专业化整合和区域化发展。

● 提升资源整合能力。资源整合能力的核心就是资源优化配置能力。党的十九大明确提出，经济体制改革必须以完善产权制度和要素市场化配置为重点，实现产权有效激励、要素自由流动、价格反应灵活、竞争公平有序、企业优胜劣汰。以市场化为导向的资源优化配置，既是国有企业改革的目标，也是国有企业提升核心竞争力做强做优做大的路径。对于“走出去”的中国企业来说，坚持集约发展，全面升级企业价值链，就是成功的举措之一。坚持集约发展就是要以组合全产业链能力，以企业集团化集成产业链竞争优势“编队出海”集群式发展，把中国经验同沿线国家或地区的项目资源、发展急需等进行紧密对接，培育打造项目群，实现系统布局、规模经营、集约管理、共享收益。例如，科伦坡港口城既有基础设施全产业链，也有港口支点、产业集聚、城市支撑等元素，成功实现了港城联动、产城联动。可见，无论是一国发展，还是跨境经济，都可以因集约发展而受惠。中央企业通过推广集约化发展模式，逐步实现了从单一产品、单一业务到产业链、价值链，再到价值网络体系的商业模式升级，顺应了市场发展的新需求。

● 坚持走高质量发展道路。党的十九大提出，我国经济已由高速增长阶段转向高质量发展阶段，必须坚持质量第一、效益优先，以供给侧结构性改革为主线，把提高供给体系质量作为主攻方向。全国政协委员、中国人民大学校长刘伟认为，在微观上，高质量发展要建立在生产要素、生产力、全要素效率的提高之上，而非靠要素投入量的扩大。目前，优秀企业的成功做法就是抓好实业主业发展，提高自主创新能力，推进结构调整升级，优化资源配置能力，继续实施开放合作，实现新旧动能接续转换，积极推动经济发展质量变革、效率变革、动力变革，加快建设实体经济、科技创新、现代金融、人力资源协同发展的产业体系，加速推动中国制造向中国创造转变、中国速度向中国质量转变。

（2）两个内核动力：管理变革与创新驱动。

1）管理变革。世界著名管理大师彼得·德鲁克说："我们无法左右变革，我们只能走在变革的前面，变革是无法避免的事情。"企业必须在经营、管理的各个层面不断深化变革，才能跟上我国社会主义市场经济体制改革的步伐，才能适应今天这个以不确定性为常态的时代环境，并生存和发展下去。中国企业从西学到自我创新，不断探索中国特色企业发展模式的过程，其实也是中国企业经营、管理不断深化变革的过程，其改革内容主要集中在经营管理体制变革、管理思想变革、组织变革等方面，而经营管理体制变革是一个企业变革发展的重中之重，包括企业生产经营活动中经营管理机制、管理机构、管理制度的变革等。

● 经营管理体制变革。从国有企业的改革"四部曲"来看，其改革主线其实就是企业经营管理体制的变革与完善，而且在不同时代背景下经营管理体制变革呈现不同的目标定位特征。国有企业改革 1978 年改革开放之初以增强企业活力为目标；1988 年后以转换经营机制为目标；1992 年后以建立社会主义市场经济体制为目标；2015 年开始以供给需求平衡为目标；2018 年则提出了“深化国有企业改革，发展混合所有制经济，培育具有全球竞争力的世界一流企业”的新时期目标。40 年来，国有企业先后进行公司制、股份制改革，已经建立起现代企业制度，法人治理结构也逐步规范，大多数国有企业已成为独立自主经营的市场主体，从计划经济体制下的传统国营企业转变为社会主义市场经济体制下的新国有企业。当前，国有企业仍需在经营管理体制方面继续深化改革，主要体现在以下几个方面：一是加快建设中国特色现代国有企业制度；二是稳妥推进股权多元化和混合所有制改革；三是加快建立灵活高效的市场化经营机制。[①]

民营企业中，在管理体制变革方面，比较典型的企业有华为、海尔等。以华为为例，华为之所以能够从一个小型电话交换机进口商发展为全球运营的跨国企业，与其坚持核心价值观同时又具备极强的变革意识息息相关。浙江大学管理学院教授吴晓波曾在所著的《华为管理变革》一书中总结道：华为的独到之处就在于其能够建立新制度，并打破不再适合公司战略目标的旧制度。管理变革领域的西方管理专家约翰·科特也非常佩服任正非带领华为高管推动变革的决心，以及建立推动变革的核心团队和系统性地长期坚持推行变革的做法。而且，除了因时因势地制定了符合公司当时发展环境的重要战略之外，华为最重大的变革发生在企业的决策流程上。1997—2003 年是任正非将分散在代表处的权力收拢到公司总部的时期。而在那之后，华为开始实施分权管理，战略不再由首席执行官一人决策。公司制定了针对战略问题的讨论流程，通过集体讨论决定公司的战略。

● 管理思想变革。改革开放 40 年来，伴随着中国经济的变革发展与高速的工业化、国际化、信息化进程，中国企业管理理论以伟大的中国社会主义现代化建设事业为实践基础，借鉴国外和中国历史上各类管理思想、方法和技术，“以我为主、博采众长、融合提炼、自成一家”，逐渐

① 肖亚庆. 扎实推动国有企业高质量发展.（2018-09-07）. 人民网.

成熟。从计划经济时代到市场经济时代，再到社会主义市场经济体制新时期，中国企业管理理论从“零起步”到向美、日等发达地区学习并开始学科构建、理论研究，再到理论不断完善，相关的学术研究成果有《领先之道》《中国式企业管理科学基础研究总报告》《兴衰 30 年：中国企业 30 年成败模式》《企业文化建设实务》《中华老字号长青之基因》等。今天，随着中国进入新时代，中国企业从追赶到超越的巨大成就正推动和要求中国企业管理理论走到世界理论前沿，发挥重要的指导意义，并进入“创新发展”的新阶段，这个阶段的特征是：中国特色企业管理思想日渐成熟，“中国智慧”与“中国方案”越来越凸显其独特优势。党建文化融入现代公司治理所形成的先进管理理念与中国特色企业管理模式、海尔的“人单合一模式”、联想的“管理三要素”、华为的“基本法”、阿里巴巴的“管理三板斧”等管理思想，都是中国企业管理实践过程中思想变革、文化变革的突出成果，这些宝贵的理论产物也是中国企业为社会创造的重要思想贡献。

- 组织变革。钱德勒的经典研究早就指出，战略的变化会产生组织的不适应性，从而最终导致形成新的结构来适应战略的变化。事实上，组织结构不只是消极地适应经营战略，还在很大程度上决定着战略与策略的形成，甚至决定着企业的资源配置与战略执行。而且，随着成长与经营活动多样化，企业需要动态地进行组织调整和管理调整，以改进组织的机能。战略与组织设计不匹配是限制众多企业发展的关键因素。尤其是在中国企业“走出去”的过程中，组织变革所产生的价值尤为突出。我们发现，众多成功“走出去”的企业，决定其国际化发展优劣的一个根本因素就是组织的变革力，而并非表象的海外战略、海外业绩，它是促使企业战略落地、发挥作用的关键因素。因此，进行适应性的组织优化变革，是释放企业发展动能的主要途径和优先选择。40 年来，但凡取得卓越成就的中国企业，几乎都在不断调整自己的组织结构、管理机制、人力资源等要素，以适应新战略发展的需要，应对变革的时代。例如中国交建、中国电建、海尔、华为等。

|**案 例**|

以适应性组织建设支撑战略升级

中国交建为实施“五商中交”战略，实现战略升级，特别加强适应性组织建设。一方面，中国交建2011年启动适应性总部建设，提出打造总部“六大中心”的定位。在这一定位的要求下，总部管理部门发挥战略管控、职能管理、业务引领、价值服务、商务支撑、平台支持的“六项职能”，增强企业发展的系统性、前瞻性和科学性，发挥产业价值链条的带动作用，提供平台，整合资源，促进产业的快速发展，呈现出平等竞争、相互融合、相互促进、互利共赢的良好格局；逐步彻底消除内部体制性障碍，彻底消除内耗和“集而不团”“团而不集”的问题，真正构建中国交建“利益共同体”和“生命共同体”。另一方面，中国交建积极打造两大责任体系。2012—2015年，中国交建成立总部六大事业部、八大区域总部，构建起总部强化管控和引领发展的发展责任体系和管理责任体系。其中，发展责任体系明确了事业部、区域总部、子公司“三驾马车”的责、权、利关系，厘清了三者之间的管理界面和工作接口，从理论到实践形成了一个清晰的“三驾马车”协同牵引体系，最大限度调动了三方共同的积极性，形成了更大的发展合力、凝聚力和战斗力。管理责任体系则明确了总部“六项职能”和“六个中心”的实现路径方法和保障措施。

在此基础上，中国交建整合总部管理部门，最终形成业务管理、要素管理、考核监督的战略管控三角。

通过这一系列改革，中国交建构建了一个支撑公司战略、全面升级的适应性组织，即在总部发展理念上，进一步增强发展责任和市场开发能力，进一步形成与市场机制相融合的总部管理体系；在管理方式上，进一步提升总部的统筹力和管控力，发挥战略执行、资源配置、利益协调和经营管控的权限，实现资源优化配置；在组织方式上，通过强大的总部组织架构以及事业部、区域总部的建设，构建发展责任体系和管理责任体系，打造具有价值创造能力的总部。

|案 例|

海尔的组织变革

民营企业中，组织变革成功的典型企业就是海尔。对于成立于1984年的海尔的印象，大部分人可能还停留在“传统冰箱制造商”的阶段。实际上，作为一家紧跟时代步伐、持续转型变革的企业，海尔经历了多次重大战略转型，从2005年开始就全面拥抱互联网时代，企业产品战略从工业时代的标准化、规模化向互联网时代的定制化、多元化发展，组织结构从科层制向生态化转变。

工业时代，海尔的组织结构为科层制。20世纪80年代初，为改变海尔濒临破产、产品质量差的问题，张瑞敏怒砸冰箱，走上了以高质量产品突围的艰难道路。海尔通过精细化的流程管理，保证员工的高度服从和稳定的产品质量，通过整齐划一的管理模式，实现产品的标准化、规模化生产。海尔建立了金字塔式的科层制组织结构，采取自上而下的严格的标准化管理模式，通过标准化的工作流程和精细化的工作要求实现员工操作的标准化和执行的高效化。

互联网时代，海尔重视人的需求，重视人的力量，创新构建了生态组织体系。21世纪初，互联网放大了个人的力量，个体的声音被挖掘，海尔意识到用户定制化的时代逐渐到来，企业要从传统的产品驱动向创新驱动转变，通过不断的创新满足用户的需要。而过去基于科层制结构的标准化生产、整齐划一的企业管理模式，无法提供创新的土壤。为此，海尔宣布全面拥抱互联网时代，以用户为中心，围绕用户开展产品的研发、生产和销售。海尔全面变革了过去自上而下的产品研发模式，以用户需求为起点，逆向研发产品，一切以用户的需求为中心。经过不断的转型努力，张瑞敏创新性地提出了“人单合一”的商业模式，力图通过“人单合一”模式把员工和用户连在一起，“激活”每个员工，让员工在为用户创造价值的同时实现自身的价值，让每个人成为自己的CEO，实现让“员工听用户，企业听员工”的组织体系。

2017年，海尔的“人单合一”模式又迭代升级为“人单合一2.0——

共创共赢生态圈”模式，更加强调生态系统、共享创业平台等概念。基于此，海尔进一步在战略、组织、制造三大方面进行了颠覆性探索，打造出一个动态循环体系。在战略上，建立以用户为中心的共创共赢生态圈，实现生态圈中各相关方的共赢增值；在组织上，变传统的封闭科层体系为网络化节点组织，开放整合全球一流资源；在制造上，探索以互联工厂取代传统物理工厂，从大规模制造转为规模化定制。目前，海尔已从传统家电产品制造企业转型为开放的创业平台，并致力于转型为真正的互联网企业，打造以社群经济为中心、以用户价值交互为基础、以诚信为核心竞争力的后电商时代共创共赢生态圈，成为物联网时代的引领者。

2）创新驱动。伴随着“工业 4.0”“互联网 +”“智能化”等概念的提出，新一轮科技革命和产业变革正在孕育兴起，新旧技术替代趋势明显，部分核心技术交叉融合、协同跃进，跨行业、跨领域的创新合作不断冲击传统行业，日益积累的新能量可能很快带来变革性突破。全球各国纷纷抓住当前科技革命、产业变革与经济发展方式转变交汇的历史机遇，力争实现新一轮的经济繁荣。对于“走出去”的中国企业来说，创新驱动发展不仅是形势所迫，还是中国企业实现高质量发展、构筑全球竞争力的必然选择。

中国企业经过多年的发展，相继取得了高速铁路、载人航天、探月工程、核电技术、北斗导航系统等一大批创新成果，尤其是在量子通信与计算机、高温超导、中微子震荡等基础研究和应用基础研究领域占据领先地位，积累了丰富的科技人力资源和科技创新经验，个别领域甚至已达到世界一流水平，具备了“定义世界一流”的实力。

大量“走出去”的民营企业，无不是依靠先进的技术来彰显自己的核心竞争力并立足海外市场的。例如，华为作为全球信息通信行业的领军者，是全球最具创新力的 50 家企业之一，其业务遍及全球 170 多个国家和地区，服务范围覆盖全球运营商 50 强中的 46 家及全球 1/3 的人口。海尔 2017 年全球专利数达到 708 个，以超第 2 名 2 倍的巨大优势位居国内外双榜首，全球冰箱排名中，在海尔冰箱 10 连冠的带领下，世界冰箱行业已告别“欧美时代”和“日本时代”，迎来“中国时代”。2017 年，海尔冰箱以 17.3% 的市场份额列第 1 位，10 年蝉联全球第一品牌。除此之外，依靠技术“走出去”的民营企业还有很多，例如以技术创新为引领，转型升级为集消费电器、暖通空调、机器人及工业自动化系统于一体的综合性科技集团的美的集团，它已经是中国最大、技术储备最强的机器人公司；以及拥有多项专利的小米、OPPO 等品牌手机，拥有“阿里云”技术的阿里巴巴等。

无论是国有企业，还是民营企业，要想通过创新驱动，引领企业转型升级、跨越发展，皆要从以下几个方面进行投入与布局：

- 确保资金与人才投入。必要的资金支持与人才支撑，是企业推动创新工作发展的前提。例如，资金支持方面，华为每年的研发投入比例总是固定在年度总营业收入的 10% 以上。人才支撑方面，除了在人数上要有所保证以外，还需要注重创新型人才队伍的建设。例如，近年来中国企业尤其是中央企业的创新型人才队伍管理水平显著提升：通过建立首席专家、科技带头人制度打通职业技术人员的岗位晋升双通道，畅通人才发展渠道；通过国家“千人计划”积极引进海外高端技术人才；通过技术分红、成果奖励等制度激励技术人才成长，加大对高端科技创新人才队伍、中青年科技创新领军人才建设的投入等。

- 跨界合作加速裂变式创新。在经济全球化背景下，基础研究和应用基础研究等前沿技术的发展、突破，仅靠一己之力很难在可期待的时间内实现，而跨行业、跨领域和跨国别的科研合作可以加速这一进程。华为的开放式创新就是典型的跨界合作案例，华为在中国、德国、瑞典、英国、法国、俄罗斯及印度等多地设立了 16 个研发中心、36 个联合创新中心，共同实现协同创新，构建开放的产学研生态，实现创新到价值的转换，促进产业发展。借鉴目前的实践经验，中国企业可以积极走出国门与同行业优秀团队开展全面的国际合作，充分发挥过去在资金、市场、科研以及产业链基础等方面积累的优势，通过跨国并购、合资建企、联合研发等跨界合作方式，促进裂变式创新，加速科学技术的发展，“站在巨人的肩膀上”，在更高的起点上推进自主创新、实现合作共赢。

● 培育良好的创新氛围与机制。多数创新企业的经验告诉我们，良好的创新氛围与完善的机制，是创新能力提升的保障。可以从企业文化、管理制度等方面的改革创新入手，塑造以人为本、因才制宜的培养氛围，策略上将人力资源作为第一资源，实施以激发人才主观能动性和发掘潜在创造力为目标的柔性管理，实现“能力本位”“绩效本位”，不拘一格选人用人。因此，配套的创新文化、创新激励机制、人才发展机制、创新项目管理机制等，都是有必要建立和不断完善的。

● 顶层设计推动全面创新。顶层设计涉及产业链布局、制度和组织模式创新等。应该站在产业层面加大对创新的顶层设计，围绕产业链和价值链部署创新链，把握创新驱动发展战略的大方向、大趋势和总体节奏。其中包括落实“三个面向”① 的指导要求，立足国际科技发展趋势、市场经济布局结构调整和企业自身的实际情况，整体把握，突出重点，平衡好优先发展的产业和后续加速的产业之间的衔接，提前布局、超前谋划、扬长避短。制度创新也是重要的内容之一，需要系统考虑，既要完善经费投入机制，又要完善创新成果激励机制。同时，还应该兼顾商业模式创新，例如关注纵向产业链整合和横向战略联盟可能带来的转型机会，加强与市场化主体的经验交流，通过并购重组等方式不断丰富新的商业业态和盈利模式。

|**案　例**|

华为创新创造奇迹

在民营企业中，因创新驱动带来成就的典型例子就是华为。华为是100个世界知名品牌中唯一一个中国品牌，是全球信息通信行业领军者，业务遍及全球170多个国家和地区，总营业收入早已超过百度、阿里巴巴、

① 2016年5月30日，习近平在全国科技创新大会、两院院士大会、中国科协第九次全国代表大会上指出：“实现‘两个一百年’奋斗目标，实现中华民族伟大复兴的中国梦，必须坚持走中国特色自主创新道路，面向世界科技前沿、面向经济主战场、面向国家重大需求，加快各领域科技创新，掌握全球科技竞争先机。”这“三个面向”为我国科技创新指明了主攻方向。

腾讯（BAT）三巨头的营业收入总和。2018年第二季度，华为首次超越苹果成为全球第二大手机厂商。华为之所以能够在短短的30余年间取得如此卓越的成就，完全是因为其超强的创新驱动力！

2018年1月，美国媒体*USA Today*发布了全球最具创新力的50家企业，中国的华为上榜，其2017年获得的专利数量为1 616项。在最新中国创新能力榜单中，华为排名第1位，第2位是OPPO，中国电力科学研究院只排到第6位。

如此超出人们想象的创新成果，华为是如何取得的？

首先，华为在研发资金投入上绝对是“舍得花钱”。华为2017年年报显示，2017年华为持续投入未来，研发费用达897亿元，同比增长17.4%，近十年投入研发费用总和超过3 940亿元。而且成立以来，华为坚持拿出营业收入的10%以上投入研发创新，远超腾讯、阿里巴巴在这方面的投入。未来，华为将坚持每年投入100亿～200亿美元，确保研发力度，持续构建面向未来的竞争力。

其次，华为的研发人才堪称是“研发帝国”。截至2017年年底，华为全球员工总数约18万人，他们服务于不同的业务领域，其中研发员工约8万人，占比约45%。而且，华为还在中国、德国、瑞典、英国、法国、俄罗斯及印度等多地设立了研发中心和联合创新中心，在全球累计获得专利授权50 377件，专利合作条约（PCT）申请数量连续2年位居榜首。

再次，华为的研发模式独特，完全是开放式创新。例如，华为创新研究计划（Huawei Innovation Research Program，HIRP）是华为一项长期的开放合作模式和联合创新机制。每年定期向全球公开发布研究资助方向，持续不断将ICT领域前沿技术需求、难题和想法传递给学术界。学术界伙伴根据其研究方向、擅长领域选择研究课题，华为给予资助和支持。双方共同努力，一同推动技术创新，构建开放的产学研生态，实现优势互补，促进产业发展。该计划已在无线通信、光通信、云计算、媒体技术、工程技术、网络与安全、软硬件等多个技术领域提出了诸多创新，有些已应用到产品中。华为创新研究计划已覆盖全球20多个国家，300多所高校，在全球范围内资助超过 1 200 个创新研究项目，其中亚太区覆盖澳大利亚、韩国、日本和新加坡等国家。2 位诺贝尔奖获得者、100 多位美国电气和电子工程师协会（IEEE）和计算机协会（ACM）院士，以及全球数千名专家学者参与该计划。①

最后，我们不得不提华为所倡导的“坚持以客户为中心，坚持以奋斗者为本，坚持长期艰苦奋斗”的核心价值观，也不得不提华为长期以来建立形成的《华为基本法》、华为独特的人力资源管理体系、研发项目管理机制、研发激励机制等，这些是华为创新取得成功的文化、人才以及机制保障。

（3）两个外核动力：资本运作与品牌塑造。

1）资本运作。所谓资本运作或者资本运营，就是对集团公司所拥有的一切有形与无形的存量资产，通过流动、裂变、组合、优化配置等各种方式进行有效运营，以实现市场价值增值最大化以及企业的跨越式发展。最常见的资本运作方式有兼并收购、资产证券化、上市与重组等。近些年，大量“走出去”的中国企业通过确保国有资产保值增值、推进外部战略联盟和并购、拓展多渠道的国际化融资体系、创新产融结合等方式，在提升国有资本控制力与影响力的同时，补齐国际竞争短板，大大提升企业的国际竞争力，从而推动企业高质量发展。资本运作已经成为中国企业立足海外、提升国际竞争力的重要途径以及必备的能力要素。

- 确保国有资产保值增值。多年实践证明，国有企业进行资本运作的首要任务是确保国有资产保值增值，这也是国有资本做强做大的前提。2018 年 7 月，国务院印发了《国务院关于推进国有资本投资、运营公司改革试点的实施意见》，其根本目的就是：完善国有资产管理体制，深化国有企业改革，促进国有资产保值增值，推动国有资本做强做优做大，有效防止国有资产流失，切实发挥国有企业在深化供给侧结构性改革和推动经济高质量发展中的带动作用。该意见提出，改革试点的目标是：通过改组组

① 亚太创新日：华为创新研究计划 实现创新到价值的转换.（2016-11-03）. 华为官网.

建国有资本投资、运营公司，构建国有资本投资、运营主体，改革国有资本授权经营体制，完善国有资产管理体制，实现国有资本所有权与企业经营权分离，实行国有资本市场化运作。发挥国有资本投资、运营公司平台作用，促进国有资本合理流动，优化国有资本投向，向重点行业、关键领域和优势企业集中，推动国有经济布局优化和结构调整，提高国有资本配置和运营效率，更好服务国家战略需要。该意见中明确了国有资本投资公司与国有资本运营公司的不同功能定位。其中，国有资本投资公司主要以服务国家战略、优化国有资本布局、提升产业竞争力为目标；而国有资本运营公司主要以提升国有资本运营效率、提高国有资本回报为目标，以财务性持股为主，通过股权运作、基金投资、培育孵化、价值管理、有序进退等方式，盘活国有资产存量，引导和带动社会资本共同发展，实现国有资本合理流动和保值增值。该意见还对组建方式、授权机制、治理结构、运行模式、监督与约束机制、配套政策等内容进行了详细阐述。

- 推进外部战略联盟和并购。当前，众多“走出去”的企业在建立一定竞争优势的基础上，都是通过实施战略联盟、跨地区兼并重组，有选择地培育新的竞争优势，迅速补齐能力短板。一方面可以快速拓展海外市场；另一方面可以进一步引进海外管理经验、科学技术、人才资源，促进企业机制创新，使市场布局更加合理，产业结构与市场需求更加匹配，实现企业核心竞争力的扩展和强化，快速提升企业国际竞争力。例如，2010 年中国交建成功收购世界著名海上钻井平台设计公司 F&G 100% 的股权，实现了资源能力互补与协同效应，具体包括：提升了钻井平台设计整体水平，提高了海工装备项目执行水平，增强了核心海工配套件的综合竞争力，成功培养了海工装备领域的人才，并在 4 年内（2014 年）提前超额收回投资成本。

- 拓展多渠道的国际化融资体系。大型跨国企业的竞争不仅是产品服务技术的竞争，也是金融的竞争。尤其是重大项目，因为各种边界条件的不成熟，其可融资性比较差，在短周期内进行商业化运作的难度非常大，市场需要更强劲、更可持续的金融支撑方案，这也是中国企业参与国际竞争面临的一个短板。国家层面，随着“一带一路”国际合作的深入开展，主流融资主体之间开展合作的深度和广度正在不断拓展，包括政策性金融机构、开发性金融机构、商业性金融机构、专项投资基金以及传统多边金融机构等，中国资金对中国企业“走出去”的支撑作用愈发明显。对于企业来说，要做的就是整合各种金融资源，充分利用各种工具，尽快补齐金融这个短板，不断探索新模式，不断提升产融结合的水平和层次，不断提升整体竞争力。

- 创新产融结合。产融结合，即产业资本和金融资本结合，指两者以股权关系为纽带，通过参股、控股和人事参与等方式进行结合，是产业资本与金融资本间的资本联系、信贷联系、资产证券化（股票、债券、抵押贷款或实物资产的证券化）以及由此产生的人力资本结合、信息共享等的总和。产融结合的本质是：产业资本发展到一定程度，为了寻求经营多元化、资本虚拟化，通过产业和金融进行商业模式和发展模式的重构，提升资本配置以及运营效率，从而推动企业扩张，促使产业升级和盈利能力提升，不断追求资本增值最大化，最终实现企业的跨越式发展。产融结合既是社会资源实现高效配置的客观要求，也是企业达到一定规模后通过产融重构迈向跨越式发展的必然途径。绝大多数世界500强企业都成功实施过产融结合的战略行为。

近些年，无论是国有企业还是民营企业，都在积极探索产融结合发展模式，充分发挥金融资本的力量，拓展市场新动能，布局新市场，培育新业务，在保持传统业务增长的同时提升整个产业链的核心竞争力，从而促进企业转型升级，实现规模经济，助推企业跨越式发展。中央企业以中国交建为例，中国交建为推进“五商中交”战略，在实施“工商相融”的同时，着力打造金融产业体系，以实现集约式的综合金融服务为目标，成功走上协同互补、资金与资本双向增值的产融结合之路，这是中国交建实现转型升级的关键举措。民营企业以美的集团为例，美的集团深耕产业链金融，提升上下游竞争力，从传统制造业积极向“互联网 +”转型，从而拥有了完整的家电产品群，产品覆盖全球市场。

|案　例|

产融结合助推企业跨越式发展

产融结合是C公司实现转型升级的关键举措。C公司发展金融业务，打造专业的金融产业平台，通过产融结合发挥内部信息和交易成本优势，提供特色金融服务，降低整体负债率，满足发展战略的资金需求。这是创造新的利润增长级的关键步骤，更是C公司战略发展的必然选择。

C公司按照总体战略部署，在实施“工商相融”的同时，着力打造金融产业体系，以实现集约式的综合金融服务为目标，走上协同互补、资金与资本双向增值的产融结合之路。2013—2015年，C公司设立了金融管理部，先后成立了财务公司、资产管理公司、建融租赁公司、基金管理公司等，新成立的金融机构通过资产证券化、租赁、产业基金等方式，有效组合多种金融工具，灵活设计交易结构，挖掘基础设施建设、城市综合开发、基建装备制造等领域的投资潜力。同时，通过向地方政府提供金融支持，与地方政府合作成立金融机构等方式，先入为主，金融先行，带动主业经营。这些金融机构充分利用社会资本，既为C公司业务的开展提供金融支持，又拓宽了主业的市场空间。

随着C公司国际化进程加快，海外项目快速增长、境外业务迅速发展，相应的融资需求也不断扩大。2015年4月，C公司成功发行11亿美元3.5%票息的高级永续债券。这是中国企业一次破纪录的国际融资：是当时中国企业发行的金额最大美元永续债、亚洲企业发行的票息最低美元永续债。9月，C公司发行90亿元境内优先股，创造了各类企业在境内发行优先股的最低股息率。这一系列产融双驱的实践，旨在打造C公司特色金融产业平台，发展多元金融业务，整合优化现有金融资产，利用创新模式和运营机制，逐步建立一个集群化、市场化、国际化、现代化的C公司特色金控运营平台，支撑集团产业结构转型，促进集团跨越式发展，为开展中央企业金融业务树立典范，创造企业新的利润增长极。

2）品牌塑造。在西方国家，品牌被誉为经济的“原子弹”。企业品牌是一个国家经济综合实力强弱的重要决定因素，更是国家软硬实力、全球综合竞争力的体现。对于企业来说，若没有良好的品牌形象，就好比失去武器装备的士兵一样，无法继续战斗甚至无法生存下去。

党的十九大提出，要推进国际传播能力建设，讲好中国故事，展现真实、立体、全面的中国，提高国家文化软实力。2017 年，国务院把 5 月 10 日设为“中国品牌日”。中国品牌日的设立体现了国家对品牌建设的高度重视，展示了实施品牌战略的坚定决心，国内企业也迎来了品牌建设的新机遇，同时也对中国企业的品牌建设提出了更高的要求。

近些年，中国高铁、中国核电、联想、华为、海尔、阿里巴巴等品牌在全球的影响力越来越大，不过相对世界品牌强国来说，我们仍存差距。当然，我们也积累了一些成熟的品牌塑造经验。

- 注重产品或服务品质。质量是品牌的生命，更是高价值品牌的坚实后盾，注重产品或服务品质是打造品牌硬实力的关键所在，也是我们讲好中国品牌故事的前提。脱离品质建设品牌，一切都是空谈，也不可能在国际化的道路上实现可持续发展。许多发达国家在经济崛起的过程中都十分重视基于质量的品牌建设，德国大力实施“以质量推动品牌建设，以品牌助推产品出口”的国策，韩国成立国家品牌委员会等，欧美发达国家每年都发布自己的品牌排行榜以此推介本国品牌，这些都是国家推动品牌建设的成功例子。在中国，多数企业积极弘扬“工匠精神”，树立高质量、高标准意识；同时在产品生产或服务过程中严格把控和落实质量标准，确保为全球提供高品质的产品与服务。

- 提高技术创新水平。一个企业的创新能力决定着其在行业的引领力，且对其品牌价值具有巨大的影响力。技术创新水平的提高，有利于增强品牌的引领力。例如，华为之所以能够在 2018 年第二季度超越苹果成为全球第二大手机厂商，完全是因为其不断发展的创新能力，而苹果在手机行业创新引领力的减弱带来的是产品销量的下降。目前，华为已经跻身世界知名品牌前列，并成为国内创新标杆企业，其 2017 年获得的专利数量为

1 616 项。领先的创新技术与能力，已经成为中国品牌故事的最大亮点。

● 挖掘品牌文化内涵。深入挖掘品牌的文化内涵，相当于为品牌注入生命力。而且，富含文化内涵的品牌有利于品牌的传播，更容易被受众接受。这些文化内涵，源于中国的传统文化精髓、全球先进的管理思想与经营理念、中国特色的党建文化、企业个体的企业文化、企业自身摸索的管理思想等。目前，众多中国品牌之所以能够在世界各国扎根，并产生极强的生命力，就是因为其优秀的文化内涵被属地国的员工、消费者、合作者、供应商、政府、社会等认同。

● 积极推动中国标准“走出去”。实现中国标准“走出去”，能够有效提高我国的国际话语权，塑造良好的国家形象，是中国经济实现国际化最具实质性意义的一个步骤，也是我国较强国际竞争力的体现，更是中国品牌提高知名度的必要途径。例如，以中国高铁、中国公路为代表的部分标准已经成功“走出去”。不过，大量的中国标准规范尚未被国际市场普遍认同，欧美标准仍然占据主导地位，这在一定程度上制约了中国企业的“走出去”步伐。

● 真诚履行国际社会责任。参与国际社会责任建设，有利于树立中国品牌的形象，获得国际社会尤其是属地国的认可与尊重，大大提升企业品牌美誉度。这就要求“走出去”的中国企业在与顾客、员工、社区、环境、股东等利益相关者建立良好关系的同时，积极推动属地国的经济与社会发展，致力于打造人类命运共同体，并提供具有普适价值的思想。例如，A 公司在海外社会责任实践中，引导和推动公司各驻外机构根据公司整体社会责任工作规划，在严控工程质量和安全、开展绿色施工注重环境保护、强化属地化用工和员工技能培训、热心慈善融入当地社区发展四大方面，制定并落实各自区域、驻在国和项目的社会责任工作规划，持之以恒奉献驻在国国计民生，积极推进并真诚履行社会责任，切实做到了夯实品质、保护环境、善待员工、回馈社会等，既传承了担当社会责任这一优秀的企业文化基因，又将 A 公司文化深度融入海外工程项目以及属地国，成功实现从“走出去”到“融进去”，并以强大的文化辐射力以及企业软实力向全世界展示了良好的中国企业形象。

（4）两个保障力：人才发展与文化建设。

1）人才发展。人才资源是企业发展的第一资源。“古之善观人国者，不观其国势之强弱，观用人之贤否。”企业之间的竞争，表面上看是资本竞争、产品竞争、技术竞争，深层次看是人才竞争。纵观世界上的一流企业，无一不高度重视人才管理，通过建立完善的人才培养与发展机制，为企业源源不断地输送高质量人才，支撑企业不断走向卓越。党的十九大强调，人才是实现民族振兴、赢得国际竞争主动的战略资源。要坚持党管人才原则，聚天下英才而用之，加快建设人才强国。

40 年来，众多中国企业一直在人才队伍建设方面勇于创新、大胆实践、重点突破，形成了人人竞相成才、人人尽展其才的良好局面，打造了一支规模宏大、专业门类齐全、素质优良的国际化人才队伍大军，为培育具有全球竞争力的世界一流企业提供了强大的人才支撑。其突出做法主要体现在以下四个方面：

- 把握导向为先：坚持人才工作的五个导向。习近平高度重视干部人事和选人用人问题，他强调：选人用人是党内政治生活的风向标，端正用人导向是严肃党内政治生活的治本之策。[①] 同样，对于企业来说，人才工作的导向也直接关系到企业的发展大局。应把握好五个导向：一是坚持战略导向。即掌握并运用人才结构与企业发展战略的互动规律，逐步建立起与发展战略相协调，与项目、技术、资金等多种要素互动促进的人才工作体系，打造适应性人才队伍。二是坚持创新导向。通过对人才选、用、育、留等方面的创新，进一步激发人才的活力与潜力，并形成充满活力、具有国际竞争力的人才制度优势，助力企业创新发展。三是坚持问题导向。主要从人才的数量、质量和活力三个方面进行深度剖析，以寻求解决方案。四是坚持实践导向。实践是大熔炉、大学校、大舞台，是培养人才最管用、最有效的途径，人才的价值只有在实践中才能得以体现、发挥和升值。五是坚持发展导向。紧紧围绕企业发展中心任务培养、吸引、用好人才，把

① 习近平．在党的十八届六中全会第二次全体会议上的讲话（节选）．求是，2017（1）．

人才资源优势转化为人才资本优势，进而把人才资本优势转化为科学发展优势。

● 完善机制为要：完善人才工作的五大机制。企业通过建立健全完善且富有创新性的人才工作机制，可以打破一切束缚人才成长的体制机制障碍，营造优秀人才脱颖而出、人尽其才、才尽其用的人才环境。一是健全完善选人用人机制。坚持“公平公正、有才有位”的选人用人理念，着力做到任人唯贤，以利于各类人才脱颖而出、充分施展才能。二是健全完善人才考核评价机制。坚持把品德、知识、能力和业绩作为评价人才的根本标准，尊重人的个性化发展，对人才进行分类考核，构筑适合不同类型人才的考核评价体系。三是健全完善人才分配激励机制。建立健全以绩效为依据、与市场接轨的分配制度，形成一个向价值创造者倾斜、与岗位责任风险相挂钩的分配机制。四是健全完善人才培养机制。遵循系统培养的人才开发规律，注重各类各层次人才开发的衔接配套，搭建多序列发展平台，畅通职业发展通道，全面规划、系统培养各类人才。五是健全完善人才资源配置机制。“用得其长，则才无或弃”，高效组合人才，因岗选人、按能配岗、岗能相宜，构建统一开放的人才调配环境，最大限度地盘活现有人才资源。

● 建设队伍为本：把握人才队伍建设的战略重点。实践证明，高级经营管理人员、各领域高级专家、国际化人才等高层次人才，是中国企业参与国际竞争的核心骨干力量，他们不仅对事业发展具有关键支撑作用，对人才队伍建设也具有引领带动作用。但是，中国企业的高层次人才特别是领军人才一直紧缺。客观现实要求中国企业坚持高端引领的方针，大力培养信念过硬、政治过硬、责任过硬、能力过硬、作风过硬的优秀企业家，世界一流水平的科技领军人才，技艺精湛、掌握绝技绝活的高技能人才。其突出做法是：一是以拓展世界眼光、提高战略思维、增强创新精神、锻造优秀品行为重点，加强企业家队伍建设，通过探索推行契约化管理的职业经理人制度，焕发企业家精神，充分发挥企业家作用。二是加快高层次专家人才队伍建设，着力培养造就一批掌握本行业核心前沿技术、具有一流专业技术水平、在行业内具有较高威望和影响力的高端技术专家，发挥高层次人才的辐射、示范作用。三是关注高技能人才队伍建设，从完善培养、评价、使用、激励等环节入手，广泛开展各种形式的职业技能竞赛和岗位练兵活动，造就一大批门类齐全、技艺精湛的高技能人才。四是“走出去”过程中，注重国际化人才队伍建设，坚持国际化人才培养选拔优先，并构建与国际接轨的人才管理体系，为企业“走出去”提供源源不断的人才支撑。

● 加强学习为重：构建“多位一体”的企业大学。企业大学是人力资源管理的高端教育培训平台，是最有效的学习型组织的实现手段，也在人才培养开发中发挥着主渠道和主阵地作用。近些年，中国的优秀企业多数都构建了“多位一体”的企业大学，形成了完备的企业大学系统，并将其打造成为与公司战略定位相匹配、具有自主知识体系的一流企业大学，为企业人才培训与开发提供重要支撑。例如，中国交建、中粮集团、中储粮、联想、海尔、华为等企业都有自己的企业大学或者管理学院。其共性特征是：由企业党校、管理学院、培训中心等形式构成“多位一体”的企业大学。其中，企业党校是培训轮训党员领导干部、促进公司党建工作创新的重要阵地；管理学院是针对企业的各类别管理人员、专业技术人员的培养机构；培训中心是企业培训的具体实施机构，负责具体培训项目的组织实施和管理服务工作。

2）文化建设。习近平指出，中国有坚定的道路自信、理论自信、制度自信，其本质是建立在 5 000 多年文明传承基础上的文化自信。①

中华文化是极具生命力和创造性的文化，中华文化史同时是一部中华文化思想创造史。诸如“自强不息”的奋斗精神，“精忠报国”的爱国情怀，“天下兴亡，匹夫有责”的担当意识，“革故鼎新”的创新思想，“扶危济困”的公德意识，“国而忘家，公而忘私”的价值理念等，一直是中华民族奋发进取的精神动力。

中国企业之所以能够持续增长并成功“走出去”，正是因为其始终秉

① 习近平谈文化自信．人民日报海外版，2016-07-13.

承着中华优秀传统文化之精髓，并在企业发展过程中，汲取西方先进的管理思想与企业文化理念，借鉴学习西方成熟的企业文化建设方法，注重“中西融合，知行合一”，注重文化的继承与创新，逐步形成了中国特色企业文化建设体系以及先进的企业文化核心理念，从而产生了强大的文化引导力与凝聚力，树立起中国企业的文化自信。

● 中国特色企业文化建设体系。关于中国企业成功有效的企业文化建设体系，何建湘在其所著《企业文化建设实务》（第二版）一书中是这样总结的：通过长年深入中国本土企业进行企业文化咨询、企业文化案例研究总结发现，大多数成功企业的企业文化体系建设工作可以划分为八大子体系，分别是目标体系、保障体系、识别体系、培训体系、传播体系、激励体系、融入体系和评估体系，这八大子体系通过战略规划启动、基础体系构建、企业文化推进、评估改进提升四大关键步骤贯彻实施，并紧密衔接、相互支撑、持续改善，以其系统化、规范化、制度化与科学化的优势与特点，构成了一个有机运行的闭环式“企业文化建设体系”。该体系在运行过程中，与党建文化、公司战略相互影响、相互制约、相互推动。尤其是党建文化要素的融入，形成了中国本土企业企业文化建设体系区别于世界其他企业最大的特色。这也是国内学者首次总结企业文化建设理论体系，鲜明提出“党建文化与企业文化并行”的新理论，并就党建文化的内涵、所发挥的关键作用及其与企业文化之间的关系进行详细的描述。

在该体系中，除了首次提出党建文化概念之外，还提出了“生态式”企业文化的相关理论，这也是新时代背景下中国企业文化建设的另一大特色。该书作者认为，“生态式”企业文化是在“去中心化”的无界物联网时代背景下产生的。企业在其“生态”商业模式或者“生态”组织（蜂窝式组织）变革过程中，逐步形成了一种以用户为核心，更具创新力、敏捷性、开放性及融合性的企业文化，这种文化会渗透至企业内外部及全产业链，并被员工、用户、合作伙伴、社区、环境等利益相关者普遍认同。而且，这种文化的自我更新能力非常强大，因其新、快而又开放的特点，随着商业环境、公司战略、商业模式、组织方式的变化会迅速进行自我调整或升级，具有极强的内生力。该书作者还通过阿里巴巴、腾讯、海尔、小米、爱奇艺等典型案例，对“生态式”企业文化进行了深入的剖析，并进一步指出：“生态式”企业文化建设，其实是传统企业文化建设体系的“升级版”，主要升级特征体现在六个方面：核心理念的变革、针对对象的变化、文化互动参与性、推动组织的创新、融合性更强、敏捷性更高。

另外，该书作者还指出，对于“走出去”的国际化企业来说，“生态式”企业文化涵盖的内容应该更为广泛。要想在国际上立足并持续健康发展，就必须从简单的业务“走出去”转变为深度的文化“融进去”，即企业文化全面融入属地国员工、合作者、社区、居民、环境等，从而有效解决文化差异问题，实现跨文化融合，塑造一支具有凝聚力与战斗力的国际化人才队伍，为企业持续发展奠定基础；同时，从国家层面与属地国利益相关者达成文化共识，赢得社会尊重并树立良好品牌形象。

● 中国特色企业文化理念。40 年来，中国特色企业文化理念在“传承与创新”“西方理念与中国智慧”相结合的过程中发展而来。除了借鉴部分西方先进的管理理念，中国企业文化理念最大的特色就是：传承了中华 5 000 年优秀传统文化，继承和发扬了中国革命、建设、改革的伟大实践过程中孕育的革命文化和社会主义先进文化。中国特色企业文化理念的内涵蕴藏着两大本质：一是宝贵的担当文化，即敢于担当、甘于奉献。具体表现为爱国、敬业、自强、奋斗、进取、奉献等，更多的是传承而来，且强调爱国主义、民族精神、艰苦奋斗等。二是融合的多元文化，即融合了中华优秀传统文化、革命文化、党建文化、社会先进文化、西方先进管理理念等多种文化的文化元素，具有“继承性、创新性、民族性、国际性、时代性”等多个特征。尤其是新提出的“五大发展理念”，与宝贵的担当文化、并行的党建文化、“生态式”企业文化的内涵是一脉相承的，是新时期引领中国企业发展的多元文化结晶，且更具全球性与创新性，更具时代特征，更加强调创新、开放、共享，为中国企业尽快融入全球经济、建设具有全球竞争力的世界一流企业提供强有力的文化支撑。

40 年沉淀下来的中国特色企业文化理念，是中国企业文化乃至中国文化中一笔宝贵的财富，更是中国企业树立文化自信的源泉。

三、“机中有危”已成“走出去”常态

所谓“知己知彼，百战不殆”。回顾中国企业成长的 40 年历程，探索中国企业崛起的根本原因，并从中获取宝贵的经验与教训，是中国企业重新审视自我、做足基本功课、进一步提升能力的过程，也是中国企业“知己”的重要途径之一；而“一带一路”建设中中国企业的角色定位以及面临的机遇与挑战，则是中国企业“知彼”必修的功课之一，也是当前对中国企业“走出去”影响最大的政策机遇、发展局势与外部环境。“走出去”不仅是企业自身发展的内需，更是一份责任与担当；“走出去”不只是面临前所未有的大好机遇，还要接受各种难以预料的挑战，成长自我与担当责任并重，机遇与挑战并存，“机中有危”已成常态。做好“知彼”的功课，有利于帮助更多的中国企业把握“走出去”的先机，有利于帮助已“走出去”的中国企业走得更稳、更远。

（一）中国企业是“一带一路”建设的关键支撑

从企业自身发展的需求来看，中国企业只有“走出去”，才能有机会将自己的优势产能、经验、技术等输出并实现价值最大化；也只有“走出去”，才能有机会获取全球的技术、资本、管理、品牌、渠道、劳动力等优势资源，并通过优化资源配置，增强自己的国际竞争力，进而成功布局海外新市场，拓展新动能，培育新业务，融入全球产业价值链，成功实现企业新旧动能转换与转型升级。因此，“走出去”是中国企业借力全球资源与市场实现转型升级的重要途径，同时也是中国企业塑造全球竞争力的必经途径与必然要求。而共建“一带一路”倡议的提出，必然为中国企业“走出去”提供更多的合作机会、更为畅通的市场环境、更为宽阔的发展舞台，给予中国企业“走出去”更强的信心。

从共建“一带一路”倡议实施的要求来看，作为市场经济的主体，中国企业“走出去”又是一种担当与责任。2015 年发布的《推动共建丝绸之路经济带和 21 世纪海上丝绸之路的愿景与行动》中所确定的共建“一带一路”倡议的五大原则之一就是坚持市场运作，即遵循市场规律和国际通行规则，充分发挥市场在资源配置中的决定性作用和各类企业的主体作用，同时发挥好政府的作用。可见，原则中明确了中国企业在“走出去”过程中的角色定位：中国企业是共建“一带一路”倡议下市场运作的核心主体，是共建“一带一路”倡议推进的重要支撑力量。

1. 共建“一带一路”，需要充分发挥企业主体作用

以企业为主体、发挥市场配置资源作用，才能为“一带一路”提供源源不断的技术资源。“一带一路”建设的关键资源是技术。科学技术不断推进人类社会迅速发展，“一带一路”沿线的很多国家却尚未开启现代化的大门。企业是技术创新的主体，这个主体是创新决策、研发投入、科研组织、成果转化的主体，也是技术创新受益的主体。因此，“一带一路”建设要充分发挥企业主体作用，基于各自比较优势构建新型产业分工体系，推进开展国际产能合作，通过建设境外经济合作区、合作开发第三方市场、技术转让、合资合作等方式，让沿线各国在发挥市场配置资源作用的前提下，重构“一带一路”沿线产业链、价值链、供应链、服务链，形成共建、共赢、共享的包容性经济发展模式。

以企业为主体、发挥市场配置资源作用，才能最终推动“一带一路”由“写意”落地为“工笔”。“一带一路”建设另一个核心资源是资金，沿线国家大多属于发展中国家，资金短缺，但互联互通、基础设施建设及产业发展需要巨额资金支持。根据不同机构对这一战略落地资金需求的预测，平均而言，每年资金需求在 600 亿～ 800 亿美元，而中国是主要的融资方。资金如此巨额且分散在数以千计的项目上，就不能回避一个问题：如何实现稳定的投资回报。这个问题需要由更接近市场、反应更加灵活、运营手段多样的企业主体来回答。而且，国际上通行的融资模式大多为项目融资，以商业模式来组织融资，让最有能力承担风险、最有经验的参与方运作。

此外，涉及“一带一路”的交通、能源、通信、文化、民生、国际援助及国际产能合作等各领域的重大项目，前期推进工作都基于充分的市场调研规划，或者说，很多重大项目都是市场主体充分挖掘推动最终上升到国际合作层面的。而项目落地生根更需要细致精准的企业行为。

以企业为主体、发挥市场配置资源作用，才能更好地防控风险。毋庸讳言，“一带一路”沿线很多国家还没有建立成熟的市场秩序与法治环境，多处在政治社会转型期，宗教、民族问题较为突出。“一带一路”建设面临多元的风险，坚持市场机制、让企业成为风险控制的主体，有利于构筑一道防控系统性风险的防火墙。事实上，欧美发达国家的政府与企业的实践是，利用政府相关的外交部门与大型跨国企业形成一种“旋转门”机制，跨国企业以自身细致的触角来识别、把握、预防风险，政府部门更加关注国家整体战略利益，同时将具体风险以商业合约方式交给相关专业公司应对。这样一来，国家海外投资的风险防控就有了层次感。

2. 中国企业具备领先的、系统性的资源与能力优势

从“一带一路”优先领域基础设施建设来看，中国企业具备系统性领先优势；从资源配置来说，中国龙头企业具备整体配置资源的能力；从运作模式来看，中国龙头企业具备模式创新和运用的能力。

中国企业用先进的技术加快推进设施联通，可推动沿线国家基础设施实现快速发展。经过改革开放以来尤其是近10年的迅速发展，中国基础设施已经从制约瓶颈转变为发展先导、从落后发展为全球系统性领先，整体水平超过发展中国家水平，一些方面还超过了发达国家水平。一大批企业迅速崛起，创新大幅提高，掌握了许多关键核心技术，拥有了全面综合的核心竞争力。中国港口、中国高铁、中国桥梁、中国公路、中国通信设备等已经成为系列优势品牌。以中国交建为代表的企业掌握了大型、超大型专业化码头建设能力和成套技术，掌握了国际领先的大型深水航道建设成套技术，掌握了大型、高效港口机械装备核心技术，掌握了多年冻土地区公路工程成套技术、公路隧道建设与运营管理关键技术；运营了世界上规模最大的高铁网，高铁技术创新取得了一系列重要成果，已形成比较完备的高铁技术体系，高铁工程建造方面攻克了一系列技术难题，高速动车组方面基本形成了时速 200 ～ 250 千米和时速 300 ～ 350 千米两个序列的动车组技术标准体系，系统集成方面全面掌握了高铁总体设计、接口管理、联调联试等关键技术，运营管理方面掌握了复杂路网条件下的高铁运营调度技术。以中国电建、中国能建为代表的企业掌握了水利、水电、火电建设一体化（规划、设计、施工、制造、运营、维护）系统技术，水利、水电、火电规划设计、施工管理和技术水平达到世界一流，尤其是在大坝工程技术、特高压和多个智能电网工程、水电站机电安装施工、特大型地下洞室施工等领域拥有领先优势。因此，中国企业可以发挥比较优势，为“一带一路”沿线国家带去技术水平高、适应性好的基础设施产品，通过重大工程和技术转移不断提升当地企业技术水平，不断推动沿线国家的行业升级发展。

基础设施建设方面，最值得一提的就是中国建筑企业在全球所彰显的“中国力量”。从美国《工程新闻记录》发布的 2018 年国际承包商 250 强和全球承包商 250 强两个榜单来看，中国企业依然保持强劲的优势。国际承包商 250 强榜单（根据 2017 年度各承包商在海外市场实现的工程承包收入进行排名）中，69 家中国内地企业入围，继续创历史新高，其中 31 家排名上升。上榜中国企业业务量以 1 140.97 亿美元继续保持全球第 1 位，占比达到 23.7%，较上年提高 2.6 个百分点。而且排名前 10 的企业中，中国内地企业占据 3 席，排名最佳的依旧是中国交建，稳居第 3 名，仅次于西班牙 ACS 集团和德国豪赫蒂夫公司，中国建筑、中国电建分列第 8 位和第 10 位。全球承包商 250 强榜单（以企业的全球工程承包营业收入，即国内和国外市场营收之和为排名依据）中，共 54 家中国内地企业上榜，较 2017 年增加 5 家，16 家排名上升。而且中国建筑、中国中铁、中国铁建、中国交建依次包揽了前 4 名，中国建筑蝉联总榜第一。中国建筑类企业在前 10 强企业中占据 7 席。法国万喜、西班牙 ACS 集团和法国布依格公司分列第 5 位、第 7 位和第 8 位。

中国企业作为资源整合的主体，可有效整合“一带一路”沿线国家和域外国家的优势资源。“一带一路”提出了“六廊六路多国多港”的合作框架。一大批重大项目，既需要资金，也需要技术、装备、管理等诸多资源，更需要整合诸多资源的优秀企业主体。从实际情况来看，沿线很多国家的企业不仅面临关键资源的不足，也面临整合资源能力的不足。中国工程建设企业通过几十年在全球范围内组织一大批重大工程，培育了较强的资源整合能力。当前中国龙头企业要和产业链上下游的中国企业以市场化的方式形成合作机制，发挥市场优胜劣汰机制和市场配置资源作用，鼓励各方加强平台建设，促进企业根据产业链分工合作，实现龙头企业整合资源模式下的“走出去”。例如，通过交通基础设施带动的枢纽型园区实现“抱团出海”、通过工程总承包实现“舰队出海”、通过以大带小实现“合作出海”。其核心是龙头企业率先走向国际市场、带动中小型配套企业协同“走出去”。毋庸讳言，中国企业整体上在依法合规经营上问题多多，“一带一路”沿线国家市场体制尚不完善，“走出去”不能是打开大门一哄而出、好的坏的一起输出，不能鱼龙混杂各显神通，否则难免出现砸牌子、影响国家形象的事件。

中国企业进行模式创新，为沿线国家提供一揽子一体化服务。龙头企业需要将国内商业模式创新的成果向国外移植，积极对接金融机构为项目寻找更加多样的资金来源，开展 EPC + F、BOT、PPP、特许经营、建营一体化、产能合作等新模式项目。但是仅有这个层面的创新还不够，中国企业需要更加体现新理念新思路、更具有普遍意义的商业模式创新。例如，中国交建积极构建“笑脸模式”理论框架，以“海（陆）港 – 滨海园区 – 城市支撑（port-industry-city，PIC）”“海（陆）港 – 内陆物流中心 – 城市支撑（port-logistics-city，PLC）”为双目，以基础设施全产业链为微笑曲线，把公司在“一带一路”沿线港口节点（海港和旱港）、产业集聚、城市支撑的项目群开发布局的特色实践升华为有理论价值的模型范式。招商局集团在蛇口创造了“前港、中区、后城”模式，分别对应三大业务板块：邮轮产业建设与运营、园区开发与运营、社区开发与运营。取得成功之后，招商局集团开始将这种模式在重庆、天津、青岛等地推广，并在“一带一路”建设中提出“前港、中区、后城”模式，以港口先行、产业园区跟进、配套城市新区开发，从而实现成片区域的整体发展。这一模式实现了港、产、城联动，将政府、企业和各类资源协同起来，可视为城市转型升级的重要战略。中国大型企业在“一带一路”国际合作中的商业模式创新基本上是围绕产业链优势展开的，并开展了跨领域跨专业的探索实践。例如，在基础设施建设领域，开始形成围绕咨询规划、设计、融投资、基础设施建设、房地产开发、装备制造、基础设施运营的能力。这种模式已经初步形成了全球竞争力，未来需要更多的实践和升华，为“一带一路”建设提供更多更优选择。更重要的是，“一带一路”国际合作本身就是一个事关全球发展的“中国方案”，本身就包含丰富的商业模式创新的内涵，包括建立稳定、可持续、风险可控的金融保障体系，创新投资和融资模式；推动陆上、海上、天上、网上四位一体的联通，扎实推进六大经济走廊建设，建设全球能源互联网，完善跨区域物流网建设；促进政策、规则、标准三位一体的联通；打造开放型合作平台，维护和发展开放型世界经济，共同创造有利于开放发展的环境，推动构建公正、合理、透明的国际经贸投资规则体系。这些内涵丰富的创新，需要中国企业发挥更大的作用。

（二）“走出去”正步入黄金发展期

“一带一路”建设给中国企业“走出去”所带来的机遇是全方位的、前所未有的，中国企业“走出去”正步入黄金发展期。具体体现在以下七个“新”：一是带来新信心，即提振中国企业“走出去”的信心；二是带来新建设，即更多的基础设施建设成为新的迫切需求；三是带来新市场，即巨大的市场潜力与得天独厚的生产要素资源；四是带来新开放，即协同开放新格局助推企业深度融入世界经济；五是带来新机制，即达成国际新共识，为中国企业营造良好的贸易环境；六是带来新融合，即全方位融合给各行业带来发展新机会；七是带来新金融，即以资本促进产业价值链国际化、融资国际化发展（见图 3－7）。

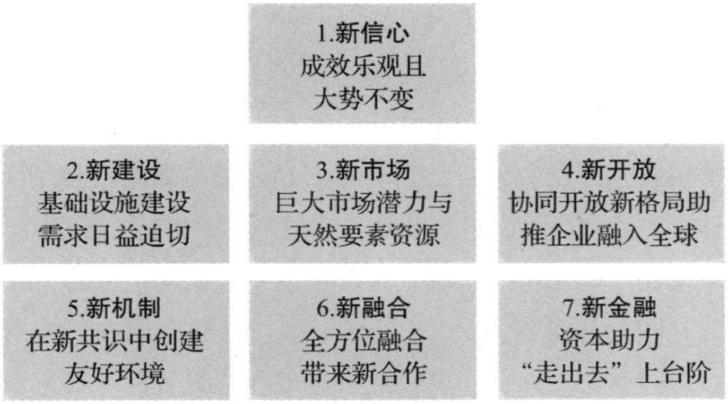

图 3－7　“走出去”步入黄金发展期的“七个新”

1. 新信心：成效乐观且大势不变

共建“一带一路”倡议提出五年来，无论是在合作广度方面，还是合作深度层面，中国企业从无到有，由点及面，在面向“一带一路”沿线国家“走出去”的过程中，积累了丰富的国际化商业沟通、海外投资与运营、属地化经营、国际化企业管理等经验，不仅大幅提升了企业自身的国际竞争力，还逐步树立起中国企业在全球的竞争话语权以及良好的中国企业形象。可以说，共建“一带一路”倡议不仅为中国企业“走出去”提供了宽阔的平台，还大大增强了中国企业“走出去”的信心。

安永会计师事务所最新发布的一项调查显示，在国际贸易形势不明朗的背景下，“一带一路”建设持续提升中国企业“走出去”的信心。该调查报告的数据来自对年收入 100 万～ 30 亿美元的中国企业 2 766 名高级管理人员的在线调查，调查对象覆盖 21 个国家和地区。其中，43% 预计未来 12 个月企业增长率超过 10%。而在全球中型市场企业受访者中，预计可达到这一增速的仅占 24%。可见，中国企业对于境外增长的关注度明显高于全球水平，35% 的受访者将“进入新的海外市场”作为战略增长重点。另外，在评估新商业机遇时，27% 的中国企业高管选择“国际扩张”作为第一要素。[①]

① 安永：“一带一路”倡议提升中国企业“走出去”信心．(2018-07-25)．中国金融信息网．

而且，随着“一带一路”建设的深入推进，中国民营企业对外投资的信心也不断增强。根据国家信息中心发布的《“一带一路”大数据报告（2017）》，在“一带一路”影响力排名前50的企业中，民营企业占42%。而且，中国民营企业在参与“一带一路”建设的过程中，除了在当地设厂和销售这种方式外，有不少企业在海外建设经贸合作区，成效显著。例如，浙江华立集团在泰国主导建设的泰中罗勇工业园就是“一带一路”建设的典型样板，这也是国家级境外经贸合作区。成立于2005年的泰中罗勇工业园面向中国投资者，在“一带一路”建设推进过程中乘风而行，提速发展，已有包括新技术、新能源、新材料、汽配、机械、电子等行业在内的101家中资企业入驻。华立集团在泰中罗勇工业园的实践中提升了投资的信心，2017年8月，华立集团第二个海外工业园——墨西哥北美华富山工业园正式启动开发建设，这是墨西哥乃至北美第一个由中国企业投资开发的工业园，2018年实现制造业企业的快速入驻和投产。

2. 新建设：基础设施建设需求日益迫切

基础设施是居民和企业进行生产经营工作和生活的共同物质基础，是城市主体设施正常运行的保证，更是“一带一路”建设成功推进的根本保障。习近平指出：“一带一路”建设的核心内容是促进基础设施建设和互联互通，对接各国政策和发展战略，深化务实合作，促进协调联动发展，实现共同繁荣。在基础设施联通方面，要推进铁路、公路等陆上大通道建设，加快海上港口建设，完善油气管道、电力输送、通信网络。[①] 因此，沿线国家的基础设施建设是因“一带一路”建设而产生的新的迫切需求，我国的铁路、公路、桥梁、港口、机场、电力、石化、通信等基础建设类企业可谓最直接的受惠企业，我国这些基础设施建设类企业在资金、技术、产能等方面具有一定的优势，可以弥补沿线国家资金短缺、技术薄弱、基建能力偏弱、能源短缺等问题。

以“一带一路”沿线交通运输业发展为例，一批境内外铁路、公路、

① 习近平．开辟合作新起点 谋求发展新动力——在“一带一路”国际合作高峰论坛圆桌峰会上的开幕辞．人民日报，2017-05-16.

港口、机场和跨境桥梁等基础设施项目相继开工建设并运营，业务覆盖国际道路、海运、航空、快递等运输服务网络。例如，蒙内铁路、亚吉铁路、中老铁路、中泰铁路；希腊的比雷埃夫斯港、柬埔寨的西哈努克港区、斯里兰卡的科伦坡港口城项目等。中欧班列运输网络覆盖亚欧大陆的主要区域，到达欧洲 15 个国家 43 个城市。2017 年“一带一路”沿线国家交通业产值为 2 321.5 亿美元，较 2016 年增加 169 亿美元，增长率为 7.9%，增速高于基础设施总产值增长率。①

以电力基础设施建设为核心的能源业为例，由于地理和自然原因，能源短缺一直是“一带一路”沿线一些国家经济发展的难题，各国工业、商业和居民用电增加以及电气化进程的加快，促使能源业基础设施建设需求日益增长。近年来，中国企业通过工程承包、投资收购、进出口贸易等方式在沿线国家和地区开设了多个能源项目、油气合作项目、电站及电网建设项目。例如，中国华电在巴厘岛建设电厂，为全岛提供 40% 以上的用电量；三峡集团、中国电建、中核集团建设中巴经济走廊重点电力项目；中石油在“一带一路”沿线 19 个国家共执行近 50 个油气合作项目。2017 年“一带一路”电力行业产值为 2 177.8 亿美元，较 2016 年增加 253 亿美元，增长率为 13.1%，明显高于基础设施总产值增长率。而且，“一带一路”建设与中巴经济走廊、俄罗斯“欧亚经济联盟”、蒙古国“草原之路”、哈萨克斯坦“光明之路”、欧盟“容克计划”、越南“两廊一圈”、印度尼西亚“全球海上支点”、波兰“琥珀之路”等战略对接，在与多国实现经济能源战略对接的同时，为能源行业的发展带来更多新的市场机遇。预计未来交通业和能源业仍然保持快速增长的趋势，从而引领各国基础设施的发展。②

3. 新市场：巨大市场潜力与天然要素资源

“一带一路”建设横跨亚洲、非洲、欧洲和大洋洲，沿线 60 多个国家中既有经济发达的欧盟国家，也有经济较为落后的中亚、南亚、东南亚、西亚部分国家。虽然其中大部分发展中国家经济落后，但却具有巨大的市

① 中国对外承包工程商会.“一带一路”国家基础设施发展指数报告，2018.

② 中国对外承包工程商会.“一带一路”国家基础设施发展指数报告，2018.

场潜力与得天独厚的生产要素资源优势。“一带一路”沿线国家人口较多，占世界人口的 43.4%，不仅为中国企业“走出去”提供了广阔的消费市场，还提供了大量的廉价劳动力资源，适合劳动密集型产业的转移。当前，我国国内部分产能过剩，盈利空间不断缩小，有些行业面临去产能、调结构、降成本、人员转岗分流等压力，中国企业长期建设形成的一些优势产能、经验、资本、技术等急需突围和发展，转型升级已成必然趋势。与“一带一路”沿线国家和地区的庞大市场与生产要素完美结合，形成优势互补，是中国企业进行产能输出、国际产业转移、实现转型升级的大好机遇。而且，为了促进贸易投资合作，中国还积极推动与沿线国家共同建设经贸合作区，积极搭建贸易与投资合作平台，为中国企业开拓“新市场”进一步提供了巨大支持。具体合作形式除了基础设施建设以外，以投资收购、进出口贸易、技术输出等形式为主。

例如，投资收购方面，宝武钢铁集团在国内建设湛江钢铁，兼并重组八钢、韶钢等，并在海外进行钢铁供应链投资，实现钢铁产能“走出去”；正泰设立北美、欧洲、亚太三大全球研发中心、五大国际营销区域、14 家国际子公司、22 个国际物流中心，为 130 多个国家和地区提供产品与服务；海航集团收购淡马锡和 GIC 持有的共约 16.2%Dufry 集团股权；进出口贸易方面，华为、小米、OPPO 等品牌手机大量出口，阿里巴巴、敦煌网等电子商务平台助力中国跨境贸易发展；技术输出方面，蚂蚁金服以“技术输出 + 当地合作伙伴”模式布局海外，在“一带一路”当地寻找合作伙伴，以各自擅长的技术进行合作；阿里云设立新加坡、迪拜等数据中心，布局阿里云飞天技术。①

新市场固然很庞大，不过不同区域的贸易投资情况还是存在一些差异，这对于中国企业来说，需要把握在相对优势区域进行贸易投资的合作机遇。例如，在贸易方面，东南亚地区是我国最大的贸易伙伴。从地区结构来看，相较于 2014 年，中国从东南亚进口份额明显增加，从蒙俄进口占比小幅增加，从西亚及中东地区进口占比减少；对西亚及中东出口份额明

① 一带一路，中国企业都在做什么？.（2017-10-12）. 新华丝路官网.

显减少，但对南亚及中东欧地区出口占比增加。在投资方面，中国 – 中南半岛、中蒙俄及中巴经济走廊方向成为投资重点。投资主要流向新加坡、马来西亚、老挝、印度尼西亚、巴基斯坦、俄罗斯、越南等，东南亚地区仍是我国在“一带一路”沿线投资的流向重点。[①]

4. 新开放：协同开放新格局助推企业融入全球

党的十九大提出，推动形成全面开放新格局。开放带来进步，封闭必然落后。中国开放的大门不会关闭，只会越开越大。要以“一带一路”建设为重点，坚持“引进来”和“走出去”并重，遵循共商共建共享原则，加强创新能力开放合作，形成陆海内外联动、东西双向互济的开放格局。“一带一路”建设作为我国扩大对外开放的重大战略举措和经济外交的顶层设计，重点面向亚欧非大陆，同时向所有国家开放，倡导以“五通”为主要内容的全方位务实合作，有助于我国加快形成面向全球的贸易、投融资、生产、服务网络，打开对外开放的新天地，充实对外开放的新内涵，开创对外开放的新境界。新开放，其主要特征是协同开放，主要表现在两个方面：一个是国际层面，“一带一路”强调“引进来”与“走出去”并重；二是国内层面，各区域协同开放。

国际层面，国内外经贸往来之密、要素流动之广、市场融合之深前所未有，中国经济已深度融入世界经济。在“一带一路”建设推动下，外资流入向高端制造业、现代服务业聚集，与此同时，中国企业通过对外投资优化国际资源配置、构建跨国产业链、推进融资国际化发展，全面提升国际竞争力，促进产业转型升级。例如，能源方面，我国钢铁、煤炭等行业出现了普遍的产能过剩现象，以“走出去”为主；但是原油、天然气重要能源等主要依赖于中东、中亚和俄罗斯等国家和地区的供应，同时，能源技术方面也有待通过“引进来”予以提升，这将有利于促进能源装备制造业从低端向高端升级，带动能源关键技术的集成创新，促进能源关联产业发展。

---

① 公丕萍，等.“一带一路”建设最新进展、形势变化与 2018 年推进策略. 大陆桥视野，2018（1）.

国内层面，“一带一路”建设是我国东中西部协同开放的需要。我国对外开放取得的成就举世瞩目，但受地理区位、资源禀赋、发展基础等因素影响，东快西慢、海强陆弱的局面没有根本改变，东部沿海地区开放型经济也面临转型升级。“一带一路”建设以沿边地区为前沿，以内陆重点经济区为腹地，以东部沿海发达地区为引领，同京津冀协同发展、长江经济带发展等国家战略对接，同西部开发、东北振兴、中部崛起、东部率先发展、沿边开发开放联动，为东中西部协同开放、落实区域协调发展战略、实现区域性结构转型，尤其是为相对落后的中西部区域的企业提供了历史性机遇。[①] 纵观近年的发展和变化，“一带一路”建设所带动的中西部协同开放，为中西部企业提供了越来越多的政策红利和发展窗口，具体涉及企业经营、税收、政策扶持、资金支持、产业升级、区域合作等多个方面。

5. 新机制：在新共识中创建友好环境

从2015年《推动共建丝绸之路经济带和21世纪海上丝绸之路的愿景与行动》的提出，到2017年《“一带一路”建设海上合作设想》的发布，“一带一路”地理范围已突破亚非欧，面向全球；合作领域不断扩大，互联互通、产能合作、基础设施建设全面展开；陆、海、天、网丝绸之路建设方案逐步形成，绿色丝绸之路、健康丝绸之路、数字丝绸之路、冰上丝绸之路等日益受到重视。[②] 这一切都离不开我国对政策沟通的重视与合作机制的不断创新与完善，即加强双边合作，开展多层次、多渠道沟通磋商，创新建设合作新机制，推动双边关系全面发展。

例如，推动签署合作备忘录或合作规划，建设一批双边合作示范项目。建立完善双边联合工作机制，研究推进“一带一路”建设的实施方案、行动路线图。充分发挥现有联委会、混委会、协委会、指导委员会、管理委员会等双边机制作用，协调推动合作项目实施。推进“一带一路”建设工作领导小组为“一带一路”统筹推进提供了有力支撑。中国国内各

---

① 中共商务部党组. 坚持对外开放基本国策，促进“一带一路”国际合作. 经济日报，2017-11-02.

② 傅梦孜.“一带一路”五年历程波澜壮阔. 光明日报，2018-06-24.

地方政府也及时成立相应机构，出台相应的地方方案。国内高校、智库成立的“一带一路”研究院所和中心数以百计，学科建设提上日程，数据库建设、风险评估、跨学科研究等成果显著，为推动“一带一路”建设提供强有力的智力支撑。

又如，强化多边合作机制作用，发挥上海合作组织、中国－东盟（10＋1）、亚太经合组织、亚欧会议、金砖国家、二十国集团等多边合作机制的作用，与相关国家加强沟通，让更多国家和地区参与“一带一路”建设。继续发挥沿线各国区域、次区域相关国际论坛（中非合作论坛、中国－拉共体论坛、中日韩三国合作国际论坛等）、展会以及博鳌亚洲论坛、中国－东盟博览会、中国－亚欧博览会等平台的建设性作用。2017 年中国成功举办了首届“一带一路”国际高峰论坛并发布联合公报，29 国领导人在联合公报中重申要在共建“一带一路”倡议等框架下，共同致力于建设开放型经济、确保自由包容性贸易、反对一切形式的保护主义。同时还确认，将秉持和平合作、开放包容、互学互鉴、互利共赢、平等透明、相互尊重的精神，在共商、共建、共享的基础上，本着法治、机会均等原则加强合作。

随着双边与地区联合工作新机制的全面建立，签署合作备忘录或合作规划的国家越来越多。而且，共建“一带一路”倡议及其核心理念被纳入联合国、二十国集团、亚太经合组织、上海合作组织等重要国际机制的成果文件，“一带一路”进入国际话语体系，成为世界级的关键词。在国际贸易摩擦不断升级的今天，“一带一路”所建设的新机制有利于中国企业在实际经贸合作中掌握自贸协定的主动权，突破贸易壁垒，占领主动权，减少贸易摩擦。

6. 新融合：全方位融合带来新合作

正如前文所述，“一带一路”倡议所强调的“走出去”与“引进来”并重，必然会促使中国与沿线国家与地区之间贸易更加频繁、要素流动更加多、市场融合更加深，而“五通”则会促使中国与各国家与地区之间的政治、经济、文化各层面的全面融合。由于部分融合内容，在之前所阐述的新建设、新市场、新开放、新机制中都有涉及，这里主要强调区域融合与文化融合两个方面。

区域融合是指随着“一带一路”的不断推进和发展，在中国的引导下，沿线国家积极推动包括区域发展模式探索、区域产融结合、区域经济组合、区域间合作方式升级等新举措，境外经贸合作园区发展迅速，跨境和边境经济合作区建设推进顺利。例如，即便有西方学者渲染马来西亚“东海岸衔接铁道”（ECRL）计划停建，重新执政的马哈蒂尔总理依然把中国作为东盟之外的首个正式出访国家，以此表明他对与中国在“一带一路”框架下加强合作的高度重视；有西方媒体攻击汉班托塔港项目造成的“债务陷阱”，其结果是斯里兰卡方面表示是斯方政府主动向中方提出希望中方接手经营汉班托塔港的请求；等等。同时，我们加快与沿线国家建设自贸区，已与 13 个沿线国家签署或升级了 5 个自贸协定，立足周边、覆盖“一带一路”、面向全球的高标准自由贸易网络正在加快形成。我国还与欧亚经济联盟签署经贸合作协定，与俄罗斯完成欧亚经济伙伴关系协定的可行性研究。① 这些国家级境外经贸合作区，主要分布在中亚、东南亚、非洲及中东欧地区，园区入驻企业主要集中在农业、商贸物流、轻纺、家电、钢铁、建材、化工、汽车、机械、矿产品等行业领域。②

国之交在于民相亲，民相亲在于心相通。丝绸之路是贸易之路，更是不同文明交流融合之路。民心相通是“一带一路”建设的重要内容，也是“一带一路”建设的人文基础。民心相通能够有力增进友好往来，推动经济合作，而文化交流是最有效、最受欢迎的桥梁和纽带。“一带一路”推进以来，中国传承和弘扬丝绸之路精神，与“一带一路”建设参与国之间广泛开展人文交流与合作，与相关国家互办文化年、旅游年、艺术节、电影节、电视周、图书展等，促进文化交流，增进相互了解，推进科技、教育、文化、卫生、政党、智库、旅游、青年、社会组织等各领域合作，为

① 国新办就共建“一带一路”5 年进展情况及展望举行新闻发布会．(2018-08-27)．中国政府网．

② 公丕萍，等．“一带一路”建设最新进展、形势变化与 2018 年推进策略．大陆桥视野，2018（1）．

“一带一路”建设夯实民意基础，筑牢社会根基。而且，沿线国家的文化产业投资已经成为热点，数据显示，我国企业对沿线投资总额已达150亿美元。[①] 如安徽出版集团在波兰设立时代－马尔沙维克出版集团；“一带一路影视桥”工程立足于广播影视资源，引导丝绸之路重点国家影视创作以及合拍制作专题片等，目前已探索了一系列合作模式，如影视合拍、联合采访、频道落地、技术合作等。另外，“一带一路”沿线主要是我国的中西部地区，这些地区以第一、第二产业为主，但是由于其独特的地理风貌以及悠久的人文景观，使得旅游成为一个颇具发展潜力的新兴产业。新融合背景下，我国文化、旅游等新兴产业搭上“一带一路”顺风车，必然会获得新的大好发展机会，并不断扩大自身的国际竞争力和全球影响力。

7. 新金融：资本助力“走出去”上台阶

“一带一路”的推动和发展，无论是重大项目的建设，还是各种贸易投资、文化交流活动，都离不开大量的资本支持。早期，中国发起设立了丝路基金和亚投行，分别为“一带一路”的发展提供投资和融资服务，支持亚洲基础设施建设。但这并不能解决中国及“一带一路”沿线国家全部的资金问题，随着“一带一路”建设的不断深化，中国及沿线国家必须共同通过开展各种金融创新来满足金融市场的需求并解决资金短缺问题，创新方式包括新增海外金融机构、开展联合融资合作、发行各种类型的证券、设立各种类型的基金和创新金融机制等。例如，中国与17个国家核准《“一带一路”融资指导原则》，加快推进金融机构海外布局；已有11家中资银行设立71家一级机构，并鼓励金融机构开展人民币海外基金业务，为“一带一路”提供资金支持；与非洲开发银行、泛美开发银行、欧洲复兴开发银行等多边开发银行开展联合融资合作等。在债券发行、信用担保等金融创新方面，德国证交所等发行“一带一路”债券；中国与英国为欣克利角核电站提供主权信用担保；2017年3月，俄罗斯铝业联合公司成功在我国上海证券交易所非公开发行熊猫债券，成为首单“一带一路”沿线国家企业发行的熊猫债券；2018年1月19日，红狮控股集团有限公司成功

---

① 鲁元珍，宋喜群．“一带一路”构建文化产业合作新格局．光明日报，2016-09-29．

发行“一带一路”建设公司债券，成为国内首家发行此项债券的企业，这也是推动境内资本市场双向开放的重要事件。

此外，“一带一路”建设还推动了人民币国际化进程，为中国对外贸易和投资带来诸多便利，例如自由兑换、降低成本、减少风险、提供新的融资渠道等。近年来，随着人民币纳入国际货币基金组织储备货币，近 30 个国家的货币实现与人民币互换，人民币国际化进程为“一带一路”资金融通创造了先期条件。2017 年 7 月，俄罗斯直接投资基金（RDIF）与中国国家开发银行签署谅解备忘录，拟设立中俄人民币投资合作基金，投资总额为 680 亿元人民币，将集中投资“一带一路”及“欧亚经济联盟”这两个中俄各自提出的战略倡议下的两国项目。中俄人民币投资合作基金是中俄两国在股权投资领域的重要合作，也将促进人民币国际化。重要的是，该合作为中国投资者提供了用人民币进行投资的机会，将显著推动两国跨境直接投资和中俄联合项目的增长。2018 年 1 月，巴基斯坦国家银行（央行）批准贸易商在与中国的双边贸易中使用人民币作为结算货币，这意味着人民币将成为中巴经济走廊框架下项目交易的结算货币，使两国共同受益。

“一带一路”建设中的新金融体系，为中国的金融相关企业带来了千载难逢的市场拓展机遇，同时也为正在“走出去”或者准备“走出去”的中国企业提供雄厚的资金支持，尤其是随着人民币国际化步伐的加快，伴随“一带一路”，中国企业将实现“产业突围 + 资本助力”的供应链与融资国际化发展新格局。

（三）制约“走出去”能力跃升的瓶颈

随着“一带一路”建设的深入推进，中国企业“走出去”过程中国际化参与度必将越来越高，“走出去”的范围变得更加宽阔，“走出去”的模式也将更加多样，而随之而来的困难与挑战也必然会越来越多。这些挑战主要来自政治环境，经济、商业、法律环境，文化与自然环境，贸易投资行为，企业自身等方面，已经成为制约中国企业“走出去”能力跃升的瓶颈（见图 3-8）。

政治环境方面

- 各国态度摇摆不定。
- 政治局势动荡，环境恶劣，社会不稳定。
- 国家治理体系相对落后。

经济、商业、法律环境方面

- 部分沿线国家的经济发展水平和经济实力明显落后。
- 部分国家经济存在不稳定性。
- 金融波动频发。
- 营商环境欠佳。
- 市场机制不成熟。
- 法律风险问题重重。

文化与自然环境方面

- 文化差异较大。
- 自然灾害多样。

贸易投资行为方面

- “走出去”的企业主体结构有待优化。
- 融资渠道相对单一。
- 投资过度集中。

企业自身方面

- 市场选择缺乏战略布局。
- 海外投资及国际化经营管理经验不足。
- 国际化人才稀缺。
- 专业中介机构能力不强。
- 技术创新能力相对偏弱。
- 企业形象需要维护。
- 风险防范意识有待加强。

图 3-8　制约“走出去”能力跃升的瓶颈

1. 政治环境：错综复杂、不稳定、偏落后

（1）各国态度摇摆不定。面对“一带一路”倡议，世界各国的态度并不一致，尤其是沿线部分国家仍心存怀疑因而处于观望状态。“一带一路”建设涉及地区涵盖中亚、西亚、东南亚等，这些地区地理位置重要且

能源丰富，一直是大国博弈的焦点。所以，中国提出共建“一带一路”倡议，必定会引起某些国家的戒备，尤其是美国、澳大利亚、日本、印度、欧盟国家等的心态极其复杂，态度摇摆不定，一方面希望通过参与“一带一路”建设拉动本国经济增长及就业，另一方面又担心中国企业在沿线国家的投资贸易活动会强化中国的地缘政治和经济影响力。① 为此，部分国家企图通过制定地区性战略、制造一些事件等对冲和降低“一带一路”建设的影响力，甚至干脆将中国排除在外，这对中国来说无疑是一个巨大的挑战。例如，2017 年美国联合澳大利亚、日本、印度等推出“印太战略”，印度与日本联合提出“亚非增长走廊”战略。而且“中国威胁论”一直被美国等大肆宣扬，影响舆论，使得其他国家认为中国是在借助“一带一路”倡议实行政治扩张，经济、文化渗透等。这些企图阻碍“一带一路”建设推进的区域性战略、事件、论调等，对中国继续推进“一带一路”建设极其不利。

（2）政治局势动荡，环境恶劣，社会不稳定。沿线部分国家政治局势动荡，环境恶劣，社会不稳定，对中国企业来说是一个巨大的挑战。一方面，一些国家政局不稳，甚至局部战争频发，政策缺乏连续性，而且不同党派之间的理念差别很大，一旦执政党更迭，很多对外政策会立刻发生巨变，这必将给中国企业在属地国的投资带来潜在风险。另一方面，近年来全球范围内恐怖主义、极端主义和民粹主义势力不断抬头，国际贩毒等犯罪组织不断涌现，严重破坏了沿线国家的政治环境，使中国企业遭受巨大的损失，中国企业“走出去”的安全风险越来越高。例如，中国某建筑企业在利比亚承建的 5 000 套居民住房以及配套设施项目因利比亚战乱被迫终止，项目工地遭持枪抢劫，工程款项无法收回，损失惨重。又如，由于当地政局不稳，中缅密松大坝工程曾被叫停，中泰高铁项目一度被搁置，中国在利比亚、伊拉克、乌克兰、叙利亚等国的投资也遭遇困境和损失。

（3）国家治理体系相对落后。首先，货币、税收、环保、劳工、国有

① 公丕萍，等．“一带一路”建设最新进展、形势变化与 2018 年推进策略．大陆桥视野，2018（1）．

化征收等政策会因为政局动荡，而存在极大的不稳定风险。其次，“一带一路”沿线许多国家经济发展比较落后，办事效率低下，通常会造成基础设施建设时间延长、企业投资成本增加的后果。最后，由于历史与文化原因，沿线国家治理体系尚未成熟，客观上使得项目执行落地效率不高。根据透明国际组织发布的腐败评估系数，“一带一路”国家的腐败系数比全球平均数高出近20%。

2. 经济、商业、法律环境：欠发达、易波动、不完善

（1）部分沿线国家的经济发展水平和经济实力明显落后。沿线65个国家和地区中，位于东南亚、南亚及中亚地区的大部分国家经济水平都相对薄弱，处于中低收入或低收入行列，特别是南亚的一些政治动荡或能源贫乏的国家，如尼泊尔、阿富汗等国，2014年的人均GDP水平仅在700美元左右，属于极为贫穷的国家。[①] 这些国家的经济发展模式相对单一，要么过度依赖能源资源，要么过度依赖传统工业，经济结构不够多样与完善，发展方式不够灵活与开放，急需积极探索新的经济增长点，促进经济的转型升级。因此，这些国家容易出现经济危机、市场动荡、债务危机、通货膨胀、汇率波动等经济风险，值得“走出去”的中国企业慎重考虑。例如，大型基础设施建设项目的海外投资，通常具有投资额大和回报周期长的特征，如果企业的投资区域位于上述落后地区，则要考虑可否顺利收回投资。

（2）部分国家经济存在不稳定性。“走出去”过程中，除了要考虑一个国家或地区的经济发展水平及其实力外，还要考虑其经济稳定性。即便是一个颇具经济实力的国家，也会存在经济不稳定的风险。通常，我们用通货膨胀率指标来考量一个国家的经济稳定性。2014年，“一带一路”沿线的65个国家和地区中，叙利亚的通货膨胀率最高，达到36.7%，其次是白俄罗斯、伊朗等。通货膨胀率高于5%的国家主要有两类：第一类是政治、经济发生剧烈动荡的国家，如埃及、叙利亚、伊朗、乌克兰等；第二类是对能源依赖性强的发展中国家，如蒙古国、俄罗斯等。以俄罗斯为例，

① 吴舒钰．“一带一路”沿线国家的经济发展．经济研究参考，2017（15）．

2012 年、2013 年国际油价相对平稳，在此期间俄罗斯经济运行平稳，通货膨胀率维持在 5% ～ 6%，但是在随后的几年里，随着原油价格大幅下调，俄罗斯的通货膨胀率一路飙升至 2015 年的 15.53%，经济体量也趋于萎缩。而从那些经济状况有明显改善的国家来看，虽然各自的经济发展水平、发展模式不尽相同，但是几乎所有的改善型国家都同时拥有政治稳定和发展模式多样化的特征。[①]

（3）金融波动频发。在以经济发展模式单一、能源依赖性强和工业传统为特征的发展状态下，“一带一路”沿线国家面临的一个重要问题是投资者预期不稳，金融市场波动频繁，而金融市场波动又反过来影响实体经济的增长。“一带一路”沿线经济体中除中国之外体量均较小，很容易受国际资本市场波动的影响。汇率波动的高低与经济发展稳定性直接相关，汇率波动性较高的国家大多出现低增长或负增长现象，如俄罗斯、乌克兰、摩尔多瓦等。在全球经济复苏低迷、美元加息预期升温的情况下，全球资本开始向发达经济体回流，新兴市场国家资金链收紧、金融市场波动加剧。金融市场的波动又通过利率、汇率等价格机制影响投资、贸易，进而向生产侧传导，导致新兴经济体增长下行风险加剧。因此，在金融一体化的大趋势下，金融市场波动是影响“一带一路”沿线国家经济发展的一个重要因素，必须通过完善跨境金融监管框架、强化风险监测机制、切实推进货币互换等创新性金融合作，对可能出现的区域性金融危机严加防范。[②]

（4）营商环境欠佳。“一带一路”沿线多为新兴经济体和发展中国家，它们通常面临政治动荡不安、经济不稳定、金融波动频发、社会转型、政策调整等诸多问题，除了新加坡、波兰、保加利亚等少数几个国家外，沿线国家整体的营商环境并不乐观，中国企业“走出去”也必然会面临诸多潜在风险与难以预测的损失。根据世界银行《2015 年全球营商环境报告》的统计数据，营商环境体现在开办企业、执行合同等 10 个方面，“一带一路”沿线国家在 189 个被统计的经济体中在诸多方面表现不佳（见表 3 - 1）。

① 吴舒钰．“一带一路”沿线国家的经济发展．经济研究参考，2017（15）．

② 吴舒钰．“一带一路”沿线国家的经济发展．经济研究参考，2017（15）．

表 3－1　“一带一路”沿线部分国家的营商环境排名

国家	营商环境总排名	开办企业	办理施工许可	获得电力	登记产权	获得信贷	保护投资者	交税	跨境贸易	执行合同	解决破产问题
伊朗	130	62	172	107	161	89	154	124	148	66	138
菲律宾	95	161	124	16	108	104	154	127	65	124	50
缅甸	177	189	130	121	151	171	178	116	103	185	160
叙利亚	175	152	189	76	140	165	78	117	146	175	146
阿富汗	183	24	185	141	183	89	189	79	184	183	159
越南	78	125	22	135	33	36	117	173	75	47	104
俄罗斯	62	34	156	143	12	61	100	49	155	14	65
新加坡	1	6	2	11	24	17	3	5	1	1	19
印度	142	158	184	137	121	36	7	156	126	186	137
哈萨克斯坦	77	55	154	97	14	71	25	17	185	30	63
蒙古国	72	42	74	142	30	61	17	84	173	24	90
印度尼西亚	114	155	153	78	117	71	43	160	62	172	75
沙特阿拉伯	49	109	21	22	20	71	62	3	92	108	163
波兰	32	85	137	64	39	17	35	87	41	52	32
东帝汶	172	96	115	15	189	160	100	55	94	189	189
巴基斯坦	128	116	125	146	114	131	21	172	108	161	78
泰国	26	75	6	12	28	89	25	62	36	25	45
保加利亚	38	49	101	125	57	23	14	89	57	75	38
柬埔寨	135	184	183	139	100	12	92	90	124	178	84
乌兹别克斯坦	141	65	149	145	143	104	100	118	189	28	77

资料来源：世界银行. 2015 年全球营商环境报告. 2014.

缅甸在开办企业方面排名全球倒数第一，需要通过 11 个程序 72 天才能新设一个企业，所需成本和实缴资本下限分别占缅甸人均收入的 155.9% 和 6 190.1%，耗时费力而且成本极高。东帝汶在登记产权、执行合同和解决破产问题三个方面均排名全球倒数第一。以执行合同为例，东帝汶司法系统在解决商务纠纷时，从原告提起诉讼到实际付款需耗时 1 285 天，成本按索赔额的百分比计算为 163.2%，共需 51 个流程才能完成执行合同的全过程。阿富汗在保护投资者方面排名全球倒数第一，在阿富汗的法律框架下公司透明度极差，信息披露程度极低，治理制度极为落后，股东几乎没有任何就官员和董事的不当行为提起诉讼的能力。①

乌兹别克斯坦的跨境贸易排名全球倒数第一，每出口一批货物需要准备 11 种单证，共需 54 天才能走完所有出口手续，出口成本高达 5 090 美元 / 集装箱；进口则需要 13 种单证、104 天和 6 452 美元 / 集装箱的成本。另外，叙利亚在办理施工许可方面排名全球倒数第一，老挝和伊拉克在解决破产问题方面排名靠后。糟糕的营商环境无疑加大了我国企业海外投资的成本，提高了我国企业海外投资的风险。②

（5）市场机制不成熟。“一带一路”沿线的部分国家市场经济主体不成熟，主要表现为市场体系和金融体系不健全、市场信用环境不佳、市场配置效率低、配套服务差、市场环境不完善、产权界定不明晰、金融深度与创新不足以及基础设施落后等问题。有些国家国内市场封闭，对中国经济依赖度较低，外资进入难度很大。中国企业进入后，必然会面临营商环境差、行政效率低下、市场开拓进度慢、项目周期延长等障碍，在金融和资本方面能够得到的支持更是乏善可陈，中国企业需要在市场机制引导完善、市场潜力挖掘、投资与消费促进、投融资创新等维度全方位做好充分准备以应对挑战。例如，在中国网络游戏、移动互联网应用、企业信息化、在线教育领域处于领先地位的某网络公司，就面临过金融体系不完善、资

① 深入解读“一带一路”沿线国家主要投资风险及应对策略．（2017-02-07）．正点国际官网．

② 深入解读“一带一路”沿线国家主要投资风险及应对策略．（2017-02-07）．正点国际官网．

金不自由的金融风险问题，其网络游戏在埃及年收入达数百万美元，却因为当地资金管制难以回流。

（6）法律风险问题重重。“一带一路”沿线国家的对外开放程度、法治状况和市场化水平差异较大，中国企业“走出去”必将面临诸多法律风险。其原因主要是沿线国家隶属法系不同、沿线国家法治状况和国民道德水平不同、保护主义。具体法律风险问题通常涉及以下六个方面：1）直接投资以及市场准入；2）知识产权保护；3）国际金融交易；4）劳工问题；5）当地环境保护问题；6）经营管理不善，具体包括商业腐败法律风险、税收法律风险、项目规划设计法律风险以及合同管理法律风险。[①]近年，不少中国企业因签订对赌协议而导致的“对赌危机”，都是因忽视法律风险问题而盲目进行海外金融投资造成的。又如，在柬埔寨，当地政府曾因环境问题收回了中国投资者的森林采伐权；某些能源类企业在蒙古国、印度尼西亚等的一些项目也遇到了当地环境组织的抵制及政府环境规制方面的问题。

3. 文化与自然环境：差异大、灾害多

（1）文化差异较大。文化差异主要指不同国家或地区在语言、宗教、价值观念、教育、风俗习惯、思维方式以及法律法规等方面的差异。使企业内部形成跨文化差异的主要影响因素有政治、法律、社会制度、民族文化背景、历史背景、地理环境、地域文化、发展历程、社会道德观念、经营管理理念、价值观念、风俗习惯、宗教信仰、生活方式等。例如，斯里兰卡被中国视为“一带一路”计划的重要一环，该国迄今最大的外国直接投资的项目科伦坡港口城就是“一带一路”建设中的重大项目成果。中国港湾斯里兰卡区域公司负责斯里兰卡周边 10 个国家的市场开拓和生产经营工作。与其他跨国企业一样，公司不可避免会遇到文化差异问题。斯里兰卡的日常生活习惯、语言、宗教信仰、政治体制、对自然与生命的认知等与中方的差异，导致斯方员工在工作中存在行为差异、态度差异、沟通障碍、工作纠纷等问题，直接影响工作效率、项目实施进度，更谈不上团队

① 李玉璧，王兰．“一带一路”建设中的法律风险识别及应对策略．（2017-05-25）．人民网．

融合、企业和谐发展了。例如，当地员工私下交流多，或通过私下协商，将工作、生活方面的问题抱团向企业反映；斯里兰卡节假日较多，除了工作休息日，还有公共节日、宗教节日，当地员工通常准点下班，休息日拒绝加班，崇尚生活第一、工作第二。

（2）自然灾害多样。自然灾害主要指地震、火山、飓风等自然灾害及重大流行性疾病。"一带一路"沿线国家自然灾害易发、多发和频发，灾害类型多样，抗灾能力弱，严重威胁生命财产安全、通道安全、投资安全，制约经济社会发展。紧急灾难数据库（EM-DAT）的自然灾害数据显示，1900—2015年"一带一路"欧、亚、非三大洲65个国家，近50年自然灾害发生数量急剧增长。非政府组织德国观察发布的《2017全球气候风险指数报告》指出，1996—2015年，全球受极端天气事件影响排名前十的国家中，有6个是"一带一路"沿线国家，分别是缅甸、菲律宾、孟加拉国、巴基斯坦、越南、泰国，其中缅甸排第2。灾害的发生还可能引起国家之间社会、经济甚至政治的连锁反应，灾害风险已成为沿线国家所共同面临的重大现实问题，减灾需求迫切。自然灾害风险不能有效防控，势必将影响"一带一路"的实施效果和推进。例如，"一带一路"建设实施的公路、铁路、油气管线、水电工程等基础设施建设都面临严重的灾害风险。[①] 又如，沿线国家自然条件恶劣，有些地区夏季缺水严重，直接导致投资项目的工期延长。

4. 贸易投资行为：结构与渠道单一、投资过度集中

（1）"走出去"的企业主体结构有待优化。由于"一带一路"初期的项目基本上都是以铁路、公路、港口、核电设施为主的大型基础设施建设项目，国有企业、中央企业在资源与能力方面具有先天优势，而且"走出去"的早，已经积累了丰富的海外项目建设与管理经验，客观上造成了企业主体结构不平衡现象，例如大型中央企业、国有企业成为"一带一路"的参与主体，更具创新发展活力的中小企业参与程度不够。根据国家信息中心的数据，中国企业"一带一路"参与影响力排名中，中央企业和地方国有企业靠前。正因为如此，在获取行政审批、政府支持、政策性贷款等

---

① "一带一路"专稿二："一带一路"沿线国家自然灾害风险.（2017-05-17）. 搜狐网.

方面，国有企业、中央企业在“走出去”时也拥有较大优势，因为相应的配套服务体系相对要完善一些。而对于作为创新发展主力军的中小企业，如互联网科技、智能制造等优势产能创造企业，缺乏资本、行政、商业配套等方面的专项政策支持，“走出去”的意愿与步伐均受到一定程度的抑制。①

（2）融资渠道相对单一。融资渠道相对单一的问题主要表现在两个方面：一是投资主体方面，以中国金融机构为主，资本以中国政策性资本为主。虽然丝路基金、亚投行、金砖银行等金融机构相继成立并投入运营，但目前仍以中国进出口银行、国家开发银行、丝路基金等中国政策性资本为主，境外政府和机构的资金支持力度较弱。虽然工行、中行等商业性金融机构陆续开始提供部分融资支持，但仍处于探索阶段。因此，“一带一路”基础设施投资建设的资金缺口仍然巨大，且缺乏足够的国际资本、民营资本融资途径，民营资本参与度不高。而且，中国政策性资本存在两个弊端：1）官方资本主导的银行贷款和投资基金容易在沿线国家引发经济安全忧虑和道德风险。有些国家的政府和民众可能质疑中国的融资支持隐含政治动机，从而对共建“一带一路”倡议产生抵触心理。2）有些国家可能会将官方提供的融资视为援助资金，倾向于为一些高风险项目争取融资或在成功获得融资后不重视项目管理，而将我国提供的资金置于高风险而不顾。②

二是融资形式方面，以银行贷款和投资基金为主，丝路债券等新产品尚未完全流通，资本市场作用发挥有限，金融创新有待突破。尤其是丝路债券作为一种新型的债券产品涉及多个项目或国家，不仅需要建立各方认同的评级体系，还要求沿线国家具有足够深度和流动性的二级市场以实现债券在各国之间的自由流动和交易，何况沿线大部分国家市场经济不成熟、资本市场开放程度低、金融体系不完善，必然会形成障碍。同时，金融创新过程中，创新本身就存在一定的风险，众多投融资企业必然要注意金融风险的防范。

① 波士顿咨询公司，中国发展研究基金会．多元共生型“一带一路”倡议促进全球化发展研究报告．2018．

② 宋爽，王永中．中国对“一带一路”沿线国家金融支持的特征、挑战与对策．(2017-05-12)．搜狐网．

（3）投资过度集中。目前，中国企业对“一带一路”沿线国家的投资集中度过高，主要体现在投资区域和投资行业集中上。这样的投资格局，一旦某区域或行业出现变故，会“牵一发而动全身”。其主要原因是中国对沿线项目融资支持的布局不均衡。中国提供金融支持的区域以距离邻近和资源丰富为主要特点，在一定程度上忽略了东道国的政治和商业风险。以东盟为例，越南、柬埔寨、缅甸等国常因营商环境较差而受到诟病，菲律宾和泰国还曾因政局动荡、政党轮替导致我国参与的项目难以推进。从行业布局来看，中国给予融资支持的主要是能源和基础设施项目。[①] 这类项目往往资金投入大、回收周期长、政治敏感性高，因此蕴含较高的经济和政治风险。而且，许多大型工程和资源利用项目还易引发对气候变化和环境保护的争议，这些都会对中资金融机构的收益和声誉产生不利影响。

5. 企业自身：经验不足、部分能力尚有差距

（1）市场选择缺乏战略布局。缺少对“一带一路”国家的横向评估体系，企业“走出去”选取目的地时缺乏正确的引导。尽管国家信息中心“一带一路”网上收集了沿线国家的基本宏观数据和国别投资报告，但缺少沿线各国宏观、经济、市场、风险等方面的横向综合评估数据，多数企业在选定市场“走出去”的过程中缺乏科学的决策与指导。[②]

（2）海外投资及国际化经营管理经验不足。中国企业对外投资能力和经验还不足，尚缺乏跨国经营的相对优势。具体表现为：国际化经营经验不足，国际化管理能力薄弱，对于国际化市场准则、国际化交易机制、国际化法律框架尚未完全适应，在运用政府力量保护企业“走出去”的相应能力与经验方面也不足。而且，大多数的基础设施投资建设项目周期长，设备移动性能要求高，工程难点大，资金需求量大，组织内部文化差异大，运作模式发生变革等，这对“走出去”的中国企业的跨国经营管理能力带来了巨大的挑战。例如，中国对外承包工程企业在从过去传统的工程

① 宋爽，王永中. 中国对“一带一路”沿线国家金融支持的特征、挑战与对策.（2017-05-12）. 搜狐网.

② 波士顿咨询公司，中国发展研究基金会. 多元共生型“一带一路”倡议促进全球化发展研究报告. 2018.

建设承包向现代化、国际化的股权投融资方向转变的过程中，缺乏成熟完善的运作机制制约着企业“走出去”的步伐。因此，中国企业国际化的过程中，为适应全球生产要素流动频繁、国际市场融合加深、边界开放共生成长的新时代商业生态环境，应把握供应链国际化、融资国际化的大趋势，加强组织方式变革、生产方式变革、商业模式变革以及技术变革，并在资源配置、资本运作、企业家精神、跨文化管理、国际化人才培养、风险管理等方面进行优化，不断提高国际化经营管理能力。

（3）国际化人才稀缺。“首届中国企业国际化论坛”上对国内上百家“走出去”企业管理人员的调查结果显示，63% 的受访者认为国际人才短缺是影响企业“走出去”效益的主要因素，未实现预期效益是因缺乏国际经营人才所致。共建“一带一路”倡议提出之前，我国的贸易投资对象主要集中在欧美等发达地区，人才培养也主要针对这些地区，导致我国培养的人才不能完全适应“一带一路”建设需求，基本上都是通过外派国内员工满足海外布点人才需求。然而现有人才往往只有丰富的国内经验，而缺乏海外经验，需要较长的时间周期与经验积累才能适应当地市场。这就迫切需要企业一方面大力培养具有国际视野，了解“一带一路”沿线国家政治、法律、文化、经济等各个方面，掌握多门外语、多种能力的综合型、外向型人才，另一方面加强属地化国际人才的培养。

（4）专业中介机构能力不强。受语言限制、文化差异、国内专业人才培养不够等因素的影响，与国际同行相比，中国的涉外会计、律师、咨询等中介机构的发展程度较低，专业能力不强，特别是在国际调研、项目设计、信息咨询和风险评估等方面能力不足且缺乏国际经验，这些都会影响中国对外进行大规模和高水平的基础设施建设项目投资以及海外贸易活动。①

（5）技术创新能力相对偏弱。随着中国高铁技术、核电技术、大工程建造技术、云计算能力、北斗导航系统等一张张中国技术名片输出，中国的部分技术在“一带一路”建设中足以震撼全世界。但是，我们依然要清

① “一带一路”沿线基础设施投资建设与中国的策略选择.（2017-12-19）. 中国外经贸企业服务网.

楚地认识到，与世界发达国家相比，中国的技术水平仍然相对落后，尤其是在软件与计算机服务业、IT 设备制造业、医药与生物技术以及汽车与零件制造业等产业链的高端环节，差距还很大。中国科学院科技战略咨询研究院副院长王毅曾经说，现在国内存在认为工业 4.0 仅是"技术升级"的误区。实际上我国工业体系与发达国家的差距依然很大，属于系统性差距，不单是技术、管理或政策弱于别人，很多产业整体上仍处于工业 2.0 阶段。当务之急，中国企业需要打破观念误区，从技术创新、人才培养、管理理念、科研投入、制度建设等领域全面推进转型升级。因此，要想有更多的技术输出，要想培育具有全球竞争力的世界一流企业，中国企业仍然要坚持创新驱动企业变革发展的道路，其实这也是"一带一路"建设的要求。习近平提出"一带一路"科技创新行动计划，并明确指出："一带一路"建设本身就是一个创举，搞好"一带一路"建设也要向创新要动力，要将"一带一路"建成创新之路。①

（6）企业形象需要维护。中国企业在"走出去"时代表的不仅是个体形象，更是国家和民族的形象。因此，企业在"走出去"时应加强与当地的合作交流，遵守当地的法律法规，切实履行国际社会责任，树立良好的企业品牌和形象。部分中国企业过于急功近利，缺乏社会责任意识。例如，有些企业只注重短期利益，缺乏对项目现实合理性的评判，不顾及项目的前景和当地财政实力，盲目签约，导致项目停产，如中国某建筑企业在委内瑞拉的高铁项目如今已变成废墟，75 亿美元打了水漂。还有一些企业在国内习惯了不顾及自然生态环境，只关注经济利益，忽视当地民众对于环境保护方面的要求，导致投资项目屡屡被叫停。如商务部牵头、中国企业投资 1.8 亿美元的墨西哥坎昆龙城项目，因乱砍滥伐当地森林而被墨西哥环境保护署叫停。②

（7）风险防范意识有待加强。目前，很多"走出去"的中国企业因为

① 习近平．携手推进"一带一路"建设：在"一带一路"国际合作高峰论坛开幕式上的演讲．人民日报，2017-05-15.

② "一带一路"沿线基础设施投资建设与中国策略．(2018-12-19)．中国外经贸企业服务网.

急于获得项目成就以及国际的尊重与认可，普遍缺乏风险防范意识以及系统的风险控制体系，往往会因为政治、社会制度、经济、金融、法律、自然灾害等风险，给项目带来无可挽回的重大损失。具体表现为：一是容易忽略对沿线国家的政治、经济、社会、法律、自然环境的全面分析与了解；二是容易忽略我国与“一带一路”沿线国家语言、社会文化、宗教信仰、风俗习惯、思维方式等文化差异问题；三是缺乏系统的风险控制体系，在风险分析和风险处理能力方面明显不足。因此，中国企业需要加强投资前的风险评估，对实施项目以及属地国的各项指标进行实时监控，同时还应建立健全企业对外直接投资保险体系，从而避免可能遭遇的风险或者尽可能地减少损失。

第四章

新时代"走出去"能力再造

中国企业“走出去”的历程，主要经历了以“三大机遇”为重要转折点的“四个阶段”，即最初的“引进来”阶段、加入世界贸易组织以后加速“走出去”阶段、2008年全球金融危机后逆势大规模“走出去”阶段、“一带一路”建设中数量增长最快且追求高质量与高效益发展的新阶段。从涉及8个行业到涵盖国民经济全部18个行业大类，从分布寥寥无几到覆盖超过全球80%的国家或地区（189个），从简单的直接出口到优势资源的获取、产业链整合与全球化资源配置，从产能扩张到技术输出，从追求规模的增长到追求“走出去”效益提升，从国有企业“唱主角”到民营企业占比逐年上升，中国企业“走出去”的数量与质量都取得了长足的发展。

很显然，今天的“走出去”已经不再是简单的生产要素输出、产能扩张，创新驱动、产业链整合、全球化资源配置、向资本要效益、国际化管理等已经成为当前“走出去”的“热词”，而且“走出去”是一个系统工程，涉及国内外政治、经济、商业、法律、文化、自然环境、跨国合作、贸易投资、企业自身经营管理等方方面面的问题，稍有不慎，可能就会遭受毁灭性的打击。这一切都对中国企业“走出去”提出了更高的要求。那么，面对新的要求、新的挑战，中国企业应如何掌握规律、辨别形势、认清自我、把握机遇确定“走出去”的方向？如何补齐能力短板进而提升核心竞争力？如何选择适合自己的模式与成长路径？如何避免过去惨痛的教训而少走弯路？如何让自己“走出去”的步伐更稳健、足音更强劲？

凡事预则立，不预则废。必要的充分准备会让我们“走出去”事半功倍。本书前三章指出，我们要从对全球竞争力内核的理解、对世界新格局的重新认识、对“一带一路”建设的深刻理解以及对自己成功经验的梳理与总结等方面，为“走出去”扎实练好基本功，其目的在于掌握基本的理论知识、了解当前面临的国内外环境、机遇与挑战，认清自我的优势与不足，从理论分析到实践总结，从国际环境到国内环境，从国家大局到企业个体，做到识大局、辨形势，做到知己知彼、知行合一，为“走出去”做好充足准备，达到未雨绸缪、运筹帷幄的目的。未来，我们需要放眼全球、夯实基础、增强内力、找准模式、选对路径，这五大步骤有理论依据支撑，有大局形势引领，有经验总结指导，从战略到战役再到战术，从理念到措施再到行动，是中国企业“走出去”切实有效的行动方案，更是中国企业新时期应对新要求、新挑战，提高“走出去”质量与效益的理想途径，将会帮助每条“出海”的小船逐步成长为航母，且航行得更稳、更顺、更快、更远！

一、放眼全球：战略决定成败

（一）必要的国际战略观

不畏浮云遮望眼，风物长宜放眼量。面对充满不确定性的世界新格局，面对科技进步日新月异的裂变时代，面对“全球竞争力”的新要求与共建“一带一路”背景下的新挑战，我们需要立足中国、放眼全球，站在新的历史起点、新的时代高度，重新系统认识中国企业“走出去”的历史任务、目标定位、发展方向、发展原则以及深远意义，这是确保中国企业“走出去”方向正确、步履稳健、深入前行的重要前提。中国企业“走出去”是践行共建“一带一路”倡议的有力保障，是中华民族伟大复兴的有力保障，是坚定不移走和平发展道路的有力保障，是推动构建人类命运共同体的有力保障（见图 4－1）。由于在上一章中已经阐述过中国企业在“一带一路”建设中的角色定位以及中国企业“走出去”所产生的支撑力量，这里着重探讨后三者。

必要的国际战略观			
践行共建“一带一路”倡议的有力保障	中华民族伟大复兴的有力保障	坚定不移走和平发展道路的有力保障	推动构建人类命运共同体的有力保障

图 4－1　“走出去”必要的国际战略观

1. 中国企业“走出去”是中华民族伟大复兴的有力保障

党的十八大以来，习近平站在党和国家事业发展全局的战略高度多次强调，要理直气壮做强做优做大国有企业，提高核心竞争力和资源配置效率，不断增强国有经济活力、控制力、影响力、抗风险能力、国际竞争力，使国有企业成为我们党赢得具有许多新的历史特点的伟大斗争胜利的重要力量。①

当前我国对外开放的基础和条件发生了根本性变化，中国企业要深刻把握世界经济深度调整变革的新形势、新趋势、新变化，不断适应经济社会发展新阶段的内在要求，加快“走出去”步伐，拓展开放的深度和广度，构建更高层次的全面开放新格局，实现由大到强战略性转变，在世界舞台上构筑全球竞争力。

中国企业“走出去”是中国新时代的大战略。中国正在积极争当全球治理重要的参与者、维护者和建设者。中国企业要在全球发声发力，要把中国与世界的需求对接，建造一个互联互通、互利共赢的命运共同体。可以看到，很多中国企业积极响应国家号召，努力拓展海外业务，推动技术、产品和服务“走出去”，中国的核电站、高铁和特高压在海外的成功，都是极具中国特色、高层次、有竞争力的“走出去”，它们既拥有设备、技术、品牌的优势，又迎合了大多数国家的特点和需求。这也代表着中国在国际市场上正从传统的产品供应，转向技术提供、标准制定、品牌输出的中高端市场，中国企业必将成为国家升级转型的重要支撑力量，以及中华民族伟大复兴的见证者。

2. 中国企业“走出去”是坚定不移走和平发展道路的有力保障

2018 年，第十三届全国人民代表大会第一次会议通过《中华人民共和

---

① 肖亚庆 . 深化国企国资改革 做强做优做大国有企业 .（2017-06-16）. 人民网 .

国宪法修正案》，此次修宪在序言部分增加了“坚持和平发展道路”相关内容。习近平强调：和平与发展是世界各国人民的共同心声，冷战思维、零和博弈愈发陈旧落伍，妄自尊大或独善其身只能四处碰壁。只有坚持和平发展、携手合作，才能真正实现共赢、多赢。①

实施“走出去”战略正是党中央立足国家整体和长远发展提出的重大战略任务，也是中国走和平发展道路，坚持互利共赢，促进共同发展的重要体现。40 年来，中国企业就是在中国和平发展战略背景下，坚持和平、发展、合作这一整体判断，制定和实施了跨国经营战略，把自身的发展融入世界经济之中，整合全球资源，不断提升企业国际竞争力。

中国企业“走出去”以“平等互利、共同发展”的发展原则，坚持互利共赢、包容互惠，在实现自身发展的同时惠及他人。中国企业“走出去”面向两个市场、两种资源，要锻造核心竞争力以不变应万变，又要强化适应能力，在与跨国公司同台竞技中培养全球竞争力，推进互利共赢、共同发展，推进我国与其他国家的战略互信、经贸合作、人文交流，形成深度融合的互利合作新局面。中国企业“走出去”以企业行为和市场原则促进不同文明不同发展模式交流对话，在竞争比较中取长补短，在交流互鉴中共同发展，让文明交流互鉴成为增进各国人民友谊的桥梁、推动人类社会进步的动力、维护世界和平的纽带。

3. 中国企业“走出去”是推动构建人类命运共同体的有力保障

习近平从顺应历史潮流、增进人类福祉出发，提出推动构建人类命运共同体的倡议，该倡议获得了越来越多国家和人民的欢迎和认同，并被写进了联合国重要文件，也写入《中国共产党章程》和我国新修改的宪法序言，体现了中国致力于为世界和平与发展做出更大贡献的崇高目标。中国将与各国人民同心协力、携手前行，努力构建人类命运共同体，共创和平、安宁、繁荣、开放、美丽的世界。

当今各国已经发展成为你中有我、我中有你的命运共同体，利益高度

① 习近平．开放共创繁荣 创新引领未来：在博鳌亚洲论坛 2018 年年会开幕式上的主旨演讲．人民日报海外版，2018-04-11.

融合，彼此相互依存。每个国家都有发展权利，同时都应该在更广阔的层面考虑自身利益，不能以损害其他国家利益为代价。中国企业要坚定不移发展开放型世界经济，把世界的机遇转化为中国的机遇，把中国的机遇转变为世界的机遇，在开放中分享机会和利益、实现互利共赢，真正在竞争中合作，在合作中共赢。

中国企业“走出去”是构建人类命运共同体的践行和诠释，把中国自身发展与世界发展联系起来，把中国人民利益同各国人民共同利益结合起来。在推动构建人类命运共同体思想指引下，中国企业“走出去”坚持同舟共济，促进贸易和投资自由化便利化，推动经济全球化朝着更加开放、包容、普惠、平衡、共赢的方向发展。坚持尊重世界文明多样性，以文明交流超越文明隔阂、文明互鉴超越文明冲突、文明共存超越文明优越。坚持环境友好，合作应对气候变化，保护好人类赖以生存的地球家园。新时代的中国企业“走出去”将助推中国同世界各国携手合作，努力建设持久和平、普遍安全、共同繁荣、开放包容、清洁美丽的世界。

（二）必会的企业国际化发展战略选择方法

掌握企业国际化发展战略选择的方法，可以帮助企业快速构建企业竞争优势，大大提高“走出去”的成功率，避免走弯路。企业国际化发展战略选择主要强调企业国际化的区位选择战略与企业国际化的产业选择战略两个方面（见图 4－2）。

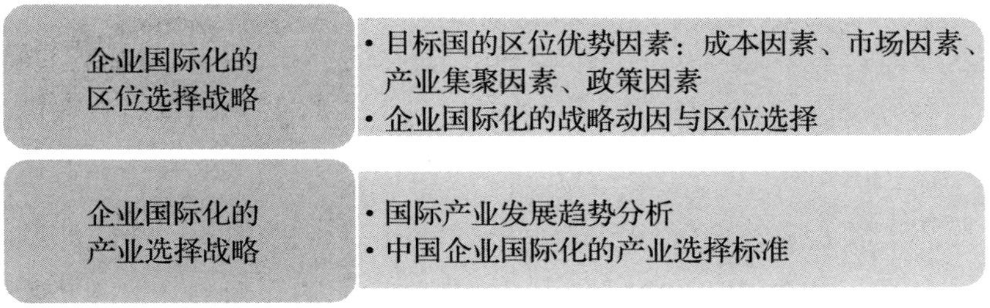

图 4－2　企业国际化的区位选择战略与产业选择战略

1. 企业国际化的区位选择战略

企业国际化的区位选择战略是指企业利用和发掘目标国的区位优势，并与自身的要素结合，构建企业竞争优势的一种方式。企业的区位选择受限于目标国的区位优势因素和企业自身的国际化动机两个方面。

（1）目标国的区位优势因素。随着时代的发展，企业国际化的区位优势因素也处于一个动态的演化过程之中，传统的区位优势理论侧重于对运输成本、劳动力成本等因素的分析，而最近的理论发展更多地关注目标国的制度、交易成本、信息成本等因素的制约。一般而言，区位优势因素包括成本、市场、产业集聚和政策等四个方面。

1）成本因素。在古典的区位理论中，成本最小化是企业区位选择的唯一标准。其中，韦伯斯特（Webster，1995）提出了以目标国的潜在优势为前提的区位选择论，认为随着经济全球化、贸易自由化的发展，企业会选择机会成本最小的地区进行投资。当前除了对传统的成本因素的考虑外，理论和实证研究更多地关注交易成本和信息成本等因素，和本土化企业相比，外国企业进入目标国存在巨大的信息成本，这源于它们之间的信息不对称，本土企业掌握了关于经济、社会、文化、法律等方面的大量信息，外国企业获取这些信息的成本极高，因而企业在国际化的过程中会选择交易和信息获取成本比较低的区位进入。

2）市场因素。市场因素主要包括市场规模、市场增长潜力、政府对市场的干预程度等因素。市场规模大意味着企业进入该市场可选择的战略伙伴多，本土化成本低，而且市场潜在需求和有效需求大。市场增长潜力大意味着企业盈利的持续性强。政府对市场的干预程度大意味着市场的扭曲程度大，企业面临的市场环境恶化，从而影响企业的预期成本和收益。

3）产业集聚因素。产业集聚是指同一类型的企业在同一地域进行集中，达到一定的规模，比如美国的硅谷、印度的班加罗尔等。产业集聚对外国直接投资区位选择的影响源于产业集聚本身的特性。马歇尔曾经指出，企业的集聚是由于外部规模经济所致，大量企业的集聚会导致配套企业和熟练的劳动力市场的产生，降低企业的搜寻成本，企业之间可以进行知识共享和扩散，从而加速技术创新。邓宁（Dunning，1998）也分析了产业集聚对跨国企业区位选择的影响，指出在企业的跨国区位选择决策中产业集聚的作用越来越大，而不仅仅是传统上的要素禀赋。

4）政策因素。政策因素主要是指东道国的国际政策和国内政策，国际政策主要是指对外国直接投资的态度、外资管理制度、对国际贸易争端解决机制的认可度等外向型的政策，国内政策主要是指国内的税收、产业、金融管理等政策。东道国的政策设置反映了该国经济的自由度和开放度，而这些指标是企业国际化区位选择的重要考虑因素。穆达比（Mudambi，1995）和塔图格鲁（Tatoglu，1998）分别通过实证研究论证了政府政策变量在跨国企业国际化区位选择中的重要性。因此，政策因素在企业国际化区位选择中不容忽视。

（2）企业国际化的战略动因与区位选择。企业的区位选择是由东道国的区位优势因素和企业自身的条件共同决定的，不同的企业性质和国际化动机对其区位选择的影响不同。企业按其性质一般分为生产型、贸易型和研发型三类。生产型企业海外投资的区位选择主要考虑政治环境、经济环境、政府的国际国内政策以及目标国的要素禀赋等。贸易型企业主要考虑东道国的市场规模和潜力、可以利用的销售网络、政府的贸易政策等。研发型企业主要考虑东道国的人力资本、高新产业的集聚度等。邓宁（Dunning，1998）把企业对外投资的动机分为四种：资源寻求型、市场寻求型、效率寻求型和战略资产寻求型。以资源寻求型和战略资产寻求型为例，一般而言，资源寻求型企业倾向于选择自然资源丰富的区位，例如大部分发达国家在中东开采石油，在巴西和澳大利亚开采铁矿石等。战略资产寻求型企业倾向于选择具有战略价值的区位进入以获取有价值的信息、技术来强化自身的战略优势。企业不同的战略动因会导致其不同的区位选择。

2. 企业国际化的产业选择战略

（1）国际产业发展趋势分析。随着经济全球化的发展，贸易的自由度和开放度大大加强，资源要素在全球范围内进行流动和配置，国际产业发展的布局和模式也出现了一些新的趋势，主要表现为以下三个方面。

1）产业结构的技术依存度提高。传统产业多呈现高投入、高消耗、低产出的模式，主要依靠要素的不断投入扩大生产规模，纺织、钢铁、冶金、化工等是这类传统产业的代表。随着全球新一轮的产业结构调整，以航空航天、生物医学、新材料、新能源、互联网等行业为主的新兴产业在全球产业结构中所占的比重越来越大，同时高新技术对传统产业进行了渗透，带动了传统产业的改造和升级。

2）产业转移梯度化。随着产业结构的变化，发达国家逐渐把一些劳动密集型产业和自然资源密集型产业转移到发展中国家以降低自己的生产成本，而专注于技术研发、品牌营销、制度设计等高附加值领域。不同产业间的垂直分工日益显著，而且在很多产业内，同一产品的不同生产环节也出现了国际的分工转移，产业外包成为一种常见现象。

3）产业发展集群化。在产业发展过程中，在一个特定的领域出现大量相关联的企业在地理位置上的集中称为产业集群化，产业集群通过创造外部规模经济、技术外溢效果来降低企业的成本，加速其技术的创新，强化企业的竞争优势。

（2）中国企业国际化的产业选择标准。中国企业国际化起步比较晚，投资规模增长迅速，涉及的行业相当广泛，但是行业结构不够合理。从对外投资的行业分布来看，主要集中在商品零售、采矿等行业，而制造业所占比重比较小，在一些具有高附加值的高科技领域，投资仍然比较缺乏，从事初级产品进出口贸易的企业过于集中，而在服务业的投资明显不足，产业协同效应比较弱，对国内产业起不到转型促进作用。

中国企业国际化的过程中，其产业选择应遵循以下标准：

1）产业要有自己的比较优势和竞争优势。和发达国家相比，中国在劳动力密集型产业方面具有比较优势，和非洲一些发展中国家相比，则在资本、技术密集型产业方面具有比较优势。中国企业应该积极发挥自身的优势，主动参与和发达国家、发展中国家之间的垂直和水平分工，例如中国在纺织、家电、轻工等方面有很丰富的经验，主要的出口对象是发达国家，可以在发达国家或者发达国家不设限的发展中国家设厂以规避贸易壁垒；对道路、桥梁、水利水电等接近世界先进水平的行业，可以在国际市场上积极竞争，并首选非洲等地区进行市场拓展。

2）产业关联度要强。中国企业国际化要选择和国内产业关联度强的部门，这样可以对国内的产业部门产生强大的波及效应，使得国内企业可以分享其外溢效应。

3）要有助于国内产业结构的升级。目前中国的传统产业普遍存在产能过剩，竞争激烈，通过对外直接投资，可以释放一部分产能。企业在国际化的产业选择方面，要以国内产业结构升级为出发点，从资源依赖型向技术密集型投资转移，逐步形成具有高附加值的产业链。

（三）必懂的企业国际化策略选择影响因素

企业国际化是一个动态演进的过程，要成功地进行国际化经营，必须对制约企业国际化的一些基本因素有清楚的了解。随着中国政府“走出去”战略的实施，中国企业在国际分工过程中的参与程度不断加深，但在“走出去”的过程中，企业的国际化在产业选择和区位选择等方面仍存在盲目性和随机性，对目标国的客观环境缺乏认识，造成了一些不必要的损失。那么，如何降低企业国际化所面临的风险，避免不必要的损失？我们需要把握以下几项影响企业国际化策略选择的关键因素（见图 4－3）。

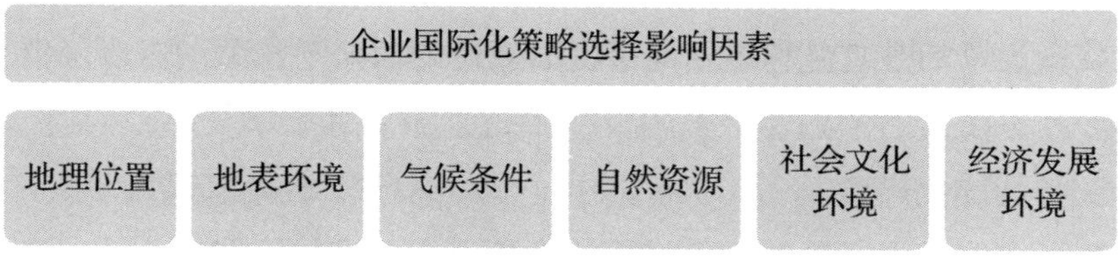

图 4－3　企业国际化策略选择影响因素

1. 地理位置

目标国与其他国家之间的地缘关系就是所谓的地理位置。地理位置代表了本国企业国际化发展所能利用的周边国家的资源，以及和其他国家之间的政治、经济、文化的相互影响和趋同。企业的国际化一般都是以本国市场为基础向周边地区辐射和渗透，企业可以选择直接投资进入的方式，在当地设厂在当地销售，以充分利用环境的趋同性和目标国的比较优势。

2. 地表环境

地表环境主要指目标国的地形和地貌，以及山川、河流的分布。这些地区表面的自然形态会把一个国家分割成不同的市场，这些市场有不同的地理和文化特征，形成了不同的优势产业和投资环境。一般而言，沿海地区交通便利，会形成有代表性的港口货运和海外贸易产业；而平原地区公路、铁路纵横交错，更适合设厂。

3. 气候条件

气候宜人的地方，自然灾害少，人口密度大，会形成一些较大的城市和社区，市场规模和潜力比较大，更适合采用高风险、高控制程度的直接投资方式进入。而在一些气候比较恶劣、人口少而分散的地区，企业国际化一般采取风险相对较小、控制程度较低的代理商出口或直接出口等市场进入模式。

4. 自然资源

一个国家的自然资源在某种程度上决定了该国的要素禀赋和比较优势，资源寻求型是众多企业国际化的战略动因之一。例如近20年来东南亚地区逐渐成为欧美发达国家的主要对外投资地，它们在这些地区采取合资或独资设厂的方式，利用当地丰富而廉价的原材料和劳动力以降低生产成本。

5. 社会文化环境

社会文化环境主要包括目标国的生活习俗、宗教信仰、价值观念、语言文化、社会结构等多个方面。以企业的外向国际化而言，面对目标国不同的社会文化环境，其所采用的国际化策略也会有所不同。

首先，目标国的教育体系越发达，整个社会的人力资本存量越高，越有助于跨国企业本地化生产效率的改进，企业越有可能选择直接进入的模式。

其次，不同的宗教信仰会对企业的国际化产业选择产生不同的影响。例如基督教、佛教、伊斯兰教等有各自的教义和教规，这些差异会影响信仰者的价值观、消费观。

最后，语言和文化背景越相似的国家，企业的进入壁垒和障碍越小，其和目标国的“心理距离”越近，企业越有可能采取直接进入的模式。

6. 经济发展环境

企业国际化就其本质来说是指企业与其他国家之间间接或直接的经济联系，涉及对目标国经济因素的开发和利用，这些经济因素包括如下三类：一是生产性要素，如劳动力、原材料和土地的供应；二是需求性要素，如国民生产总值、人均收入、收入分配等；三是发展性要素，如产业结构、经济平稳性、对外开放度等。

这些因素可以进一步细化为如下六个方面：

（1）经济发展水平。经济发展水平体现了一个国家的发展程度及民众的社会福利水平，从而也决定了其市场容量和消费潜力。许多企业的国际化动因为市场寻求型，意欲扩大自己的国际市场份额。不同的经济发展阶段存在不同的市场机会和风险，企业需要制定不同的国际化市场经营策略。

（2）经济稳定程度。经济稳定程度是对一个国家经济可持续发展的一种描述，包括金融环境是否稳定、政府的经济政策是否具有持续性和连贯性等。此种稳定性会影响企业国际化预期收益和风险的对比，从而影响企业国际化策略的选择。

（3）基础设施状况。基础设施状况包括工业基础设施状况和城市公共服务基础设施状况。基础设施的好坏体现了一国基本的投资环境，基础设施越好企业越会选择以直接投资的方式进入该国市场，享用其带来的便利、高效和低成本。

（4）对外经济政策。对外经济政策体现了目标国政府对外来投资的规定和限制，也体现了其经济开放程度。如果该国针对外国企业投资制定税收和其他方面的优惠政策，相当于对外资的一种隐性补贴，就会吸引外商投资大量进入，企业进入该国市场所面临的不确定性风险也会相应地降低。

（5）政治环境。政治环境的好坏关系到企业国际化投资的安全性。由于企业的直接投资一般具有周期长、投入大、收效慢的特点，因而投资的安全性和保障性很受重视。为了降低企业国际化的风险以及制定适宜的国际化策略，进行政治环境分析是相当必要的。其分析要素主要包括政治稳定性、政府的对外形象与政治体制三个方面。例如，政治稳定性越高，企业预期收益就越确定，也就越倾向于选择控制程度更高的市场进入模式。政府好的对外形象会对投资者产生一种正向的激励作用，反之会降低投资者对该国的投资欲望。在集权型政治体制下，企业往往需要投入大量的资源来构建和维持与政府的关系网络，企业国际化更倾向于通过贸易等风险小、控制程度低的方式进入市场；而在民主型政治体制下，企业的产权受到严格的保护，因外部性而产生的损失也很小。在市场机制下，企业发展自由度相对较高，进入市场的欲望强烈。

（6）法律环境。法律是调节社会各项活动的基本准则，是和本国的政治环境和社会文化环境相适应的，一些法律甚至是直接针对外国企业和投资的。企业国际化更关注的是法律执行过程中的严格性和公允性，法律执行越公允，对企业的吸引力越强。一般来讲，发达国家法律比较完善，执行比较严格，对企业很有吸引力，但是市场成熟度比较高，难以进入；发展中国家虽然法律不是很完善，执行不是很严格，但是市场机会多，进入成本相对较低。

二、夯实基础：练好六项“基本功”

过去的成功实践经验表明，在夯实基础方面，中国企业“走出去”应该锻造好基本能力尤其是要补齐能力短板，同时还应该把握一些基本的原则以及关注一些需要注意的问题，具体可分为六个方面（见图 4－4）。

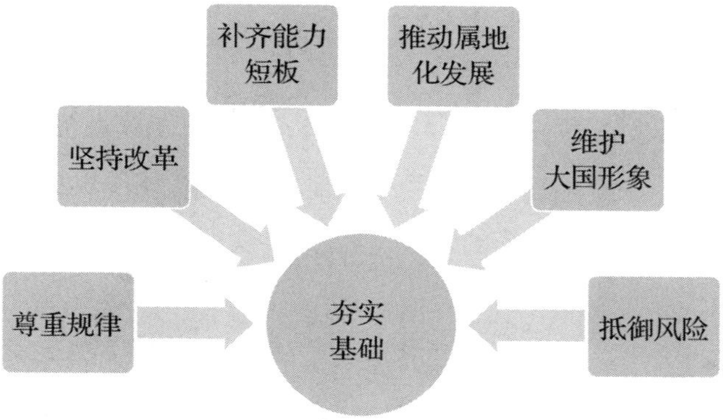

图 4-4 “走出去”需练好六项“基本功”

(一) 尊重规律

中国企业之所以能够在短短的 40 年里迅速崛起，其根本原因之一就在于坚持尊重规律，这也是中国企业实现理论自信、道路自信的前提。而对于“走出去”的中国企业来说，需要做到的就是尊重四个重要的规律。

1. 顺应市场经济发展规律及时代变革大势

企业要以“为顾客创造价值”为本，遵循企业的本质特性以及市场经济发展规律，尤其要在不同的时代背景、相应的市场机制环境下，探索尝试形成适应市场经济要求又具备中国特色的企业管理体制、经营机制以及企业发展模式等。简而言之，就是在抓住企业本质以及市场经济发展基本规律的同时，还要懂得适应变革趋势，与时俱进。

2. 服务国家战略

企业尤其是国有企业，要始终以国家利益为先，为社会创造财富，为人民谋幸福，同时也要紧跟国家战略，促进企业的自身发展。例如，在共建“一带一路”倡议下，一方面，企业要发挥在基础设施建设、技术创新、资源配置、运作模式、产融结合等方面的优势能力，为推动“一带一路”建设提供有力支撑；另一方面，企业应紧跟“一带一路”沿线国家的政策导向，把握我国与其他国家双、多边关系的大势，立足自身准确把握市场发展方向，应时而动，顺势而为，赢得先机，积极推动商业布局与国家战略互动融合，实现企业全球化战略转型，促进企业更好地“走出去”。

3. 发挥党建文化体系的核心作用

对于国有企业而言，应该“坚持党的领导不动摇”，坚持把党的领导融入公司治理各环节，把企业党组织内嵌到法人治理结构之中，明确和落实党组织在法人治理结构中的法定地位。要积极探索党组织发挥领导核心和政治核心作用的具体途径和方式，同时要充分发挥党建文化对企业文化的促进作用，并继续传承和弘扬党建文化体系中所产生的中国特色企业文化理念，例如传统的革命精神、以社会主义共同理想与爱国主义为核心的民族精神，以改革创新与开放共享为核心的时代精神等。对于民营企业而言，可借鉴党建文化体系中的党建工作机制、党建工作方法、党建组织形式、先进文化理念等，将其融入企业管理的某些环节，继续探索中国特色企业管理模式。

4. 创新探索中国特色企业发展模式

创新探索中国特色企业发展模式，从某种意义上说，其实就是要求企业在“走出去”的过程中坚持理论自信、制度自信与文化自信。要继续坚持自己探索形成的中国特色企业管理思想与模式，继续坚持具有中国特色的市场经济机制与现代企业制度，继续弘扬长期以来形成的先进的中国特色企业文化理念。

（二）坚持改革

中国企业之所以能够快速崛起，甚至赶超拥有百余年发展历史的西方企业，中国之所以能够成为世界第二大经济体、工业第一大国、货物贸易第一大国、外汇储备第一大国，一切都源于改革开放带来的力量。“改革开放这场中国的第二次革命，不仅深刻改变了中国，也深刻影响了世界！”在博鳌亚洲论坛2018年年会开幕式演讲中，习近平深刻总结了中国改革开放的伟大成就、重要经验和启示、世界意义和影响，并提出一系列新的改革开放重大举措。2018年12月18日，在庆祝改革开放40周年大会上，习近平强调：改革开放是中国人民和中华民族发展史上一次伟大革命，正是这个伟大革命推动了中国特色社会主义事业的伟大飞跃！[①]而且，在2018年通过的《中华人民共和国宪法修正案》中，序言部分有两处修改加入了“改革”一词，并与“革命”“建设”并列表述，这一切都宣示了新时代中国坚定不移深化改革、扩大开放的坚定意志和坚强决心。

对于中国企业来说，40年来改革的步伐从未停止，而且是全方位的，本书之前章节中总结的经营管理体制变革、管理思想变革、组织变革都是改革的重要内容，当然还包括商业模式、技术研发、合作模式等方面的变革与创新。面对存在不确定性的世界新格局、共建“一带一路”倡议下更为开放的国际市场环境、新技术变革条件下边界开放共生成长的商业生态环境，中国企业要想大步“走出去”，引领全球行业发展，仍需在企业家精神、管理思想、管理机制、组织方式、生产方式、商业模式、核心技术、国际合作等多层面，坚持改革与创新，努力打造具有全球竞争力的世界一流企业。

（三）补齐能力短板

前面章节中总结的“中国企业领先之道”中的七项关键能力，即战略引领、管理变革、创新驱动、资本运作、品牌塑造、人才发展、文化建设，也是中国企业大步“走出去”必备的能力基础，这里不再赘述。不过，有必要强调一下增强创新力、提高资本运作力、加强国际化人才培养、提升品牌形象等问题，因为这些正是目前中国企业参与国际竞争过程中暴露出来的能力短板，是中国企业“走出去”的软肋，这些能力短板能否补齐，决定着中国企业能否走得更稳、更快、更远、更深，并真正走进世界舞台中央。

1. 增强创新力

这里所言的创新是指大创新概念，包括技术创新、产品创新、商业模式创新、管理变革与创新、合作模式创新、跨界创新等。中国企业已经取得了高速铁路、载人航天、探月工程、核电技术、北斗导航系统等一大批

① 习近平. 在庆祝改革开放40周年大会上的讲话. 人民日报，2018-12-19.

创新成果，甚至在个别领域已达到世界一流水平，具备了“定义世界一流”的实力。但是，从总体上看，我国科技创新基础还不牢，自主创新特别是原创力还不强，关键领域核心技术受制于人的格局没有从根本上改变。例如，2017 年的“中兴事件”对于中国企业来说是一次教训，也是一个镜鉴，中国企业必须进一步提高创新能力，尽快把核心技术掌握在自己手中。中国企业如果仅仅依赖于技术引进、让渡国民财富和市场份额，将有被长期踩在产业链低端的危险。相反，通过攻坚克难、自主创新，掌握核心技术才能实现保障国家经济安全、国防安全，促进中国经济崛起。

在具体的创新能力培育过程中，除了顶层设计推动全面创新、确保资金与人才投入、建立良好的创新氛围与机制，还要高度重视“跨界”创新，因为在跨行业、跨领域、跨国别的科研合作与开放式创新方面，中国大量企业仍然是心有余而力不足。然而，在“互联网 +”“工业 4.0”等概念带来的产业变革大背景下，跨界创新给传统行业带来的革命性创新成果、给传统经济带来的巨大冲击，让我们不得不重视。因此，我们一方面要从供应链升级的高度思考如何能够进一步促进全面创新，打通产业上下游，发挥优势互补，促进产业全面升级，在为企业自身带来发展活力的同时助推全产业链内遍地开花；另一方面要通过跨国并购、合资建企、联合研发等跨界合作方式，促进裂变式创新，从更高起点上推进自主创新、实现合作共赢。

在以“不确定性”为常态的变革时代，中国企业要抓住当前科技革命、产业变革与经济发展方式转变交汇的历史机遇，不断增强企业的创新力，以智慧引领未来变革，实现企业跨越式发展。要加快推进以“互联网 +”为代表的信息技术与产业深度融合，实现流程再造和资源整合利用，以产信融合促进产业升级。加快培育基于互联网的融合型新产品、新模式、新业态，打造“互联网 +”新生态。利用云计算、云服务和云应用等新兴技术，实现大数据计算。利用北斗卫星、智能分析、物联网等技术，进一步应用和完善计算机辅助决策。加大协同设计、三维设计、建筑信息模型（BIM）等技术的应用和试点。适应以产品全生命周期和全制造流程的数字化为核心的“工业 4.0”和《中国制造 2025》要求，打造世界领先的智能制造技术体系。

2. 提高资本运作力

懂资本，得天下。随着企业规模的扩大，资本运作已经成为企业实现更高战略目标的一项必备关键能力。如果不懂资本运作，就无法确保国有资产保值增值；如果不懂资本运作，就无法利用资本整合外部资源、优化资源配置来扩大市场、增强实力；如果不懂资本运作，就无法在激烈的市场竞争中保持和放大自己的优势，实现资本的杠杆效应。世界 500 强企业，无不是利用超强的资本运作能力，实现几何级数增长，才得以做强做大的。随着经济全球化、中国资本市场的进一步开放，中国企业的发展已经进入一个资本运作的新时代。

与西方发达国家相比，由于我国自身资本市场尚不成熟、融资体系不够完善，再加上大量中国企业对国际资本市场不熟悉、国际资本运作经验不足，资本运作已经成为中国企业参与国际竞争的一个重要软肋。那么，如何尽快消除这个软肋呢?

（1）中国企业尤其是国有企业，应该确保国有资产保值增值，提升国有资本控制力与影响力。

（2）通过稳步推进外部战略联盟和并购，选择吸收能够与自己进行互补的资源与能力，从而加快海外市场推进步伐并提升企业国际竞争力。

（3）拓展多渠道的国际化融资体系，用好各种金融工具，解决实际的资金短缺问题，并创新金融合作模式。

（4）积极探索产融结合模式，强调以产业发展为根本目的，注重二者的有效互动，实现真正意义上的产融结合，从而拓展市场新动能，布局新市场，培育新业务，在保持传统业务增长的同时提升整个产业链的核心竞争力，促进企业转型升级。

（5）了解资本运作的风险并懂得如何去防范风险。

3. 加强国际化人才培养

国际化人才培养是中国企业推进海外战略的第一要务，可以说，国际化人才的数量与质量决定了“走出去”的市场有多大。现在海外经营规模的快速扩大和海外人才尤其是高端商务人才、新型专业化人才、高级复合型人才、大型项目的项目实施人才不足的矛盾日益凸显，成为未来海外大发展的一个大问题。中国企业要从战略和战术层面做好海外人才战略的部署与安排，要将国际化人才优先发展作为公司发展的一项重要战略来抓。要坚持国际化人才资源优先开发，国际化人才结构优先调整，国际化人才投资优先保证，国际化人才制度优先创新。要积极构建与国际接轨的人才管理体系，在引进选用、评价激励等方面进行政策突破和体制机制创新。

4. 提升品牌形象

40 年来中国将成千上万的产品输送到世界各地，但广为人知的却只有“中国制造”作为标志的世界工厂印象，真正留下品牌价值的微乎其微。虽然近些年中国高铁、中国核电、联想、华为、海尔、阿里巴巴等品牌在全球的影响力越来越大，但是相对品牌强国来说，只能说是凤毛麟角。在《福布斯》杂志 2017 年、2018 年连续发布的全球最具价值品牌 100 强排行榜中，中国只有华为一家公司上榜，与美国、德国、法国、日本等发达国家相比，相差甚远。提升企业的国际品牌形象需要从以下几方面入手：

（1）打造品牌硬实力。品牌硬实力的来源主要是技术的不断创新，同时为用户提供高质量的产品或服务。

（2）提升品牌软实力。应深入挖掘品牌文化内涵，使其更具中国特色，同时又适应国际性、时代性，便于理解与传播。

（3）推动品牌输出。要积极推动中国标准“走出去”，提高中国品牌知名度。尤其是在推进“一带一路”建设过程中，应主动承担相关项目，努力让中国标准的推广占得先机，使其为国际所认知和认同。

（4）加强品牌传播。在品牌传播策略方面，积极挖掘品牌文化内涵、品牌故事，善于利用属地国的各类媒体、宣传媒介等进行宣传推广，促进属地国员工、消费者等利益相关方对品牌文化的认同。

（5）注重社会责任。积极参与国际社会责任建设，获得国际社会尤其是属地国的认可与尊重，提高品牌的美誉度。

（四）推动属地化发展

属地化是实现企业在属地国长期发展的重要手段。要坚持稳发展、深耕耘的经营开发战略，加强境外区域化、本土化、专业化布局。在项目实施过程中，充分整合属地国资源，积极引入当地雇员，并为他们提供成长与成才机会，努力培养一批能够支撑企业在当地长期发展的优秀人才队伍。

例如，A 公司持续推进雇员当地化并深入开展技能培训，助力员工成长。A 公司在海外最大程度雇佣当地员工，缓解当地就业压力。仅蒙内铁路项目就为肯尼亚创造了 46 000 多个就业岗位，当地雇员占比约 90%。A 公司贯彻“授人以渔，终生致用”的发展理念，关注员工职业发展，积极为当地员工提供专业培训，引导他们逐渐走上关键的技术以及管理工作岗位。在蒙内铁路全线，接受岗位技能培训的当地员工超过 45 000 余人次，其中包括为蒙内铁路运营和维护管理培养的专业技术和管理人才 2 000 余名。A 公司广泛设立当地雇员应急保障基金，为员工排忧解难；颁发“资深员工奖”，表彰和激励为公司服务 10 年以上的优秀当地员工，目前已有 200 多人获得此奖。

当然，人才管理属地化只是属地化发展的一个重要组成部分。因此，属地化发展不仅是对当地人才的培养与发展，还是一项系统工程，包括人才管理属地化、制度属地化、文化属地化、品牌属地化、社会责任属地化等。这就要求企业全盘考虑，系统推进，以属地化的方式融入当地的经济、社会与文化，而且其中文化的融入不是强加于他人，而是需要做到入乡随俗。

（五）维护大国形象

今天，中国正在持续、全面推进特色大国外交，已经形成全方位、多层次、立体化的外交布局，为发展营造了良好的外部条件。而且中国声音、中国方案、中国故事、中国信心、中国贡献在世界范围内产生共鸣，彰显了负责任、有担当的大国形象。“走出去”的中国企业理应时刻注重自身的品牌形象，并维护“大国”形象，这不仅仅是一份责任，更是企业自身发展的内在需求。因此，维护“大国”形象不是空谈口号，也不是指简单的产品品牌形象或者企业品牌形象，而是一个系统工程，需要通过树立正确的价值观、紧跟国家外交与外经战略步伐、加强产品质量、拓展技术创新、提升品牌形象、加强跨文化管理、弘扬中国特色企业文化理念、履行国际社会责任、强化守法意识等一系列从战略到产品、技术、品牌、文化、社会责任、法律等多层面的经营管理行为来予以实现。大国形象容不得半点玷污，任何一点不当行为都有可能产生负面的蝴蝶效应，对于“走出去”的中国企业来说，一定要采取零容忍态度。

如果企业缺乏正确的价值观，其“走出去”行为必然会遭到国际社会的质疑与否定。如果企业的产品或者服务质量、技术水平不过硬，就不可能有“走出去”的机会。如果企业无法成功进行跨文化管理，就无法真正“走进去”。如果企业不注重国际社会责任，就不会受到属地国的欢迎与尊重。如果企业长期无法建立负责任、讲诚信、守规矩的良好品牌形象，就不可能在全球市场上立足，更不用谈持续发展了。例如，个别企业没有形成正确的国际价值共识，对贸易自由化规则缺乏深入了解，甚至将国内经营的陋习、不正当竞争手段直接移植到国外，造成了属地国的担心和质疑，甚至还给反华势力提供了口实，严重影响了中国的大国形象。

虽然不可能每一家企业都能够完成中国高铁、中国公路、中国桥梁、中国港口等大国形象项目，但是我们可以像华为、联想、海尔、阿里巴巴、小米一样扎实练好内功，通过过硬的产品质量、创新的技术走向世界，通过优秀的文化、良好的企业公民形象影响世界，从而成为中国声音、中国故事、中国方案、中国信心、中国贡献的一部分。

（六）抵御风险

随着“一带一路”建设的不断推进，企业的国际化也更加深入、全面，企业参与程度也越来越高，伴随而来的风险也越来越多，具体包括政治风险、经济与市场风险、社会和文化风险、法律合规风险、环境保护风险、运营环境风险、国际化人才短缺风险、恐怖主义风险等。而且，这些风险很多都是不可预期、不可避免的。例如，“一带一路”沿线部分国家的内部矛盾、政权变动、法律体系不健全等情况正对中国企业所开拓的相关项目带来阻滞，如巴基斯坦、马来西亚等国家政府换届，吉尔吉斯斯坦政局不稳等，均给部分中国企业在当地的业务推进带来影响，阿富汗、巴基斯坦等的地区冲突、恐怖主义袭击不断，给相关地区项目的追踪推进带来较大压力。

因此，企业要做的就是加强风险防范意识、提高抗风险能力，例如加强风险评估系统建设，尽可能避免风险；完善风险应对机制，提高风险管控响应速度，尽可能减少风险损失，转危为安。具体的风险认知、案例分析及其对策，详见本书第五章。

三、增强内力：制度与文化双轮驱动

在企业经营管理过程中，制度以其刚性的特征起着约束、激励等作用，世界优秀企业往往都表现为“制度严格”。而文化以其软性的特征起着引领、凝聚等作用，世界优秀企业往往都表现为“价值观引领”。制度与文化双轮驱动，一“硬”一“软”相结合，促使制度推动文化、文化融入制度、文化指导制度，做到“制度有则自觉执行，制度无则文化补位”，产生“1 + 1 = 11”的叠加效应，确保企业的战略、生产、营销、研发、跨国运营等各方面管理工作有效落地与实施，同时促使员工实现从“要我做”到“我要做”的转变，成为企业不断发展的内力源泉，这也是企业管理从科学管理向文化管理迈进的具体表现之一。因此，在企业“走出去”的过程中，随着战略的转型升级、环境的动态变化，制度变革与文化变革及其相互的支撑、融合与推动，将为企业提供不竭的发展动力（见图 4－5）。

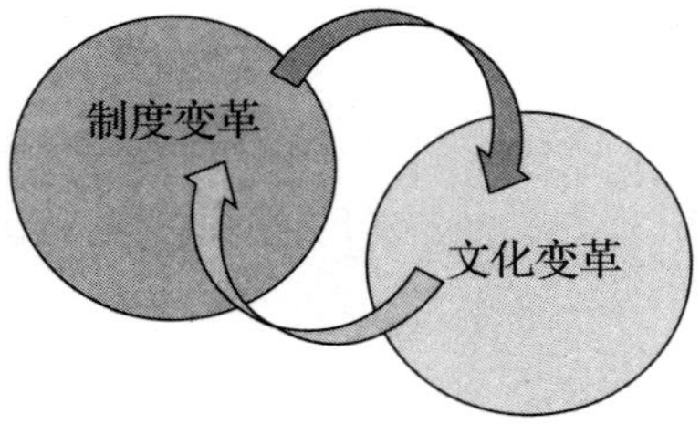

图 4－5 制度与文化相互补位、双轮驱动示意图

（一）制度变革：管控模式、业绩考核与薪酬设计“三驾马车”并驾齐驱

管理制度是实现企业目标的有力措施和手段，是企业进行正常经营管理所必需的，中国企业“走出去”要想获得成功离不开科学、完整、实用的管理制度。管理制度体系涉及人力资源管理、安全管理、财务管理、行政管理、经营管理等，内容很多，这里不再一一赘述。不过，有必要强调一下管控模式、业绩考核、薪酬设计等问题，因为这些是目前中国企业“走出去”过程中需要从企业管理制度层面解决的关键问题，管控模式、业绩考核、薪酬设计决定境外员工的积极性，甚至直接决定“走出去”的成败。

1. 管控模式：让“听得见枪炮声的人”来决策

中国企业“走出去”之后，由于境外机构的组织定位、业务类型等特点，集团总部需要对境外机构采取“定制”方式建立相应的管控机制。总部与境外机构管控模式的选择实际就是总部对境外机构所需要采取的具体管控手段和力度的选择。对境外机构进行精确的分工和定位是选择管控模式的前提条件，需要考虑集团战略、业务结构、集权分权、治理结构、管理体制、组织结构等诸多因素。因此无论国有企业还是民营企业，一般皆会采取以一种管控模式为主其他管控模式为辅的组合方式。

总结中国企业多年的实践探索，“走出去”企业在选择境外机构管控模式时，应遵循六个原则（见图 4－6）。

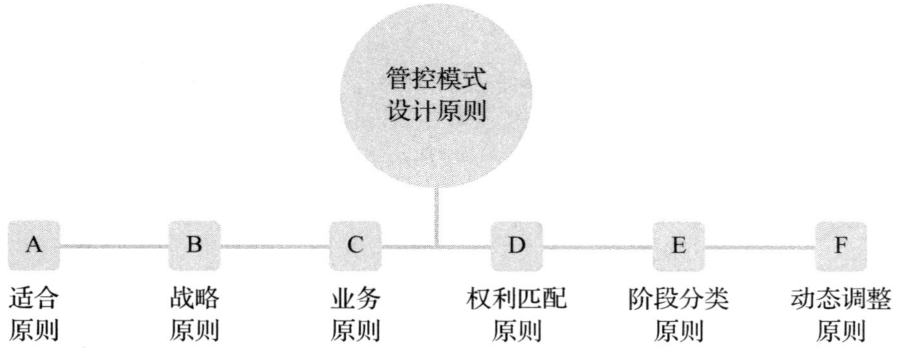

图 4－6 管控模式设计原则

（1）适合原则。没有最佳的管控模式，只有最适合的管控模式。企业必须根据自身的实际情况选择最适合境外机构的管控模式。总部在制定统一的管控框架时，需要对总部领导类型、整体业务结构、集团权力配置和组织协调等因素进行考虑，对不同类型的境外机构采取最适合的管控模式。

（2）战略原则。实施总部与境外机构管控应以完成集团特定的战略目标为目的。总部应对境外机构在集团战略整体布局中的定位进行分析，可以分为战略核心、战略重点和战略从属三种地位，并据此设计境外机构的组织类型、管理体制和管控手段等。比如，对战略核心组织采取集权型管控模式，对战略重点组织采取集权和分权相结合的管控模式，对战略从属组织采取分权型管控模式。

（3）业务原则。总部应考虑境外机构在集团业务结构、利润结构中的作用和重要性，据此进行管控设计。对于从事集团主业、占据较大利润比例的境外机构，可以采取运营型管控模式。总部可通过股权置换、收购、回购等手段将它们转变为控股公司或全资子公司，以实现对该类境外机构的绝对控制，确保集团主业的稳定发展。对于集团非主业领域的境外机构，可以考虑其组织成熟度、业务类型和核心资源等因素进行灵活的管控设计。一般可以将其定位成半紧密层或松散层企业，以分权型管控模式为主。

（4）权利匹配原则。根据总部与境外机构之间全资、控股和参股等关系来进行管控设计。对于全资子公司可采取运营型管控模式，对绝对控股子公司可采取战略型和运营型相结合的管控模式，对参股公司则倾向于采取财务型管控模式。

（5）阶段分类原则。境外机构所处的发展阶段可分为起步阶段、成长阶段和成熟阶段。对起步阶段的境外机构可采取集权型管控模式，以培育企业、占领市场为主；对成熟阶段的企业可采取分权型管控模式，以提高企业自主经营能力和积极性为目标；对于成长阶段境外机构可采取集权型和分权型相结合的管控模式，在规范企业运行的基础上培育其经营能力。

（6）动态调整原则。随着境外机构的成长发展，其战略重点、业务结构、组织结构和管理体制等组织运行方式不断发生改变，境外机构管控模式必须本着动态原则进行设计，提高集团管控模式应用实施的灵活性。在管控模式应用方面，总部可以把管控模式设计为一系列动态进化的应用框架，在统一规划设计的基础上分步骤、分阶段实施，形成与境外机构发展阶段相适应的动态管控模式。

在遵循上述原则的基础上，中国企业对战略型、运营型和财务型这三类基本管控模式的理解也在不断深化。

模式一是战略型管控。战略型管控模式中集团总部主要从战略层面对境外机构进行战略性管控，境外机构则作为战略执行机构进行经营活动。战略型管控模式是一个相对集权的模式，集团总部定位成集团的决策中心、投资中心和战略管理中心，负责整个集团的战略规划、重大事项决策、重要人事任免及境外机构业绩考核等工作；境外机构则具体负责战略规划的贯彻实施及经营管理工作。战略型管控模式要求集团总部与境外机构之间的权力配置较为均衡，注重程序控制是这种管控模式的主要特点。集团总部主要负责大方向的业务、投资和发展战略规划的分析和制定，通过统一的战略规范来协调集团业务结构和业务运作，并通过人事管控、财务管控、业绩考核管控等手段来保证境外机构与集团总部战略目标的一致。境外机构作为独立经营的业务单元和利润中心，拥有一定的决策权，可以在集团整体战略框架内独立开发自身的业务发展规划并报集团总部审批。由于集团总部对境外机构采取一种较为放权的管理体制，集团总部的主要职能是在战略层面对境外机构经营活动进行规范和控制，对各境外机构业务战略进行审核，在做出详细的评估后依序分配业务资源。集团总部一般需要参与境外机构的战略决策及重大投资项目的评估和前期实施；协助开展外部资源的整合及建立系统的管理和运营体系；提供任何必要的技能和资源支持，如项目开发、资金、政府关系等，并协助境外机构建立自己的核心能力。进行收购或出售业务的时候，由集团总部领导层依据集团战略目标，做出收购或撤资决定。集团总部为境外机构设定战略和业绩考核目标并监控，在境外机构需要的时候提供必要的技能和资源支持，主要是资金和外部资源整合的支持，使得境外机构具有持续的盈利能力并实现规模扩张。

战略型管控模式适用于集团主营业务，集团总部不直接介入境外机构的微观运营活动，主要通过战略指导、计划审批、指标监控等形式来实施管控。战略型管控模式是一种适度分权的管理方式，处于管控客体地位的境外机构一般是具有公司法人地位的全资子公司、控股子公司等，多处于母子公司体系的紧密层位置，是集团的核心业务单元和关键利润支撑点。

在此基础上，集团总部追求战略资源的优化配置，运用战略管理、业务协调、财务控制、人事控制和业绩考核考评等手段支配境外机构的重大决策和经营活动，从而实现对境外机构的有效控制。战略型管控模式要求集团总部与境外机构之间进行适度分权，并实现决策和执行分开、资本经营和产品经营分开，这有利于增强境外机构自主经营的积极性和促进专业化经营能力的提高。战略型管控模式要求企业具备相对扁平的组织结构，这样可以减少决策环节，大大提高决策效率和企业的应变能力，并且有利于单一产业的企业实现克隆式的快速扩张。战略型管控模式对集团总部与境外机构之间的战略管理协调能力要求较高，要求集团总部管理人员能够有效地对境外机构进行战略协调和业务指导。战略型管控模式一般适用于对业务协同要求较高的境外机构，要求母公司与境外机构的业务结构清晰。集团总部一般应选择业务成熟、能力较强、管理完善的境外机构进行战略型管控。

模式二是运营型管控。运营型管控模式是集团总部对境外机构的经营活动进行直接经营操作的一种高度集权的模式。集团总部是境外机构的决策中心、投资中心、管理中心和协调中心，负责战略、投资、财务、重要人事任免等诸多事项的决策和管理；境外机构则作为利润中心和执行机构，负责对集团总部的经营决策进行落实和贯彻。运营型管控模式是一种高度集权的模式，强调对境外机构内部关键业务流程的过程控制。集团总部拥有相当大的权力，通过集中设置完善的职能部门体系，对境外机构的战略、决策、人力资源、生产、研发等经营管理活动进行指导，甚至直接介入境外机构具体业务的经营活动。在运营型管控模式中，集团总部追求整个集团经营活动的统一协调和共同成长，要求境外机构成员必须完全服从母公司的统一管理，对境外机构具有很强的管控力度。为了保证集团战略的实施和集团目标的达成，集团总部从战略规划的制定到实施几乎无所不管，因而把各种相应的管理职能在集团总部层设置得非常广泛和非常深入。在运营型管控模式下，为了保证集团总部能够正确进行决策，能够应付解决各种常规和突发问题，集团总部所需要的职能人员很多，集团总部的规模也会相当庞大。

运营型管控模式适用于对境外机构的业务相关性要求很高，各境外机构的经营业务具有关联性，业务经营活动具有相似性，整个集团的业务范围集中在一个较为狭窄的产业领域内的情况。集团总部经营者需要具有很强的实务操作能力，必须拥有对境外机构的业务内容非常熟悉、专业能力较强的管理人才和经营人才。采取运营型管控模式要求集团总部对境外机构拥有绝对的控制权，一般应是具有法人地位的全资子公司、绝对控股子公司及非法人性质的事业部、分公司、生产工厂等。为了保证集团总部决策的正确性和管理的有效性，集团总部设置一套较大的职能部门体系和从事决策支持的专业委员会。集团总部需要利用网络技术和通信技术建立一个贯穿整个境外机构各部门的信息网络平台，促进信息资源共享和提高决策效率，并借助信息管理手段实现对下属成员企业的实时控制。

模式三是财务型管控。财务型管控模式中集团总部主要从财务层面对境外机构进行管控，境外机构享有高度的决策自主权和经营自主权。财务型管控模式是一种倾向于分权的管控模式，集团总部主要负责集团的财务和资产运营、财务规划、投资决策和监控等，并不过多干涉境外机构的战略、管理和经营事项。财务型管控模式注重结果控制，境外机构在完成母公司规定的财务目标的前提下可进行自主经营。集团总部定位成资产管理中心和财务管理中心，主要从事集团层面的资产管理、投资规划、财务管理等。集团总部负责制定统一的财务政策和实施严格的预算管理，对集团内部资金流向和经营结果进行严格评议和监管。境外机构作为独立的业务单元和利润中心，享有独立的自主决策权，其战略决策和业务经营一般不需要征求母公司的意见和审批。在财务型管控模式中，集团总部与境外机构的联系纽带主要是资本和金融纽带。集团总部通过投资、股权转让和兼并收购等资本运作手段来对成员组织进行灵活组合。集团总部管控的重点集中在境外机构的投资回报和资本运作收益，这要求母公司具备较强的投资决策、财务监控和资本运作能力。集团总部主要负责财务和资产运作，其职能体系以资产管理、财务管理和投资管理为主，不需要设置太多的职能部门。集团总部对各境外机构的业务范围没有明确的要求，不追求集团协同效应，不涉足境外机构的业务管理。财务型管控模式的前提在于具备资本运作和公司价值评估的能力，集团总部必须金融集团化。随着竞争的发展，财务型管控模式也不再是传统式坐等分红的消极运作，在总的分权主旨不变的前提下，越来越倾向于采取主动的措施影响境外机构的经营方向和活动。

财务型管控模式中集团总部与境外机构产权关系明晰，内部组织实现专业分工和明确定位，集团总部管理任务相对简单，有利于增强境外机构的积极性和自主性。其缺点在于集团业务结构分散，境外机构相关性不大，企业之间难以形成协同优势。采取财务型管控模式的企业多是金融型境外机构。由于集团总部不追求集团业务的互补性和协同性，导致其业务结构不太明确，基本上采取非相关多元化的运营方式，涉及的业务领域比较广。财务型管控模式要求集团总部具备较强的资本运作能力，能够对境外机构进行有效的财务管控。集团总部在选择投资对象时，对境外机构的资质条件要求较高，如境外机构管理能力强、公司治理规范等。

2. 业绩考核：落实战略的“指挥棒”

业绩考核是落实战略的关键手段，中国企业“走出去”要想获得成功，用好这个管理手段至关重要。与境内子公司相比，境外机构的业绩考核尤其具有特殊性，在实际操作过程中必须坚持以下四个原则。

一是坚持依法合规。遵守我国及境外当地法律法规，尊重境外当地商业规则、民族文化和社会习俗，遵循国际国内市场规律，合法经营，规范运作，实现可持续发展。

二是坚持改革方向。服务国家大局和企业发展战略，强化境外机构的经营主体地位，建立国际化的经营机制。立足当地，着眼全球，以国际一流企业为标杆，强化国际对标。

三是坚持分级分类管理。按照出资关系、企业内部管控模式和管理链条，逐级履行出资人职责，分层落实经营管理和资本保值增值责任。实施具有差异化、属地化特点的境外考核分配管理，体现境外经营特点，符合境外业务实际。

四是坚持激励约束相结合。薪酬分配、选人用人要与业绩考核紧密挂钩、有效联动。在充分授权、调动境外机构经营的积极性和主动性的同时，落实相应责任并完善监督评价和责任追究机制。

此外，集团总部应统筹考虑境外机构的战略影响度、业务相关性、区域集中度、集团总部管控能力等情况，采用财务型、战略型、运营型等管控模式对境外机构实施管理，并匹配相符的考核分配方式。采用财务型管控模式的，考核分配应以财务指标为重点，聚焦投资回报，追求公司价值的相对最大化，在确保合规性的基础上，不过多参与境外机构内部的考核分配工作。采用战略型管控模式的，考核分配应以战略目标实现为重点，聚焦财务指标、关键业绩指标的选择和目标设置，审议境外机构考核分配管理方案，授权考核分配具体工作。采用运营型管控模式的，采用与集团总部一致的考核分配机制或深入参与境外机构考核分配管理方案的制定，并对考核分配的实际执行过程进行操作指导或评价监督。

在坚持上述原则的基础上，境外机构业绩考核在指标设计及考核实施方面也有其特殊性。

（1）指标设计。境外机构的业绩考核表现在组织治理、经营管理和业务成长等多个方面，必须从一个系统评判的视角对境外机构进行综合业绩考核。集团总部必须制定统一、科学、公正的评价指标体系，对境外机构的评价指标设计进行规范和指导，并将此作为境外机构业绩考核评价指标设计的指标库。境外机构业绩考核的评价指标设计必须根据集团总部的管控目标进行分析和选择。境外机构的目标主要包括四个方面：资产的保值增值、战略的贯彻落实、运营效率的提高和成员企业的协同发展。集团总部需要根据这四个方面的目标进行具体的业绩考核目标设计，同时必须结合不同境外机构的实际情况进行选择。

为了提高境外机构业绩考核的准确性和全面性，应将财务指标和非财务指标同时融合到业绩考核的评价指标设计中。在设计境外业绩考核评价指标时，考虑到具体管控目标可能会因企业情况的迥异而呈现差异化特征，可以从四个维度构建一个较为完善的评价指标体系。集团总部在具体设计境外机构的评价指标时，可以根据此指标体系进行相应的调整。这四个评价维度包括：

1）盈利指标。目的是提高境外机构的盈利能力，这主要反映在境外机构的效益增加方面。可以选取一系列财务指标对境外机构进行业绩考核。这类指标包括销售利润率、总资产报酬率、净资产收益率等。

2）成长指标。目的是促进境外机构运营效率的提高和境外机构的成长发展，集团总部可以从境外机构的组织成长维度来进行业绩考核。这类指标主要包括利润增长率、资本保值增值率、主营业务收入增长率、总资产增长率等。

3）资产指标。目的是实现资产的保值增值，并推动境外机构资产规模的扩张。组织资产维度的指标主要用于衡量境外机构资产运营所产生的实际效果，提高境外机构的资产质量。这类指标主要包括流动资产周转率、存货周转率、总资产周转率等。

4）协同指标。目的是促进集团各成员协同发展。考核能够提高境外机构与集团总部之间的协同程度，并通过相应的指标来反映协同的实际效果。主要采取定性和定量相结合的评价指标进行衡量，包括综合项目个数比率、战略协同度、集团整体业务新签合同额等。

在设计境外机构业绩考核评价指标的过程中，要本着以下原则进行（见图4－7）：一是责权利相统一原则：指标必须与赋予境外机构的责任和权力相一致，对于境外机构无法通过自身努力实现的，或者境外机构没有权利开展的业务，不能作为其业绩考核指标。二是可衡量性原则：指标必须进行明确定义并可以衡量，这使得评价行为能以明确的进程加以实施。三是可操作性原则：评价指标必须具有较强的可操作性，主要涉及评价指标相关数据收集的可行性以及指标体系本身的可行性。四是战略引领原则：境外机构业绩考核导向与集团发展战略保持高度一致，充分发挥业绩考核对集团战略目标实现的保障作用。五是动态性原则：评价指标应随着集团内外部环境的变革进行动态的调整，以适应不同管控环境下的管控任务。六是长短结合原则：评价指标体系应实现短期效益与长期效益相结合，不能只注重短期利益而忽视企业的长期发展，应注重财务指标与非财务指标的平衡，构建立足当前、着眼长远的考核体系。七是成本节省原则：评价指标数据的获取不能耗费过多的成本、产生很大的工作量，除非该指标是不可或缺的。在设计指标体系时，还要考虑到相关的评价指标应能从企业财务报表中加以选取得到，同时也要考虑到非财务指标的均衡。

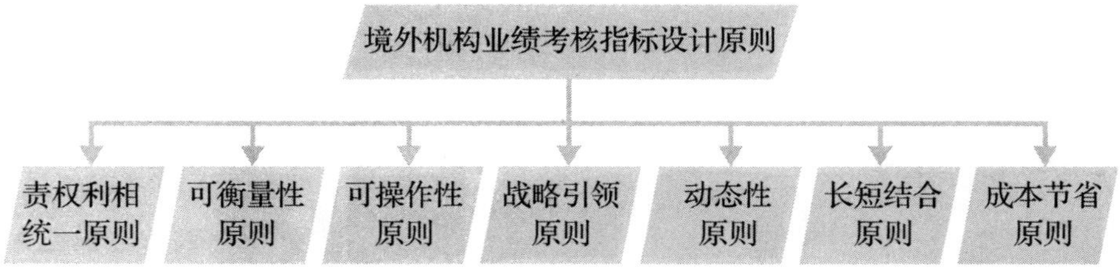

图4－7　境外机构业绩考核指标设计原则

（2）考核实施。在境外机构业绩考核具体实施的过程中，还必须特别注意以下四个方面：

1）合理确定考核内容。集团总部要按照分类管控的需要，根据境外机构战略定位、业务特点、组织模式、发展阶段、地域差别等因素确定考核重点，设置有针对性的考核指标及其权重。对于充分竞争的商业类业务，以提高经济效益、实现国有资产保值增值为目标，重点考核盈利能力、资本回报率和国际市场竞争能力等内容，提升境外机构价值创造能力和资本运作效率。对于服务公司战略的，在保证合理回报和国有资本保值增值的基础上，加大战略实施情况、国际品牌建设等方面的考核。对于承担获取先进技术、发展前瞻性战略产业以及重大技术与标准“走出去”等任务的，重点考核专项任务、风险控制等完成情况，同时关注成本控制、运营效率等内容。

2）科学确定考核目标。集团总部应综合集团整体目标、经营计划、市场环境、行业发展以及往年完成情况等因素，与境外机构充分沟通、共同磋商，合理确定考核目标。考核目标值应当可量化，并具有一定的挑战性。发挥境外机构国际化经营桥头堡的优势，加大国际对标，强化目标引导，努力提升短板，逐步缩小与国际一流企业的差距。考核目标一经确定，无特殊重大客观情况，不得随意调整，以确保考核目标的严肃性。考核目标应层层分解到各经营单位，以确保境外业务经营和国有资本保值增值责任层层落实。

3）加强考核目标执行过程管理。集团总部要对境外机构考核目标执行情况进行跟踪，实施动态监控，及时预警影响考核目标完成的重大事项。对考核目标完成进度不理想的，加大督促力度，确保完成。考核期末，严格按照程序审核考核指标完成情况，形成考核结果，并将考核结果反馈至境外机构。因市场环境发生重大变化、承担重大战略任务等对考核结果造成重大影响的，结合对标情况，在考核结果核定时实事求是予以考虑。

4）强化考核结果运用。考核周期结束后，严格根据考核结果兑现奖惩，考核结果应作为境外机构薪酬分配的主要依据。

3. 薪酬设计：绝不是简单地“分蛋糕”

在中国企业“走出去”步伐日益加快的今天，境外员工的薪酬管理成为很多企业关注的问题。境外员工一般由集团总部任命，在派驻国工作，既包含中国公民，也包括第三国公民，其人力资源管理方式在某些方面有别于派驻国本地员工。根据不同外派目的，境外员工的周期一般可以分为短期（1 年以内）、中期（1 ～ 3 年）和长期（3 年以上）。境外机构由于所处的发展阶段不同，其境外员工管理方式存在很大差异，具体到境外员工的薪酬管理则更为多样化。由于境外员工的人工成本高昂，激励效果决定境外员工的积极性，甚至直接决定境外业务的成败，因此境外员工的薪酬管理尤为重要。下面的分析以外派人员为例。

设计外派人员薪酬制度时需重点考虑三方面的因素：地域差别、任务难易和个人情况。地域差别是要考虑派驻国属于比较发达地区、欠发达地区还是落后地区，具体考虑物价水平、社会稳定状况、基础设施、税负以及气候等各方面的差异。任务难易是要考虑外派工作任务本身的难易程度，例如，与国内工作内容的差异性、担负责任的大小以及外派时间长短等。个人情况包括被外派人员的个人特征，职级高低对外派人员的薪酬影响很大。另外，外派人员的年龄、婚姻及子女情况等也会对外派成本产生较大影响。

总体而言，外派人员的薪酬方案达到良好的效果需满足以下条件：对外派人员有足够的激励；与国内相比，能保持外派人员相应的生活水平，如住房、医疗和子女教育等；兼顾薪酬公平性和竞争性，既能平衡中国、派驻国和第三国员工之间的薪酬关系，又能对外派人员有较大吸引力。

（1）外派人员薪酬体系的三种模式。目前，外派人员薪酬体系及确定标准可以分为三类：以集团总部的薪酬体系为标准、以派驻国的薪酬体系为标准、以国际化员工薪酬体系为标准。前两种类型主要是把外派人员的基本工资和业绩考核工资纳入集团总部的薪酬体系或派驻国的薪酬体系，第三种主要针对那些具有高度流动性、经常在国外工作的人员，根据他们的工作特点而专门设计一套薪酬体系。三种类型各有优缺点，适用对象也不同。首先，基于集团总部的外派人员薪酬体系主要适用于那些外派时间较短、外派任务结束后马上回国工作的人员，这种薪酬结构有利于外派人员与集团总部保持联系，也能使外派人员回国后较快地找回原有的工作状态。不足之处是，当派驻国的工资水平高于外派人员的工资水平时，容易导致外派人员工作积极性降低，甚至跳槽。其次，基于派驻国的外派人员薪酬体系主要适用于那些外派时间较长，而且派驻国薪酬水平与中国薪酬水平相近的情况，使用该种薪酬体系不易造成在该公司工作的派驻国员工的不满。最后，国际化员工薪酬体系适用于那些具有高度流动性、经常在国外工作的人员。为达到组织外派人员的目标，一般来讲，应当使从事外派工作的员工拥有与在本国相同的消费能力。但外派人员的薪酬水平也不能过高，否则可能会使本地员工感到不公，或者使外派人员拒绝接受未来重新分派的任务。

目前，多数跨国公司的外派人员薪酬制度主要在集团总部薪酬体系下设计。集团总部会以固定薪酬加上额外津补贴来计算外派人员的薪酬。外派人员的薪酬体系应确保外派人员薪酬与集团战略目标保持一致，外派人员薪酬制度的特点应体现竞争性、低成本、激励性、公平性、易于理解性、与财务管理结合、沟通方便等。集团总部在选择外派人员薪酬模式时，可以一种体系为主，综合运用多种模式。如果以派驻国的薪酬体系为主，将外派薪酬与当地工资结构相联系，会比单纯采取平衡表模式更为有效。在此种模式下，外派人员能够得到与派驻国国民平等的待遇，既节约了成本，也避免了传统模式所引发的皮革马利翁效应。

外派人员薪酬设计的常用方法如下（见图 4－8）：一是平衡表法。其源于会计中的借贷平衡表，目前是国际上较为流行的外派人员薪酬设计方法。基于购买力持平原则，平衡表法通过考虑派驻国生活成本，将本国员工购买力转化为外派人员购买力。二是标准化法。对中国之外的派驻国生活成本进行标准化，通过成本的标准化，将各派驻国的工资水平标准化，达到让外派人员在派驻国之生活水平约相当于中国的效果。三是谈判法。平衡表法和标准化法大多数用于规模比较大、外派人员比较多、管理相对规范的公司，对于一些小企业、民营企业而言，一对一的谈判法有更为广泛的运用。四是自助餐法。它是平衡表法的一种改进，类似一种自助餐，公司提供一揽子薪酬模块和标准，由外派人员根据自身需求和工作特点进行选择。

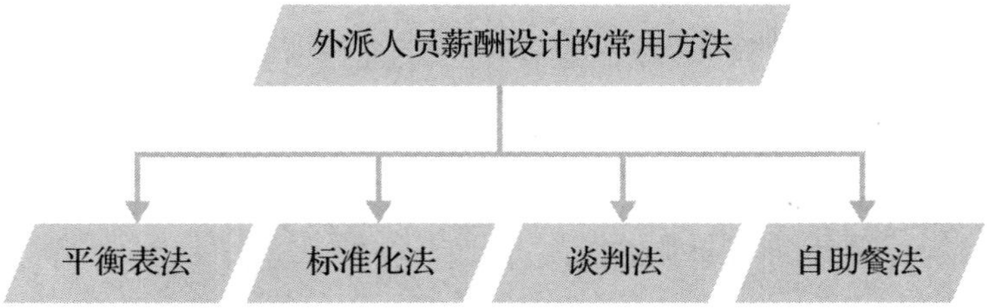

图 4－8　外派人员薪酬设计的常用方法

（2）外派人员的薪酬构成。外派人员的薪酬结构通常包括基本薪酬、业绩考核薪酬及奖金、津补贴、福利及中长期激励等，其功能定位如表 4－1 所示。

表 4－1　外派人员的薪酬构成及功能定位

组成部分	功能定位
基本薪酬（岗位工资）	体现岗位价值
业绩考核薪酬及奖金	体现业绩贡献
津补贴	体现特殊劳动条件的薪酬及非劳动因素对工作的影响
福利	体现非货币激励
中长期激励	体现长期组织承诺

1）基本薪酬。基本薪酬（又称岗位工资）指外派人员的薪酬中固定的部分，与员工的业绩好坏没有直接联系。确定基本薪酬是外派人员薪酬设计的首要工作，因为它通常是确定激励报酬、津贴的基础。基本薪酬可以依托岗位工资体系进行设计，尤其对于全球化程度较高、有全球薪酬管

理信息系统的公司来说，设计相对统一和标准化的基本工资，有利于各国（地区）间员工的流动和晋升。

2）业绩考核薪酬及奖金。业绩考核薪酬及奖金是指根据外派人员所在境外机构的经营业绩及个人的业绩考核考评结果，通过业绩考核兑现的一部分薪酬。它是薪酬中浮动较大的部分。境外任职奖金是鼓励外派人员接受境外任职而发给的额外报酬，一般为基本薪酬的一个固定比例，并且仅在境外工作期间支付。

3）津补贴。由于外派工作的特殊性，公司需要向外派人员支付一定的津补贴，这部分往往是外派人员薪酬设计的重点。

一般而言，津贴主要分为以下两类：一是艰苦津贴，主要指支付给外派人员因工作所在地特殊的自然环境、特别的政治和社会环境的补贴。识别困难地区通常有以下三种标准：生活条件艰苦，如没有好的住所，缺乏食物或消费服务，缺少娱乐设施，没有便利的交通工具；自然环境恶劣，如气候条件恶劣、高纬度或高海拔；社会政治局势不稳定，如经常发生暴乱、内战等。二是外派津贴，主要指因为员工外调而支付给员工的一种奖励。通常分为两种支付形式：在员工外派时一次性支付给员工一定数量的奖金，以示公司对其外派的鼓励；在员工外派时先支付给员工较小的津贴，外派结束后再根据其外派期间的业绩，支付另外一笔津贴。

外派人员补贴主要针对外派人员的衣、食、住、行等方面，目的是让外派人员保持与在本国等同的购买力，特别是派驻国的物价指数高于中国时。通常，补贴主要体现为以下几类：一是住房补贴。主要用于解决外派人员的居住问题，在支付住房补贴时要考虑到外派人员家庭人数和外派人员工作所在地的房价水平等因素。二是个人纳税补贴。主要针对外派人员通常要缴纳两次个人所得税的问题，即外派人员在国外取得收入要缴纳收入发生地的个人所得税，还须向中国纳税。三是教育补贴。对于有孩子的外派人员来说，到国外工作还面临孩子上学问题。通常情况下，公司还得为外派人员支付一笔教育补助金，有的公司将教育补贴纳入外派人员福利模块中。

4）福利。除了外派人员在派驻国的医疗、养老金外，一般还会给予外派人员额外的假期、特殊的休假、住房、医疗以及子女教育等相应福利。

5）中长期激励。许多企业为避免人才流失，提高激励效果，通常会对外派人员队伍中的高级管理人才、专门技术人才和高技能人才设计中长期激励，主要方式包括股票期权、限制性股票、员工持股等，在达到强化对境外高级人才激励的同时也加强对这些骨干力量的约束。

（3）外派人员薪酬设计应注意的事项。

1）体现一定程度的竞争力。包括对内竞争力和对外竞争力。对内竞争力是指外派人员的薪酬水平要高于集团总部同级人员的薪酬，这样才能起到鼓励员工接受外派工作的目的。对外具有竞争力是指外派人员的薪酬水平要高于派驻国的薪酬水平，这样才能保证外派人员的稳定性。由于外派人员一般为公司的核心员工，在其成长过程中公司进行过高额人力资本投资，人才流失成本高昂，保持核心员工的稳定十分重要。

2）合理设计外派人员的补偿性薪酬。外派人员可能被派往比中国经济更发达的地区，也可能被派往经济欠发达的贫困地区等。发达地区意味着生活成本高，尽管更吸引员工，但员工要支付更高的生活成本；欠发达地区意味着生活水平下降，吸引力不高，需要给予补偿。以上两种情况都需要考虑外派人员的补偿性薪酬。

3）全面考虑派驻国的劳动力市场差异。首先，要注意派驻国的劳动法律，如与公平就业机会相关的法律规定、与最低工资制相关的法律条款，以及与员工福利保障相关的法律条款等。其次，要注意派驻国的工会情况。在不同的国家，工会的定位和影响力差别很大，中国企业在设计外派人员薪酬制度之前，应对派驻国的工会组织进行系统了解。最后，要考虑派驻国的税收政策，不同国家的个人所得税征收范围和征收水平差异很大，在薪酬设计时应在合法的前提下，利用税收政策最大限度地为员工增加实际所得。

4）外派人员的薪酬与业绩考核挂钩。按照业绩上薪酬上、业绩下薪酬下的原则，考核结果不仅要普遍运用在业绩考核工资、奖金等激励分配方面，还要与外派人员的职业发展、职务晋升、人事任免等内容紧密结合，同时考虑外派人员业绩考核的特殊性，确保业绩考核真正发挥作用。

5）为关键人才设置中长期激励。中长期激励的好处体现在三个方面：首先，中长期激励便于把外派人员的薪酬与其一段时期内的业绩考核挂钩；其次，“金手铐”对外派人员具有束缚性，能更有效地留住外派人员；最后，中长期激励有利于公司节省人力成本，因为中长期激励使用未来的钱支付员工现在的工作。

（二）文化变革：跨文化管理是重中之重

企业文化的变革往往因企业战略变化、组织调整、时代进步等因素而发生，企业所进行的企业文化升级或者更新，其目的主要是适应新的战略、组织体系或者时代发展要求。当然，在某些方面或者某些特殊时期，企业文化的变革也可能会直接对战略、组织等起一定的变革引领作用。企业文化变革具体包括精神（企业文化理念）、制度、行为、形象各层面的部分内容更新或者全面变革。海尔成立之初，在工业时代背景下建立了以产品为中心、企业至上的典型工业型企业文化，当时的海尔精神是“无私奉献、追求卓越”，后期调整为“敬业报国、追求卓越”，海尔作风是“迅速反应、马上行动”。进入互联网时代，海尔不断进行自我革新，一直以“人的价值第一”作为海尔商业模式的主线，企业文化也从产品中心向“以人为本”转型，于2005—2016年间提出了“创造资源、美誉全球”的企业精神与“人单合一、速决速胜”的企业作风。2017年，面对体验经济、共享经济兴起的时代大趋势，海尔精神与作风又升级为“诚信生态、共享平台”与“人单合一、小微引爆”。

对于今天“走出去”的中国企业来说，也面临企业文化变革所带来的巨大挑战——跨文化管理。中国企业一旦“走出去”，全新的海外战略、重新构建的跨国运营组织体系、多元的组织文化体系必将接踵而来，企业文化的变革势在必行。其中，因不同文化体系碰撞而造成的文化差异，往往会给“走出去”的中国企业制造不少麻烦。如何消除“走出去”过程中因文化差异引起的文化冲突和文化风险，提高海外经营管理水平，增强海外团队凝聚力和战斗力，是摆在中国企业面前的一个重要课题。

1. 中国企业实施跨文化管理的难点

受地理环境、发展历程、历史背景、价值观念以及其他因素影响，海外项目所处国的思维方式、风俗习惯、法律法规、沟通方式等与国内往往有着天然的差异，为中国企业“走出去”带来了诸多风险与阻力。

从主观方面来看，企业自身受传统发展模式影响，重国内市场、轻海外市场的思想观念较重，没有形成科学完整的境外企业发展理念；缺乏跨文化管理知识，习惯于用国内思维解决全球化问题，对海外项目的文化风险认识不足，易造成海外项目的巨额亏损；企业文化建设基础工作薄弱，尚未对海外员工产生引领作用，致使其文化自觉性不够；受管理体制影响，品牌资源分散，没有形成强有力的品牌文化，对企业国际形象树立缺乏支撑。

从客观方面来看，“走出去”的中国企业需接触不同国家、不同民族、不同机构、不同人员的文化，这种文化的多样性与复杂性给企业的跨文化管理工作带来极大的挑战，企业既要考虑到自身文化的优势，又要考虑到海外文化的特点，同时还要保持创新能力，在不同文化的融合过程中，不断提升企业软实力，实现企业价值最大化。

2. 中国企业实施跨文化管理的策略

（1）识别文化差异。文化差异是跨文化管理冲突的根本原因，要消除文化冲突，首先要做的就是分析识别文化差异。在分析识别过程中，我们有必要借助四个重要理论工具，即克拉克洪（Kluckhohn）与斯托特伯克（Strodtbeck）的六大价值取向理论、霍夫斯泰德（Hofstede）的文化维度理论、特里安迪斯（Triandis）的个体主义－集体主义理论以及琼潘纳斯（Trompenaars）的文化构架理论，这四个理论提出了区分文化差异的方法和维度，对于理解、解释和识别特定群体的文化行为有着重要的指导作用。

作为中国企业，应该基于文化差异分析及风险识别，由经营管理人员根据项目内外不同文化特质的差异，及时调整管理思维与文化管理模式，从而有针对性地消减文化冲突，消除文化差异发生的障碍，推进文化融合，降低风险，增强文化的内生力。

（2）增强跨文化沟通能力。跨文化沟通通常是指不同文化背景的人之间的信息、知识和情感的互相传递、交流与理解过程。组织内部必须通过各种渠道促进不同背景的员工相互了解、理解、适应和融合彼此的文化。这种沟通是广泛而深入的立体交流，既存在于不同民族文化、企业文化和员工个人素质各层面，又贯穿于企业文化的精神、制度、行为与形象四层次。在中国企业参与的各类国际项目中，有些工作没有旧例可循，复杂问题的出现需要在项目决策时多方参与，有效的双向沟通显得尤为重要。

作为中国企业，要想克服跨文化沟通障碍，首先应培养文化敏感性，这是提高跨文化沟通技巧的第一步。其次应注重信息传递的有效性。例如，欧美文化多为低情境的文化，不习惯含蓄、委婉的表达方式，信息表达就要比平时更加具体细致。再次应掌握必备的沟通艺术。例如沟通过程中保持注视与微笑，认真倾听对方，并掌握问候、开场、结尾及不同场合的沟通技巧与策略。最后应提高沟通的主动性。应加强与各业务合作方的沟通交流并保持良好关系，主动了解和适应海外文化背景和工作习惯，增进互信与协作，提高工作效率；应加强与派驻国有关部门的沟通协调，为企业国际化发展营造良好的外部环境。

（3）提高跨文化谈判水平。跨文化谈判是指分属于不同文化的商务活动主体，为实现各自的目的而在相互之间进行的磋商过程。不同文化背景的商务活动主体的谈判风格各异，势必会给谈判活动增加难度，同时也对谈判者的素质与能力提出较高的要求。因此，在企业跨文化商务谈判中，考虑文化变量至关重要。

作为中国企业，要想提高跨文化谈判水平，首先应提高谈判参与者的素质与能力，具体学习内容包括国际商务谈判的基本常识、谈判技巧与策略等。其次应做好充分的谈判准备。具体包括制定谈判方案、明确角色分工、制定灵活的谈判战略和策略等。最后应灵活运用所掌握的知识、能力应对来自不同文化和国家的谈判者，并根据谈判对手不同的文化特征和谈判风格，得心应手地应用时间战术和空间战术等。

（4）打造高效的跨文化团队。企业跨文化团队最典型的特征就是文化多样性。团队成员必须相互尊重、信任，理解彼此之间的文化差异，同时积极学习跨文化交流的技能，充分了解跨文化团队的性质、团队成员的文化多样性和团队成员之间的沟通方式和思维方式，不断强化跨文化团队成员的文化融合。

1）积极开展多层次培训，提高员工适应能力。中国企业可开展语言能力、商务交往等多种专业培训，加速培养一支熟悉菲迪克条款、懂法律、通英语、善谈判的海外项目管理和商务人才队伍；进行全方位的跨文化培训，提高员工对不同文化的适应性，使其迅速进入工作角色，融入国外项目团队；对领导干部和主要管理人员，要加强外事纪律和作风建设方面的培训，筑牢思想防线；对外国员工，要通过岗位培训等，适度将本企业文化和管理理念向其延伸。

2）员工外派与本土化结合，提高素质降低风险。中国企业在“走出去”过程中，要慎重选择外派人员。外派人员除了应具有良好的专业技能外，还要有较强的语言能力和处事能力。要合理配备领导团队，除考察专业技能和管理经验外，还应充分考虑主要领导成员之间在性格和观念上互补，合理搭配，充分发挥项目合力。要逐步实施管理人才本土化策略，并适当扩大劳务人员本土化比例，从而降低成本，规避风险。

3）切实落实人性化管理，营造内外和谐氛围。切实解决员工实际困难，特别要重视年轻员工的婚恋等现实问题，尽最大可能提供便利条件。积极组织业余文化活动，创造轻松活泼的团队氛围，缓解员工的情绪。项目领导者要主动加强与员工的平等沟通和思想交流，建立良好的上下级关系。同时，要弘扬艰苦拼搏的中华民族优秀传统，发挥企业核心价值观的引领作用，防止员工受当地文化及外籍员工享乐主义思潮的影响。此外，要对员工进行严格管理，用完善的制度规范外派人员和当地雇员的行为，防止因为管理不善酿成内外冲突事件。

4）增强员工守法合规意识，确保项目健康发展。要引导和教育海外员工，严格遵守派驻国的法律法规，各项工作要执行国际通行的普适标准，提高全员的守法经营意识和风险防范意识，逐步建立海外合规风险管理体系。此外，应充分吸收派驻国文化的优秀基因，优化企业文化理念体系，修正完善规章制度，规范中外员工行为，加强团队管理。

（5）加强跨文化人力资源管理。

1）加强跨国人力资源规划。预测跨国公司及其海外子公司发展中人力资源的供给与需求状况，并采取相应措施，确保企业在需要的时间让有需要的岗位获得所需的人选，以实现跨国公司及其海外项目部人力资源的最佳配置，使企业与员工的需要得到满足。

2）完善外派人员招聘与选拔。在招聘与选拔过程中，科学确定外派人员招聘与选拔标准，充分考量专业技术能力、跨文化交际能力、语言能力、出国动机、婚姻家庭情况等，并根据岗位不同，明确招聘与选拔的侧重点。

3）进行有效的跨文化培训。要培养外派人员在跨国经营中的跨文化理解能力和文化适应能力。通过适应性训练提高员工对不同文化的适应性，在此基础上进行文化整合，进而消除文化冲突，实现文化协同。跨文化培训中应注重强化海外项目员工的五大意识：使命意识、合规意识、风险意识、道德意识、社会责任意识。

（6）通过文化整合消除文化冲突。按照文化要素对象的不同，文化整合工作主要包括三方面的内容：

1）价值理念的整合。中国企业在“走出去”过程中，应当通过宣传、动员，将不同的观点、看法整合统一为一种大家共同认同的新的、适应企业发展战略的价值理念。价值理念的统一是文化整合的核心，如果一个企业的员工在思想认识、价值判断上存在很大的分歧，那么企业所倡导的企业精神、共同愿景目标就无从谈起。

2）制度文化的整合，制度文化是企业文化的一个重要方面。制度不宜过于烦琐，但一定要充分融入企业所倡导的价值理念，并且要严格执行，做到“制度文化化”。

3）物质文化的整合。这里主要指视觉识别系统的统一建立。视觉识别系统是企业文化理念的具体物质与形象表现，即文化“外化于形”的过程，主要通过视觉识别设计、载体建设、外观环境建设等，从上至下、从内到外建立和完善视觉识别系统，并重点将企业文化核心理念、行为规范、统一形象与风格等企业文化内涵向企业内外部员工、社会公众进行广泛、有效的传达，强化员工对企业的归属感、自豪感与荣誉感，并加强其对企业核心理念的理解，同时对外树立和传播企业良好的社会形象。

四、找准模式：“走出去”的模式选择

伴随着全球产业升级和中国发展方式的转变，基于生产要素低成本比较优势的对外直接投资模式遭遇瓶颈，中国对外直接投资正处在转型升级的关键期，对外直接投资目标和模式都将发生重大改变。相应地，中国企业也面临转型升级和加快国际化进程的双重任务，需要培养战略眼光，转换国际化竞争思维模式，实现从低层次比较优势到全球竞争优势的转换。

学界对于企业国际化经营现状或方式的研究较多，但对于全球化经营模式的概念尚无定论。笔者基于中国企业在“走出去”以及发达国家企业在全球化历程中的实践经验，发现战略联盟、产融结合、跨国并购、产业园区、“互联网 +”、第三方市场合作等国际合作模式的优势逐步凸显，成为促进中国企业实现深度全球化的重要手段（见图 4 - 9）。

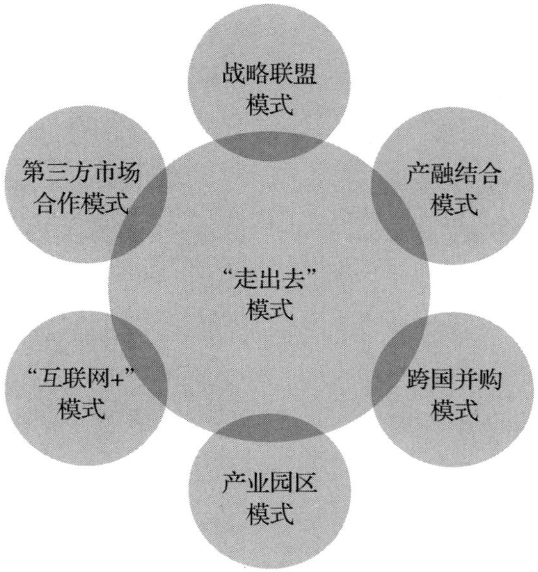

图 4－9　中国企业“走出去”的模式选择

（一）战略联盟模式

战略联盟的概念最早由管理学家奈格尔（R. Nigel）和美国数字设备公司（DEC）总裁霍普兰德（J. Hopland）提出。他们认为，战略联盟是由两个或两个以上有着共同战略利益和对等经营实力的企业，为达到共同拥有市场、共同使用资源等战略目标，通过各种协议、契约而结成的优势互补或优势相长、风险共担、生产要素双向或多向流动的一种松散的合作模式。战略联盟有广义和狭义之分。狭义的观点认为，这种联盟并不涉及股权参与；广义的观点则认为，包括合资等股权参与形式在内的任何形式的企业间正式和非正式的协议都可称为战略联盟。

20 世纪 80 年代以来，在全球经济一体化、科学技术飞速发展、竞争多样化的发展趋势下，战略联盟的发展日益迅猛。企业出于增强竞争力、寻找新市场和实现规模经济、降低市场风险和进入成本、提高研究与开发能力等目的，纷纷组建不同形式的战略联盟。目前世界上最大的 150 家跨国公司中，已有 90% 的公司与其他厂商结成各种形式的战略联盟。典型的例子如福特与马自达、通用汽车与丰田合作生产汽车，戴尔公司与捷威公司（Gateway）合作组装计算机，IBM 与西门子、西门子与飞利浦合作开发微型芯片，电子商务供应商与 IT 技术企业合作为大宗交易不间断服务创造条件等。

战略联盟已成为跨国公司谋求国际竞争力、强化内部竞争优势的重要手段，从企业战略联盟的实践来看，战略联盟在企业国际化竞争中发挥了重要作用，也在一定程度上优化了联盟各方的竞争优势。战略联盟的作用通常包括以下几个方面：

（1）降低进入壁垒。在当今世界经济一体化发展的格局下，没有一个企业可以独当一面，最优秀的国际化企业也不能独自垄断整个国际市场。通过战略联盟，企业可以充分利用合作伙伴的力量，减少各种国别、机制以及人为的障碍和壁垒，快速进入新行业，占领新市场。

（2）促进技术合作。世界产业结构不断变化升级，技术创新和应用的速度也不断提高，企业需要保持持续技术创新的能力。同时产品的生命周期缩短，企业需要进一步缩短创新时间，分担创新成本以及分散创新风险。可见，先进的技术已经成为企业在国际竞争中制胜的关键，通过联盟进行技术合作、资源共享、优势互补已成为企业的必然选择。

（3）实现规模经济。合作双方将同类产品的生产经营企业进行整合，使不同企业之间的财力、物力、人力、技术等资源得以优化配置，降低经营成本，提高规模效益。

（4）提高风险抵御能力。国际市场相比较国内市场存在更多的风险因素，包括不熟悉目标国市场文化引起的文化风险，项目所在地的市场波动风险，客户违约造成的业务风险，政治不稳定造成的政治风险和汇率风险等。战略联盟有助于合作伙伴分享国际化经营经验和技巧，共享经营收益，共担经营风险，提高联盟企业的风险管控和应对能力。

（5）提高属地化水平。通过组建跨国战略联盟，中国企业可以迅速实施国际化运营的“本地化”战略。“本地化”可以引入一批精通目标国政治、经济和法律事务等的本地专业人才，确保中国企业国际业务的顺利运行，使中国企业的各种行为符合目标国家国情，加快目标国对中国企业提供的产品或服务的认可，促进中国企业在国际舞台上站稳脚跟，健康发展。

跨国战略联盟模式对于中外企业都起着至关重要的作用，其发展趋势已从过去的强弱联盟转变为强强合作。双方在自愿基础上结盟，强调在互信互利基础上维护联盟的长期稳定。在参与跨国战略联盟之前，中国企业首先应注重提高自身的核心竞争力，培养自身独特的竞争优势，吸引外国合作伙伴形成联盟。其次，要慎重选择联盟伙伴。应该关注跨国公司是否具备中国大型企业所需的核心能力，以及它们是否有诚意建立长期联盟伙伴关系。再次，要注意营造互信的学习氛围。为了达到预期的效果，中国企业和跨国公司必须尽可能地建立良性的信任循环，让对方有信心进行长期合作，并保持公平合作的框架，确保互利互惠。最后，稳扎稳打整合联盟企业文化。跨国战略联盟能否顺利实施，在很大程度上取决于它是否能够实现各联盟企业文化的兼容性，是否能够创造新的战略联盟文化。企业之间的文化差异将转化为管理的差异，增加管理难度。这要求中国企业在关注自身文化建设的同时，充分吸收合作伙伴的企业文化精髓，将其注入企业的管理实践，做好跨文化管理和沟通。

|案　例|

全球化过程中不可取代的战略联盟模式：以汽车行业为例

经历了2001—2010年十年高增长的黄金时代后，当前中国汽车行业逐步由成长期步入成熟期。同时，整个汽车行业正在深入推进电动化、智能化、网联化、共享化的系统性变革，这些变革与能源变革、交通变革、城市管理创新紧密关联，相互影响。迎接汽车革命需要跳出汽车行业，重新审视未来的产业发展；需要打破行业局限进行系统的设计，不同领域相互助力，实现汽车革命与能源革命、交通革命、城市变革的协调发展。中国汽车企业需要捕捉其间释放出的市场机会，探讨如何实现多领域的协同与融合，催生出新技术、新商业模式和新生态。[①]

顺应汽车行业快速发展变化的需求，比亚迪率先做出了尝试，与德国戴姆勒公司进行了战略联盟合作。比亚迪本着“以技术为王、创新为本”的工程师文化建立了一定的技术优势，这也是其实施战略联盟的重要基础。2010 年 3 月，比亚迪与德国戴姆勒公司在几次谈判后，宣布就联手研发新型电动汽车达成了谅解备忘录，前期建立一个技术研发中心，主要展开电池技术研发，后期推出新品牌和以 50∶50 的股份成立新的技术合资公司——比亚迪戴姆勒新技术有限公司。这是德国戴姆勒第一次在德国以外设立研发中心，两家共同投资 6 亿元人民币成立的新公司用于开发专门在中国销售的电动汽车。在此次战略联盟中，比亚迪也是技术输出方之一，不再采用传统国内车企“以市场换技术”的路径，比亚迪主要负责电池和驱动技术，戴姆勒承担整车的开发。[②]

近期，大众汽车集团也紧锣密鼓地开展着自己的全球化方案。2019 年 1 月 15 日，大众汽车集团与福特汽车集团正式宣布组建战略联盟。福特和大众两大巨头组建战略联盟并非偶然。2018 年 12 月，大众汽车集团 CEO 赫伯特·迪斯就曾透露，大众将与福特联盟，未来将使用福特北美工厂进行生产以拓展其北美市场，并帮助福特品牌开拓欧洲市场，达成双赢。双方拟在车型架构方面分摊成本，其中大众负责开发和生产多用途汽车（MPV）车型；福特则负责为双方开发和生产中型皮卡车型，以及面向欧洲市场的大尺寸商用车型。双方预计在 2022 年推出共同为全球市场开发的商用车车型和中型皮卡车型，此次合作将使得双方从 2023 年起实现税前利润增长。此外，福特和大众还将在自动驾驶、智能移动出行服务以及电动汽车领域展开合作。值得注意的是，福特和大众双方明确表示，任何联盟关系都不会促成合并的结果，双方不会交叉持股。在联盟管理方面，福特和大众将组建联合委员会，委员会成员均来自双方高层。福特和大众联盟可

① 2017 年中国汽车行业发展周期及未来发展趋势分析.（2018-01-02）. 中国产业信息网 . com/industry/201801/599033.html.

② 曾丽华. 跨国技术战略联盟合作机制，战略动机和联盟稳定的关系研究. 北京：对外经济贸易大学，2015.

以说是顺应时代趋势，双方认为这一合作将在接近5年的时候给双方带来互惠，2023—2024年协同作用才能真正显现出来。用福特汽车集团CEO詹姆斯·哈克特的话说：“这是两家公司打造‘世界联盟’的第一份正式协议，是行业变革的开始。”这次联盟能走多远，还需要时间的考验。

（二）产融结合模式

产融结合是舶来品，起源于美国和英国等发达国家，是指产业资本发展到一定程度，为提升资本运作层次，运用虚拟化资本工具使产业资本、金融资本不断融合的动态过程或趋势。从实践看，产融结合大体上可分为两种形式，即由产到融和由融到产。由产到融是指产业资本选择性地把部分资本由产业转移到金融机构，形成能发挥产融优势、服务于产业的强大金融核心；由融到产是指金融资本有意识地进入实业领域，有选择性地控股部分实体产业，不是纯粹地入股、获取平均回报，而是从战略视角出发在实体产业中进行选择性投资或布局。①

我国产融结合是在近20年逐步发展起来的，其起步主要是由于政府发展大型企业集团的战略。1987年东风汽车工业财务公司的成立被认为是中国企业开展产融结合的标志性事件。2015年，党中央、国务院发布了《中共中央 国务院关于构建开放型经济新体制的若干意见》，提出“以对外开放的主动赢得经济发展和国际竞争的主动，以开放促改革、促发展、促创新”的战略构想。显然，构建新一轮的开放型经济体制，也需要产融结合助力。

近年来，在国有企业产权改革的背景下，中央企业规模和实力迅速扩大，国际化发展的进程持续深入，加之监管机构的政策限制开始有所松动，以中石油、中石化、国家电网、华能、五矿、宝钢为代表的行业支柱型企业明显加快了投资金融领域的步伐。截至目前，全国能源电力、航天航空、

① 胡祖铨．产融结合的现实意义及动机．（2018-03-24）．国家信息中心官网；投中研究院．2017创新性产融结合研究报告．2017．

石油化工、钢铁冶金、机械制造等关系国计民生的基础产业和各个重要领域的大型企业集团几乎都拥有了自己的财务公司。统计数据显示，目前我国已有超过240家财务公司，总资产规模超过5万亿元，一些实力雄厚的财务公司，其资产规模甚至堪比一家全国性股份制银行。例如中石油集团在产融结合方面是中国能源集团500强的领跑者，先后投资成立了中油资产管理公司、中油财务公司、中意人寿保险公司、中意财产保险公司、昆仑银行、昆仑信托公司等一系列金融机构，其银行、保险、信托、投资行业的金融产业布局基本完成。作为当前金融投资最活跃的中央企业之一，国家电网公司积极布局金融产业，金融产业已成为公司核心业务体系的重要组成部分。目前已形成涵盖财务公司、信托、证券、财产保险、人寿保险、保险经济、期货经济在内的门类较为齐全的金融平台，形成了国网“英大系”金融产业体系。①

产融结合本质上是企业在产与融之间的全局性资源配置，通过对资源的高效配置形成产融两者相互依存、各自独立、相互促进的关系，从而获得在客户、业务、资本等多方面的协同效用。一般而言，产融结合可以发挥增加生产、促进销售、降低成本、盘活资产、提高收益等基础性推动作用。随着经济发展步入新常态，产融结合的功能和作用将更加明显和独特。

（1）产融结合可以推动实业和金融的协调发展。产融结合可以更好地协调实体行业和金融业的关系。在当前的国际市场环境下，产业和金融不能隔离，二者共生共荣。产融结合可以为实体经济发展创造良好的金融环境，疏通金融进入实体经济的渠道，为以产业整合做大做强为目标的实体经济的产业资本带来发展机遇。此外，产融结合可以有效缓解实体经济的周期性波动，促进实业和金融业协调发展。

（2）产融结合有利于提升风险管理水平。实体经济通常拥有丰富的经营管理经验，在人才储备和业务运营方面也有深厚积累，这些都可以为金融业在客户共享、业务开发和风险管理等多方面提供支持。例如，金融业

① 中国能源集团500强研究课题组．中国能源集团500强分析报告．北京：经济管理出版社，2011.

可以借助实业企业的经验，加强自身的风险识别、风险分散、风险抵御和风险消化能力。

（3）产融结合能更好地传导宏观调控政策。实业与金融相结合突破了传统的业务合作框架，深化了产业机构的战略运作模式，使金融服务更贴近市场，更了解产业需求，更具可操作性。产融结合能够促进金融专家和行业专家紧密合作，也更有利于保障国家宏观调控政策的实施与落地。

（4）产融结合有利于促进创新创业。创新型企业不仅需要文化和氛围的支持，还需要金融的配套支持和服务。通过产业与金融结合，特别是孵化器、天使投资、私募股权基金之类的股权投资资本等具有差异化风险偏好的资本，可以为创新和转型提供容错机制，有利于发现和培育新的市场机遇，扩大新兴产业，更好地贯彻和践行“大众创业、万众创新”理念。

产融结合要注重风险管控和预防。健全的治理结构是有效预防产融结合风险的关键，企业应根据自身规模、战略规划、经营范围、管理水平等因素动态调整组织结构，以满足风险管理的需求；企业也应建立严格的防火墙机制，根据公司特征、业务特点、运作模式等，在母公司及所属机构之间设置金融与产业的防火墙，实现集团内部实体产业与金融资本相对独立，规避实业风险与金融风险的相互传递。

|案 例|

产融结合的探索者：以中远海运集团为例

中国远洋海运集团有限公司所属中远海运发展股份有限公司成立于1997年，总部设在中国上海，是一家在中国香港、中国上海两地上市的公司，企业注册资本为人民币116.8亿元。2016年2月通过重组交易，实现战略转型，由集装箱班轮运营商转型为以航运金融为特色的综合性金融服务平台，专门从事供应链综合金融服务。

同年，中远海运金控与中海集运组建的大金融控股平台中远海运金融控股有限公司，在中国香港正式挂牌成立。据悉，中远海运金控的前身为中国海运（香港）控股有限公司，是原中海集团海外投融资和国际化业务的桥头堡。中远海运金控与中海集运组建的大金融控股平台以航运金融为依托，致力于发挥航运物流产业优势，整合产业链资源，打造以租赁、投资、保险、银行为核心的产业集群，实现产融结合、融融结合、多种业务协同发展的一站式航运金融服务平台。预计到“十三五”末，将建成由租赁、投资、保险和银行四个支柱型业务构成的金融平台，成为中国领先、国际一流、具有航运物流特色的供应链综合金融服务商。

2018 年 6 月，中远海运集装箱船队规模达 92 艘，总运力达 64.9 万标准集装箱（TEU）；6.4 万吨级散货船 4 艘，液化天然气船、重吊船等各类船舶 70 余艘；集装箱保有量约 382 万标准集装箱。

2018 年 11 月，中远海运在中国银行间市场成功发行 2018 年度第一期中期票据，金额为 15 亿元人民币，期限 3 年，票面利率 4.15%，较同信用级别企业而言，利率更优，不仅为公司降低了融资成本，更在资本市场提升了公司的认可度，对公司建立多元化的融资体系具有重要意义，并为后续直接融资工作的开展奠定了良好的基础，为中远海运进一步拓宽了产融结合的新渠道。当前，中远海运船舶租赁业务船队运力规模和集装箱租赁业务箱队规模都位居世界前列。在产融结合的支持下，中远海运走向了国际化，同时也在促进国家对外开放中发挥了重要作用。

（三）跨国并购模式

跨国并购是指公司或其他商业机构跨越国界地域的所有权转让或合并的交易。作为战略管理的一个方面，并购可以让企业成长，缩小与其他企业的差距，改变其业务性质或提高竞争地位。

随着中国经济的增长，中国持续加大对外并购。中国企业的境外并购从为获得自然资源储备，到引进品牌、技术以及其他能力，借此提升自身在国内市场的地位，再到如今实现制胜国内和输出海外市场的双重目标，在建立国内竞争优势的同时对全球化做好准备。2018 年中国跨境并购金额为 1 166 亿美元，较 2017 年下降 5.3%。在 2018 年全球跨境并购活动中，中国位于第5位，占7.5%。美国、日本、英国位列前三。全球跨境并购金额在2018年达到1.6万亿美元，较2017年提升了31.5%。自2015年创下交易金额历史最高纪录后，中国的海外并购速度放缓，但在“一带一路”沿线国家的并购交易总额则创历史新高，2017年中资海外并购涉及“一带一路”国家的交易共有93宗，其中属于确定交易（签约和交割状态）的有69宗，其中41宗披露了交易金额，金额合计约87.23亿美元。在对外投资整体降温的背景下，中资在“一带一路”沿线国家的并购依然维持2016年的水平。随着“一带一路”建设的深入推进，预计未来中资买方在“一带一路”沿线国家的并购将会保持强劲增长势头。①

跨国并购越来越成为促进全球化发展的首选模式，跨国并购的浪潮一浪高过一浪，这种情况和跨国并购本身的优势密不可分。

（1）促进产业转移与升级。2018年《财富》杂志评选的世界500强企业中，中国的上榜企业有120家，非常接近美国的126家，远超第3位的日本（52家）。但专家发现中国企业产业结构调整明显面临巨大挑战。作为参照，2018年美国大公司中没有房地产、工程建筑和金属冶炼企业，却在IT、生命健康和食品相关等领域存在众多大公司；中国正好与此形成反差。尤其在卫生健康、食品批发、保险管理式医疗、食品生产加工和娱乐等与人的生活和健康密切相关的产业里，有美国、欧洲国家、日本、巴西等的公司，中国却没有任何企业上榜。中国上榜的企业中国石化、国家电网、中国石油、工商银行、中国移动等皆为国有背景的大型企业，多属国内垄断性行业。而中国竞争性强的部分行业还处于世界的中低等水平。通过境外并购带动产业转移，使中国企业在全球范围配置资源，强化全球影响力，已是势在必行。

（2）加强资源战略性储备。中国资源人均占有量很低，煤炭储量和水资源人均拥有量相当于世界平均水平的50%，石油、天然气人均拥有量仅为世界平均水平的1/15左右，耕地资源不足世界人均水平的30%。而我国经济发展处于上升期，资源问题愈益成为限制我国经济发展的因素，资源

① 晨哨数据研究部．晨哨中资海外并购2017—2018年报．2018.

供给的数量压力和价格剧烈波动严重影响中国经济稳步发展，加强战略性资源储备的需求迅速上升。[1]

（3）获取知识产权。中国企业的技术研发水平仍然落后于发达国家企业，部分关键性技术长期依赖进口；国内企业品牌大多影响力较弱，品牌附加值低，因此中国企业进行海外并购的动机之一就是合法合规获取国外成熟品牌或技术。2016—2018 年，科技领域的融资金额占全部新经济行业的比重从 6.0% 持续提升至 8.5%，科技领域单笔融资额从 310 万美元持续提升至 1 550 万美元。科技领域越来越受到资本市场的关注。通过并购向高端制造、智能制造转型，一直是中国制造业企业期冀实现的目标，也是中资在制造业开展海外投资并购的内在驱动力。2017 年中资买方在制造业领域发起的并购主要集中在对拥有高新技术的欧美发达国家公司的并购，机械设备和化工行业是并购的重点领域。

（4）规避贸易壁垒。发达国家出于贸易保护等原因，与中国的贸易摩擦不断加剧。欧美国家经济陷入衰退，为缓解本国的就业压力，它们平衡国际收支，明显加大对中国出口产品的反倾销反补贴调查力度。在全球经济仍然不景气的情况下，为补偿出口损失，并购成为中国企业绕开贸易壁垒、寻求生存和发展的重要手段，以迅速进入他国市场并扩大市场份额。

成功实施跨国并购并最终发挥出并购的叠加效应并不简单，建议重点把握好以下几个关键点：

一是科学制定海外并购的战略规划，加强并购前的调查研究工作。明确国际化战略目标，科学地制定严密的国际化并购战略规划，设计出适合全球化的战略营运体系；加强并购前的尽职调查和论证工作，对目标国行业发展、法律、文化等做全面考察和评估；事先对并购对象做详细的调查，分析各方面的利弊因素，寻求有用的数据，为以后并购制定详细的战略计划。

二是注重并购市场区位选择。目标国与其他国家之间的地缘关系就是所谓的市场区位，区位代表了本国企业国际化发展所能利用的周边国家的

① 路孚特．2018 中国大陆并购年度报告，2018.

资源，以及和其他国家之间的政治、经济、文化的相互影响和趋同。企业的国际化一般都是以所在市场为基础向周边地区辐射和渗透，充分利用环境的趋同性和东道国的比较优势。

三是注重并购时机的选择。企业要善于抓住有利的并购时机，这样可起到事半功倍的效果。充分利用经济波动周期不同步性、市场多样性、行业需求多元性，不同步进行全球资产配置，降低风险和成本。

四是充分发挥第三方专业顾问的作用。通过雇佣有处理国际业务经验的咨询公司、律师、财务顾问来积极推动并购进程，降低并购过程中的一些风险。建议与投资银行、私募股权投资机构等合作，形成投资基金或新的企业来进行海外并购，避免单一企业大宗并购。它们会带来更高效的信息渠道、国际化的视野和丰富的海外投资经验。同时，要在海外并购融资中利用投资银行的资源，充分发挥收购经纪人和财务顾问的作用。

五是有计划有步骤有方法地开展并后整合工作，这也是非常关键的环节。杰米逊和斯特金（Jemison & Sitkin，1986）指出，并购双方的战略适应性并不是最佳并购绩效的充分条件，也就是说战略相关性可以带来潜在的协同效应，但只有通过有效的并购整合才能发挥出协同效应，实现最佳并购绩效。因此在并购整合工作中要重视拟定系统有效的整合方案、加强双方沟通、重视人的因素、重视当地利益相关者、重视文化融合等，把并购整合工作视为并购工作的关键，紧紧围绕培养和提升核心能力来打造并购企业。

|案　例|

跨国并购发挥叠加效应：以制造业为例

上海振华重工（集团）股份有限公司（ZPMC）是重型装备制造行业的知名企业，为国有控股 AB 股上市公司，控股方为世界 500 强之一的中国交建。振华重工的业务主要包括港机、海工工程、海上运输与安装、电气、系统总承包、售后服务、投资八大板块。其中港机业务已遍布全世界 95 个国家和地区，港口机械占世界市场 82% 以上的份额。同时，港机业务也面临瓶颈，必须在产业链、价值链上寻找突破口，补强产业链短板，增强企业发展动力。

世界著名海上钻井平台设计公司F&G总部位于美国休斯敦，于开曼群岛注册，在海洋工程设计领域享有盛名。F&G的核心价值是其自主知识产权体系，包括多项设计专利、技术创新和成套解决方案。收购之前的数据显示：全球超过10%的升降式钻井平台及超过20%的半潜式钻井平台由F&G设计；在建的钻井平台中，有25%的半潜式钻井平台和超过35%的升降式钻井平台由F&G设计；大部分根据F&G的设计而建造的钻井平台也同时使用由F&G供应的成套设备；F&G的客户群较为稳定，大多为海洋工程行业的世界领军企业。

中国交建收购F&G是基于自身和F&G能够实现巨大协同效应的判断，基于公司业务发展的战略考虑。装备制造业是中国交建的核心业务之一，其主要子公司ZPMC是享誉全球的装备制造业龙头企业，拥有由10千米海岸线和2平方千米后方基地构成的厂区，其中有3.7千米长的承重码头，是世界上绝无仅有的重型装备生产基地；拥有世界上最强大的整机运输船队，世界领先的数字精加工基地南通重型齿轮箱厂。2008年前后ZPMC开始向海上重型装备和大型钢构产品转型，2010年这一转型初见成效，建造了世界最大的7 500吨海上浮吊和多艘大型铺管船，成立了海上重工研究院，积聚了发展海上重工所需的人力资源。但是，ZPMC向海上重工转型迫切需要突破新业务领域设计研发能力的瓶颈，F&G的设计能力及技术资源与ZPMC强大的制造能力有效结合，将极大提升中国交建开拓海上重工市场的能力，对中国交建实现业务转型、完善产业链具有重大而长远的战略意义。

2010年，中国交建顺利收购F&G 100%的股权，高效实现了资源能力互补与协同效应，并达到预期目标：一是提升了中国交建钻井平台设计整体水平。二是提高了中国交建海工装备项目执行水平。三是增强了中国交建核心海工配套件的综合竞争力。四是推动中国交建成功培养了海工装备领域的人才。而且，从财务指标来看，中国交建收购F&G也取得巨大的成功。2014年，F&G经营业绩创历史新高，实现净利润5亿元人民币。其营业收入年均复合增长率达26%，利润年均复合增长率达50%，总资产年均复合增长率达51%，累计实现净利润11亿元人民币。中国交建提前超额收回了投资。

（四）产业园区模式

这里的产业园区是指由中国企业通过在境外设立的中资控股的独立法人机构，投资建设的基础设施完备、主导产业明确、公共服务功能健全、具有集聚和辐射效应的产业园区，是通过谈判与东道国政府签订协议并在协议限定的地域内建立的境外经济贸易合作区，包括各种加工区、工业园区、科技产业园区、物流仓储区、保税区及自由港区等，即境外产业园区。在该区域内，企业既能享有东道国提供的良好投资环境及税收减免等优惠政策，又能充分利用境外资源，拓展境外市场，通过不断加强与境外企业在资金、技术等方面的交流，最终实现带动境外产业集群发展的目标。

目前，境外产业园区已成为中国推进开放、鼓励企业“走出去”、开展“一带一路”建设的重要载体和战略平台。同时，也因其独特优势成为促进中国经济增长及国际化进程加快的动力源泉。从宏观上看，境外产业园区的优势表现为四个“有助于”：有助于中国充分利用东道国的资源和劳动力，在一定程度上降低国内生产成本；有助于为国内过剩产能提供更为广阔的消费市场；有助于规避贸易壁垒，充分利用东道国给予的政策优惠以获得持续的发展动力；有助于中国充分利用东道国与第三国之间的贸易优惠政策，不断扩大中国在国际社会的影响力，提高中国的国际地位。从微观上看，境外产业园区具备明显的成本优势和技术创新优势。一方面，境外产业园区以企业抱团出击国外市场为主要特点，集群式的对外投资方式不仅能有效分散单个企业所面临的投资风险，而且能形成专业化的分工协作及人才、信息共享机制；另一方面，境外产业园区可充分发挥企业集群的技术外溢和技术扩散作用，呈现出一定的规模效应和集聚效应。

通过产业园区模式带动中国企业全球化发展还处于探索阶段，建议从以下几个方面入手，为成功建设境外产业园区提供保障：

（1）做好区域研究，从国家维度、区域经济圈维度做好基础研究工作。不同的国家有着不同的经济基础、产业结构、政治环境、政策法律环境和外交环境等，这些也是影响园区项目能否在该国顺利进行的重要因素。

（2）研究中国与目标国的经贸合作关系。政府间的经济贸易合作密切程度决定了中国企业前去投资设厂的难易程度，同时决定了中国企业可以享受到的额外优惠政策。结合中国对该国整体投资情况，可以帮助企业了解将来需要如何整合资源及可能遇到的困难及挑战。

（3）做好产业布局规划，构建大中小企业并存的合理结构。首先，本着以形成集群为导向和分工协作、本地结网的原则安排项目。其次，要扶持已有企业的发展，注重企业内在力量的建设，而不能为了追求数量而盲目吸引外资，注意避免重复建设。对于处于萌芽状态的企业集群，建立起相互配套、相互依存的产业组织网络是园区工作的重心，产业布局的最终目标是建立大中小企业密切配合、专业分工与协作完善的网络体系。

（4）选择有发展基础的目标国特色产业作为主导产业引导入园。尤其是在园区形成的初期，因为只有内生的企业集群才具有优先发展的独特优势，才可能形成本地的竞争力，单纯靠优惠政策吸引和扶持一批所谓的高新技术企业，难以达到产业园区发展之目的。寻求产业链上的优势环节，形成园区的核心竞争力，在产业链上基于优势环节形成企业集聚是发展特色产业园区的关键所在。

|案　例|

中白工业园充分发挥集聚和辐射效应

中白工业园总占地91.5平方千米，位于白俄罗斯首都明斯克以东25千米，毗邻明斯克国际机场、铁路、柏林－莫斯科公路干线。中白工业园是中国目前开发面积最大、合作层次最高的境外经贸合作区，由中国和白俄罗斯两国政府大力支持推动，国机集团、招商局集团两大中央企业主导开发运营。园区的开发和建设日新月异，截至2017年10月，已有来自中国、白俄罗斯、欧洲和美国的入园企业21家，形成建设、运营一体化的开发局面。园区有着完整的规划系统，分三期开发。一期开发面积8.5平方千米，核心起步区3.5平方千米已完成路网及“七通一平”工作，具备了全面招商引资的条件。园区将重点发展电子和通信、生物技术、医药、精细化工、机械制造、新材料、仓储物流、电子商务、大数据存储与加工、社会文化活动等产业。在大力发展先进制造业的同时，逐步完善生活、科研、医疗等配套功能，建设生态、宜居、兴业、活力、创新五位一体的国际新城。

中白工业园为全球投资商营造最为宽松的政策环境，在法律上保障投资者的合法权益。白俄罗斯总统卢卡申科签发《关于完善“巨石”中白工业园特殊法律制度的白俄罗斯共和国总统令》，赋予入园企业所得税等“十年免税，至2062年税收减半”，至2062年免除土地税、不动产税，免除进口环节关税增值税，外籍员工免缴强制社保，园区投资活动相关商务人员免签证停留180天等优惠，土地使用权可达99年。同时，白俄罗斯金融管制宽松，投资资金不强制结汇，投资获利可自由汇出，5年免征红利税，免缴离岸税。[①]

（五）“互联网＋”模式

互联网已经逐渐跳出一个行业的范畴，正成为国民经济的一大新引擎。“互联网＋”以互联网、移动互联网、物联网等为平台，以传统产业为融合契机，以互联网思维为动力，以市场重构为生态，将市场格局从本地化向国际化的高度催化，同时也将国外的互联网企业吸引到中国这个极具创造性的市场上来。2014年11月，李克强出席首届世界互联网大

① 中白工业园.（2017-12-27）. 中国境外经贸合作区官网.

会时指出，互联网是大众创业、万众创新的新工具。“大众创业、万众创新”是 2015 年政府工作报告的重要主题，被称作中国经济提质增效升级的“新引擎”。

中国企业在“互联网 +”领域不断大胆探索发展，从“互联网 + 制造业”（B2B），到“互联网 + 批发业”（B2S）、“互联网 + 零售业”（C2C、B2C、C2B），再随着大量线下实体品牌商、渠道商、生活服务商的“触网”，扩展到线上到线下（O2O）领域、“互联网 + 金融业”，“互联网 +”正在快速迭代发展。[①]

2015 年 7 月 4 日，国务院印发《国务院关于积极推进“互联网 +”行动的指导意见》，明确了 11 项重点行动：“互联网 +”创业创新；“互联网 +”协同制造；“互联网 +”现代农业；“互联网 +”智慧能源；“互联网 +”普惠金融；“互联网 +”益民服务；“互联网 +”高效物流；“互联网 +”电子商务；“互联网 +”便捷交通；“互联网 +”绿色生态；“互联网 +”人工智能。

“互联网 +”有六大特点和作用：（1）跨界融合。“+”就是跨界，就是变革，就是开放，就是重塑融合。敢于跨界了，创新的基础就更坚实；融合协同了，群体智能才会实现，从研发到产业化的路径才会更垂直。融合本身也指代身份的融合、客户消费转化为投资、伙伴参与创新等。（2）创新驱动。中国粗放的资源驱动型增长方式早就难以为继，必须转变到创新驱动发展这条正确的道路上来。这正是互联网的特质，用所谓的互联网思维来求变、自我革命，也更能发挥创新的力量。（3）重塑结构。信息革命、全球化、互联网已打破了原有的社会结构、经济结构、地缘结构、文化结构，权力、议事规则、话语权在不断发生变化。“互联网 +”社会治理、虚拟社会治理成为新的挑战。（4）尊重人性。人性的光辉是推动科技进步、经济增长、社会进步、文化繁荣的最根本力量，互联网的强大力量同样源于对人性最大限度的尊重、对人体验的敬畏、对人创造性发挥的重视，例如用户生产内容（UGC）、卷入式营销、分享经济等。（5）开放

① 曹磊，莫岱青．互联网 +：海外案例．北京：机械工业出版社，2015.

生态。关于“互联网+”，生态是非常重要的特征，而生态的本身就是开放的。我们推进“互联网+”，其中一个重要的方向就是要把过去制约创新的环节化解掉，把孤岛式创新连接起来，让研发由人性决定的市场驱动，让创业者以及更多参与者有机会实现价值。（6）连接一切。连接是有层次的，可连接性是有差异的，连接的价值是相差很大的，但是连接一切是“互联网+”的目标。①

国际上已有很多成熟的“互联网+”项目，包括淘宝网、蚂蚁金服、滴滴出行、共享单车、Amazon、Newegg、Flipkart、eBay、ShopRunner、Lending Club、Zappos等。“2017中国‘互联网+’数字经济峰会”揭晓了2016年度中国“互联网+”十大优秀案例，众多优秀的案例呈现了各领域的技术探索与产业革新，人脸识别、智能服务、智慧城市、大数据监控、产业链云平台等关键词汇翻新了受众的认知，展现了互联网在提升政务水平、改善生活质量、推动智能制造等各方面的有益尝试与巨大潜力。

“互联网+”模式还需要更多的尝试和探索，总体来看，在应用上，将由现在的商贸领域向医疗等领域拓展；在智能化上，将由现在的入网分离向入网一体拓展；在连接上，将由现在的有限连接向连接一切拓展；在数据上，将由现在的部分采取向全方位自动采取拓展；在服务上，将由现在的产品体验向个性化定制拓展；在使用上，将由现在的“独建自营”向“合作共享拓展”。

|案　例|

中国企业的“互联网+”模式百花齐放

马化腾在“2017中国‘互联网+’数字经济峰会”上分享了北京邮政“互联网+物流”的案例。北京邮政通过腾讯的地址解析服务，做到了有效提升邮政服务的地址匹配率，从90%提升到96%。6个百分点的效率提升使得在北京人工干涉的包裹数量，从每日5 000单迅速下降到1 000单，

① 马丽娜. 浅析“互联网+”的应用与发展.（2017-03-12）. 参考网.

包裹的退转率也从8%下降到6%。仅仅是一个地址解析服务，就让北京邮政的工作效率发生了巨大变化。

“互联网＋制造业”方面，三一重工是制造业的典型代表，其制造能力非常强，平均每5分钟就可以生产1台挖掘机。但是，三一重工的商业模式并不是卖完机械就结束了，还需要为客户提供维修、故障响应、备件、库存等很多售后服务。为了提高服务效率，三一重工与腾讯云共同搭建了一个工业互联网平台。这个平台把全球超过30万台重型机械设备通过互联网连接起来，实时采集超过1万个参数，实现了服务人员2小时到现场20小时解决问题。这样三一重工就不只是一个生产制造机械设备的企业，其商业模式已从单纯的制造业转变成综合性的服务业，服务是主体，生产制造反而成了最基础的环节。

又如，海尔的“网格化门店＋家居定制”O2O模式，是传统制造业借助“互联网＋”模式实现转型升级的典型案例。海尔打造全新的“日日顺”平台，在全国建立了7 600多家县级专卖店，26 000个乡镇专卖店，19万个村级联络站，在中国2 800多个县级行政区建立了物流配送站，布局了17 000多家服务商，做到“销售到村，送货到门，服务到户”，解决了三四级市场的配送难题，并且在配送速度上已有1 500多个区县实现24小时限时达，460个区县实现48小时内送达。[①]

传统行业用信息技术实时联网之后，其生产关系以及商业模式都会发生质变，这种新商业模式也就是“互联网＋”的商业生态，最终的目的是通过“互联网＋”模式来实现数字经济。

(六) 第三方市场合作模式

第三方市场合作是指以“一带一路”建设为重点，中方企业（含金融企业）和外方企业（尤其是全球行业标杆企业）共同在第三方市场开展合作，过程中将中国的中高端制造能力同发达国家的高端技术、先进理念结

① 唐麒. 传统品牌企业电子商务模式分析：以海尔为例. 电子商务，2014（12）.

合起来，带动产能、装备、技术、品牌、标准“走出去”，为第三国提供高水平、高性价比、更具竞争力的产品和服务，实现“三方共赢”、共同发展。2015 年，中国政府同法国政府正式发表《中华人民共和国政府和法兰西共和国政府关于第三方市场合作的联合声明》，首次提出了“第三方市场合作”这一概念。第三方市场合作也是中国首创的国际合作新模式，将中国的优势产能、发达国家的先进技术和广大发展中国家的发展需求有效对接，实现“1 + 1 + 1 > 3”的效果。①

第三方市场合作是为中国“量身打造”，同时又符合其他各方利益的国际合作新模式。在世界经济发展失衡与中国经济地位显著提升的背景下，中国创造性提出第三方市场合作，是中国企业拓展外部发展空间、中国产业迈向全球价值链中高端的重要途径，对于推动形成全面开放新格局、实现经济高质量发展具有深远意义。而且，第三方市场合作已经成为共建“一带一路”的新路径和国际产能合作的新模式，是扩大各方利益交汇点、构建人类命运共同体的重要抓手，受到相关国家的广泛欢迎。

第三方市场合作有着广阔的前景。首先，按照共商共建共享的原则，实现中国与合作方在第三方市场更高效的资金、技术等资源配置，促进市场深度融合，实现双赢、多赢、共赢。其次，“一带一路”区域内，不同国家和地区有着不同的市场优势，中国有着技术和资金优势，发达国家有着技术市场优势，一些国家有着需求市场优势，第三方市场将三大市场有效结合起来，实现效益最大化。最后，在“一带一路”建设中随着“资金融通”不断扩大，国际化投融资服务体系日益完善，为第三方市场合作提供了强有力的金融支撑。例如，发挥丝路基金、中法第三方市场合作基金等投融资平台作用，以股权投资、债务融资等多种形式支持第三方市场合作；鼓励金融机构创新产品和服务；探索与外方信用保险机构开展合作；扩大人民币在第三方市场合作中的使用等。

顺利地开展第三方市场合作，从宏观角度应把握以下几个原则：一是坚持多方共商共建共享、所在地受益的原则，在开放包容中实现合作共赢。

① 仲文娟. 第三方市场合作 1+1+1>3.（2018-01-04）. 央广网 .

二是坚持以企业为主体，以政府为引导，以市场为导向，因地制宜，分类施策，逐步推进。三是坚持以知识产权保护与核心技术发展为重点。一方面要加强合作双方知识产权的保护，尤其是对本国核心技术的保护；另一方面要在平等互惠前提下注重本国产业技术的提高和完善。四是坚持国际惯例、质量优先。注重相关国际法规，充分了解和掌握相关合作方法规建设内容情况，以高品质的产品和服务树立良好的品牌形象。五是坚持带动产能发展优先。着重加强产能方面的合作，尤其是国内市场较为饱和的产能，通过输出实现吸收消化和技术提升。

同时，对于在第三方不同市场的拓展方面应注重以下几个问题：（1）充分利用中国与非洲国家的传统友谊关系以及影响力，借助亚投行资金，依据非洲的客观实际需要进行第三方市场的开发。（2）随着“一带一路”建设的推进，积极开拓拉美地区市场。由于美洲国家与传统意义上的西方国家关系更为密切，中国可以利用与加拿大、法国等已有的合作关系开拓市场，重点借助资金、技术等方面的优势。（3）与合作方进一步开展以技术为中心的相关合作，汽车、航空、能源等是重点合作项目。（4）拓宽合作领域。现在主要集中于核电技术、基础设施建设等，将来可扩展到钢铁、有色、航空航天、建材、农业、化工、轻纺、汽车、工程机械、船舶和海洋工程、交通、能源、信息等优势产能领域，将合作向产业链高端推进，加强全产业链合作。（5）建立良好的沟通合作机制，为第三方市场合作提供服务保障。例如，充分发挥各类国际组织（包括联合国机构、区域次区域经济组织、金融机构等）及驻华机构的国际对话机制，推动第三方市场合作包容发展；充分发挥各行业协会、商会的桥梁作用，促进第三方市场合作中各参与方的交流与合作。[①]

|案　例|

我国积极探索第三方市场合作模式

目前，我国提出的第三方市场合作得到了广大发展中国家和发达国

---

① 仲文娟 . 第三方市场合作 1+1+1>3.（2018-01-04）. 央广网 .

家的积极响应，我国与相关国家开展第三方市场合作实现了良好开局。我国与法国、韩国、德国、英国、加拿大、新加坡、比利时、葡萄牙等国家达成第三方市场合作的共识，聚焦基础设施、能源、环保、金融等优势互补领域，开展了机制化的合作，在一系列重大项目上取得了务实成果。

2016 年 9 月，中广核与法国电力集团共同投资建设英国欣克利角 C 核电项目及后续的塞斯维尔 C 核电项目、布拉德维尔 B 核电项目，且布拉德维尔 B 核电项目将采用中国自主三代核电技术“华龙一号”，这是第三方市场合作提出以来的首个成功案例。2016 年 6 月，中德共同发表《第四轮中德政府磋商联合声明》，支持中车集团和德国西门子集团在高铁领域，中国铁路总公司和德国铁路公司在中欧班列、高铁运营维护等领域加强第三方市场合作。

2016 年 6 月，在中韩经济技术交流会第三方市场合作论坛上，中国机械工业建设集团与韩国现代建设株式会社签署厄瓜多尔太平洋炼油厂项目 JV 协议、中巴新能环钢铁公司与韩国浦项制铁签署巴西马拉尼昂州钢铁项目合作备忘录。2017 年 6 月，中国三峡集团与德国福伊特集团签署巴西圣保罗州伊利亚电站机组改造项目协议。

五、选对路径：“走出去”的成长路线图

回顾中国企业“走出去”的历程，在“2001 年中国加入世界贸易组织”“2008 年全球金融危机”“2013 年‘一带一路’倡议提出”三大机遇的催生下，历经“引进来”、加速“走出去”、“逆势增长”大规模“走出去”、数量增长最快且追求高质量与高效益发展四个阶段，中国企业“走出去”的数量与质量都取得了长足的发展，中国企业对外投资更趋理性、更加注重发展质量与效益，呈现出投资主体更加多元、投资领域更加广泛、投资区域更加广阔、国有企业与民营企业齐头并进、合作模式不断推新、

创新导向模式越来越多的新时代特征。

可见，中国企业在“走出去”过程中，在不同阶段所选择的“走出去”模式、追求的目标以及表现出来的优势都不相同，且呈现不同的特征，这与时代背景、政策机遇、国际经济环境以及企业自身性质、企业的资源与能力息息相关。而且，不同类型企业“走出去”的发展历程不尽相同。例如，国有企业与民营企业差异很大，相对民营企业来说，国有企业“走出去”的时间要早，初期政策、全球资源与综合能力也相对占优势，因此“走出去”的步伐必然要快一些；而具有技术优势的一些企业，其创新导向的“走出去”模式更为突出，定然具有天然优势，而且“走出去”的步伐也会更快、合作模式更加灵活，甚至直接跨越了传统制造企业必须经历的“走出去”初期阶段，例如以互联网、机器智能为代表的新兴产业类企业。但是，无论如何，中国企业“走出去”的成长路线图还是有规律可循的，尤其是一些颇具代表性的行业，其成长路径更为清晰。

以工程承包商“走出去”为例，大体可以划分为四个阶段：从最初的劳务输出，到低中端工程承包，再到总承包业务发展壮大并带动装备、技术等“走出去”，目前处于总承包加投资的双驱“走出去”，并带动产业、技术、标准、资金全面“走出去”的新阶段。劳务输出阶段主要是20世纪80年代，中国企业跟随西方承包商从事劳务分包，风险不高，利润不稳定。低中端工程承包阶段主要在20世纪80年代后期到20世纪90年代，中国企业承揽一些规模小、技术含量低的工程项目，交了不少学费。总承包业务发展壮大阶段是2 000年以来，中国企业开始承包一些大型工程、综合性工程、交钥匙工程并带动装备、技术等“走出去”。近几年来，中国企业在总承包业务的基础上，开始全面开展投资业务，并努力向产业链高端迈进。目前，国际承包工程的竞争正在经历“施工→施工＋设计→施工＋设计＋融资→施工＋设计＋融资＋政府公关等综合能力”的转化。在产业链上，中国建筑企业经历了从劳务承包、工程承包到综合服务提供商的发展道路。中国企业需要遵循国家的政策导向，大力开发政府框架项目，大力发展EPC，BOT等高层次、高技术含量、高经济附加值的大型项目。

上述工程承包商“走出去”的路径分析，主要强调的是不同阶段的业务模式特征。但是，“走出去”毕竟是一个系统工程，还与跨文化管理、国际化人才管理、国际公共关系管理、国际法律、国际企业社会责任等密切相关。为此，笔者又结合大量“走出去”的中国企业案例分析，总结出中国企业“走出去”应遵循的具有共性特征的发展路径：走进去、走上去、融进去、可持续（见图4－10）。

（一）“走进去”：本土化发展

在“一带一路”建设带动下，共商共建共享已成为当今全球经济合作的主旋律。要实现可持续“走出去”，企业必须以追求相关各方的共同利益最大化为战略目标。简单“走出去”还不够，还要积极主动融入当地“走进去”，其典型特征是：实现本土化发展，实现要素资源属地化配置，做到“入乡随俗”与恪守法规。

1. 实现本土化发展，尤其是完善属地化人才结构

中国企业“走出去”，本土化、属地化发展是当务之急。中国企业需要从招聘、培训、考核、激励等方面积极探索雇员属地化管理的先进方法，包括制定当地员工管理办法，规范雇员管理；建立员工晋升机制和激励机制，满足员工的不同需求；尊重并平等对待当地雇员，听取当地员工对公司发展的意见等。在加强管理的同时，要注重加强对当地员工的技术技能培训，不断提升员工的能力素质和业务水平。根据国资委披露的信息，2017年中央企业海外分支机构38.4万名员工中，85%是本地员工，不少企业员工本地化率达到90%以上。在直接提供就业岗位的同时，还间接带动了十几倍甚至几十倍的当地就业。中国中铁、中国铁建等中央企业在与非洲国家合作修建铁路和公路的过程中，培训了16万名专业技术人才。中国交建依托中国高等院校，帮助参与重大工程项目的当地员工到中国留学深造，培养了大量高水平专业人才。

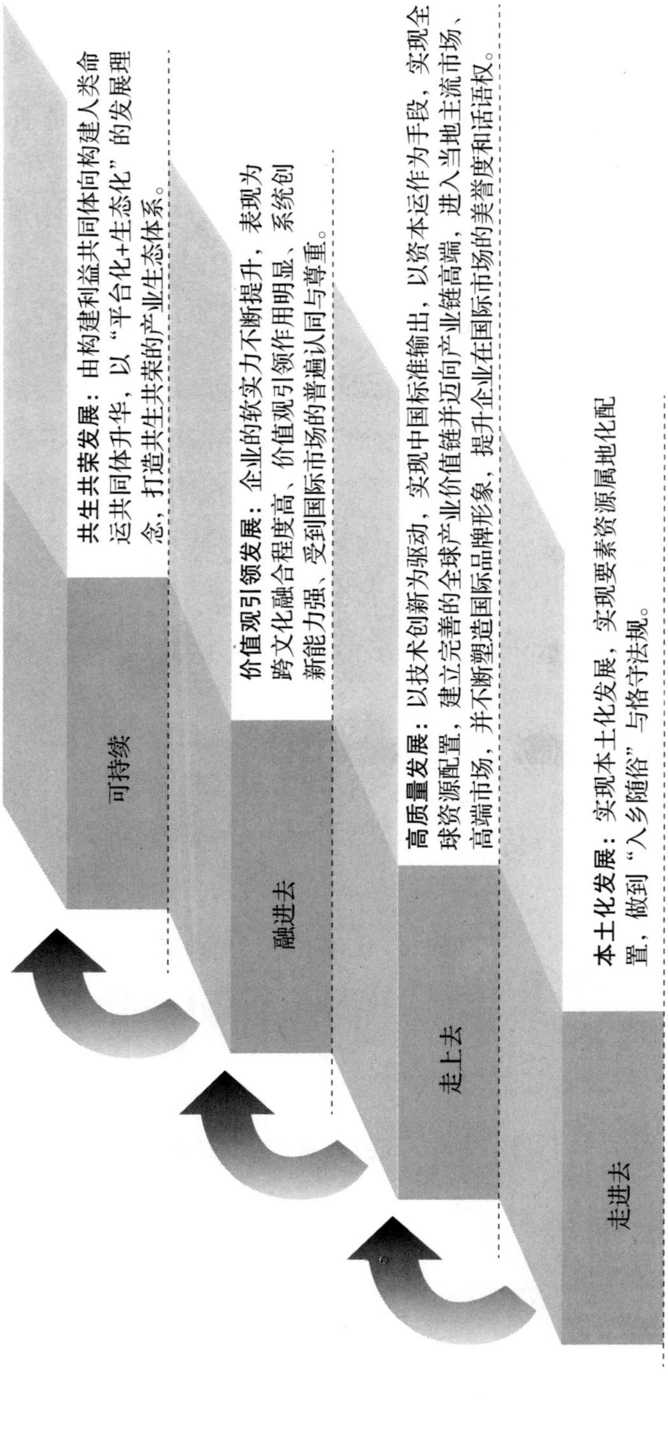

图4-10 中国企业“走出去”的成长路线图

2. 实现要素资源属地化配置

海外资源配备、材料采购、劳动力素质与国内完全不同，只有融入当地，实现海外事业扎根发展，才叫国际化，才有真正的竞争力。中国企业要在自身发展的过程中，不断提高要素资源属地化配置的能力，助力驻在国建立产业体系。

3. 做到“入乡随俗”与恪守法规

要吃透当地的法律规定、政策要求、市场规则和文化传统，规避劳动用工、环境保护等法律风险。中国企业“走出去”既有很多成功的例子，也有很多“折戟沉沙”的惨痛教训，这些教训莫不是因为对驻在国的法律、习俗、文化等理解不深、了解不够而套用中国思维方法所导致的。有些企业“走出去”过程中沿袭传统思维模式、使用传统竞争模式，也就是“中式打法”主导，这些招数在国内有效，但在国外可能会是“死穴”。青蛙让项目亏损，小鸟逼公路改线，这些在国内似乎是笑话，在有些国家却可能是真实案例。国内劳动者加班是敬业，国外就是不正当竞争。中国企业必须深入研究了解当地法律法规、文化宗教、民俗传统、市场规则等，主动过好“五关”，即法律关、语言关、宗教关、伦理关和习俗关，按照提升跨文化敏感性的“九要素”，即懂风俗、穿得体、慎言谈、不亵渎、语速慢、善倾听、要谦逊、慎宗教、远政治的要求，建立一套适应当地制度、法律、风俗、文化的“走出去”管理体系。

（二）“走上去”：高质量发展

国际市场的竞争绝不仅仅是“质优价廉”这么简单，在企业“走出去”实现国际化经营的过程中，必须拓展国际化视野，提升企业的核心竞争力、树立国际品牌形象，努力“走上去”。这个阶段的典型特征是：以技术创新为驱动，实现中国标准输出，以资本运作为手段，实现全球资源配置，建立完善的全球产业价值链并迈向产业链高端，进入当地主流市场、高端市场，并不断塑造国际品牌形象，提升企业在国际市场的美誉度和话语权。

1. 以创新为驱动，实现中国标准输出

以创新为驱动，提供精品工程、高新技术，成功进入当地主流市场、高端市场，这是中国企业实现从“走进去”到“走上去”的必然要求，而“走上去”的一个重要标志就是成功实现中国标准“走出去”。一方面，部分具备关键技术优势的中国企业已经成功“走上去”并成为影响世界的“中国名片”。例如，中国高铁、中国港口、中国桥梁、中国公路、中国核电、中国水电等，它们多数掌握了大型、超大型专业化码头建设能力和成套技术，掌握了先进的桥梁隧道建设与运营管理关键技术，运营了世界上规模最大的高速铁路网和高速公路网，掌握了水利、水电、火电建设一体化系统技术，这些企业充分发挥比较优势，为许多国家带去技术水平高、适应性好的基础设施产品，通过重大工程和技术转移不断培养提升当地企业技术水平，推动中国标准“走出去”。另一方面，部分中国企业形成较为完善的技术体系，布局全球研发网络，逐步提升自身技术力量，重点开拓技术含量高、附加值高、项目生命周期长的高端市场，从而通过技术优势、自主品牌引领全球行业、主导海外市场，成功“走上去”。例如，通信设备制造业的华为、白色家电业的海尔等，它们这些年通过新建和收购的方式积极建立海外研发中心，各大研发中心纵横连线、协同交互、开放合作、利益共享，帮助企业在全球范围内构建开放式的产学研生态圈，通过与用户、供应商、合作者、研发机构的深度交互，实现优势互补，共同推动技术创新，促进产业发展，成为全球行业领域消费与技术的引领者。

2. 以资本运作为手段，实现全球资源配置，迈向产业链高端

资本运作就是通过流动、裂变、组合、优化配置等各种方式对自己的一切资产进行有效运营，其根本目的是实现市场价值增值最大化以及企业的跨越式发展，它已经成为中国企业立足海外、提升国际竞争力的重要途径以及必备的能力要素。近些年，大量“走出去”的中国企业通过资本运作，已经获取了技术、品牌、劳动力、区域市场等资源优势，但这仍然是“走出去”的初级阶段，其主要缺陷是局限于零散的生产要素获取以及局部的区域市场开拓，只能在某些方面获得一定的竞争优势，无法实现真正意义上的全球化。企业要想“走上去”，还需要从战略层面，以创新、布局全球产业链为导向，充分拓展国际融资渠道，在实现产业价值链国际化、融资国际化的同时，提升核心竞争力，实现全球资源配置，迈向产业链高端。在产业链中，价值实现是一条微笑曲线，投融资、创新创意和服务在两端，附加值较高，生产、制造、建造在中间，附加值较低。中国企业“走上去”，就需要在创新创意、软件服务、系统集成方面下功夫，通过全产业链模式创新，为客户和社会提供一揽子一体化服务，同时实现各利益相关方利益最大化。

以蓝星公司为例，其海外并购的历程其实就是其不断完善全球产业价值链并迈向产业链高端、不断优化全球资源配置、不断提升核心竞争力的过程。2006 年 1 月，蓝星公司以 4 亿欧元买下法国安迪苏公司 100% 的股权，是当时中欧之间金额最大的一次跨国并购。但是，最初蓝星公司发起海外并购的主要目的是获取高端技术。法国安迪苏公司是全球第二大蛋氨酸生产企业，也是唯一一家能同时生产固体和液体两种蛋氨酸产品的企业。安迪苏公司的加入，为蓝星公司注入了核心技术能力，也助力蓝星公司在国际市场打响了品牌，并为其后来的并购之路探明了方向。

此后，蓝星公司的海外并购之路越来越顺畅，其并购目标也从获得技术转向延伸产业链，推动企业转型升级。2007 年 1 月，蓝星公司收购原法国罗地亚集团的有机硅业务，获得了先进的有机硅生产技术；2011 年 4 月，蓝星公司收购挪威埃肯公司，将产业链延伸至上游金属硅原料；2015 年 5 月，蓝星埃肯又收购了挪威 REC 太阳能公司，与国内企业星火有机硅、兰州硅材一起实现蓝星硅产业链的优化与延伸，并成为太阳能解决方案提供商，生产出世界上二氧化碳排放量最低、最清洁的光伏组件。截至 2016 年 12 月，蓝星公司通过结构调整，将国内资产与整合后的埃肯公司结合到一起，形成完整的海内外硅产业管理体系，公司在硅产业的竞争力已闯入全球前三。[①] 从单纯的技术获取，到后期的产业链不断延伸，蓝星公司借助资本运作手段，不仅实现了全球资源配置，大大提升了企业的国际竞争

---

① 徐达. 从“走出去”的本土企业到全球化企业：蓝星升级记. 经济日报，2016-12-21.

力，还实现了企业的转型升级。

3. 塑造国际品牌形象，提升企业在国际市场的美誉度和话语权

树立领先的国际品牌形象，是中国企业“走上去”的典型特征之一，其要求是企业在国际市场具有一定的知名度、美誉度以及行业话语权。当然，品牌的塑造是一个系统工程，包括品牌的硬实力、软实力、品牌传播等方面，而在“走上去”阶段，其品牌形象主要还是体现为以技术创新为驱动的自主品牌，因为这是中国企业树立国际品牌的根本前提。对于中国企业来说，其实在这方面仍然是一个软肋，真正意义上的世界级知名品牌还寥寥无几。不过，当前中国的大国品牌形象对于中国企业“走上去”，起着重要的支撑作用。因为一个国家的形象对于企业“走出去”具有重要意义，积极正面的国家形象无疑会加速企业国际化进程和企业海外形象塑造。例如，在推介的国家形象中，美国是“创新”，日本是“品质”，德国是“完美”，意大利是“吸引力”，法国是“时尚”，瑞典是“精准”。目前中国的基础设施、核电、通信设备产品和服务、特高压等技术，也逐步树立了“中国效率”“中国品质”“中国智造”等国家新形象，这些都将有利于中国企业借力以优秀产业品牌与文化品牌为支撑的国家新形象“走上去”。当然，其前提是企业要拥有一定的独特优势，至少是在某些领域具备领先优势。

（三）“融进去”：价值观引领发展

从以本土化发展为特征的“走进去”到以高质量发展为特征的“走上去”，企业所彰显的实力仍然以硬实力为主，例如企业的基础建设能力、某些领域的技术水平、资本运作的能力等，而中国企业要想走得更深、更远，则必须深入地融入属地国，与全球经济、文化融为一体，即“融进去”。“融进去”的典型特征就是：企业的软实力不断提升，表现为跨文化融合程度高、价值观引领作用明显、系统创新能力强、受到国际市场的普遍认同与尊重。而中国企业又该如何提升软实力呢？

1. 加强跨文化管理，促进文化融合，实现价值观引领

受地理环境、发展历程、历史背景、价值观念等因素影响，各国的思维方式、风俗习惯、法律法规、沟通方式等与国内往往有着天然的差异，因此，中国企业在“走出去”过程中，常常会遇到难以凝聚思想、统一行动，且工作效率很低的问题，甚至还会产生文化冲突，给企业带来各种风险，这对于中国企业来说是一个极大的挑战。深度地“融进去”，促使文化融合，已经成为企业“走出去”的必然选择。而且，与“走进去”相比较，文化的“融进去”强调的是系统性的跨文化管理，不仅要考虑属地国的员工，还要考虑属地国的各利益相关方；不仅是简单地促进彼此文化融合，还要实现价值观引领，以更强的凝聚力来推动企业加快全球化发展步伐。

因此，首先，中国企业必须牢固树立正确的、国际普遍认同的价值观。没有正确的价值理念，无论什么性质、什么规模的企业都很难得到市场的认同和信赖。尤其是在国际市场竞争更加充分、规则更加成熟的环境中，单纯以追逐自身利益为目标的企业不可能有生存发展的空间。中国企业必须牢固树立植根当地、互利共赢的理念，切实尊重所在地、驻在国的利益需求，在为客户创造更多价值的同时惠及各方利益相关者，在此基础上再谈企业的国际化发展，这也是中国企业“融进去”的前提。目前中国企业所树立的讲责任、讲诚信的形象，已经得到国际社会的普遍认同。其次，中国企业要完善跨文化管理体系，有效实施跨文化管理策略。具体包括识别各国与中方文化间的差异、增强自身的跨文化沟通能力、提高跨文化谈判水平、打造高效的跨文化团队、加强跨文化的人力资源管理、通过系统性的文化整合消除文化冲突。其中，很重要的工作就是系统性的文化整合，其实就是企业文化建设的过程，包括价值理念的整合、制度文化的整合、行为文化的整合、物质文化的整合，具体工作涉及文化理念提炼、形象统一、制度建立、宣传培训等，做到内化于心、固化于制、实化于行、外化于形。需要注意的是，在价值理念整合的过程中，一方面要坚持正确、国际普遍认同的价值观，另一方面要注重中华优秀传统文化理念、企业特色文化理念的传播，当然，也要考虑与属地国文化的适度融合，最终形成具有企业自身特色，员工与企业、属地国政府与各利益相关者共同认同的企业文化理念体系，从而实现“价值观引领”。

2. 提升三大核心能力，全面增强企业软实力

一是提升系统的创新能力。系统的创新能力是企业软实力的重要组成部分，这里强调的是系统性，而非单纯的技术创新，涵盖技术创新、管理创新、产品创新、设计创新、商业模式创新、资本运作创新、社会创新等。技术创新能力或许可以通过引进与合作来获取或者实现，但是系统的创新能力只能自主培育，因为系统创新涉及产品的全产业链，涉及社会的各个层面，不是单靠某一方面的突破就能够实现的，也不是靠短期内的投入就可以实现的。所以，培育系统的创新能力，要求企业培养创新性思维和创新型文化，建立完善的创新体制和机制，培育创新人才队伍，打造完整的创新体系，持续推进技术、管理、商业模式等全方位的创新。二是进一步提升全球资源配置能力，即要求企业在全球范围配置资本、人才、技术、市场等各种要素资源，实现战略、运营、管理、文化的全球化。三是提升高层次国际化人才实力。全球博弈呼唤一流国际化领军人才，特别是国际企业家人才。视野决定境界，境界决定思维，思维决定战略和行动。一方面要择天下英才而用之，另一方面要培养企业领导人的国际化能力，包括国际经历、国际化思维、全球视野和世界眼光等。

3. 积极履行国际社会责任，获得国际社会认可与尊重

责任文化是国际化通用语言，要求企业以追求可持续发展为目标，努力兼顾各利益相关方的利益诉求，致力于更环保、更安全和更高效的方式开展业务，全面履行经济、环境和社会责任。履行国际社会责任，其本身就是企业践行正确价值观、促进文化融合的重要过程，同时也是中国企业树立“讲责任、讲诚信、讲规矩”大国形象的重要支撑，更是中国企业实现“融进去”的关键举措。中国企业必须把责任文化视作国际市场信任的“入场券”，积极响应国际化背景下的社会责任、经济责任、环境责任等关键社会议题，全面强化质量安全责任，积极参与当地公益事业，主动做好环境保护和资源节约。反之，“融进去”不可能，“走出去”寸步难行。

例如，HSE[①] 等软约束因素往往会成为工程推进的绊脚石。在波兰高速公路项目中，该路段沿途共生存着七种珍稀两栖动物。咨询公司曾要求该联合体在做施工准备时必须妥善处理“蛙”的问题。中国公司最初没当回事，不予理睬。三周后，咨询公司派人给中国公司员工上了两小时培训课，要求员工马上用手把珍稀蛙类搬到安全地带，因为两周后当地将降温，可能会结冰，到时这些蛙就要冬眠了。该公司措手不及，为此停工两周，全力以赴搬运这些蛙类。事实上，基建和环保的冲突在欧洲国家司空见惯。在很多基建项目中，都会要求承包方聘请生物专家进行指导，在工地和工地周边把珍贵的动物、昆虫等找出来并迁移到安全的地方。文物部门也会参与到工地建设中，进行考古方面的勘察。美国新海湾大桥标书上甚至还有“雨天作业，雨水不能通过钢桥渗透到海里”“如果鸟类在工地旁休息，不得惊动”等条款。那些长期在非洲国家作业的中国企业对于在欧美遇到的这些意外事件的干扰，感到既愤怒又被动，甚至怀疑是外方故意找碴儿刁难。显然，许多中国企业因之前大而化之的管理理念一时无法适应。一家从事基建疏浚的企业表示，在海外项目实施过程中，经常会遇到施工海域海水中含氧量和固体悬浮物指标明显变化、施工噪声超标、抓斗船产生油污等 HSE 管理问题，而这些问题被业主发现后往往得责令企业整改甚至导致停工。在投标时也会遇到业主要求提供野生动物保护、防止海底有毒气体扩散、对当地动力进行技能培训等 HSE 管理方案。

（四）“可持续”：共生共荣发展

从世界发展来看，树立同舟共济、合作共赢的理念，坚持走开放融通、互利共赢之路，构建开放型世界经济，是人类的共同诉求。虽然这条道路可能充满荆棘，但它是唯一正确的方向。中国企业“走出去”，需要努力维护多边贸易体制，共同打造新技术、新产业、新业态、新模式，推动经济全球化朝着更加开放、包容、普惠、平衡、共赢的方向发展。“可

① HSE 管理体系指的是健康（health）、安全（safety）和环境（environment）三位一体的管理体系。

持续”的最大特征是：由构建利益共同体向构建人类命运共同体升华，以“平台化 + 生态化”的发展理念，打造共生共荣的产业生态体系。企业行为、市场行为必然涉及财富的追求、利益的分配。今天的商业文明对企业家提出了全新的要求，要求中国深刻思考企业的使命和价值追求。双赢、多赢、共赢应当成为当代企业的共同追求。伟大的企业精神是在为社会创造财富中获取利益，在为社会创造价值中获取价值，追求人和社会的和谐发展。实现全球可持续发展，中国企业必须追求从利益共同体到命运共同体的升华。伟大企业是对利益的追求，更是对利益的超越；是对自我实现的追求，更是对自我实现的超越；不是利用人性的弱点，而是超越人性的弱点；不是利用市场的缺陷，而是有弥补市场缺陷的追求。这样的企业才是具备管理科学、突出的核心竞争力、受到社会广泛尊重、独特的管理思想与优秀的企业文化、超强的执行力、引领行业趋势“六要素”的伟大企业。

近几年，“平台”概念迅速走红，日益成为重要的产品生产模式、商业模式、产业发展模式，而且平台企业越来越多，平台业务增长迅猛，对人们生活的影响日趋巨大。目前，全球市值最高的五家公司全是平台企业。一些互联网企业，例如苹果、谷歌、脸书、亚马逊、微软、阿里巴巴、小米等都在打造“平台化 + 生态化”组织。“平台化 + 生态化”不是互联网企业的专利，而是一种企业发展理念，这一要求的本质是形成共生共荣的产业生态体系。对于中国企业“走出去”而言，借鉴平台化发展理念，是实现可持续发展的根本。成为平台企业，必须占据产业制高点，有优质资源的配置和赋能能力，促进整个生态良性运营。当然，平台绝不是独霸通吃，“可持续”的平台需要超越利益维护生态。

当前，部分中国企业已经通过坚持构建平台走向“可持续”的发展道路。例如，招商局集团在“一带一路”建设中提出了“前港、中区、后城”的模式，就是以港口先行、产业园区跟进、配套城市新区开发，从而实现成片区域的整体发展。这一模式实现了港、产、城联动，将政府、企业和各类资源协同起来，可视为城市转型升级的重要战略。又如，科伦坡港口城项目由中国交建投资建设，通过填海造陆，结合一级二级土地开发，综合开发城市，形成一个港口新城。该项目的作用有四：一是创造了可观的社会效益和经济效益，提升了科伦坡的城市地位，打造了全新的斯里兰卡形象。二是提供了优良的基础设施产品，改善了当地营商环境，提供了充裕的公共空间。三是提升了周边区域土地的价值，通过填海造地形成了新增土地，促进了城市滨海化发展。四是为当地民众提供了稳定的就业岗位，吸引了国际投资和人才，提升了本土企业国际竞争力。该项目的特点是中国企业谋求在斯里兰卡长期发展、谋求与斯里兰卡一起发展，进入了新的境界。

从单纯的“走出去”，到本土化发展的“走进去”与高质量发展的“走上去”，再到价值观引领发展的“融进去”，最终实现共生共荣发展的“可持续”。企业在这个过程中，也是从单纯的业务拓展，到“硬实力”与“软实力”并举，再到与当地共融发展，最终实现全球布局、持续增长，这是中国企业“走出去”、从优秀到卓越的必然选择。

第五章

风险因素与对策

近年来，随着我国企业“走出去”步伐的不断加快，尤其是“一带一路”建设的持续深化推进，企业参与国际化经营与投资的意愿愈发强烈。商务部、国家统计局、国家外汇管理局发布的《2017 年度中国对外直接投资统计公报》显示，截至 2017 年年底，我国对外直接投资存量 18 090.4 亿美元，占全球外国直接投资流出存量份额的 5.9%，分布在全球 189 个国家和地区，存量规模比上年年末增加 4 516.5 亿美元，在全球存量排名跃升至第 2 位，较上年前进 4 位。虽然我国的对外直接投资存量排名跃升到了第 2 位，但是与排名第 1 的美国存量规模差距仍然较大，仅相当于美国的 23.2%。随着我国综合国力的不断增强，可以预见我国对外投资规模将会持续加大，企业跨国经营的数量和规模也将呈现快速增长的态势。

尽管我国企业在产品、技术、质量、品牌、价格等方面具有一定的优势，但是在跨国经营的过程中仍然普遍缺乏经验，国际化经营能力尚需提升。很多企业甚至一些知名企业在海外投资折戟沉沙的报道经常见于报端。如某大型能源服务企业新加坡公司做期货亏损数亿美元，某知名电器品牌企业兼并欧洲一家公司的电视机业务造成巨额亏损，某知名投资公司投资一个西澳铁矿项目几乎让它倒下，某知名物联网公司收购韩国现代亏损严重，某知名国际能源公司收购美国尤尼科公司失败等。这些失败的案例都对企业造成了巨大的损失，在对案例进行分析的过程中，几乎都可总结出的一个关键失败因素是：风险识别与防范不到位。当然，失败的原因有主观因素，也有不确定的政治环境、经济环境、市场竞争环境等客观因素，我们要做的就是居安思危、未雨绸缪，做到防患于未然，同时还要居危思进、敢于挑战、超越自我，做到临危不惧、化险为夷、转危为安。研究我国企业跨国经营存在的各种风险（见图 5－1），总结成功经验与失败教训，就是应对风险的最好办法。通过不断地分析、总结，找出有效的应对措施将有助于企业规避风险并把风险和损失降到最低。那么，对于中国企业“走出去”过程中常遇到的风险，我们又该如何深刻认识、预判并进行防范呢?

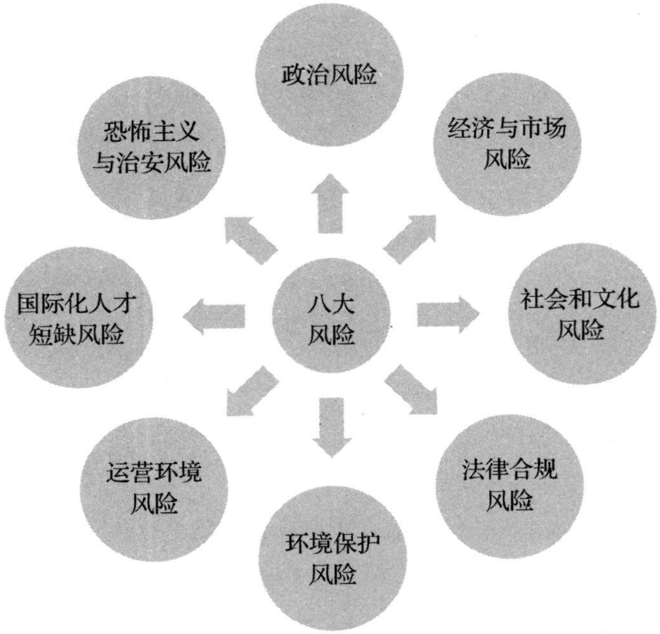

图 5－1 “走出去”企业常见的八大风险

一、政治风险及其对策

(一) 政治风险：“走出去”的首要风险因素

政治风险是指驻在国的政局变动和社会动荡，以及因为政治因素所采取的有针对性的政策措施，从而可能使企业的生产经营蒙受巨大损失。政治风险是我国“走出去”企业参与国际市场竞争需要面对的首要风险。在外国政府换届与党派竞选期间风险尤为突出，其新领导人上台后可能将上一任领导人的决策和协议全盘否定，给企业的生产经营带来很大的不确定性，甚至是巨大的经济损失。此外，地缘政治风险、教派冲突、朝令夕改、贪腐风险等方面也需要“走出去”企业给予极大的重视和防范。几乎所有国家都有潜在的政治风险，尤其是在一些经济不发达、法律不健全、国家治理不规范的地区，例如非洲、东南亚、南亚、中东、拉美等。而以上这些地区，恰好是我国“一带一路”建设的重点区域，是中国企业“走出去”的优先选择市场，同时也是我国企业海外发展过程中的优势市场。因此在这些地区进行市场开发和经营的过程中，一定要重点关注政治风险，争取能够做到先知先觉，快速反应，以使企业避免损失或者将损失降到最低。

众所周知，利比亚战争给中资企业带来了相当大的损失。据商务部发布的信息，当时中国 75 家企业在利比亚承包的大型项目共有 50 个，涉及合同金额 188 亿美元。中国民间在利比亚的投资超过 30 亿美元，中资企业在利比亚的损失主要有固定资产、原材料、难以追回的工程垫付款、撤离人员安置费用等。据有关专家估计，中资企业预计损失近 200 亿美元。另外，在“一带一路”沿线重要国家马来西亚政权更替的过程中，中资企业在马来西亚的投资增加了很多变数。马来西亚针对大型项目分别在 2018 年的 5 月和 7 月先后叫停了中资企业参与建设的东岸铁路项目和能源管道项目（两项总计价值超过 160 亿美元），并且多次声称两个项目“行不通”“不适宜”“马来西亚没有从中国投资中赚得任何好处”，其最终的目标是取消两个项目。取消项目要承担违约金，马来西亚新政府不想承担，所以采取的策略是先暂停，受此影响的项目包括东海岸铁路项目，从马来西亚南部的马六甲和波德申至北部日得拉、从沙巴金马利天然气总站至山打根和斗湖等城市的两条输气管道项目和一条石油管道项目。2019 年 4 月 12 日，中马双方企业又签署了东海岸铁路项目有关补充协议，就继续实施建设东海岸铁路达成一致。

（二）如何防范政治风险

政治风险存在很多不确定性，有些风险甚至是难以评估和预测的，这就要求企业在进入新市场前充分评估潜在的政治风险，一旦进入新市场，就需要对全球的政治形势实时关注并提高政治敏感度。

1. 准确识别国别风险

企业要与我国外交、商务、金融等部委和机构保持密切联系，及时反馈信息并听取有关建议，力争能够准确预判并降低风险。目前“走出去”企业主要通过商务部以及中国信保等有国家背景的机构发布的国别风险报告和国别投资指南来评估东道国的政治风险。但这些信息仍不能完全满足“走出去”企业的需求，因此企业必须建立起自己的风险识别系统，通过整合驻外机构、银行、中国信保等各方力量收集重点国家和地区的有关政治信息，定期发布内参，为企业的生产经营服务。

2. 投保海外投资保险

投资保险将有效降低“走出去”企业的风险，可通过政策性或商业性保险公司的保险业务来转移风险。我国逐步建立了海外投资保险法律制度，对外投资企业不仅可以向中国信保等机构投保，还可以选择一些国际产品来投保政治风险，如可以选择世界银行集团的多边投资担保机构（MIGA）、亚洲开发银行用来分散投资风险。

3. 开展多元化投资

企业应根据专业权威机构定期发布的东道国政治风险等级情况，结合自身企业战略和经营情况，实施多元化投资策略，从而降低和分散投资风险。例如，把关键核心技术的研发和生产放在国内，或者在当地采取轻资产的形式，保持企业拥有新技术的领先地位，将企业具有核心竞争力的产品或者营销渠道留在国内，这样可以有效地分散政治风险。

4. 适时选择退出策略

投资退出在以前仅是经营亏损甚至投资失败时的无奈之举，现在也成为避免政治风险的重要措施之一。当企业面临驻在国较高的政治风险时，可以选择合适的时机进行撤资来规避风险，通过停止母公司的贷款支持、转移定价、利润汇回等方式，及时处理好资金的转移问题，从而安全退出高风险国别和地区。

二、经济与市场风险及其对策

（一）经济与市场风险：影响企业盈利能力与水平的关键因素

经济与市场风险是指驻在国经济与市场体系脆弱，容易引起经济波动、合同违约、物价不稳、汇率和利率大幅波动等不利局面，从而给企业带来经营的不确定性。经济与市场风险是决定企业生产经营过程中盈利能力和盈利水平的关键性风险。政府主权信用担保评级不高的国别，存在协议或者承诺违约的可能；驻在国的宏观经济走势以及经济稳定性，直接影响项目经营预期，甚至会由于经济波动造成项目停工或推迟；驻在国市场的有效供给不足，经济基础薄弱，容易产生通货膨胀、原材料供应不足等市场风险。此外，外汇的管制和汇率的波动也是企业需要特别关注的风险。国际化经营中的外汇风险，一方面指外汇汇出和海外收益回流的法律风险，另一方面指因外汇市场变动引起汇率的变动，致使以外币计价的资产上涨或者下降所带来的风险。目前，我国实行严格的外汇管制制度，有一整套详细的外汇管理制度和办法。企业在进行对外收付、融资的过程中，就需要充分考虑国家外汇管制审批程序带来的时间及渠道风险。在海外投资收益回流的过程中，如果东道国存在外汇管制，同样也会造成上述问题，甚至可能导致海外投资收益不能回流。汇率变动风险也是企业在国际化经营结算计价过程中所面临的一项重要风险。

经济与市场风险中，"一带一路"沿线各国货币风险特别值得关注。管清友在《"一带一路"国家汇率基本面梳理》一文中就此进行了详细分析并给出了明确的结论："短期货币风险来看，我们选取了外债比例、汇率制度、汇率波动情况、经常账户逆差程度、经济增速来衡量短期货币风险。风险评分较为突出的国家有 6 个，分别为塔吉克斯坦、白俄罗斯（已发生）、蒙古国、阿塞拜疆（已发生）、东帝汶、斯里兰卡，这些国家短期内爆发货币风险的可能性高于其他国家，值得关注。长期经济风险来看，我们选取了经济增速、赤字率、私人部门债务率、失业率以及通货膨胀率来衡量经济体的中长期稳定性。此部分风险评分较为突出的国家有 7 个，分别为埃及、也门、白俄罗斯、摩尔多瓦、土耳其、缅甸、蒙古国。这些国家内部经济较不稳定，如不能及时改革转型，即使短期内暂时推迟了危机，未来仍有可能面临政局动荡和中长期经济缓行。综合来看，风险总排名前6的国家为白俄罗斯、蒙古国、黎巴嫩、塔吉克斯坦、埃及、也门。9项考核指标中，这些国家至少有3项指标具有高风险。与此相对，罗马尼亚、泰国、菲律宾、以色列、印度尼西亚、柬埔寨、俄罗斯总体评价较好，短期及中长期都表现得更为稳健，稳定性优于其余国家，其货币继续升值的可能性大于下跌。”①

2015年之前，委内瑞拉官方汇率为1美元兑换6～7强势玻利瓦尔。由于国内发生了严重的经济问题，仅仅在2015年7月，黑市汇率就暴跌至1美元兑换629强势玻利瓦尔。对于以当地货币结算的外国企业，这种汇率风险会造成毁灭性的打击。中国某公司在沙特阿拉伯麦加轻轨项目施工过程中，由于尽职调查不深入、不细致，在该项目大规模施工阶段，客户不断修改变更合同中的运能要求，且客户负责的地下管网和征地拆迁严重滞后，在客户单方面改变合同的前提下，该中国公司没有要求停工，而是承诺按时保质完工。当然，加上别的因素后，这些在市场经营过程中的不当处置最终使项目陷入巨大的亏损之中，亏损额度超过40亿元人民币。

（二）如何防范经济与市场风险

针对政府主权信用评价不高的国别，在主权担保的同时，力争有实物的抵押，如港口、矿场等资源类的企业。针对原材料的问题，可以考虑在项目实施之前，有针对性地建立起自有的地材供应场所，或者提前签订长期的供应合同。针对内部经济不稳定的国别，要事先在合同中进行补偿约定或者进行商业投保，一旦发生巨大波动，尽最大可能降低企业风险。在经济与市场风险方面，汇兑风险是所有“走出去”企业要高度关注的风险，因此做好汇率风险管理意义重大。

① 管清友.“一带一路”国家汇率基本面梳理.（2017-03-06）. 新浪网 .

1. 密切关注政府相关政策规定

政府根据市场以及其他一些相关因素对经济进行宏观调控，企业必须时刻关注政策和相关规定的改革和变化，进而对企业的生产经营策略及时做出调整和规划。汇率的波动具有难以预测的特性，只有紧盯市场、紧盯政策，才可以更加切实有效、科学合理地进行汇率风险管理。

2. 利用专业工具规避汇率风险

当汇率变动难以预测时，企业可以运用金融衍生工具来规避风险，以较小的代价来固定未来不确定的收益和成本。企业应根据具体情况选择合适的外汇风险管理方法，借助外汇市场充分利用各种避险工具，建立适合自身的外汇风险防范机制。企业可以利用外汇远期合约、外汇期货合约以及外汇期权合约这几个专业手法和专业工具。外汇远期合约指的是一种常用的外汇买卖合约。外汇期货合约指的是可以在规定的时间之内，以约定好的汇率兑换出特定数量的约定外国货币。外汇期权合约是指通过向合约的出卖者缴纳期权费，购买者有权在规定的期限之内，按照双方约定的价格或者是执行汇率，购买或者售出一定数量的某种货币。

3. 选择有利的计价和结算货币规避风险

在订立合同的时候选择有利的计价和结算货币有利于企业切实有效地规避汇率风险。选择最为有利的结算货币时需要遵循以下原则：第一，企业在签订合同时，必须争取使用本国货币进行计价和结算。第二，企业在签订合同时，必须争取在收取外汇时使用硬通货，争取在支付时使用软通货。一般而言，人民币、美元、欧元、日元相对比较稳定、坚挺。第三，也是至关重要的一点，企业所选择的结算货币必须软硬通货相搭配。

4. 借款转嫁风险的方法规避风险

企业可以利用借款转嫁风险的方法进行保值，从而切实有效规避汇率风险。通过提前借入将来收入，且当前可以用于开支或使用的外汇币种资金来保值，这种方式比远期合同更加具有灵活性，尤其是针对一些小额的合同。

三、社会和文化风险及其对策

（一）社会和文化风险：直接影响企业形象的重要因素

社会和文化风险是指由于对当地社会和文化了解不深入，在宗教信仰、民俗差异、生活习惯、行为准则、处事规则等方面违反当地的一贯做法，从而给企业造成影响与损失。社会和文化风险是与当地社会、社区、居民具有密切关联的风险。对于“走出去”企业来讲，在生产经营的过程中需要与当地社会进行全方位的接触，同样也会对当地的生活造成各方面的影响。企业在海外生产经营的过程中，事关社会和文化风险的问题尤其值得关注。彼得·德鲁克认为，企业跨国经营管理“基本上就是一个把政治上、文化上的多样性结合起来而进行统一管理的问题”。由此可见企业“走出去”对社会和文化风险进行管控的重要性。社会和文化风险的涉及面广、关联方多。社会和文化风险一旦没有把控好，将直接影响企业的生产经营和品牌形象，甚至对国家形象造成负面影响。

以国外劳工的权益为例，国外劳工制度规定严格，主要体现在对于劳动时间、劳动环境、劳动保护、薪酬发放等方面都有严格规定，并且不同国家关于劳工权益保护的规定存在较大差异。此外，国外工会力量较为强大，在海外投资并购、企业经营、裁员、退出投资等过程中，工会都能够施加较大的影响。目前我国有很多海外施工项目，出于工作效率和控制成本的考虑，更多是从国内向项目输出劳工。在此过程中，应充分关注项目所在地政府对外来劳工的政策限制，并按照当地法律法规要求落实诸如签证、工作时间、劳动保护等要求。以“走出去”施工企业为例，在肯尼亚蒙内铁路建设期间，罢工事件时常发生，虽然很多事件都是由于当地政客、当地工会组织追求自身利益而煽动发生的，但是其中也有部分事件是由于双方存在社会和文化差异，而我国企业并没有完全注意到所引起的。在我国施工队伍中偶尔推迟发放几天甚至几个月的工资能够得到员工理解，但是在国外由于当地人没有储蓄的习惯，工人每个月的工资可能是一家人必需的生活费用，可能急等着用于看病或者缴纳学费，因此推迟发工资对当地工人的影响特别大。所以必须注意到这种社会和文化的差异，工资收入一定要足额按时发放，否则很有可能以此为导火索引起较大的风波。

（二）如何防范社会和文化风险

中外文化交流与融合是跨国经营的一大特色，也是海外生产经营成功的一项重要前提。中国企业需要在各个层面加强与当地人民的沟通与交流，充分展现出中国人民热爱当地、服务当地的良好形象，进一步增加两国人民之间的了解，增进彼此的友谊，在不断的互动交往中实现民心的“软联通”。

1. 建立起文化沟通机制

要牢固树立起“尊重、沟通、融合、互动”的社会和文化管理理念，在日常的生产经营过程中，建立并健全完善的沟通交流机制，防止因为沟通不畅造成效率损失甚至是双方的误解和误判。可以结合驻在国的具体情况，通过制定一系列实践性强的沟通方案和措施，争取在尽可能短的时间内，实现沟通机制的平稳运行。在与属地化员工的沟通方面，可以通过建立起沟通邮箱、信箱、接待日等措施，实现沟通顺畅、降低工作误解、缩短文化距离。

2. 加强中方员工的培训教育

在驻在国开展商业活动和生产经营的过程中，要加强对当地国情、民情的了解，遵守当地法律、尊重当地的宗教信仰和生活习俗；在涉及当地民生和民众的切身利益时，要正确处理与当地政府、民众、环保组织、非政府组织等利益相关方的关系。在与当地员工沟通交流的过程中，一定要尊重当地员工，绝对不能出现任何侮辱性或者不尊重当地员工的语言。要经常开展对中国员工的教育和学习活动，经常分享典型案例。一旦发生冲突，除了又快又好地解决冲突，更要及时做好总结与分析，避免再次发生，时刻把控好社会和文化风险。

3. 促进双方员工的文化融合

加强沟通交流是实现文化融合的前提。要注重双方员工的沟通互动，增进双方的相互理解和信任，营造和谐的用工环境，促进双方融合与共同发展。可以经常组织开展双方员工共同参与的活动，如体育比赛、户外活动、摄影大赛、节日联欢等，增进彼此的了解和友谊；在外籍员工遇到困难时，组织中方人员进行捐款，帮助外籍员工渡过难关；在当地传统节日时，派发节日小礼物，体现出尊重和关怀；在中国的传统节日时，邀请外籍员工家属参观企业，品尝中国传统美食，共同庆祝节日。也可以多参与当地的社区活动，做一些力所能及的社会公益活动，加深双方的了解，让双方的友谊更深更浓。

四、法律合规风险及其对策

（一）法律合规风险：难以走出来的“深坑”

法律合规风险是企业在国际化经营过程中，因执行项目或开展业务过程中未能遵循法律法规或监管要求，从而可能遭受到法律制裁或者监管处罚、重大财务损失或声誉损失的一系列风险。长期以来，我国企业在国内市场快速发展，在实践过程中形成了一套适合国情的市场开发战略和经营模式，取得了良好的经营业绩，企业不断发展壮大。伴随着国际化发展的需要，我国企业开始大批走出国门，基于经验主义和惯性思维，以长期形成的商业运作经验去开拓国际市场。然而，在不同的体制机制和市场环境下，“国内打法”经常会出现水土不服，甚至发生违反法律法规要求的情况，从而给企业带来巨大的损失。因此企业在海外生产经营过程中，必须坚持合法合规经营，绝不能投机取巧，要严格按照驻在国的法律法规要求依法纳税、合规经营，以免给企业造成无法挽回的损失。

国内某企业 2009 年中标波兰高速公路项目，中标价格不到波兰政府预算的一半，寄希望通过“二次经营”支付额外的费用来弥补。然而该策略并未如愿，2 年后项目因巨额亏损不得不停工，同时因拖欠费用引发多起分包商游行、烧砸等暴力事件，遭到当地政府、媒体和社会的广泛批评。

在这个项目上，当地政府不但索要了巨额的赔偿、冻结了银行保证金，而且禁止该公司 3 年内参加波兰公开投标。该公司不但经济损失巨大，而且给自身的品牌形象甚至中国企业的品牌形象带来严重损害。2018 年中兴通讯被美国制裁的事件曾经轰动全球。回溯“中兴事件”，表面上看似乎是中兴通讯逃过了一劫，但是从本质上看这是一个极其惨痛的教训。依法合规，遵循驻在国的商业规则和法律要求，本应该是企业经营坚守的基本原则，但今天却似乎已成为我国企业难以走出来的“深坑”，不只是中兴通讯，非常多的“走出去”企业依然在重复类似的错误，甚至越陷越深，却不知如何加以防范。

（二）如何防范法律合规风险

国际宏观环境日趋复杂，风险种类增多、风险危害加大，预防和应对跨国商业贿赂风险、合规合法经营，越来越需要引起我国“走出去”企业高度重视。受自身原因、市场环境及合规监管等因素影响，我国企业的海外业务面临合规经营的重大挑战。一旦出现违法、违规行为，企业损失的不仅仅是经济利益和市场声誉，更有可能丧失市场。

1. 建立海外业务法律合规风险管理体系

“走出去”企业可以根据实际情况，认真研究国家相关法律法规、世界银行合规要求、国际合规惯例以及国际最佳实践，通过深入调研与全面对标，找出合规风险较高的业务及关键环节。在深入调研及明确思路的基础上，联合国际著名管理咨询机构，对海外业务流程与制度进行整体设计。针对合规管理关键环节，建立具有针对性、有效性和可操作性的海外合规风险防范机制，切实有效地提升识别、应对海外业务合规风险的能力。梳理并设置合规审批权限，实施合规风险分级分类管理。建立由员工自查、管理部门负责人审查、合规官审查和合规官交叉审查组成的四道合规管理防线，形成全员参与、职责清晰、全程监督的合规管理格局。

2. 加强海外法律合规的培训教育

通过培训教育让全员深入了解海外法律合规的重要性，牢固树立合规经营的理念，让全员明白用实力和诚信赢得市场才是企业的制胜之道，投机取巧、恶性低价竞标，只能使企业的信誉与利益蒙受损失，这也是规避法律合规风险的必由之路。针对专业的法律合规人员，要不断加强对依法合规管理等国际通行规则的学习执行。跨国经营企业要加强与国际机构和国家政府机构的沟通合作，吸取法律合规方面的典型经验教训，认真查找漏洞，补齐短板，同时高度关注依法合规管理等国际通行规则、惯例，与世界银行等国际金融监管机构建立平等磋商、合作共赢的沟通平台，逐步融入全球范围内的依法合规经营主流文化。

3. 建设企业的法律合规文化

在法律合规文化建设方面，必须坚持把合规建设、着眼企业长远发展放在第一位，“走出去”企业要在“抓好风险管理，践行合规经营”的指导原则下，始终把合规建设作为海外生产经营工作中的重中之重，将合规管理贯穿海外经营与管理的每一个环节，将合规理念深入灌输给每位员工，逐渐将自觉的合规意识强化为员工的共识和工作习惯，凝结成为企业的合规文化，并不断加以提炼和推广，使其成为公司可持续发展的动力和保障。只有真正建立起合规文化，企业参与国际化竞争才有了基本的保障，也才有可能向更大的目标进发。

五、环境保护风险及其对策

（一）环境保护风险：损害持续时间长的因素

环境保护风险是指我国企业在驻在国的生产经营活动中，对所在地的生态环境造成污染和破坏，从而遭受的直接损失和所需承担的法律责任。当然这一过程中也会造成巨大的品牌和声誉损失。该风险具有赔付责任重、损害持续时间长、很难挽回损失的特点。现阶段，我国正处于海外投资的快速扩张期，在国家“走出去”战略和“一带一路”建设的引导下，大批企业走出国门，布局全球市场。然而，环境污染事故的频发也使得我国“走出去”企业遭受严重损失。一方面，一旦东道国认定已经发生的环境污染事故严重影响当地生态环境和居民生存，当地政府一定会依据当地的法律法规采取强制措施暂停生产，这样就会造成生产延误、法律诉讼从而形成巨额赔付等问题，给企业带来直接的经济损失。另一方面，对本企业乃至我国在驻在国的投资部署和海外声誉会产生不利影响，间接损害我国“走出去”企业的长远发展和品牌价值。

以中国某企业在缅甸的密松水电站项目为例，项目由中方企业与缅方政府、缅方企业三方共同出资，是利国利民的一项重点民生工程。该项目于2009年年底正式开工，但是到2011年，已经开工近2年、总投资约为36亿美元的该项目因为当地民众和非政府组织的抗议而被迫叫停，缅甸政府单方面宣布搁置该项目。虽然事件背后的原因错综复杂，但是导火索是项目对周边环境的影响。项目暂停2年后，中方企业于2013年撤出了人员及设备，当时中方已投入的资金高达73亿元人民币。2014年，中国在秘鲁最大的投资项目——特罗莫克铜矿项目因环境问题被政府叫停。这距离项目正式建成投产仅3个月时间，这个项目因为高达3亿元的诉讼赔偿诉求和延产造成的收益损失十分巨大。

（二）如何防范环境保护风险

随着人们环保意识的提高，各国对投资者的环保限制也越发严苛，环境保护的风险和成本投入都很大。环境侵权事故一旦发生，需要赔偿的经济损失就较大，有时甚至是天文数字。环境保护问题影响面广，较容易成为部分政治势力制造政治事件的借口。这就需要企业在国际化经营的过程中高度重视环境保护风险。

1. 树立绿色环保发展理念

绿水青山就是金山银山，要坚持人与自然和谐共生，像保护眼睛一样保护生态环境，像对待生命一样对待生态环境，共谋全球生态文明建设，深度参与全球环境治理，形成世界环境保护和可持续发展的解决方案。国际标准化组织ISO 26000《社会责任指南》标准规定，环境责任是人类生存和繁荣的前提条件，是组织社会责任的重要方面。世界对环保的重视要求企业必须坚持绿色环保发展，不能以牺牲环境为代价来谋求经济利益；要求企业倡导员工践行“人与自然和谐共生”的理念，共同履行环保责任，确保生产经营工作的环保要求能够符合当地法律法规。

2. 带动优势产能“走出去”

客观上讲，“一带一路”建设对我国“走出去”企业的海外投资风险管理提出了更高的要求。由于目前我国缺乏全面的海外投资环境政策指引和规范，而且海外投资保险缺少针对海外投资环境污染责任风险的保险产品，这样企业也很难通过保险来转移污染的责任风险。这就要求企业必须从自身的实际情况出发，绝不能将我国落后的产能和工艺引到国外，这样一旦发生污染事件，企业将深陷其中，很难走出来。一旦工艺及设备等与国外环保政策要求存在一定差异，一定要及时更新。如果确实存在污染排放的问题，要完全按照当地的法律法规要求引入环保设备，在全面评估达到要求后再正式投产。

3. 树立爱护环境的良好形象

企业在当地生产经营过程中要树立起爱护环境的良好形象，提升环保意识，力行绿色办公，践行绿色生活，积极开展环保行动。要与当地的环保组织、公益组织建立起良好的关系，积极履行社会责任，造福当地社会与民众。如对当地道路进行修整、改善和维护，设置集水池、鱼塘等，改善社区生活条件和环境，开展拯救野生动物、建立环保基金等活动。通过一系列正面积极的行动，在当地树立起负责任的企业形象，与社会一道共同维护野生动植物的环境，营造人与自然和谐共处的美丽景象。

六、运营环境风险及其对策

（一）运营环境风险：税务风险是一大“痛点”

运营环境风险是指公司或者项目在运营的过程中，因外部环境的变化或者本身对环境的预判力和适应性不足，而导致运营失败或者对运营造成重大影响及损失。我国企业走出国门在驻在国开展运营活动，往往不熟悉当地的税收、会计、外商投资、劳动用工等制度，尤其是面对法律法规条文和相关协议变更时束手无策，从而可能给企业经营或者项目实施带来巨大损失。在运营环境风险中，尤其要关注税务风险。以“走出去”的施工企业为例，材料采购和流转中不可避免的增值税问题是税务风险中的关键问题之一。增值税涉及的税基计算和进项税额抵扣规则在各个国家有所不同，这不但大大增加了财务人员的工作量，而且要求财务人员全面掌握规则和方法，否则就会面临很大的税务风险。随着各国对外资企业监管形势的日趋严峻，很多企业在当地的外账和成本管理压力很大，也为税务筹划及实施带来了压力与挑战。

我国某企业在蒙古国投资一家矿业公司，初始协议是“前五年免征企业所得税，第二个五年减半征收企业所得税”。然而在项目投产后，被要求按照新的税法全额缴纳企业所得税。后经谈判，企业在外部压力下重新签订了协议，只享受了两年的免税政策，之后均按100%缴纳。税收政策变化对企业的经营造成了重大影响，该项目最终没有实现预期的经营成果。

（二）如何防范运营环境风险

在国际市场上尤其是在一些欠发达地区，运营环境风险十分常见。尤其是在税务政策方面，不但税种设置复杂，而且在税收优惠条件方面具有很多不确定性，相关政策可能随时更改，企业需要特别关注。这就要求在与当地的会计师事务所、律师事务所合作的同时，企业员工要充分了解项目所在国的国情和税收、会计等制度和政策，避免因为对政策不熟悉导致企业投资困难或投资失败。

1. 努力提升政策研究水平

“走出去”企业在驻在国从事生产经营必须了解当地的财务税收环境，宏观上了解驻在国的政治、经济、社会、文化、科技等环境，微观上掌握驻在国的税务、财务、审计、会计等法律法规。可以与驻在国的律师、税务代理、咨询公司等深入合作，听取他们的专业建议，同时企业员工也必须对相关政策进行研究，重点掌握驻在国的税种、税收征管体系、纳税申报期限、免税优惠政策等内容。正所谓“知己知彼，百战不殆”，熟悉掌握相关政策后，才能有针对性地制定企业内部各项管理规章，才能有效地管控财务税务风险。

2. 建强财税管理团队

我国“走出去”企业应该高度重视建立起为自己服务的财务税务管理团队，这个团队未必全部由本企业员工构成，但必须是来源广泛、为我所用的团队，应该包括境内公司财务税务人员、会计师事务所涉外财务税务管理顾问，驻在国的律师、会计师事务所注册会计师、税务师事务所注册税务师等。同时，核心的财务税务管理团队要立足自我培养，建立起内部财务税务人员的合理梯队，为企业“走出去”保驾护航。

3. 切实抓好内部管理

企业应该按照当地的财税制度要求，及时报送各种涉税信息和缴纳相关税费，降低被税务部门关注的风险。在日常工作中，要随时做好各项财务、税务资料的整理，包括各种税务申报表、审计报告等历年资料。对于财务税务工作中容易出现问题的事项，比如投资、收益计算、预扣税等，多和税务代理沟通研究，事先找到解决方案或者补充相关文件。一旦发生涉税诉讼等风险事项，要敢于和善于利用法律武器保护自身的合法权益。

七、国际化人才短缺风险及其对策

（一）国际化人才短缺风险：制约企业“走出去”的一大瓶颈

国际化人才短缺风险是指企业在跨国经营的过程中，由于缺乏各方面的国际化人才，从而在业务拓展以及生产经营等管理活动中力不从心，无法取得预期的投资与经营效益。企业走出国门参与国际化竞争，需要的首要资源就是人才资源，如果没有雄厚的人才资源储备，想要在激烈的市场竞争中占有一席之地将无从谈起。具有国际化视野、能真正管理跨国团队的人才是中国企业“走出去”、拓展海外市场、服务全球客户的基础。企业在管理实践中缺乏海外投资人才，缺乏了解海外法律法规、当地商业规则的人才，以及有海外工作经验的技术人才，会在很大程度上影响海外业务拓展的进度，甚至导致投资项目的失败，造成海外经营与管理的困境。在我国大力推动“一带一路”建设的背景下，“走出去”企业对国际化人才的需求十分强烈，而在人才市场上也出现了国际化人才的巨大缺口。可以说，国际化人才短缺已经成为制约我国企业开展国际市场竞争的瓶颈问题。

2007 年 5 月，中国某投资公司投资 30 亿美元参股美国私募基金巨头黑石集团 10% 的 IPO，但由于中方公司缺乏掌握国际资本市场运作规律的专业人才，随着国际金融环境的恶化，至 2008 年 10 月，该公司在黑石集团的投资亏损已达 25 亿美元。直到 2018 年 2 月该公司才清仓所持黑石集团的全部股份，结束 10 年投资。由中资企业建设的蒙内铁路在 2017 年 6 月 1 日正式通车运营，运营开通以来，一直保持良好的运营成绩。截至 2018 年年底，每天固定发运 2 对客运和 8 对货运，客运上座率达到了 103%（复算席位），可以说是一票难求。最多每天发运 15 对货车，2019 年货运量计划达到 800 万吨。蒙内铁路是中国企业首条在海外运营的铁路，为企业带来了良好的品牌影响，是“一带一路”建设在非洲的典范项目。在取得优异成绩的同时，企业也面临国际化人才短缺的风险。由于项目影响力大、涉及面广，因此格外受到西方媒体的“青睐”，负面宣传报道甚至刻意抹黑的情况比较普遍。如果熟悉当地文化、掌握当地媒体规则的人才不足，就会造成面对相关媒体时力不从心。如果在属地化员工管理方面人才比较匮乏，就会存在由于两国之间的文化差异造成的误解和冲突。而这些问题与专业人才短缺，未能有针对性地制定规章制度，开展双方文化融合存在很大的关系。

（二）如何防范国际化人才短缺风险

国际化人才短缺的风险几乎发生在任何公司、发生在任何公司的任何发展阶段，不管是刚刚“走出去”的企业，还是经过多年甚至几十年海外苦心经营的老牌强企，人才短缺现象时刻都在发生，只是程度各有不同。

“走出去”企业要特别关注海外人才队伍建设，建立更加积极的国际化人才引进培养机制，深化选人用人制度改革，打造一支高素质的国际化经营管理人才队伍。当然，从外部直接引进优秀人才是解决人才短缺最快捷的方式，但是从企业发展长远角度来看，企业更应该重视自有人才的培养，实现外部引进与自我培养的良性结合。

1. 加强人力资源规划管理

不同的企业需要根据自身的实际情况进行人力资源规划。如果企业发展战略确定了国际化发展之路，就要考虑自身的人力资源现状是否达到了国际化发展的要求，并有针对性地对国际化发展所需要的各方面专业人才进行引进和培养。在企业发展的不同阶段应制定不同的人才发展规划，如企业处于国际化发展的起步阶段，需要从外部引进或者内部选拔偏重于市场开发、资本运作的专业化人才，以市场开拓、海外投资为主。在国际化发展的成长阶段，要重视国际化人才的自我培养，从现有的优秀人才中选拔培养海外业务发展所需的人才，尤其是海外合规、市场开拓、财务管理、外媒外宣等方面的人才。在国际化发展的成熟阶段，要高度重视属地化人才的培养与使用，努力提升属地化的管理水平。

2. 加大各类优秀人才储备

建立科学合理的人才梯队，坚持老中青相结合的梯队建设思路，培育一批立足于国际化发展、熟悉海外工程运作规则、掌握属地化管理、精通外语的海外专业技术人才和综合管理人才。尤其要重视资本运作、财务税务、外联外宣、文化融合等方面的人才队伍建设，让服务于海外业务发展的各类人才都能够强起来，为企业的海外事业发展提供优质的人力资源支撑。

3. 强化员工的国内外轮换

从事海外业务的企业，要特别重视公司国际化人才培养的厚度，无论从人才培养角度出发，还是从前后方互动、协同、合作等角度出发，都要求加大国内外员工轮换交流力度，建立起系统、科学的轮换机制，促进员工在国内和国外进行轮换，扩大员工的视野和知识面，增强员工在不同文化、法律环境、社会环境、工作生活环境下工作的综合能力，从而使企业整体上高度国际化，提升整个公司的水平和层次。

4. 加大属地化员工的培养使用

企业国际化员工短缺的问题，很大程度上是由于属地化程度不高造成的。从国际上著名的跨国企业实践经验来看，越是国际化水平高、全球业务卓越的企业，属地化程度越高，良好的属地化经营也促进了企业在当地的健康高速发展。我们可以看到，大型的跨国企业很多区域、国别市场的高管都实现了本土化。从这些经验可以看出，企业国际化经营必须提高属地化指数，这也是企业“走出去”发展走向成熟的一项重要标志。

八、恐怖主义与治安风险及其对策

（一）恐怖主义与治安风险：最难以防范和不可预见的风险因素

恐怖主义与治安风险是指企业在驻在国存在遭受恐怖袭击与治安问题的潜在威胁，从而使企业员工的人身和财产存在蒙受巨大损失的风险，也是影响企业稳定发展的主要因素。从局部来讲，当今世界并不太平，局部动荡甚至骚乱、内战、恐怖主义时有发生，或者驻在国与别国在政治、经济、宗教、民族等问题上的矛盾造成局部战争，从而给跨国公司带来直接或者间接的损失。随着“一带一路”建设的持续推进，我国企业“走出去”的意愿更加强烈，从目前的世界发展态势来看，企业在驻在国遭遇的恐怖主义与治安风险呈现明显的增长态势。部分国家的投资和经营环境日益恶化，增加了企业和项目的安全风险。而我国企业不仅受语言交流障碍、风俗习惯不同、文化传统差异等因素影响，往往又不注重搭建本土化的公共关系，属地化程度不足，因此很难真正融入驻在国的经济社会发展体系，缺乏与当地和政府的有效沟通和协调。中国人给当地人的印象是富裕、喜欢携带大量现金，再加上私有业主勤劳致富、聪明且有商业头脑，给当地同行带来一定的冲击，很容易引起当地人的排外情绪。这些都极易造成恐怖主义与治安事件，导致我国的企业和员工遭遇冲击。

2015 年，国内某企业的三名高级管理人员在马里的恐怖袭击中遇难，悲剧的发生对遇难者家庭造成无法挽回的巨大伤害，同时也给企业的国际化发展造成不可估量的损失。恐怖袭击具有不可预见性和难以防范性，其伤害比经济损失更加令人心痛。虽然发生恐怖袭击是一个小概率事件，但是因其巨大的破坏性，更需要企业高度重视。2018 年 7 月 12—14 日，巴拿马连续发生三起针对华人的抢劫、绑票案。这类事件对我国“走出去”企业构成了严重威胁。

（二）如何防范恐怖主义与治安风险

企业在进行国际化发展布局时，要充分考虑到恐怖主义与治安风险。只有有效规避和防范可能发生的恐怖主义与治安风险，企业才有可能在对外投资中获得一定的经济效益。一旦发生了这样的风险，不但企业要承受经济方面的损失，还会阻碍国际化发展的步伐。因此“走出去”企业必须从多个方面，多管齐下防范恐怖主义与治安风险。

1. 加强培训演练，提高全员的防范意识

意识决定行为，安全意识决定安全行为，员工安全意识的培养决定了其良好安全行为习惯的形成。要经常开展公共安全方面的培训与教育，“不培训、不出国”，有针对性地开展应急演练，加强遇袭逃生知识的培训，增强全员关于安全防护方面的技能，做到“常说常讲常练”，真正把认识和警惕融入日常工作中。注重关于公共安全方面的案例总结与梳理，摘选相关事故案例进行分析研究，让全体员工时刻绷紧公共安全这根弦，防止产生侥幸心理，时刻防范恐怖主义与治安风险。

2. 加强情报工作，注重情报的收集与共享

“走出去”企业要始终坚持“情报先行”“情报信息指导安保工作”的原则，以预防为主将公共安全事件扼杀在萌芽状态。要注重与当地警察、安保机构、情报部门、中国驻外使馆、中资机构等建立良好的关系和情报共享机制，进行深入的联系和沟通，广泛寻求支持和帮助，保证企业及时获取相关情报信息，研判分析、预警部署，力求有效规避各种公共安全事件。另外，要利用网络、媒体、华人群体等渠道，广泛收集安全信息；还

要针对特定的事件或者关注的群体建立起线人渠道，收集安全信息，以便在危机来临之前加以防护，有效化解可能存在的风险。

3. 加强纪律管理，严格管控内部人员

应加强中方员工管理，严格外出管控，做好思想工作，尤其是在当地的重要节假日、宗教活动日等关键时间节点。只要控制住了人员的外出活动，风险发生的概率就会降低很多。经过案例分析发现，很多国别的抢劫事件普遍发生在夜间，同时针对的目标也是 1 ～ 2 人的情况，因此在外出的规定中就要特别关注夜间外出和 1 ～ 2 人外出的情况。要加强当地安保人员管理，严格岗位职责，及时对当地安保力量进行轮换，以规避内外勾结风险。

4. 加强体系建设，保证防控体系健全有效

在选择进入国别时，需要进行事先的恐怖主义与治安风险评估，一旦企业觉得无法承受巨大的风险，就要果断放弃有关国别和地区。在开展生产经营过程中，要建立起完备的安防体系，根据企业或者项目的性质，建立起完备的人防、物防、技防和联防体系。只有建立健全的体系，企业的人身和财产才能有最基本的保障。要制定系统的突发事件应急预案和做好各项准备工作，在危险发生时做到反应迅速、妥善应对，保障人身及财产安全，尤其是在政权更替、社会动荡等重要事件中，要提前做好详细、可行、系统的应急预案和物资、资金的筹备。

九、A 公司的风险防范体系建设范例

A 公司是我国最早进入国际工程承包市场的大型国有企业之一，经过近 40 年的发展，目前已经发展成为一家集设计、施工、采购、咨询于一体的工程承包企业，主要从事国内、国际道路、桥梁、港口、铁路、机场、隧道、水工、市政、疏浚等工程承包，兼具投资、实业、贸易、租赁、服务等业务。A 公司在亚洲、非洲、欧洲、美洲的近 60 个国家和地区设立了分支机构，目前 90% 以上的营业收入来自海外。经过多年的海外经营，A

公司的风险防范体系在发展过程中得以完善，最终建立起科学系统的风险防范体系。

（一）完善风险防范的组织体系

A公司全面风险管理工作实行分级管理，风险管理组织体系包括全面风险管理工作领导小组、各专业风险管理工作领导小组、各驻外机构风险管理工作领导小组及风险管理归口部门。全面风险管理工作领导小组是A公司全面风险管理工作的领导机构，对全面风险管理的有效性负责，主要负责国家层面、上级单位相关政策的执行，公司层面相关政策的制定，重大风险管理问题的决策等。风险管理归口部门负责A公司全面风险管理体系的建设、运转及风险管理工作的组织、协调，为重大风险决策提供专业意见。各专业风险管理工作领导小组、各驻外机构风险管理工作领导小组的职责是接受A公司全面风险管理工作领导小组的组织、协调、指导及考核，具体负责本专业或者本地区的风险识别、分析、评估、监测预警与应急管理等工作。通过建立起完备的风险防范组织体系，明确各自的职责分工，发挥各个组织的风险防范职能，为企业的风险防范工作提供组织保障。

（二）建立完善的风险评估机制

A公司不断对风险评估机制进行完善，根据内外部环境的变化，对所面临的风险进行辨识、分析及评价。具体包括：组织相关部门和各驻外机构定期分析内外部环境风险，并对面临的重大风险进行评估；查找各项经营活动及流程中存在的风险，收集相关风险信息，分析风险发生的条件及可能性，评估风险对企业的影响程度，提出驻外机构应重点跟踪监控的重大风险，建立定量或定性风险监控预警指标体系。例如：根据风险发生的可能性分为经常、较大、中等、偶尔、极少五种情况，根据对企业的影响程度分为灾难性、重大、中等、轻微、可忽略五种情况。如果发生可能性很大并且会产生重大影响，就将该风险判断为重大风险。在日常工作中，A公司组织各驻外机构持续收集与风险相关的内外部信息，包括历史数据和未来预测数据，并进行整理和记录。风险管理归口部门每年至少组织驻外机构开展一次风险评估工作，对报送的风险信息进行统一筛选、提炼和管理，补充完善风险事件库，通过专业分析和判断，形成评估结论，确定重大风险，经相关部门综合审定后提交全面风险管理工作领导小组审议。通过有效地辨识、分析和评价可能对企业生产经营产生重大影响的风险，有针对性地制定风险管理措施。

（三）制定有效的风险管理策略

经过严格的风险评估后，各驻外机构依据风险评估结果，结合自身条件、外部环境和发展战略，根据自身风险承受能力，选择风险承担、风险规避、风险控制、风险分担等适合的风险管理策略。风险承担是对风险承受度之内的风险，在权衡成本效益之后，不准备采取控制措施降低风险或者减轻损失的策略。风险规避是对超出风险承受度的风险，通过放弃或者停止与该风险相关的业务活动以避免和减轻损失的策略。风险控制是在权衡成本效益之后，准备采取适当的控制措施降低风险或者减轻损失，将风险控制在企业可承受范围之内的策略。风险分担是准备借助他人的力量，采取业务分包、购买保险等方式和其他适当的控制措施，将风险控制在可承受范围内的策略。在确定风险管理策略之后，各驻外机构针对各类风险的特点，确定风险应对措施。对于日常流程和制度无法预控，一旦发生损失较大的重大风险，制定专项风险应对方案。专项风险应对方案包括预案目标，组织保障，所需资源，风险发生前、中、后所采取的具体措施及操作流程等。对于日常经营及管理活动中的重大风险，应针对风险所涉及的所有环节，制定或完善内控制度和涵盖各个环节的全流程控制措施。对于其他风险，针对风险所涉及的各项流程，把关键环节作为控制点，建立或完善内控制度和流程，将风险控制在可承受的范围内。

（四）加大风险的监控与预警

各驻外机构针对管理的重大风险和相关风险都建立了日常的监控机

制，主要包括关键风险指标的变化情况、新出现的风险或原有风险的重大变化、既定风险应对方案的执行情况及执行效果。各驻外机构也会对风险监控结果进行定期的分析评价，包括风险变化的原因、潜在影响、变化趋势及对跨部门风险应对方案的调整建议等，并将监控及分析结果汇总提交总部的风险管理归口部门。当风险监控分析结果中关键监控指标达到预警水平时，驻外机构应及时向公司总部报告、形成分析结果，并积极采取防范措施。总部风险管理归口部门会根据提交的风险监控分析结果，协同相关部门及外部专业机构，对风险情况进行汇总分析和评价，根据风险的重大变化提出专业性的风险应对建议。

（五）建立健全风险的应急管理

A 公司针对识别出来的各类风险制定了一套完备的应急管理体系。例如，在恐怖主义与治安风险的应急管理方面，A 公司设立了突发事件应急管理领导小组，下设应急领导小组办公室。各驻外机构设置了应急领导小组、专门的安全管理机构和应急联络专员。在明晰的管理职责下开展工作，针对不同人员开展相应的教育与培训，针对不同的风险制定出详细的应急预案，开展日常演练。各驻外机构开展社会安全应急预案培训、演练工作频率每年至少 1 次，促使全体员工熟悉应急预案和各项实施方案，定期对应急物资、救援器材和设备进行维护、更新。在相关的风险发生后，驻外机构在核实相关情况后及时报送至 A 公司应急管理领导小组及应急领导小组办公室，同时向所在地政府、驻在国（地区）中国使领馆和有关部门等按其要求报告，并随时报告处置过程，直至完成善后处置。驻外机构对外发布信息，必须经过 A 公司统一安排，取得书面同意后，及时准确地向社会、媒体、员工发布。风险事件处置完成后，驻外机构要对社会安全事件的起因、性质、影响、责任、经验教训和恢复重建等问题进行调查评估，形成意见，并将今后的防范措施和整改措施一同上报 A 公司应急领导小组办公室。

第六章

思想与认知新格局

优秀的企业不仅为社会提供优秀的产品和服务，还能够在实践中形成伟大的思想。中国企业“走出去”既要充分考虑自身利益，也要考虑合作伙伴等相关方利益。也就是说，双赢、多赢、共赢应当成为中国企业“走出去”的利益观。中国企业“走出去”绝不是在弱肉强食的“野蛮丛林”中肆意逐利，而是在为世界创造价值中获取价值，在构建商业秩序中塑造商业文明，这应当是中国企业“走出去”的价值观。本书前面几章用了很大篇幅论述中国企业“走出去”的策略、战术、方法等，这些可以称之为“法”。在中国哲学中，与之对应的是“道”，也就是中国企业应该以什么样的思想来引领“走出去”。这就是思想开启未来。本章将集中论述这个问题。

笔者认为，企业之“道”受三个方面因素影响：一是企业的精神，而企业精神在很大程度上取决于企业家精神；二是企业的发展历史中所积淀的总体理念；三是企业和企业管理者对自身和利益方所处的世界的基本理解，或者说是企业和企业管理者对人类共同面对的重大问题的基本思路。

基于这样的考虑，笔者认为，中国企业培育全球竞争力、建设世界一流企业，有必要也有能力产生伟大的思想，并将这种思想培育成为企业核心竞争力的组成部分。实践是认识的源泉和动力，也是认识的目的和归宿。认识对实践具有指导作用，正确的认识引领未来并推动正确的实践，错误的认识偏离方向并导致错误的实践。客观上，中国企业的伟大实践，是中国企业形成思想和理论创新的基础；主观上，中国企业和中国企业家打造核心竞争力、迈向世界一流，需要高度重视思想的力量。中国企业应从三个方面入手，以思想开启未来：一是着力思考培养优秀的企业家精神；二是坚持从中国实践出发坚定“四个自信”；三是对人类面对的共同问题或者世界发展的系统性问题进行深入探究。

第一，企业家精神体现在创造和破坏的对立统一之中，体现在突破边界和坚守底线的对立统一之中，体现在顺应趋势和引领潮流的辩证实践之中，体现在把握机遇和洞察风险的辩证实践之中。企业家精神是对个体利益和整体利益的综合追求，是伟大的才干谋略和正确的价值追求的融合，体现在合作和竞争循环上升之中。

第二，当代中国企业和企业家，需要在深刻认识中国发展历程、特色模式与共性规律的基础上，进一步坚定“四个自信”：道路自信、理论自信、制度自信、文化自信。深刻理解中国企业 70 年来始终肩负建设国家现代化经济体系、实现中华民族伟大复兴的使命担当，深刻理解中国企业 70 年来始终坚持马克思主义政治经济学理论逻辑和中国经济社会发展历史逻辑的辩证统一，深刻理解中国企业 70 年来始终坚持充分发挥社会主义制度优越性的发展方向和改革导向，深刻理解中国企业始终坚持将中国特色社会主义文化汇聚为改革发展的内生动力。

第三，当代中国企业必须对人类面对的共同问题或者世界发展的系统性问题有深入的思考。笔者结合当前舆论比较关注的“五大陷阱”，分析了陷阱的概念来源，提出了认识理解陷阱的基本态度和基本方法，围绕习近平新时代中国特色社会主义思想，梳理了中国对跨越或跳出陷阱的思想、思路、路径。笔者认为，真正理解和敢于面对人类面临的共同难题，一定是一流企业的更高价值追求，也是优秀的中国企业和中国企业家的基本遵循。

一、企业家精神：企业超越优秀的必备“品质”

《基业长青》的作者吉姆·柯林斯如此总结：卓越的企业都有指引、激励公司上下的核心理念，且这种崇高的理念高于对利润的追求。可见，世界一流企业之所以能够不断超越自我，其根本指引就是价值观的引领、企业文化的支撑，而企业文化的背后正是对企业文化起决定性作用的企业家精神。今天，中国企业从“走出去”到“可持续”，其实就是企业不断超越自我、不断超越优秀、走向卓越的过程，同样需要优秀的企业家精神来引领。因此，如何正确理解企业家精神的内涵，如何理解中国企业家精神的特色，中国企业“走出去”又该如何培育优秀的企业家精神正是“走出去”的企业家需要重点思考的问题。

自从经济学家熊彼特提出企业家的创新特质以来，理论界、媒体对企业家精神的分析络绎不绝，一批优秀企业家和优秀企业共同成长，互相成就。但是，在中国的舆论体系中，企业家并非总是相对稳定的话题，直到改革开放纵深推进，人们对企业家的认知才逐渐清晰。随着社会主义市场经济体制不断完善，主流舆论对企业家和企业家精神逐渐形成共识。2009年，中共中央办公厅、国务院办公厅印发《中央企业领导人员管理暂行规定》，这一规定实施了近10年，对中央企业领导人员队伍建设发挥了重要作用。2017年，中共中央、国务院发布《中共中央 国务院关于营造企业家健康成长环境弘扬优秀企业家精神更好发挥企业家作用的意见》，这是一次以最高规格来强调企业家作用的文件。党的十九大进一步提出，激发和保护企业家精神，鼓励更多社会主体投身创新创业。2018年，《中央企业领导人员管理规定》修订印发，进一步突出党的领导和正向激励。

可以看到，企业家和企业家精神的培养，正在成为一个重要的时代课题。企业家和企业家精神恰恰是企业核心竞争力的重要组成部分，能够与全球竞争力匹配的企业家需要对企业家精神有正确的理解和践行。习近平指出：我们全面深化改革，就要激发市场蕴藏的活力。市场活力来自于人，特别是来自于企业家，来自于企业家精神。[①] 今天，中国特色社会主义市场经济体制不断完善，中国企业逐渐“走出去”在全球的舞台上展现自己的实力，中国企业家需要更加自信地展示自己的精神风貌和价值追求。正是因为企业家精神和企业家对企业有着深刻持续甚至难以估量的影响，企业家精神才成为企业竞争力的重要组成部分。而企业家精神中，全球视野、全球判断恰恰是一种极为珍贵的东西，具有这种精神的企业家也是极为稀缺的。

---

① 习近平．谋求持久发展 共筑亚太梦想：在亚太经合组织工商领导人峰会开幕式上的演讲．人民日报，2014-11-10.

长期以来，理论界也好，媒体也好，企业家自身也好，对企业家精神的讨论始终是单向度的。创新、创造、进取、坚韧、追求、担当……这一系列形容词一直朝着一个维度塑造企业家精神。理想是绚烂多彩的，现实往往是灰色的。单向度用一个维度描述企业家精神，往往因为理想和现实的落差而带来另一个维度的反弹。因此，我们对企业家的讨论常常陷入“好得很”和“糟得很”的矛盾之中。中国传统文化强调“中庸之道”，很多人把它简单理解为循规蹈矩、折中调和。“中庸之道”的本质是“执其两端，用其中于民”。也就是说，任何事物都有两端，沿着两端推到尽头就是两个极端，在两个极端之间选择合适的点，就是“用其中”。笔者认为，这是理解企业家精神的正确思维。我们要认识到企业家精神是一个蕴含矛盾的概念，应该用辩证的思维讨论企业家精神，在对立统一中把握企业家精神的本质（见图 6－1）。只有这样，我们才能更好地理解中央提出

创造与破坏

- 企业家精神体现在创造和破坏的对立统一之中。

突破边界与坚守底线

- 企业家精神体现在突破边界和坚守底线的对立统一之中。

顺应趋势与引领潮流

- 企业家精神体现在顺应趋势和引领潮流的辩证实践之中。

把握机遇与洞察风险

- 企业家精神体现在把握机遇和洞察风险的辩证实践之中。

个体利益与整体利益

- 企业家精神是对个体益和整体利益的综合追求。

才干谋略与价值追求

- 企业家精神是伟大的才干谋略和正确的价值追求的融合。

合作与竞争

- 企业家精神体现在合作和竞争循环上升之中。

图 6－1 企业家精神的本质

的“三个弘扬”，即弘扬企业家爱国敬业遵纪守法艰苦奋斗的精神，弘扬企业家创新发展专注品质追求卓越的精神，弘扬企业家履行责任敢于担当服务社会的精神。

（一）企业家精神的本质：在辩证统一之中实现超越

1. 企业家精神体现在创造和破坏的对立统一之中

创新被理论界和实业界认为是企业家精神的核心特质。创新是经济发展和进步的核心动力，市场经济长期保持活力的根本在于创新，而创新来自企业家精神，来自企业家开发新的产品、创造新的生产方式。任何成功的企业都是在创新中产生、发展、壮大的，企业家的创新精神无处不在，有产品创新、技术创新、市场创新、组织创新、商业模式创新、市场开拓创新等。但是也要看到，理论界对创新创造的理解并不完全相同。现代创新理论的提出者约瑟夫·熊彼特认为，企业家天生就具有打破静态均衡的能力，他们最突出的动机来自“个人实现”的心理，即“经济首创精神”。“现代管理学之父”彼得·德鲁克认为，企业家创新精神贯穿于经营活动的全过程，也就是说，企业家的职能是实施创新，但实施创新并不一定完全是新发明、新创造。现实中，实施创新有时可能导致失败产生错误，这也是国有企业企业家关心“容错”的原因。实践中，企业家精神往往表现为改革调整、善于发现和把握市场经济规律和企业发展规律。企业家精神还表现为，勇于自我否定、自我革命，超越自我、突破自我、重塑自我。究其本质，企业家精神体现在创造和破坏的对立统一之中：既要打破旧模式，又要创造新模式；既要打破既有体系，又要努力构建新的体系；既要挑战已有标准，又要定义新的标准；既要用新的颠覆旧的，又要围绕核心精益求精；既要探索路径，又要摆脱路径依赖。正是因为看到了这一点，熊彼特才认为，企业家的作用在于创造性地破坏市场均衡。企业家不是无目的地发明创造，而是有目的有组织地系统创新。现实告诉我们，企业的发展就是“破”和“立”的辩证发展，企业家精神就是形成在创造和破坏的对立统一之中。

2. 企业家精神体现在突破边界和坚守底线的对立统一之中

我们经常说，企业家精神是无拘无束的创新创造和突破跨界，企业家和企业是冲决旧体制束缚、克服利益固化藩篱的重要力量。但这是否意味着可以没有边界、没有底线？现实的企业发展实践中，一味突破边界而不能坚守底线最终造成负面影响的例子不胜枚举，企业和企业家视“红线”如无物的现象也时有发生，因为企业家有独特贡献而容忍其“毛病”“个性”也屡见不鲜，把违背基本原则的行为视为修正法律体系的言论时有出现。中国特色社会主义市场经济体制一直处于不断健全完善的过程中，我们经常会看到立法落后于实践的情况以及企业越界踩线的现象，但我们不能把这种个别现象累积成为行为惯性、思维惯性，这就要求我们时刻关注与反思企业家精神中突破边界和坚守底线的辩证统一。人类社会发展中，法律红线具有时代性、流变性特点，而道德底线具有相对稳定性，甚至是永恒要求。这就要求企业家既要有不断突破边界的灵活性，又要有遵循规律的原则性；既要努力创新突破，又要对突破创新可能带来的影响有充分的反思；既要天马行空，努力越界跨界，敢于打破路径依赖的惯性、思维定式的束缚，又要坚守法律底线、道德边界；既要努力突破时代局限，又要坚守人类永恒价值；既要强调有所为，又要坚持有所不为。在以创新驱动为时代主题的今天，企业家精神需要既保持对创新的永恒热情、提升创新的活力与动能，又要保持对人的关怀、对资源的珍惜、对自然的敬畏、对技术的反思。

3. 企业家精神体现在顺应趋势和引领潮流的辩证实践之中

习近平指出，要因势而谋、应势而动、顺势而为[①]，要善于观大势、谋大事，自觉在大局下想问题、做工作[②]。这种思想方法和工作方法，既体现了辩证唯物主义的思想方法和工作方法，也体现了中国传统哲学的思维方法。这恰恰是企业家要深思熟用的方法，也是企业家精神的本质

① 习近平向全国广大新闻工作者致以新春祝福. 人民日报，2019-01-26.

② 中共中央文献研究室. 习近平关于全面从严治党论述摘编. 北京：中央文献出版社，2016：78.

要求。人要想走得远，那么目标要大，胸怀要大，格局也要大。要走进世界经济舞台的中央，中国企业需要以更加开阔的视野看待自己置身其中的环境。风起于青蘋之末，春江水暖鸭先知。在市场大潮中，企业是最直接的主体，也是最敏感的主体，优秀的企业总是能够捕捉到市场机会，从大变革的细微源头发现需求、创造需求、引领需求。基于这样的实际，彼得·克莱因把判断力作为企业家精神的核心特质，而判断力意味着对新机会的创造。现实中，在我国社会主要矛盾发生变化的今天，一批企业瞄准新需求、升级需求而转型，但是仍然有一些企业还在“三去”中徘徊。

4. 企业家精神体现在把握机遇和洞察风险的辩证实践之中

敢闯敢试、敢于冒险是企业家最重要的特质。面对诸多的不确定性，优秀的企业家往往敢为人先，敢于冒险，敢于失败，敢于争顶，敢于胜利。但是如果我们做一次理论溯源，就会有新的发现。米塞斯认为，企业家的行为就是承受不确定性的行为，企业家要对未来不确定的市场形势进行判断并做出最终决策。利润是成功地承受不确定性的回报。彼得·克莱因认为，企业家的职能特征是进行不确定条件下的决策，决策依赖的是判断。熊彼特认为，企业家是从来不承担风险的。因此，我们要看到，真正的冒险精神并不是迎着风险一意孤行，而是对风险规避和转移有着充分的准备。例如，唐朝初期，李世民和其堂弟李道玄都极具军事天赋，年纪轻轻便战功赫赫。李世民多次冒险出击但都能险中取胜，而李道玄一次冒险便兵败身死。李世民深为痛惜，对别人说：道玄常跟随我征伐，见我深入敌阵，心中羡慕想要模仿，才会这样。仔细分析，实际上是两个人对风险的判断不同、应对方案不同，造成的结果也不同。李世民的高明之处在于，他能够在事先或者事后让其他人心悦诚服地领会他判断、决策、执行、应急的整个冒险逻辑。企业家的冒险往往是经历了艰难而深刻的思考之后的决策，优秀的企业家冒险是因为看到了回报，敢于冒险是因为有风险预案，他们总是在抢抓机遇的同时深刻识别风险，在危中看到机、在机中察觉危。

5. 企业家精神是对个体利益和整体利益的综合追求

早期理论对企业家精神的分析偏重于财富的积累，当代理论则越来越强调企业家精神中积极履行社会责任的一面。从现实来看，中国很多企业和企业家对这个关系的理解尚停留在原始阶段，靠山吃山靠水吃水赚快钱，谋求一己之私而罔顾社会责任，甚至为追求个体利益而忽视社会利益仍然有一定的市场。当然，值得乐观的是越来越多的企业家正在积极全面履行社会责任。今天的商业文明对企业家提出了全新的要求，要求他们深刻反思企业的使命和价值追求。因此，在新的商业模式层出不穷、新的科技变革接踵而来的今天，双赢、多赢、共赢应成为当代企业家的共同追求。因此，今天社会所呼唤的企业家精神绝不是在弱肉强食的“野蛮丛林”中肆意逐利，而是在为社会创造财富中获取利益，在为社会创造价值中获取价值，在构建商业秩序中塑造商业文明。优秀的企业家必须时时刻刻兼顾利益主体和利益相关方，在谋求自我财富积累的同时谋求社会效益最大化，追求人和自然的和谐发展。

6. 企业家精神是伟大的才干谋略和正确的价值追求的融合

优秀的企业家都具有伟大的才干谋略和非凡的开拓精神，都能发现机会、整合资源、勇于创新、敢于拼搏，都在朝着追求卓越、开拓市场的方向前进，并带领企业走向兴旺发达。但是，我们要思考仅仅依靠这样的企业家精神能否建立起受人尊敬的企业？人类社会中，不同的宗教、哲学、政治都有着基本的价值判断；日常生活中，每个理性的人或多或少、或深或浅都会思考价值判断的问题。电影《蜘蛛侠》中有这样一句台词：“不管我们面对什么处境，不管我们的内心多么矛盾，我们总有选择，我们是什么样的人，取决于我们选择做什么样的人。”电影是这样总结的：“能力越大，责任越大。”这句话很适合送给企业家，价值判断是企业家永恒的思考命题，是企业家精神的永恒内涵。相比于普通人，很多企业家更具才干、谋略、视野，掌握的财富、资源更多，相应地责任也就更大。责任就体现为正确的价值追求、浓浓的家国情怀。南怀瑾说：“由扩充个人的道德修养，影响到家庭乡里以及社会，更提升社会道德，影响到国家，使这个国家欣欣向荣，再以这个道德精神修之于天下，整个世界才可能进入普遍道德的和谐。”他强调的是德，同样，企业家建功立业和塑造商业文明也应当遵循这样的逻辑。这就是中国人的精神实质、中国文化的本质——格物致知，诚心正意，修身、齐家、治国、平天下。有人把最后一点转化为修身、兴企、报国、富天下，强调实现从士大夫精神到企业家精神的社会精神转型。企业家精神把伟大的才干谋略和正确的价值追求相融合，体现在当代中国，就是坚持中华优秀传统文化、革命文化和社会主义先进文化所蕴含的价值理念，就是为实现中华民族伟大复兴的中国梦、实现人民对美好生活的向往贡献力量，就是为构建人类命运共同体、建设共同繁荣清洁美丽的世界贡献力量。企业家精神把伟大的才干谋略和正确的价值追求相融合，不是把崇高的价值追求挂在嘴上，而是体现在具体的企业管理行为之中。例如，同仁堂所坚持的“炮制虽繁必不敢省人工，品味虽贵必不敢减物力”，就值得企业家思考借鉴。企业家的理想信念和价值追求是企业经营理念、管理哲学、企业伦理的逻辑起点。

7. 企业家精神体现在合作和竞争循环上升之中

竞争是市场经济的本质要求，竞争意识是企业家精神的本质要求。随着经济全球化的发展，企业在日益激烈、复杂的竞争环境中发展，必须培育核心竞争力。但是，必须看到，合作也是市场机制的核心内容。合作产生合力，合作增进感情。C 公司曾经提出一个用人标准：靠得住、能干事、在状态、善合作。企业家精神就是要实现优势互补，能力互补、形成整体合力，与管理部门善合作，与班子成员善合作，与分管下属善合作。这是企业内部的基本法则。同样，市场竞争中，企业家同样要善合作。今天我们经常听到的一些新概念如“平台”“体系”“生态”，其本质是一种更高层次的善合作。任正非说：华为如果想独霸世界，最终也是要灭亡的。我们不要有狭隘的观点，想着去消灭谁。我们和强者，要有竞争也要有合作，只要有益于我们就行了。任正非说这是他碰得头破血流、不惑之年之后才明白的道理。这个道理值得企业家思考借鉴。习近平在首届中国国际进口博览会上指出，在经济全球化深入发展的今天，弱肉强食、赢者通吃是一条越走越窄的死胡同，包容普惠、互利共赢才是越走越宽的人间正道。[①]相通则共进，相闭则各退，当今社会处于一个合作的年代、共享的年代，单打独斗的时代已经过去，单凭一己之力什么都做不成，也做不好，融合发展才能共同进步。

（二）从中庸之道到精神培养

1. 回到中庸之道

要总结企业家精神，就得深刻理解“执其两端，用其中于民”。市场也好、企业也好，都是在一条线段上找到合适的均衡点。执其一端肯定会顾此失彼。正如任正非所言：一个清晰的方向，是在混沌中产生的，是从灰色中脱颖而出的。方向是随时间与空间而变的，它常常又会变得不清晰，并不是非白即黑、非此即彼。合理地掌握合适的灰度，就是使各种影响发展的要素在一段时间内和谐，这种实现和谐的过程叫妥协，这种和谐的结果叫灰度。这个灰度也可以概括为实事求是。企业服务于社会、服务于人，人是理性的但往往表现为非理性的，这可以说是人性的弱点。企业家精神的价值在于，不是利用人性的弱点，而是超越人性的弱点。

2. 回到辩证思维

强调企业家精神，既要看到企业家创新创造带来的新产品、新模式、新组织、新生活，也要看到企业家基于私利目的而突破底线、阻碍创新、寻求垄断所带来的负面影响。现代经济增长体现为一个技术、产业、硬的基础设施、软的制度环境等结构变迁的动态过程。朱富强（2018）认为，很大程度上，当前世界各国之间之所以存在如此大的人均收入差距，根本上并不是源于个体生产能力或劳动投入的差异，也不是源于物质资本和人力资本的差异，而主要应该归咎于全要素生产率的差异。企业家精神就是全要素生产率的重要元素之一。讨论企业家精神，既要看到市场原则和企业家精神结合对创造整体社会财富、推动技术进步、增进社会福利等方面的巨大贡

① 习近平. 共建创新包容的开放型世界经济：在首届中国国际进口博览会开幕式上的主旨演讲. 人民日报，2018-11-06.

献，也要看到市场自身所存在的固有缺陷。企业家精神的价值就在于，不是利用市场的缺陷，而是有弥补市场缺陷的追求。

3. 回到精神培养

企业家精神的培养需要“苗”和“土壤”两方面的努力。我们讨论创新，既要看到企业家在创新创造中发挥的独特价值和作用，也要认识到社会环境在创新创造中所扮演的基础性作用。我们讨论弘扬企业家精神，既要看到营造健康环境的重要性，也要看到企业家主体自我修炼的必要性。斯蒂格利茨强调：“政府不是只能发挥限制性的功能……政府可以鼓励企业家精神，提供物质和社会基础设施，保证教育机会和金融渠道，支持技术和创新。”对于企业家来说，更应该聚焦在自己应该如何作为这个点上。笔者认为，企业家精神就是一种戴着镣铐跳舞的追求。比如，营造依法保护企业家合法权益的法治环境，同样要求企业家尊重消费者的基本权益、合法权益；营造促进企业家公平竞争诚信经营的市场环境，同样要求企业家从自我做起。因此，企业家精神是企业家自我的修炼之路，需要企业家自我激励、自我构建、自我塑造。“走出去”放眼世界，这个修炼之路更加漫长，也更加高远辽阔。一方面，企业家“走出去”面临更多的外部不确定性，需要全世界努力构建依法保护企业家合法权益、公平竞争诚信经营的环境；另一方面，每个人都有与生俱来的不完美之处，企业家既有人性的光辉之处，又有需要克服的人性弱点，良好的环境能够帮助企业家自我修炼、自我蜕变、自我升华。中庸之道所强调的慎独自修、忠恕宽容、至诚尽性，都指向这点。

（三）中国国有企业的企业家精神的特质

企业家和企业家精神是近代西方企业管理发展的产物，与西方国家近200年的发展密切相关。那些研究企业家精神的理论家为我们探讨企业家精神给出了很好的启发，同时也难以避免其所处时代的局限性。今天的中国特色企业家精神，既需要理解人类商业文明的基本要求，又需要把握中国特色社会主义市场经济的基本要求。笔者长期在国有企业工作，在此重点谈谈对国有企业的企业家精神的理解。坚持和发展中国特色社会主义，实现中华民族伟大复兴，坚持中国社会主义基本经济制度和分配制度，在这个总体要求下，国有企业尤其是中央企业领导人员所体现的企业家精神具有一些特质。

一是自觉的政治忠诚。坚持党对国有企业的领导，自觉不断增强政治意识、大局意识、核心意识、看齐意识，将坚决维护以习近平同志为核心的党中央权威和集中统一领导作为第一位的政治要求，自觉在思想上政治上行动上同党中央保持高度一致，在企业的改革发展中提高党把方向、谋大局、定政策、促改革的能力和定力，坚决执行党和国家的方针政策。

二是自觉的人民立场。国有企业的企业家精神，就是要把国有企业打造成为党和国家最可信赖的依靠力量，践行全心全意为人民服务的根本宗旨，把党的根本宗旨贯彻到企业改革发展全部活动之中，把人民对美好生活的向往作为奋斗目标。

三是自觉的价值追求。国有企业企业家的价值追求就是优秀党员的价值追求，就得保持党员的先进性、纯洁性，就得对照“关键少数”的标准。比如，必须执行好“中央八项规定”精神的要求。这种企业家精神既是一种追求也是一种超越，是对财富的追求和超越、对成就的追求和超越、对自我实现的追求和超越。如果没有国有企业特有的企业家精神支撑，国有企业领导人的奋斗是立不住的。

简而言之，企业家精神培养离不开社会保护，但根本上是企业家自我修炼、自我超越。企业家精神是对利益的追求，更是对利益的超越；是对自我实现的追求，更是对自我实现的超越。企业家精神不是利用人性的弱点，而是超越人性的弱点；不是利用市场的缺陷，而是有弥补市场缺陷的追求。这才是世界性价值。

二、“四个自信”：企业走向卓越的精神之钙

党的十九大提出坚定“四个自信”，这是企业走向卓越的精神之钙（见

图 6－2）。中国特色社会主义市场经济体制的建立和完善是一场伟大的探索实践，中国企业是这场伟大探索实践的主要参与者甚至可以说主角之一。在这个探索实践的过程中，一大批企业家是把伟大的理论创新变为伟大的实践的创造性实践者。在这个过程中，中国国有企业和其他所有制企业一起，为中国特色社会主义建设实践做出了贡献，探索出了中国特色国有企业发展道路、理论、制度、文化。新的时期，我们必须进一步坚定“四个自信”，才能让“走出去”的修炼逐步达到更高境界，通向卓越之路。

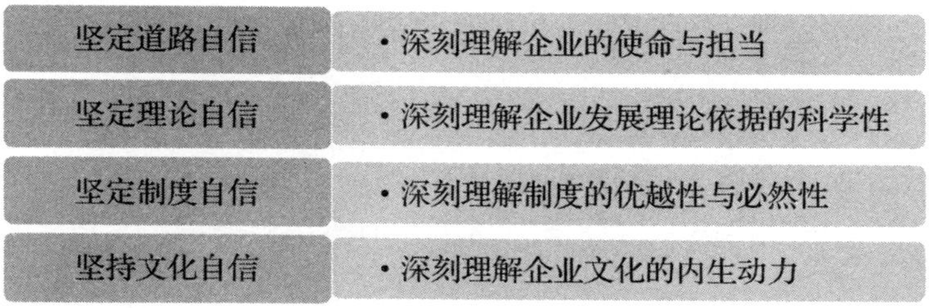

图 6－2　“四个自信”是企业走向卓越的精神之钙

（一）坚定道路自信：深刻理解企业的使命与担当

坚定道路自信，就是要深刻理解中国企业尤其是国有企业 70 年来始终肩负建设国家现代经济、实现中华民族伟大复兴的使命与担当。中国企业发展的道路选择具有历史必然性和现实合理性。

新中国成立之后，我国通过没收官僚资本归全民所有，建立起国有企业主体。1952 年，党中央提出了过渡时期的总路线：要在一个相当长的时期内，逐步实现国家的社会主义工业化，并逐步实现国家对农业、手工业和资本主义工商业的社会主义改造。在过渡时期，我们创造性地开辟了一条适合中国特点的社会主义改造道路。对资本主义工商业，创造了委托加工、计划订货、统购包销、委托经销代销、公私合营、全行业公私合营等一系列从低级到高级的国家资本主义的过渡形式，最后实现了马克思和列宁曾经设想的对资产阶级的和平赎买。1956 年资本主义工商业改造基本完成以后，在一个几亿人口的大国中比较顺利地实现了复杂、困难和深刻的社会变革，促进了工农业和整个国民经济的发展，这的确是伟大的历史性胜利。经过近30年的艰苦奋斗，依托国有企业，我国建立了独立完整的工业体系，极大地促进了工业化，维护了国家安全和经济安全。此后，中国选择改革开放的道路，让国有企业走向市场、成为市场主体，经过40年的发展形成了国有经济和其他市场主体共同发展的格局。70年来，国有企业尤其是中央企业与共和国同成长共发展，与社会主义现代化事业同频共振。一方面，国有企业坚持科技创新、形成了世界上最为齐全最为协调的现代产业体系；另一方面，国有企业尤其是中央企业深入推进体制机制改革、探索建立现代企业制度，逐步形成了具有中国特色的国有企业体系。

新中国成立之后全面国有化的选择，要放在历史长河中分析其合理性。鸦片战争后，中国怎么实现工业化、现代化，成为仁人志士共同关心的重大问题。中国民主革命伟大的先行者孙中山先生在20世纪初就提出，发展实业的目的是解决民生问题，国家要在发展实业中管住大企业、大实业，所得利益归人民，使国家对操纵国民生计的大资本拥有所有权和经营权。但是，孙中山先生的主张并没有得到实施，民国时期的市场经济过度依附于西方垄断资本，并没有发展出强大的民族工业，只发展了一些粮油、服装等轻工业，没有完整的工业体系，距离实现工业化、现代化更是遥遥无期。新中国成立之后，建设现代国家要求建设现代经济，中国选择建立国有企业体制，是在新中国成立之初百废待兴的基础上建设现代经济的必然选择：一是因为社会主义工业化是国家独立和富强的当然要求和必要条件。二是因为国家需要迅速调整利益关系，打击投机倒把，调整和改组工商业，采用“五反”运动、工人监督生产、粮棉统购统销等一系列必要的措施和步骤，把原来落后、混乱、畸形发展、唯利是图的资本主义工商业逐步引上社会主义改造的道路。三是因为要强化经济和企业的整体预期，消除市场经济存在的不确定性。

从世界范围来看，第二次世界大战之后，为加快恢复本国经济，西方国家普遍由政府投资建立了一些大企业，苏联和东欧原社会主义国家也都建立了国有企业体系，德国、日本在恢复时期国有企业的总量更大、影响更深。可以说，在经历体系性的巨变之后，仅仅依靠市场之手难以快速完成体系的调整，政府之手的介入能够高效有力地实现对经济的调整。因此，新中国在复杂的环境中要想快速实现工业化，必须彻底选择国有企业体系。而且，在实现经济一定程度的恢复之后，第二次世界大战后主要经济体又纷纷启动了国有企业的改革。在美国以里根时代的改革最为有力，英国是在撒切尔时代进行了较大的改革，德国、日本也进行了相对稳健的国有企业改革，中国则是从改革开放后启动了国有企业的改革。不同的是，西方国家工业化时代对国有企业和私有企业的关系已经有过调整，建立了较为成熟的市场化体系，它们的国有企业从一开始就能够融入市场体系之中，改革难度自然不大；苏联和东欧原社会主义国家对国有企业改革采取全面私有化的方式，但是实际效果并不理想，社会代价非常大；而中国则面临更为艰难的选择，既要继续推进工业化，又要逐步建立市场机制，在从来没有经历过市场化"培训"的情况下，国有企业经过40年的改革发展形成了产业体系全覆盖的格局。基于独特的历史命运、独特的基本国情、独特的文化传统，中国国有企业改革只能借鉴而不能照搬国际经验，只能自我探索自我革新而不能照搬教科书，这注定了我们必然要走适合自己特点的发展道路。

我们要看到，18世纪英国开启了工业革命，19世纪末西欧各国基本完成了工业变革。西方通过百年时间改变了自己的面貌，从中世纪的农业社会转变成现代的工业社会，同时也带来了整个世界的变化。但是，西方的崛起是一个野蛮扩张的过程，它的冷酷和残酷也改变了世界的面貌。西方国家用武力打开各国的大门，在那些非西方社会，"原有的生活方式被破坏，原有的社会结构被摧毁，原有的本土文化遭洗劫，原有的土著居民要么被消灭、要么被奴役、要么成为被征服的对象。被征服的人民在这个过程中饱受苦难。对世界多数国家而言，现代化是一个被强制的过程，所有非西方国家都是被迫进入现代化的。"[①] 而中国崛起的本质特点是和平崛起，

① 钱乘旦. 把握中国现代化的历史方位. 人民日报，2018-01-05.

中国建设现代经济的最大特点是和平发展。中国走出的和平发展道路不仅是符合中国实际的发展道路，也是推动世界和平发展的道路。中国的发展不断为世界的和平与发展增添积极因素，促进人类文明进步事业的发展。在肯尼亚蒙内铁路建设中，塞内加尔总统萨勒说："中国帮助非洲提升基础设施水平，为非洲经济发展做出了巨大贡献……对渴望飞速发展的其他非洲国家来说，是一种巨大的鼓舞。"

（二）坚定理论自信：深刻理解企业发展理论依据的科学性

传统经济学理论，包括马克思经济学理论和西方经济学理论，都不认为社会主义能搞市场经济。尤其是西方经济学理论认为，商品交换和市场经济都是建立在私有制基础上的，社会主义国家只要坚持公有制，就不能搞市场经济，这正是一些西方发达国家至今不承认我国市场经济地位的理论来源。市场经济姓"资"，计划经济姓"社"，成了天经地义的信条和不可冒犯的戒律。

改革开放以后，党在解放思想、实事求是的思想路线指导下，坚持实践是检验真理的唯一标准，从社会主义初级阶段的实际出发，认真总结国内外改革和发展的经验教训，大胆突破传统理论观点的束缚，逐步提出和丰富了社会主义市场经济理论。社会主义市场经济理论的形成与发展分成若干阶段，每个阶段的出现背后都有着基本理论的重大突破。一是计划经济体制下的公有制。1953年，中国确立计划经济体制以及公有制基础。主要依据是斯大林主张：社会主义 = 国有制 + 计划经济。二是单一公有制模式的突破。改革开放之初，以邓小平为代表的中国共产党人提出，社会主义也可以搞市场经济，计划和市场都是方法，计划经济和市场经济不是社会主义与资本主义的本质区别等，这些思想突破了国内外理论界长期把计划经济与社会主义、市场经济与资本主义画等号的观点。三是股份制的突破。党的十五大明确提出，公有制实现形式可以而且应当多样化。一切反映社会化生产规律的经营方式和组织形式都可以大胆利用。股份制是现代企业的一种资本组织形式，有利于所有权和经营权的分离，有利于提高企业和资本的运作效率，资本主义可以用，社会主义也可以用。四是对混合所有制经济的认识。党的十八届三中全会提出，积极发展混合所有制经。国有资本、集体资本、非公有资本等交叉持股、相互融合的混合所有制经济，是基本经济制度的重要实现形式，有利于国有资本放大功能、保值增值、提高竞争力，有利于各种所有制资本取长补短、相互促进、共同发展。允许更多国有经济和其他所有制经济发展成为混合所有制经济。

不断的改革实践与理论突破推进了理论创新、思想创新和体制创新，我们创造性地提出了社会主义市场经济理论及其政策体系，对其认识也在不断深化：一是对市场和政府关系的理解不断深入。社会主义市场经济体制是由计划经济体制向市场经济体制的转变，其中最重要的转变就是资源配置方式的转变，由过去的以行政手段配置资源为主，向以市场配置资源为主转变。二是对社会主义市场经济体制内涵的理解不断深入。社会主义市场经济体制是由公有制经济向以公有制为主体、多种所有制并存的所有制结构的转变，两个“毫不动摇”就是最精准的阐述。三是对社会主义市场经济调节机制的理解不断深化。社会主义市场经济体制是由一种机制调节向两种机制调节的转变，也即“看不见的手”的作用和“看得见的手”的作用，对“两只手”孰轻孰重、谁主谁次的理解在不断深化。党的十九大提出，使市场在资源配置中起决定性作用，更好发挥政府作用。

我们要把国有企业发展的逻辑放在世界政治经济格局中分析。我们要分析国有企业在中国和西方国家完全不同的成长环境，才能明白国有企业在西方国家经济地位的“轻”和在中国政治地位的“重”。考察西方国家现代产业体系绝大多数行业的发展，一个基本的现实是，它们都经历了由小到大、由无足轻重到举足轻重、由被轻视被忽略到引发革命的历程。但是，在中国，多数产业一开始就显得相对成熟，对经济政治的影响非常大，不仅引起中国政府和产业界的关注，也是列强及其跨国资本觊觎并谋求重大利益的工具，例如铁路、钢铁、石油等。因此，这些产业往往被国家视为战略性产业并高度重视，政府肯定不会让这些产业自生自灭，而是以国家意志力求牢固地掌控。与此同时，外国列强自然也有着类似的想法。很显然，在这种特殊的历史背景下，自由的企业形态根本没有立足成长的空间，不可能像西方国家一样，在初期多数为私营而非国营。这就是新中国成立之后我们通过国有企业把工业建设牢牢掌握在国家手中的原因。而且，国有企业在中国占据重要地位还有一个清晰明了的背景。100 多年来中国社会剧烈的变革未能给企业这种形态留出稳定持续的演化空间。其实这种类似的背景影响在西方国家市场经济中也始终存在。西方发达国家中，德国、日本都经历了一次剧烈的社会变革，其国有企业比重较高或者一度比重较高；美国、英国社会变革烈度较小，其国有企业一直若隐若现地存在。而中国民营企业在 40 年的稳定社会环境中获得自由快速发展的事实反证了这一点。尤其是，当前我国民营资本在互联网产业有着较大的影响力和竞争力，一个根本的原因是，互联网产业在中国和西方几乎是同频率发展的，它的初始阶段并不为国家意志所重视，西方理论界一度把中国互联网产业视为一个自由经济的模范生而予以褒扬。这就是国有企业在中国发展的根本逻辑，这个逻辑或者说这个现实也是完全不同于西方国家的。

与此同时，我们也要看到世界范围内的理论和实践并非一成不变。纯粹市场经济的弊端始终存在，西方各国的市场经济都在经历转型和变革，政府的干预始终存在甚至清晰有力，经典的市场经济已经不复存在；政府和市场的关系一直在纠缠，例如在中美贸易摩擦中，美国政府的行为远远超出了市场经济的基本原则，或者说一种对内市场对外政府的方式本身就是一个矛盾。对于中国而言，改革理论的核心问题或许不再是“市场经济”建立与否，而是对政府和市场关系问题的继续探索。

（三）坚定制度自信：深刻理解制度的优越性与必然性

生产资料所有制是一个社会经济制度的基础。新中国成立后，通过社会主义改造，我国建立了以公有制为基础的社会主义制度。改革开放以来，我国确立了公有制为主体、多种所有制经济共同发展的社会主义初级阶段的基本经济制度。国有企业对整个经济发展起着主导作用，始终是巩固我国社会主义制度的坚强物质力量。习近平指出，国有企业是国民经济发展的中坚力量。对国有企业要有制度自信。[①]“坚持两个不动摇”是保证我国各族人民共享发展成果的制度性保证，也是巩固党的执政地位、坚持我国社会主义制度的重要保证。[②]可见，我国基本经济制度中国有企业的地位是举足轻重的。

对任何国家来说，现代化均包含三项任务：一是建立现代国家；二是发展现代经济；三是建设现代社会。[③]这三项任务既相互衔接又彼此重叠：没有现代国家就不能发展现代经济，现代经济发展又必定呼唤建设现代社会。从建立现代国家看，1949 年中国基本完成了建立现代国家的任务，形成了统一、独立、多民族的现代国家。从发展现代经济看，中国用短短几十年时间就走过了发达国家几百年的工业化历程，建成了体系完整、产能巨大的工业体系，成为世界制造业第一大国、世界第二大经济体。从建设现代社会看，中国把人民利益摆在至高无上的地位，让改革发展成果更多更公平惠及全体人民，朝着实现全体人民共同富裕不断迈进。从这个历程来看，中国以国有企业为重心逐步探索确立的基本经济制度，是被实践证明了的成功的选择。

习近平指出：坚持党对国有企业的领导是重大政治原则，必须一以贯之；建立现代企业制度是国有企业改革的方向，也必须一以贯之。[④]建立现代企业制度要求推进公司制股份制改革、健全法人治理结构、建立国有企业领导人员分类分层管理制度、实行与社会主义市场经济相适应的企业薪酬分配制度、深化企业内部用人制度改革、完善国有资产管理体制、发展混合所有制经济、坚持党对国有企业的领导等，这也是深化国有企业改

① 习近平长春考察聚焦国有企业．(2015-07-17)．新华网．

② 习近平在中共中央政治局第二十八次集体学习时强调 立足我国国情和我国发展实践 发展当代中国马克思主义政治经济学．人民日报，2015-11-25.

③ 钱乘旦．把握中国现代化的历史方位．人民日报，2018-01-05.

④ 习近平在全国国有企业党的建设工作会议上强调 坚持党对国有企业的领导不动摇 开创国有企业党的建设新局面．人民日报，2016-10-12.

革的核心内容。其中，坚持党对国有企业的领导，是中国国有企业的重大政治原则和独特优势，也是中国现代企业制度的重要创新，是深化国有企业改革的必由之路。中国特色现代国有企业制度，“特”就特在把党的领导融入公司治理各环节，把企业党组织内嵌到法人治理结构之中。国有企业中加强党的建设，发挥政治核心作用，是中国特色的制度性安排，这种安排是历史形成、国情决定的，国有企业的成长发展是在党的领导下国家事业发展的重要组成部分。与其他国家的公司治理相比，中国国有企业的党组织与董事会、监事会、经理层等共同构成国有企业的组织制度，在公司治理中具有法定地位，党的领导是中国国有企业公司治理的核心内容、特色内容。国有企业的政治属性是由国情和建设中国特色社会主义、发展社会主义市场经济决定的，中国国有企业改革、完善公司治理，是中国共产党领导下的企业体制的重大变革与创新之举。

（四）坚定文化自信：深刻理解企业文化的内生动力

坚定文化自信，要深刻理解企业培养锻造的文化是中国特色社会主义文化的重要组成，企业文化的广博外延与深邃内涵汇聚成自身改革发展的强大内生动力。多年来，国有企业以国家需要为最高需要、以人民利益为最高利益，奋勇拼搏、争创一流，用汗水和智慧，在创造了丰富的物质财富的同时，也创造了宝贵的精神财富，形成了深厚的文化积淀。中国国有企业文化与中华优秀传统文化、革命文化、社会主义先进文化薪火相传、一脉相承，成为中国特色社会主义文化不可分割的重要组成部分。

中国企业尤其是国有企业文化的本质是自觉的家国情怀，自觉的民族复兴与国家富强之使命担当。天下为公、世界大同，自强不息、厚德载物，以民为本、安民富民乐民……这些是中华传统文化千百年来传承的精神。“大庆精神铁人精神”“两弹一星精神”“载人航天精神”“青藏铁路建设精神”等广为传诵的国有企业文化，反映了国有企业人为国分忧、为民争气的崇高境界，深刻蕴含着产业报国的使命和追求。中国企业在百年历史尤其是近半个世纪的发展中，无论是过去经历的“百废待兴”“经济困难”“非典”“5・12汶川大地震”，还是今天深度参与的民心工程建设、民族品牌塑造、“一带一路”建设，都始终在强化与国家和人民同呼吸共命运，始终将维护国家利益摆在首位，始终在急难险重任务中发挥中流砥柱作用。伴随着国有企业改革发展不断推进，国有企业文化的内涵也不断丰富，以“核工业精神”“预警机精神”“中国高铁工人精神”“大唐电信精神”为代表的新时期国有企业精神应运而生，强化了国有企业广大干部职工团结一心、砥砺奋斗的文化纽带，提升了改革创新、锐意进取的文化动力。

中国企业尤其是国有企业文化的特点是艰苦奋斗、无私奉献。新中国成立以来，国有企业在党的领导下在一穷二白的基础上建设国家，必须依靠艰苦奋斗、无私奉献。这和党领导人民在革命、建设、改革中创造的革命文化和社会主义先进文化是一脉相承的。艰苦奋斗、无私奉献是一个世纪以来几代国有企业人最宝贵的精神，是中国工人阶级崇高境界和精神风貌的完美呈现，为国有企业改革发展稳定提供了不竭的精神动力，为我国社会主义建设做出了巨大贡献，极大地丰富了中华民族的精神宝库。例如，在国有企业艰苦奋斗、图强报国的发展征程中，铁人王进喜拿出“宁可少活二十年，拼命也要拿下大油田”的英勇气概，几代石油人在党的坚强领导下，自力更生、艰苦奋斗、奋发图强，为国分忧、为油奉献，不仅创造了巨大的物质财富，而且创造了宝贵的精神财富。直到今天，这种文化精神依然在大江南北、五湖四海传承，新一代建设者在建设祖国的伟大工程中，在崇山峻岭、戈壁荒漠、跨江越海、大洋孤岛的港口码头、公路铁路、桥梁隧道、岛礁建设中，继续发扬艰苦奋斗、无私奉献的文化传统，甚至在繁华的现代都市，建设者仍然在依靠艰苦奋斗、无私奉献的文化传统克服各种困难。

中国企业尤其是国有企业文化的核心是自力更生、自主创新。几十年来，国有企业文化的创造精神前所未有地迸发出来，推动我国日新月异向前发展，大踏步走在世界前列。新中国成立初期，我国工业基础极其落后，只能产碗、造纸、织布等，连一辆拖拉机都不能造。但在中国共产党的坚强领导下，从第一辆解放牌汽车到第一台拖拉机，从大庆会战开发建设世界级大油田到震惊世界的“两弹一星”，这部新中国辉煌的建设史就是一部新中国国有企业从无到有、从小到大的创业史、发展史。今天，神舟飞天、天宫探梦、嫦娥奔月、蛟龙潜海，中国高铁、特高压输变电、新一代移动通信、华龙一号成为名片，无一不深刻地体现了国有企业自主创新文化的气息。

中国企业尤其是国有企业文化的胸怀是兼济天下、世界大同。天下为公、大同世界，这是中国追求的完美境界。中国人民历来富有正义感和同情心，历来把自己的前途命运同各国人民的前途命运紧密联系在一起，始终密切关注和无私帮助仍然生活在战火、动荡、饥饿、贫困中的有关国家的人民，始终愿意尽最大努力为人类和平与发展做出贡献。20 世纪 50 年代末，建设者援建也门公路项目，创造出美苏专家当时认为不可能的奇迹；60 年代，筑路人进入巴基斯坦北部群山中，造就了在险恶自然环境中奇迹般穿越的“天路”……在“一带一路”建设中，中国国有企业围绕设施联通建设连心桥、致富路、发展港、幸福城，通过桥梁建设跨越隔阂和天堑，通过投资建设公路铁路让当地人民发家致富，通过港口投资建设打开所在国的门户，通过投资建设一批新城新区产业园工业区带动投资就业置业，并把“要想富、先修路”的直观经验和“特区新区、先行先试”的发展模式，分享给世界人民。这就是“兼济天下”的中国国有企业，这就是致力于“构建人类命运共同体”的中国国有企业，这也将引领国有企业胸怀世界、文化进一步升华。

就企业和企业家而言，“四个自信”并不是只有国有企业才需要特别强调，但是因为一些理论偏见和某种意识形态的影响，国有企业陷入一个需要自我辩解的舆论陷阱。或者说，国有企业在中国实践中的成果是显而易见的，但在理论上需要辨析；与之相反，民营企业或者私有企业具有某种理论合法性。这实际上是对整个中国发展的偏见。在这种情况下，国有企业强调“四个自信”是一件紧迫的事情。笔者把论述的重点也放在这里。

三、跨越陷阱：企业对不确定性未来的理性认知

近年来，中等收入陷阱、塔西佗陷阱等引起广泛讨论。无论这些陷阱是否真实存在，中国企业“走出去”必然要面对一些人类社会共同面对的难题。对于如何分析、如何应对，一流企业和企业家应该有正确而坚定的判断。

（一）“五大陷阱”是人类共同的时代难题

在诸多陷阱中，中等收入陷阱、塔西佗陷阱、马尔萨斯陷阱、修昔底德陷阱、金德尔伯格陷阱在媒体上出现频率较高，也引起较为广泛的讨论。而且，这最具代表性的“五大陷阱”（见图 6－3）的相关概念其实是我们分析理解复杂问题的一种思维逻辑。“五大陷阱”既是人类共性的难题，也是企业发展必须面对的发展瓶颈；既有真问题，也有伪命题；既是国内的，也是全球的；既与政治有关，也与经济、文化等密不可分。

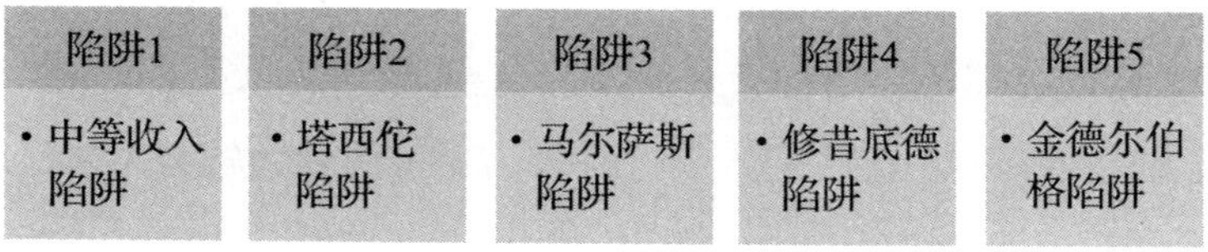

图 6－3　“五大陷阱”

1. 中等收入陷阱

中等收入陷阱的概念是世界银行《东亚经济发展报告（2006）》通过描述一个现象而第一次提出的：一个经济体从中等收入向高收入迈进的过程中，既不能重复又难以摆脱以往由低收入进入中等收入的发展模式，很容易出现经济增长的停滞和徘徊，人均国民收入难以突破 1 万美元。报告的结论是：鲜有中等收入的经济体成功地跻身高收入国家，这些国家往往陷入了经济增长的停滞期，既无法在工资方面与低收入国家竞争，又无法在尖端技术研制方面与富裕国家竞争。中等收入陷阱引入中国之后广受关注与热论，中国学者对这个概念形成了三种态度。第一种态度认为，不存在

中等收入陷阱，这个概念是一个伪命题。刘福垣认为，中等收入陷阱是一个国家和社会发展不可避免的历史阶段，不同国家在这个阶段的周期长短不一，只有少数拥有资源禀赋或特殊机遇的国家才能够很快迈过这个阶段。第二种态度认为，中等收入陷阱是个案，没有普遍性。厉以宁、尹保云认为，中等收入陷阱是制度、技术、管理缺陷的代名词。第三种态度认为，中等收入陷阱是发展中的一般规律。胡鞍钢等认为，发达国家也曾经经历。林毅夫认为，从第二次世界大战到现在，世界上将近200个国家和地区实际上陷入了低收入陷阱或者中等收入陷阱。蔡昉认为，这个概念有着相当的理论依据和经验依据。贾康、苏京春认为，中等收入陷阱显然是世界范围内基于大样本的一种可归纳、需注重的统计现象。很显然，认为中等收入陷阱完全不存在的是少数。多数人要么认为这个概念不严谨并对它做出了修正，要么接受这个概念并进行了深入的分析。根据这个概念所描述的基本现象或者按照人均国民收入的指标来对照分析中国，也形成了两个截然相反的态度：一种悲观的态度是认为中国已经掉入了中等收入陷阱；另外一种态度是，中国有能力跨过中等收入陷阱，绝大多数学者持这种观点。对于能否跨过这一陷阱，有人认为中国不会落入中等收入陷阱或者肯定能够跨过甚至已经基本跨过，有人认为中国需要付出巨大的努力才能跨过。

2. 塔西佗陷阱

古罗马执政官塔西佗有一句话："一旦皇帝成了人们憎恨的对象，他做的好事和坏事都同样会引起人们对他的厌恶。"有学者针对这句话提出塔西佗陷阱来概括一种社会现象：当政府丧失公信力后，无论说什么做什么，人们都会认为它是在说假话、做坏事。2007年中国学者潘知常在《谁劫持了我们的美感：潘知常揭秘四大奇书》中第一次提出塔西佗陷阱，此后又对这个过程做了说明。究其实质，塔西佗陷阱说的就是政府"挨骂"的问题。潘知常说："在我看来，简单而言，所谓塔西佗陷阱，应该是指任何政府、任何领导人，作为公权的代表，必须代表人民的根本利益，也必须紧跟时代大潮。否则，就会丧失民心，就会怎么都不行，就会无论怎么努力、无论怎么夙兴夜寐，最后都仍旧以失败告终。"他认为塔西佗陷阱是中国学者对社会科学世界话语体系的一个贡献。不过也有人提出了一个建议：塔西佗陷阱应该改为子贡陷阱。据《论语》记载，子贡曾感慨：“纣之不善，不如是之甚也。是以君子恶居下流，天下之恶皆归焉。”子贡的这句话和塔西佗的那句话可谓“同曲同工”。田龙飞认为，塔西佗陷阱是内政意义上的政府公信力危机陷阱。这种陷阱的形成与政治运作中的权力垄断和信息不对称高度相关。众多学者利用塔西佗陷阱这个概念，对新媒体、自媒体的发展所产生的诸多传播现象做出了分析，对政府提高公信力提出了诸多建议。整体而言，塔西佗陷阱概念的内涵和外延比较清晰。

3. 马尔萨斯陷阱

伴随着工业革命深入，西方人口由高出生率、高死亡率、低增长率向低出生率、低死亡率、低增长率转变。英国传教士托马斯·罗伯特·马尔萨斯（Thomas Robert Malthus）在《人口论》中指出：人口以几何级数增长，生存资料以算术级数增长，因而造成人口过剩，不可避免地出现饥饿、贫困和失业等现象。马尔萨斯提出了两个级数的理论：人口是按照几何级数增长的，而生存资料仅仅是按照算术级数增长的，多增加的人口总是要以某种方式被消灭掉，人口不能超出相应的农业发展水平。这个理论称为马尔萨斯陷阱。据说马尔萨斯的观点不仅影响了许多学者，也影响了官员并因此对很多政策产生了影响。但是，也有很多人批评马尔萨斯的观点。其实，这个观点未必是马尔萨斯首创，历史上还有更早论述人口和给养关系的观点。韩非子在《五蠹》中就论述了这个问题。从历史上看，完全因为人口增长过快、生存资料增长较慢而造成大规模饥饿贫穷的现象极为罕见，造成饥饿贫困的主因往往是社会治理失当、战争以及突发灾难。可以说，马尔萨斯对现象的描述是准确的，但是对因果关系的解释有不恰当之处。进入20世纪以来，大规模的人口增长并未造成马尔萨斯所说的灾难。不过，马尔萨斯的理论对照新中国70年的发展却有独特的价值。追溯我国的计划生育政策，共和国成立几十年来，此项政策不断调整。当前，中国全面放开二孩，是对人口出生率不断降低的合理调整。而对马尔萨斯陷阱的讨论应该放到更为广阔的人和自然的关系的分析上来。关注人的发展对自然的影响，是马尔萨斯陷阱的现实意义。

4. 修昔底德陷阱

古希腊雅典将军修昔底德在《伯罗奔尼撒战争史》中描述了雅典人和斯巴达人之间的伯罗奔尼撒战争："雅典人的帝国日益强大，斯巴达人知道这一点，但保持冷静态度。后来雅典人的势力达到顶点并开始侵略斯巴达人的盟国，斯巴达人无法容忍这种情形，因此发动战争企图消灭雅典人的势力。"2012 年哈佛大学肯尼迪学院教授格雷厄姆·艾利森对修昔底德的观点进行了总结：伯罗奔尼撒战争缘起于雅典的崛起让斯巴达感到威胁，所以双方爆发战争。也就是说，一个新崛起的大国必然会挑战现存大国，而现存大国也必然会回应这种威胁，这样战争变得不可避免，双方陷入修昔底德陷阱。格雷厄姆为了论证这个观点，花了 6 年的时间研究了 16 个类似案例，发现其中 4 个没有爆发战争，这一概念似乎有着历史的支撑。不过，他的观点并没有得到西方理论界的广泛认同，但引起了不少的讨论。显然，根本的原因是当前中美关系似乎在不断地印证着这个概念。许多学者认为，中美之间的关系不可能一帆风顺，长期存在局部矛盾，必须努力保持中美关系长期稳定，避免掉进修昔底德陷阱。但是，绝大多数学者都认为，基于现实原因，中美都不愿意形成冲突和对抗。国内学者对这个概念多数持否定态度。总体来说，绝大多数学者认为，大国关系始终是合作与博弈的辩证统一，大国之间要实现合作共赢，还需各方共同努力，建设性管控分歧，将冲突点转化为合作点。

5. 金德尔伯格陷阱

美国麻省理工学院教授查尔斯·金德尔伯格在《1929—1939 年：世界经济萧条》一书中认为，第一次世界大战后，美国取代英国成为世界上实力最强的国家，但美国未能接替英国扮演的角色发挥领导作用、提供国际公共产品，结果导致全球经济衰退和世界大战。也就是说，在全球权力转移过程中，如果新兴大国不能承担领导责任，就会导致国际公共产品短缺，进而造成全球经济混乱和安全失序，世界就会因此掉入金德尔伯格陷阱。金德尔伯格陷阱引起广泛讨论有两个显著的背景。一是特朗普当选美国总统后过分强调“美国优先”，二是西方学者希望中国能够承担提供国际公共产品的责任。金德尔伯格陷阱与国际公共产品这个概念密切相关。对此，中国学者有着鲜明的态度：第一，中国向世界展现大国担当，尤其是国际金融危机爆发以来，中国对世界经济增长的贡献率超过30%，为世界的繁荣稳定做出了重要贡献。中国正在以开放、包容的姿态努力将自身的发展变成与世界各国共同进步的机遇。中国一直坚定支持联合国在维护国际和平与安全领域发挥主导作用，为完善全球治理体系发挥建设性作用。第二，中国是一个发展中国家，与美国相比，中国的综合实力还有很大的差距，不能用超出中国能力的标准来要求中国提供国际公共产品。郑振清、王义桅、陈志敏等认为，国际公共产品供应不足、国际责任无人承担，首先要关注美国为什么不再这样做，而不是去指责别的国家，美国需要承担与其地位相称的国际责任。陈志敏还认为，金德尔伯格陷阱论与霸权稳定论一脉相承，都认为世界秩序的维持需要某个国家来提供国际公共产品，但这是一种过时的观念。

（二）“五大陷阱”不可逾越吗

中等收入陷阱、塔西佗陷阱、马尔萨斯陷阱、修昔底德陷阱、金德尔伯格陷阱，你方唱罢我登场。是不是说，中国发展的道路上处处是陷阱？这种种陷阱是不是为中国量身打造的陷阱呢？显然，陷阱既有真问题，也有伪命题。

1. 坚持辩证思维，理性看待陷阱论

对于种种陷阱，应该有的一个基本态度就是实事求是。一方面，要看到这些概念所指向的基本事实，做出基本的判断，提出基本的对策。比如，中美是两个主要大国，中国地位在上升，中美关系会发生变化，中美关系会影响全球格局，世界上很多国家的经济增长出现过波动、停滞甚至倒退，中国的经济发展也不可能一帆风顺，这些都是基本的事实。因此，不能简单认为这些陷阱是专门为中国设置的，或者是居心叵测的话语阴谋，或者是新的“唱衰中国论”，或者是为了造成中国舆论思想上的混乱。另

一方面，要警惕这些概念所隐含的前提、逻辑。不得不说，某些概念就是为中国量身打造的，其必然是遵循概念构建者自身的思维逻辑，甚至体现其基本认知以及基本价值判断。陈志敏对金德尔伯格陷阱论与霸权稳定论关系的分析指出了这个概念本身的缺陷。修昔底德陷阱是不是要求发展中国家自我放弃发展或者崛起？我们要警惕部分国外学者利用这些概念来对中国的发展指手画脚、提出过分要求。有些人用修昔底德陷阱将中国描述为现有秩序的挑战者、国际规则的破坏者，甚至替一些国家的保护主义、孤立主义做辩护，利用金德尔伯格陷阱过分夸大发展中国家的责任、选择性忽视发达国家的责任。王义桅认为，西方陷阱论层出不穷，这些陷阱的潜在逻辑是，中国不走西方的道路，前面就是万丈深渊。其本质是不认可、不看好中国道路。因此，对这些概念全面接受和全面否定一样不可取。

2. 正视陷阱所针对的问题，警惕陷阱所提出的风险

毫无疑问，这些陷阱之所以能够引起广泛讨论，是因为它们是对一些问题和现象进行了准确概括。其中，中等收入陷阱关注的是发展中国家建设现代国家过程中遇到的结构调整、产业布局、创新能力等问题，塔西佗陷阱关注的是现代社会中权力关系以及新媒体发展对政府公信力影响的问题，马尔萨斯陷阱关注的是人类社会发展对自然产生影响进而影响人类自身发展的问题，修昔底德陷阱关注的是世界政治问题尤其是大国关系问题，金德尔伯格陷阱关注的是全球治理体系的问题。毫无疑问，这是中国建设现代化国家所面临的一系列重大问题，是中华民族伟大复兴要面对的一系列重大挑战，也是世界许多国家面临的问题。毛泽东说："许多事情是意料不到的，但是一定要想到，尤其是我们的高级负责干部要有这种精神准备，准备对付非常的困难，对付非常的不利情况。这些，我们都要透彻地想好。"[①] 邓小平反复强调："我们要把工作的基点放在出现较大的风险上，准备好对策。这样，即使出现了大的风险，天也不会塌下来。"[②] 党的十九

① 毛泽东．毛泽东文集：第 3 卷．北京：人民出版社，1996：392.

② 邓小平．邓小平文选：第 3 卷．北京：人民出版社，1993：267.

大报告指出，必须清醒看到，我们的工作还存在许多不足，也面临不少困难和挑战。因此，分析种种陷阱，要坚持问题导向，增强战略思维，聚焦我国发展面临的突出矛盾和问题。

3. 防止掉入话语陷阱，要构建中国理论体系

话语霸权的概念提出以来，人们对国际关系现实中的不对等交流有了更为清楚的认识。西方国家通过强有力的媒体体系、娴熟的议程设置方式，形成了显而易见的主导优势。这种主导优势一方面努力形成广泛的“价值同盟”，一方面时不时制造出新的话语陷阱来对发展中国家形成理论和舆论影响。这种话语霸权往往占据某种“道德高地”，让弱势的一方要么疲于辩护要么有理说不清。谢伏瞻在《繁荣中国学术 发展中国理论》一文中指出，我国哲学社会科学在国际上的声音还比较小，还处于有理说不出、说了传不开的境地。造成这种局面的原因有很多，其中关键的一点是，还没有建立起同我国综合国力和国际地位相称的具备理论性、逻辑性、系统性和完整性的话语体系。随着中国稳定发展，套用西方理论解释中国现实、搬用西方概念描述中国实践，在现实中就出现了“削足适履”“刻舟求剑”的情况。到了今天，继续沿用这种方式，显然不是实事求是的态度，也必然会被一日千里的发展现实抛弃。在解读中国实践、构建中国理论上，我们最有发言权，因此，立足中国实践和经验，使用中国语言和理论，解释中国发展和成就，升华中国理论和概念，是当代中国学者的使命。古为今用、洋为中用，辩证取舍、推陈出新，就是基本的方法。

（三）以“五位一体”整体布局跨越陷阱

分析问题是为了解决问题。如前所述，要洞察种种陷阱的现实意义。中等收入陷阱指的是经济问题，塔西佗陷阱指的是社会问题，马尔萨斯陷阱指的是人和自然关系问题，修昔底德陷阱和金德尔伯格陷阱指的是全球政治问题。“强化问题意识、时代意识、战略意识，用深邃的历史眼光、宽广的国际视野把握事物发展的本质和内在联系，紧密跟踪亿万人民的创造性实践，借鉴吸收人类一切优秀文明成果，不断回答时代和实践给我们

提出的新的重大课题”[1]，这是我们对待各种陷阱的基本态度。在深刻变革、深度调整的新时代，习近平新时代中国特色社会主义思想对实现中华民族伟大复兴做出了新的战略安排，对我国社会主义现代化建设做出了新的战略部署，从经济、政治、文化、社会、生态文明五个方面，制定了新时代统筹推进“五位一体”总体布局的战略目标，是新时代推进中国特色社会主义事业的路线图。这是我们应对各种困难、跨越各种陷阱的根本遵循（见图 6－4）。

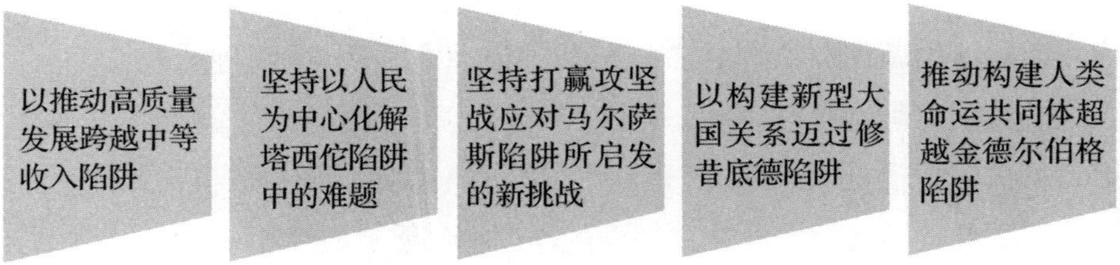

图 6－4 以“五位一体”整体布局跨越陷阱

1. 以推动高质量发展跨越中等收入陷阱

中国特色社会主义进入新时代，中国经济发展进入由高速增长阶段转向高质量发展阶段。推动高质量发展是适应我国社会主要矛盾变化的必然要求，是全面建设社会主义现代化国家的必然要求。一是坚持适应把握引领经济发展新常态，推动高质量发展。其关键在于主动转变发展方式、优化经济结构、转换增长动力，着力推动质量变革、效率变革、动力变革。二是深化供给侧结构性改革。中央提出，推进供给侧结构性改革是经济工作主线，也是我们跨越中等收入陷阱的“生命线”。从全球看，越来越多的国家认识到，结构性改革才是走出眼前困境的根本之策，当然这是需要付出代价的。三是使市场在资源配置中起决定性作用，更好发挥政府作用，努力形成市场作用和政府作用有机统一、相互补充、相互协调、相互促进的格局，推动经济社会持续健康发展。处理好政府和市场关系，是经济体制改革的核心。

① 习近平．在庆祝改革开放 40 周年大会上的讲话．人民日报，2018-12-19.

2. 坚持以人民为中心化解塔西佗陷阱中的难题

对塔西佗陷阱的跨越，根本上就是要始终坚持以人民为中心的价值追求，坚定不移落实以人民为中心的发展思想。这是习近平新时代中国特色社会主义思想的初心和使命：为中国人民谋幸福，为中华民族谋复兴。一是坚持以人民为中心离不开发展。坚持以人民为中心，就是坚持党的基本路线不动摇，抓住经济建设这个中心不放松，把牢高质量发展这个要求不偏离，不断把人民对美好生活的向往变成现实。二是坚持以人民为中心离不开高质量发展。保障和改善民生没有终点站，人民对美好生活充满新期待，需要着力深化供给侧结构性改革，推进高质量发展，提供更丰富更优质的物质、文化、生态产品，满足人民多样化多层次多方面的需要；需要把公平正义的价值理念贯穿工作，体现人民意志、保障人民权益、激发人民创造活力。三是坚持以人民为中心离不开正确的思想舆论引导。一方面，要善于做新思想的研究者与传播者。就党的十八大以来提出的一系列新理念，当代中国理论界需要深入研究、深入阐释、广泛传播，以中国智慧、中国理念、中国方案，回应世界关切、分析时代问题；另一方面，要主动有为，树立文化自信。目前，国际舆论格局“西强我弱”，西方主要媒体左右着世界舆论，想跨越塔西佗陷阱，我们需要肩负起使命任务，不断提升中华文化影响力，让文化自信得到彰显。

3. 坚持打赢攻坚战应对马尔萨斯陷阱所启发的新挑战

马尔萨斯陷阱关注的是人口和供给的问题似乎已经过时，但是，我们要重视这个概念的启发意义。一是关注人和自然这个永恒的命题，二是关注人口结构变化给中国发展和治理提出的新要求，三是关注世界范围内与人口相关的共同难题和挑战。中国决策者始终关注这个问题。第一，把生态文明建设提到空前的高度，并把打好污染防治攻坚战作为决胜建成全面小康社会的三大攻坚战之一。当前中国正在加快构建包括生态文化体系、生态经济体系、目标责任体系、生态文明制度体系、生态安全体系的生态文明体系。第二，新时代围绕经济发展做了力度空前的改革部署。人口结构变化是近年来中国社会的一个基础性变化，对中国发展和治理提出了新的要求。新中国成立之后，人口增速较快，经济发展缓慢，社会似乎处在马尔萨斯陷阱之中；改革开放以来，经济持续稳定发展，生育率下降，中国摆脱了马尔萨斯陷阱；随着人口出生率进一步下降、人口红利消失转折点即将到来，中国经济发展面临根本性变化。显然，在经济领域的一系列措施显示，中国已经做出了清晰有力的应对。地方政府关于人口结构的相关努力也在落地之中。第三，对人类共同命运有着持续的关注，对人类共同面对的问题给出了清楚的方案。针对贫困，中国政府提出了帮助发展中国家发展经济、改善民生的一系列新举措。针对全球气候问题，中国提出要实施积极应对气候变化国家战略，推动和引导建立公平合理、合作共赢的全球气候治理体系，推动构建人类命运共同体。

4. 以构建新型大国关系迈过修昔底德陷阱

随着中美综合国力对比发生变化，美国对中国的心态越来越“焦虑”，放大了两国间存在的分歧和矛盾，催生了新的对华疑虑，把中国视为主要“战略竞争者”的认知正式进入美国政府的政策文件，使中美关系有陷入恶性循环的危险。实际上，我们都应该努力避免陷入修昔底德陷阱，强国只能追求霸权的主张不适用于中国，中国没有实施这种行动的基因。2015年9月习近平访美时提到：世界上本无“修昔底德陷阱”，但大国之间一再发生战略误判，就可能自己给自己造成“修昔底德陷阱”。[①] 第一，中国人民不接受“国强必霸”的逻辑，中国梦是追求和平的梦。自古以来，中华民族就积极开展对外交往通商，而不是对外侵略扩张；执着于保家卫国的爱国主义，而不是开疆拓土的殖民主义。第二，防止三人成虎，也不疑邻盗斧，不能戴着有色眼镜观察对方。国际上总有人担心中美会发生冲突，或者中国崛起威胁他国。防止三人成虎，就是要防止修昔底德陷阱的逻辑愈演愈烈、造成思想的对立，在世界人民心中坚定和平理念和共同发展理念。第三，大国对地区和世界和平与发展有更大责任。中国倡导积极同美国发展新型大国关系，坚持不冲突不对抗、相互尊重、合作共赢。中国政

---

① 习近平．在华盛顿州当地政府和美国友好团体联合欢迎宴会上的演讲．人民日报，2015-09-24.

府的一系列新理念、新主张、新举措完全超越了修昔底德陷阱的狭隘论调。

5. 推动构建人类命运共同体超越金德尔伯格陷阱

当今世界霸权主义和强权政治依然存在，各种传统和非传统安全威胁不断涌现，单边主义和保护主义、逆全球化思潮不断有新的表现，文明冲突、文化优越等论调不时沉渣泛起。政治家、思想家都力图回答时代之问。第一，构建人类命运共同体理念是对世界之问、时代之问的深刻回答。面对世界共同问题，习近平的解答是，每个民族、每个国家的前途命运都紧紧联系在一起，应该风雨同舟，荣辱与共，努力把我们生于斯、长于斯的这个星球建成一个和睦的大家庭，把世界各国人民对美好生活的向往变成现实。① 这是对中国和人类前途命运的深邃思考，有着深刻的历史背景和深远的历史意义。世界繁荣稳定是中国的机遇，中国发展也是世界的机遇。构建人类命运共同体回应了国际社会的关切与期待，体现了中国的大国责任与担当。第二，积极参与全球治理体系改革和建设。推动全球治理体系变革是国际社会大家的事，要坚持共商共建共享原则，使关于全球治理体系变革的主张转化为各方共识，形成一致行动。中国政府强调：要倡导国际关系民主化，坚持国家不分大小、强弱、贫富一律平等，支持联合国发挥积极作用，支持扩大发展中国家在国际事务中的代表性和发言权。第三，共建“一带一路”是当代世界最大的公共产品。“一带一路”建设承载着我们对文明交流的渴望，承载着我们对和平安宁的期盼，承载着我们对共同发展的追求，承载着我们对美好生活的向往，顺应了全球治理体系变革的内在要求，对全球经济治理体系改革完善具有重大意义，有助于推动其朝着更加公正合理有效的方向发展。

我们要清楚地认识到，这些陷阱是人类面临的共同难题。真正理解和面对人类面临的共同难题，是一流企业的更高价值追求。当代中国，正确理解种种陷阱、理性判断存在不确定性的未来尤为迫切，这是交给中国企业和中国企业家的一个时代命题。

---

① 习近平. 携手建设更加美好的世界：在中国共产党与世界政党高层对话会上的主旨讲话. 人民日报，2017-12-02.

参考文献

[1] 习近平. 习近平谈治国理政：第 1 卷. 北京：外文出版社，2014.
[2] 习近平. 习近平谈治国理政：第 2 卷. 北京：外文出版社，2017.
[3] 中共中央党史和文献研究院. 习近平谈“一带一路”. 北京：中央文献出版社，2018.
[4] 中共中央文献研究室. 习近平关于全面从严治党论述摘编. 北京：中央文献出版社，2016.
[5] 中共中央宣传部. 习近平总书记系列重要讲话读本. 北京：学习出版社，人民出版社，2016.
[6] 习近平. 决胜全面建成小康社会 夺取新时代中国特色社会主义伟大胜利：在中国共产党第十九次全国代表大会上的报告. 北京：人民出版社，2017.
[7] 党的十九大报告辅导读本. 北京：人民出版社，2018.
[8] 习近平. 在庆祝改革开放 40 周年大会上的讲话. 人民日报，2018-12-19.
[9] 习近平. 在哲学社会科学工作座谈会上的讲话. 人民日报，2016-05-19.
[10] 习近平. 在民营企业座谈会上的讲话. 人民日报，2018-11-02.
[11] 习近平在全国国有企业党的建设工作会议上强调 坚持党对国有企业的领导不动摇 开创国有企业党的建设新局面. 人民日报，2016-10-12.
[12] 习近平. 为建设世界科技强国而奋斗：在全国科技创新大会、两院院士大会、中国科协第九次全国代表大会上的讲话. 人民日报，2016-06-01.
[13] 习近平. 共同构建人类命运共同体. 人民日报，2017-01-20.
[14] 习近平. 开放共创繁荣创新引领未来：在博鳌亚洲论坛 2018 年年会

开幕式上的主旨演讲. 人民日报，2018-04-11.
[15] 李克强在非盟会议中心演讲全文：开创中非合作更加美好的未来.（2014-05-05）. 中国政府网.
[16] 刘鹤出席全国国有企业改革座谈会并讲话.（2018-01-09）. 中国政府网.
[17] 新时代国有企业的战略定位与历史使命.（2018-01-31）. 求是网.
[18] 国资委主任肖亚庆等就国企改革发展答记者问（实录）.（2018-03-10）. 新浪网.
[19] 肖亚庆. 扎实推动国有企业高质量发展.（2018-09-07）. 人民网.
[20] 国新办就共建“一带一路”5 年进展情况及展望举行新闻发布会.（2018-08-27）. 中国政府网.
[21]《推动共建丝绸之路经济带和 21 世纪海上丝绸之路的愿景与行动》（全文）.（2017-04-25）. 人民网.
[22] 关于印发《中央企业综合绩效评价实施细则》的通知.（2006-09-12）. 中国政府网.
[23] 中国共产党历次全国代表大会数据库.（2018-12-18）. 人民网.
[24] 国务院关于鼓励支持和引导个体私营等非公有制经济发展的若干意见.（2005-08-12）. 中国政府网.
[25] 国资委关于推进国有资本调整和国有企业重组的指导意见.（2006-12-05）. 中国政府网.
[26] 中共中央、国务院关于深化国有企业改革的指导意见.（2015-08-24）. 中国政府网.
[27] 中共中央 国务院关于营造企业家健康成长环境弘扬优秀企业家精神更好发挥企业家作用的意见.（2017-09-25）. 新华网.
[28] 十八大以来国企改革情况发布会实录.（2017-09-28）. 中国政府网.
[29] 中共中央党史研究室. 中国共产党简史. 北京：中共党史出版社，2001.
[30] 科斯，王宁. 变革中国：市场经济的中国之路. 北京：中信出版社，2013.
[31] 邓宁，伦丹. 跨国公司与全球经济：第 2 版. 北京：中国人民大学出

版社，2016.
[32] 费正清．美国与中国：第4版．北京：世界知识出版社，2008.
[33] 约瑟夫·熊彼特．经济发展理论．北京：华夏出版社，2015.
[34] 理查德·罗宾逊．企业国际化导论．北京：对外贸易教育出版社，1989.
[35] 斯蒂芬·杨．国际市场进入与发展．北京：经济管理出版社，2003.
[36] 包铭心，等．国际管理：教程与案例：第5版．北京：中国人民大学出版社，2005.
[37] 钱德勒．战略与结构：美国工商企业成长的若干篇章．云南：云南人民出版社，2002.
[38] 彼得·巴克利，等．跨国公司的未来．北京：中国金融出版社，2005.
[39] 迈克尔·波特．国家竞争优势．北京：中信出版社，2012.
[40] 帕斯卡尔，阿索斯．日本企业管理艺术．北京：中国科学技术翻译出版社，1984.
[41] 彼得斯，沃特曼．成功之路：美国最佳管理企业的经验．北京：中国对外翻译出版公司，1985.
[42] 吉姆·柯林斯．从优秀到卓越．北京：中信出版社，2009.
[43] 吉姆·柯林斯．基业长青．北京：中信出版社，2009.
[44] 彼得·德鲁克．创新与企业家精神．北京：机械工业出版社，2007.
[45] 彼得·德鲁克．管理的实践．北京：机械工业出版社，2009.
[46] 亨利·明茨伯格．战略历程：纵览战略管理学派：修订版．北京：机械工业出版社，2006.
[47] 亨利·明茨伯格．管理工作的本质．北京：中国人民大学出版社，2012.
[48] 厉以宁，等．读懂一带一路．北京：中信出版社，2015.
[49] 赵可金．“一带一路”：从愿景到行动．北京：北京大学出版社，2015.
[50] 王义桅．“一带一路”：机遇与挑战．北京：人民出版社，2015.
[51] 赵昌文．中国企业国际化及全球竞争力．北京：中国发展出版社，2014.
[52] 金碚．中国工业国际竞争力：理论、方法与实证分析．北京：经济管理出版社，1997.

[53] 芮明杰，等．产业国际竞争力评价理论与方法．上海：复旦大学出版社，2010.
[54] 陆雄文．管理学大辞典．上海：上海辞书出版社，2013.
[55] 梁能 … 上海：上海人民出版社，1999.
… 国经营战略．北京：经济管理出版社，2003.
… 海外市场进入模式研究．北京：经济管理出版社，
… 迹：发展战略与经济变革．增订版．上海：上
… 企业 1978—2008）．北京：中信出版社，2008.
… 大（中国企业 2008—2018）．北京：中信出
[61 … 机械工业出版社，2004.
[62] … 会：成为价值型企业．北京：机械工业
[63] 中 … 业管理科学基础研究总报告．北京：
机械 …
[64] 叶康 … 30 年成败模式．北京：中信出版
社，2 …
[65] 何建湘．… 中国人民大学出版社，2019.
[66] 米金升，… 融资传奇．北京：中国铁道
出版社，2 …
[67] 吴晓波，等 … 版社，2017.
[68] 王辉耀，苗绿 … 北京：中国社会科学文
献出版社，201 …
[69] 曹磊，莫岱青．… +：海外案例．北京：机械工业出版社，2015.
[70] 刘晨阳．中国参与的区域经济合作组织研究．北京：中国商务出版社，2007.

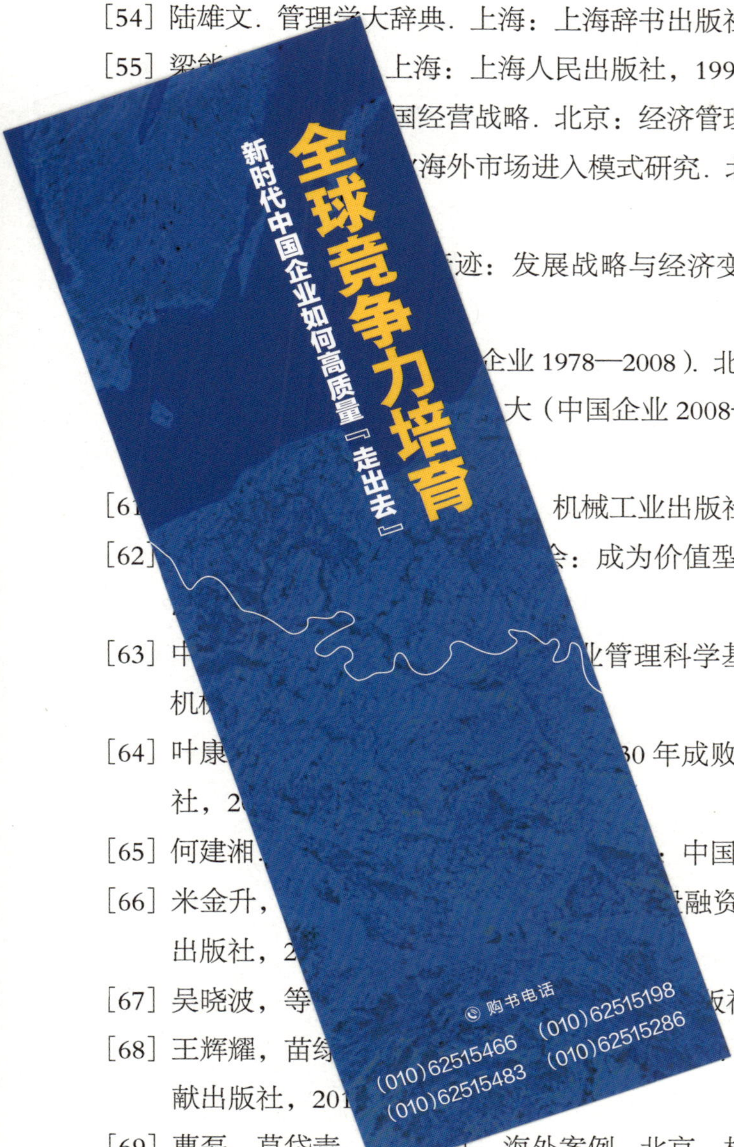

［71］潘知常. 谁劫持了我们的美感：潘知常揭秘四大奇书. 上海：学林出版社 .2007.
［72］中国能源集团 500 强研究课题组. 中国能源集团 500 强分析报告. 北京：经济管理出版社，2011.
［73］中共商务部党组. 坚持对外开放基本国策，促进“一带一路”国际合作. 经济日报，2017-11-02.
［74］国务院改革发展研究课题组. 未来国际经济格局变化和中国战略选择. 经济日报，2018-12-20.
［75］谢伏瞻. 繁荣中国学术 发展中国理论.（2018-10-29）. 学习时报网 .
［76］赵曙明，等. 企业国际化的条件、路径、模式及其启示. 科学学与科学技术管理，2010，31（1）.
［77］贺永方，等. 企业战略管理研究学派评述. 武汉交通管理干部学院学报，2000，2（1）.
［78］林建华. 中国奇迹震撼世界.（2016-10-20）. 人民网 .
［79］傅莹：迈入 2019，世界处于选择关口.（2018-12-28）. 参考消息网 .
［80］陈文玲：中美和则世界兴，中美斗则世界乱.（2019-02-22）. 澎湃新闻 .
［81］赵本堂. 走进新时代的中拉关系. 人民日报，2018-09-12.
［82］中国公民合法、正当权益不容侵犯. 人民日报，2018-12-09.
［83］国资委放权 十家央企示范创建“世界一流”.（2019-01-11）. 经济参考网 .
［84］孙超.“非洲的巨人”：访尼日利亚驻华大使巴巴・艾哈迈德・吉达. 中国发展观察，2018（21）.
［85］薛荣久. 入世在中国改革开放中的意义、作用与维护. 国际贸易问题，2018（10）.
［86］周炜杰. 中国在 G20 中的角色与贡献. 商场现代化，2017（21）.
［87］房丽军.“一带一路”战略背景下中国与阿拉伯国家贸易发展现状及挑战. 对外经贸实务，2016（10）.
［88］臧秀玲，等. 金砖国家崛起与合作对国际体系转型的影响. 理论学刊，

2018（9）.
[89] 李祖发. 世界一流军队的“样子”.（2016-08-30）. 中国江苏网 .
[90] 胡迟. 国企改革四十年回顾与展望. 中国国情国力，2018（11）.
[91] 黄群慧. “新国企”是怎样炼成的：中国国有企业改革 40 年回顾. 中国经济学人，2018，13（1）.
[92] 辜胜阻，韩龙艳. 中国民营经济发展进入新的历史阶段.（2017-04-01）. 人民网 .
[93] 汪海波. 对发展非公有制经济的历史考察：纪念改革开放 40 周年. 中国经济史研究，2018（3）.
[94] 黄群慧. 改革开放四十年中国企业管理学的发展：情境、历程、经验与使命.（2018-10-14）. 搜狐网 .
[95] 公丕萍，等. “一带一路”建设最新进展、形势变化与 2018 年推进策略. 大陆桥视野，2018（1）.
[96] 吴舒钰. “一带一路”沿线国家的经济发展. 经济研究参考，2017（15）.
[97] 深入解读“一带一路”沿线国家主要投资风险及应对策略.（2017-02-07）. 正点国际官网 .
[98] 宋爽，王永中. 中国对“一带一路”沿线国家金融支持的特征、挑战与对策.（2017-05-12）. 搜狐网 .
[99] “一带一路”沿线基础设施投资建设与中国的策略选择.（2018-12-19）. 中国外经贸企业服务网.
[100] 唐麒. 传统品牌企业电子商务模式分析：以海尔为例. 电子商务，2014（12）.
[101] 仲文娟. 第三方市场合作 1 + 1 + 1 > 3.（2018-01-04）. 央广网 .
[102] 钱乘旦. 把握中国现代化的历史方位. 人民日报，2018-01-05.
[103] 钟声. 开辟中欧关系广阔前景. 人民日报，2018-12-06.
[104] 张运成. 当前国际经济新形势与新动向. 前线，2018（8）.
[105] 联合国经社理事会人口司. 世界人口展望：2017 年修订版. 2017.
[106] 联合国环境规划署. 全球沙漠展望. 2017.

[107] 国际货币基金组织. 国际货币基金组织 2018 年年报：构建共享的未来. 2018.
[108] 国际货币基金组织. 世界经济展望报告. 2018.
[109] 世界银行. 2015 年全球营商环境报告. 2015.
[110] 世界银行. 全球经济展望报告. 2018.
[111] 世界经济论坛. 全球竞争力报告. 2018.
[112] 美国白宫. 美国国家安全战略报告. 2017.
[113] 美国国防部. 中国全球扩张对美国防务影响评估报告. 2019.
[114] 美国健康影响研究所. 全球空气状况报告. 2018.
[115] 路孚特. 2018 中国大陆并购年度报告. 2018.
[116] 德国观察. 全球气候风险指数 2017 报告. 2017.
[117] 国家信息中心. “一带一路”大数据报告. 2017.
[118] 中国对外承包工程商会. “一带一路”国家基础设施发展指数报告. 2018.
[119] 投中研究院. 2017 创新性产融结合研究报告. 2017.
[120] 波士顿咨询公司，中国发展研究基金会. 多元共生型“一带一路”倡议促进全球化发展研究报告. 2018.

后　记

2017年，我的工作岗位发生变化。一个小小的地球仪和一张世界地图伴随我从北京北二环辗转到南四环的办公室。它们既不贵重，也并非具有重大纪念意义，我只是下意识地带上。多年来，它们就默默地待在办公室，我经常静静地看上一小会儿。后来，我在家里也挂了一幅世界地图，经常起床后安静地看上几分钟。

在拨转地球仪或凝视世界地图的无数个瞬间，我曾经有无数个思考的片段：我去过哪儿、想去哪儿；哪个地方的同事、同学给我打过电话、沟通过工作；哪个地方发生了某件事情，尽管这件事也许和我一点关系都没有……我经常问自己，为什么一直对这两样东西感兴趣？

关注这两样东西，是因为它们和我的工作密切相关。多年来，我有幸在三家中央企业总部层面工作，这三家企业都有着丰硕的全球化发展成果，且正在建设世界一流企业的征程中奋力前行。企业奋力前行，我置身其中，必须紧紧跟随。企业全球化发展的战略谋划、制度设计、市场经营、生产管理、人才培养、企业文化等，皆是我必须紧密围绕的中心工作。多年来，我的工作内容、职务职位多有变化，或远或近、或深或浅，我的工作都和“全球化”有着“不解之缘”。

而且，我需要时时刻刻关注这两样东西，因为它们和我的学习与思考密切相关。世界正处于百年未有之大变局，中国越来越接近世界舞台中央，越来越多的中国企业成为全球竞争的主角，作为置身于企业的一名实践者，我有义务、有责任持续深入地学习和思考企业全球化发展命题，为党的十九大提出的“培育具有全球竞争力的世界一流企业”“高质量发展”等顶层设计做一点理论贡献。今天，新思想引领新时代，面对共建“一带一路”的伟大倡议、构建人类命运共同体的伟大理念、实现中华民族伟大复兴的伟大梦想，中国企业是参与者、建设者、贡献者。我和亿万中国人一样身在其中，都是笃定者、奋进者。

或者说，一个地球仪、一张世界地图，是我学习、实践和思考的见证；五年前出版的拙作《从竞争力到核心竞争力》和而今付梓的《全球竞争力培育》，则是我学习、实践和思考的心得。我觉得，企业全球化就像飞驰在中华大地上的中国高铁，是集合基础设施、装备制造、运行控制、整体调度、配套服务的宏大系统工程，每个环节、每个人、每个岗位必须形成合力才会安全完美运行；而思考则更多体现个人主观能动性，不断过滤、沉淀、储备、思考、建模，最终构建属于自己的“自圆其说”的理论。

在自己心中播下一粒种子，精心培育它，它定会成长。从竞争力到核心竞争力再到全球竞争力，就是一粒种子成长为一棵大树的过程。幸运的是，在我思考探索的路上，有很多同事、专家、朋友倾情相助。

我要感谢中国交通建设集团有限公司董事长刘起涛先生，他是一位颇有家国情怀且贡献突出的企业家，有着开阔的全球视野、清晰的战略思路、卓越的驾驭能力和独特的领导魅力；他也是一位谦逊、有远见、务实、有担当、低调而值得尊重的长者，我在他身边工作了多年，耳濡目染，受益良多。本书写作的过程得到了他的悉心指导，他的许多管理实践是我思考的基础，他的许多思想是我理论探索的源泉，更是我完成《从竞争力到核心竞争力》与《全球竞争力培育》两本拙作的重要支撑。

我要特别感谢中共中央党校（国家行政学院）分管日常工作的何毅亭副校（院）长、中国石油化工集团有限公司原董事长傅成玉先生、亚洲基础设施投资银行金立群行长、中国建材集团有限公司宋志平董事长、新希望集团有限公司刘永好董事长、中国交通建设集团有限公司宋海良总经理、国务院发展研究中心产业经济研究部部长赵昌文研究员、中国国际经济交流中心总经济师陈文玲教授、国家发展和改革委员会国际合作中心主任黄勇博士、北京大学国家发展研究院BiMBA商学院院长陈春花教授、中国人民大学应用经济学院院长郑新业教授、北京大学数字中国研究院副院长曹和平教授、清华大学经济管理学院杨百寅教授、上海交通大学安泰经济与管理学院井润田教授、中国大连高级经理学院常务副院长董大海教授、中国浦东干部学院副院长郑金洲教授、上海国际金融学院院长陆红军教授，他们在百忙之中给予指导并乐于俯身为拙作作序或推荐，给了我极大的肯定和鼓舞。

我要感谢中国交通建设集团、中国电力建设集团、中国通号集团的同事和好友，特别是我在中国路桥（专门从事境外业务）和中国城乡工作期间，大家在国际业务开展和高质量发展方面的管理实践给予我的切身感受、启迪和思考。

我还要感谢赵长茂教授、曾勇教授、Nelson Antonio 教授、Virginia Trigo 教授、贺祖斌教授、夏亚峰教授、叶康涛教授、赵占波教授、闫雨教授、马永开教授、肖文教授、杨建国博士、刘建兴博士、王进博士、吴志峰博士、付涛博士、张文峰博士、胡建勇博士、樊睿博士、谭国义博士、沈军博士、朱琳琳博士、舒勇博士、贺杰博士、何卉博士、李文彬博士、胡长栓博士、李长青先生、苏永刚先生、余旭东先生、周纪昌先生、陈奋健先生、朱碧新先生、孙子宇先生、文岗先生、任鸿鹏先生、陈重先生、王京春先生、裴岷山先生、范集湘先生、王彤宙先生、孙璀先生、王宗敏先生、李燕明先生、李捷先生、范云龙先生、郭志强先生、何永定先生、樊建平先生、张建华先生、宋彦刚先生、郑久存先生、贺鹏程先生、卢学文先生、王民安先生、胡学枢先生、单亭山先生、颉敏科先生、蒙云林先生、刘光荣先生、张楚扬先生、刘日明先生、李福和先生、石从珍先生、米金升先生、毛树林先生、刘世德先生、安随甲先生、颜彦先生、雒泽华先生等许多师长、同事、同学和好友，感谢他们给予我的鼓励、鞭策、思想启发与智慧碰撞。在我的职业生涯中，我一直敬佩和感恩他们，亦向他们中的每一个人学习。

我也非常感谢丁一老师、何建湘老师、冯也翀老师、程晓琴老师、李建学老师、刘云霞老师、王根明老师、靳瑛老师，感谢他们为本书策划、封面设计、信息核实、校对和注释方面提供的诸多帮助和支持。

最后，我还要向我的父母、妻子、女儿和其他亲属致以最深的谢意，是他们的爱和鼓励不断激发我创作的热情，并让我的人生充满不懈奋进的力量。

思想的种子需要经历实践的风雨才能成长，思考与探索从来没有止境。中华民族伟大复兴和中国企业集体崛起是几代领导人、知识分子和企业家的共同愿望，必将成为未来 30 年世界政治经济舞台上的壮观景象。这一景象背后的理论逻辑必将深深地留下新时代的烙印，这恰恰是中国学界和企业家开展理论探索的宝贵实践资源，我要坚守的就是保持情怀和定力，勤于实践和思考，从理论和实践结合的角度，继续为推动中国企业集体崛起、实现中华民族伟大复兴的中国梦贡献智慧与力量，如此方能不辜负这个伟大时代的滋养。

杨永胜

2019 年 4 月于北京

图书在版编目（CIP）数据

全球竞争力培育：新时代中国企业如何高质量“走出去”/ 杨永胜著 . —北京：中国人民大学出版社，2019.5

ISBN 978-7-300-26919-1

Ⅰ. ①全… Ⅱ. ①杨… Ⅲ. ①企业竞争 - 国际竞争力 - 研究 - 中国 Ⅳ. ① F279.2

中国版本图书馆 CIP 数据核字（2019）第 073862 号

全球竞争力培育

——新时代中国企业如何高质量“走出去”

杨永胜　著

Quanqiu Jingzhengli Peiyu

出版发行	中国人民大学出版社		
社　　址	北京中关村大街 31 号	**邮政编码**	100080
电　　话	010-62511242（总编室）		010-62511770（质管部）
	010-82501766（邮购部）		010-62514148（门市部）
	010-62515195（发行公司）		010-62515275（盗版举报）
网　　址	http://www.crup.com.cn		
经　　销	新华书店		
印　　刷	北京联兴盛业印刷股份有限公司		
规　　格	160mm × 230mm　16 开本	**版　　次**	2019 年 5 月第 1 版
印　　张	24.5　插页 2	**印　　次**	2019 年 5 月第 1 次印刷
字　　数	331 000	**定　　价**	69.00 元